AUTEURS ET DIRECTEURS DES COLLECTIONS
Dominique AUZIAS & Jean-Paul LABOURDETTE

DIRECTEUR DES EDITIONS VOYAGE
Stéphan SZEREMETA

RESPONSABLES EDITORIAUX VOYAGE
Patrick MARINGE et Morgane VESLIN

EDITION ✆ 01 53 69 70 18
Caroline HEMERY, Pauline WALCKENAER,
Sophie CUCHEVAL, Cédric COUSSEAU,
Pierre-Yves SOUCHET, Audrey BOURSET
et Geneviève PEILLON

ENQUETE ET REDACTION
Maxence GORRÉGUÈS et Pierre BINCZAK

MAQUETTE & MONTAGE
Sophie LECHERTIER, Marie AZIDROU,
Delphine PAGANO, Gilles BESSARD DU PARC
et Julie BORDES

CARTOGRAPHIE
Philippe PARAIRE, Thomas TISSIER

PHOTOTHEQUE ✆ 01 53 69 65 26
Elodie SCHUCK

REGIE INTERNATIONALE ✆ 01 53 69 65 34
Karine VIROT, Jessica SANTOS-PEREIRA,
Camille ESMIEU et Virginie BOSCREDON

PUBLICITE ✆ 01 53 69 70 61
Pascal FERT, Jérôme de NONANCOURT,
Caroline GENTELET, Perrine de CARNE-MARCEIN
et Virginie WUITHIER

RELATIONS PRESSE ✆ 01 53 69 70 19
Jean-Mary MARCHAL

DIFFUSION ✆ 01 53 69 70 06
Eric MARTIN, Bénédicte MOULET,
Jean-Pierre GHEZ, Antoine REYDELLET
et Sandrine CHASSEIGNAUX

DIRECTEUR ADMINISTRATIF ET FINANCIER
Gérard BRODIN

RESPONSABLE COMPTABILITE
Isabelle BAFOURD assistée de Bérénice BAUMONT,
Angélique HELMLINGER et Elisabeth de OLIVEIRA

DIRECTRICE DES RESSOURCES HUMAINES
Dina BOURDEAU assistée de Sandrine DELEE
et Sandra MORAIS

© MAXENCE GORRÉGUÈS

LE PETIT FUTE TRINIDAD & TOBAGO
■ 2nde édition ■

NOUVELLES ÉDITIONS DE L'UNIVERSITÉ©
Dominique AUZIAS & Associés©
18, rue des Volontaires - 75015 Paris
Tél. : 33 1 53 69 70 00 - Fax : 33 1 53 69 70 62
Petit Futé, Petit Malin, Globe Trotter, Country Guides
et City Guides sont des marques déposées ™®©
© Photo de couverture : Stéphan SZEREMETA
ISBN - 2746916355
Imprimé en France par CPI-GROUP - 86240 LIGUGE

Pour nous contacter par email,
indiquez le nom de famille en minuscule
suivi de @petitfute.com
Pour le courrier des lecteurs : country@petitfute.com

Trinidad & Tobago, deux noms qui claquent comme deux coups de revolver. Deux îles dont on a à peine entendu parler et qu'on ne sait pas trop situer sur une mappemonde. Deux pattes de mouche perdues tout en bas du tableau turquoise des Caraïbes. Deux bouts de terre qui réservent pourtant une légion de surprises et de merveilles. Bigarré et métissé comme tous les autres pays de la région, Trinidad & Tobago est probablement resté le plus sauvage d'entre eux. Le plus mystérieux aussi. Les escapades dans la forêt vierge de la plus petite des deux îles, ou les marais indomptables de la plus grande, deviennent vite le terrain privilégié des amoureux de nature en quête de nouvelles terres du possible. Et que dire du spectacle époustouflant de ces tortues millénaires qui viennent pondre par centaines, six mois de l'année la nuit tombée, sur les plages du nord de Trinidad.

Son identité atypique, Trinidad & Tobago la doit à un brassage unique entre les cultures indienne, africaine, européenne et américaine. Le carnaval, qui se déroule généralement au mois de février au son des *steel-bands* et du calypso, en est alors l'une de ses meilleures illustrations. Considéré à juste titre comme l'un des plus beaux carnavals du monde, il cherche à marier en permanence un passé colonial esclavagiste et un avenir supposé radieux, promis par les pétrodollars, comme s'il s'agissait d'un incessant télescopage entre l'ancien et le nouveau monde. Trinidad & Tobago sait faire honneur à la joie de vivre. Seulement quelques jours passés sur ces deux îles permettent de comprendre que tout y devient vite possible, là, juste à l'embouchure de l'Orénoque, qui les brasse et leur apporte dans son limon tous les rêves de la planète depuis plus de cinq cents ans. Le monde de l'imaginaire devient alors réalité, à l'instar de la somptuosité de ses plages que même les clichés des meilleurs photographes ne parviendront jamais totalement à capturer. La destination est d'autant plus intéressante que Trinidad & Tobago est en train de gagner son pari sur la modernité. Là où les autres îles des Caraïbes ont massivement bétonné une partie de leur côte dans les années 1980 pour accueillir les touristes, le pays se met à peine à les découvrir. Les erreurs d'aménagement de ses voisins ne semblent pas avoir été répétées, les promoteurs immobiliers cherchant à construire des établissements qui s'intègrent parfaitement à la nature. Trinidad & Tobago, comme deux noms en guise de passeport pour la découverte. Deux îles à apprivoiser absolument.

Maxence Gorréguès

REMERCIEMENTS. *Merci à l'équipe de TDC pour leur soutien logistique, tout particulièrement à Arveon Mills et Karel McIntosh.*

Sommaire

Carnaval.

■ TOBAGO ■

■ ORGANISER SON SÉJOUR ■

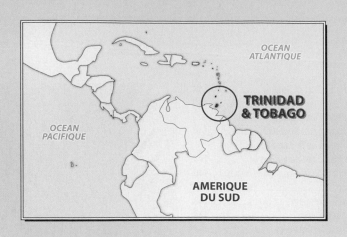

OCEAN
ATLANTIQUE

TRINIDAD
& TOBAGO

OCEAN
PACIFIQUE

AMERIQUE
DU SUD

VENEZUELA

Chupara
Bay

Madamas Bay

Las Cuevas

Blanchisseuse

La Vache Saut d'Eau
Bay

Maracas
Bay Vlg.

BLANCHISSEUSE

NORTHERN RANGE

Valenc
Wildlife S

Macqueripe
Bay

THE DRAGON'S
MOUTH

Petit
Valley

Mt. Aripo
940 m.

Huevos

Monos

Carenage

Chacachacare

Gaspar
Grande

St. Peter
Bay

PORT OF
SPAIN

San Juan

Tunapuna

Dinsley

ARIMA

D'Abadie

Hollis
Reservoir

Valencia

Patos

Piarco

Caroni

St. Helena

Carapo

Cumu

Bird
Sanctuary

Cunupia

San Rafael

Lesmare
de Caro

Barracones
Bay

Talparo

Mundo
Nuevo

Waterloo

Todd's
Road

Mamoral

Mar

GOLFE DE
PARIA

Carapichaima

Freeport

Couva

Brasso

Bich

TRINIDAD

California

Tabaquite

Cucne

Tortuga

Brickfield

N

Claxton Bay

Mayo

VICTORIA

Unis

Rio Cl

Pointe-à-Pierre

Marabella

Princes
Town

New
Grant

Poole

Otaheite
Bay

SAN FERNANDO

St.Julien

Tableland

La Brea

Canaan

Vessigny

Lac
Pitch

St. Marys

Debe

Cipero
Ste. Croix

Preau

Guapo Bay

Avocat

Barrackpore

Point Fortin

Guapo

NAPARMA

Penal

MAYA

Cedros
Bay

Granville

Irois

Sipa ria

Basse
Terre

Trinity Hills
Wildlife Sanct

Fullarton

Bonasse

ST. PATRICK

Los Bajos

Chatham

San Francique

Palo Seco

Morne
Diablo

La Lune

Moruga

Coral
Point

Isolte
Bay

Erin Bay

Palo Seco
Bay

Canari
Bay

Icacos

Plage de palmiers.

Les plus de
Trinidad & Tobago

Les dernières îles authentiques des Caraïbes

Les amateurs de cartes postales devront réviser leurs clichés. Au sein des petites Antilles, les deux îles de Trinidad et de Tobago sont singulières à bien des égards et ne rentrent pas complètement dans le cadre stéréotypé que l'on peut avoir en tête quand on évoque les Caraïbes.

Délit de faciès ? Pas tout à fait. On y trouvera les mêmes ingrédients que ceux qui ont fait le succès touristique des autres îles de la région : mer chaude, belles plages, cocotiers… Mais on y trouvera beaucoup plus.

Tout d'abord un cadre naturel somptueux, qui jusqu'alors a échappé à la présence touristique de masse. Visiter Trinidad & Tobago, T&T comme on dit sur place, c'est d'abord pénétrer dans l'authenticité d'une nature puissante, riche et préservée. Ces îles ne partagent ni la géologie ni les caractéristiques naturelles de la faune et la flore de leurs voisines septentrionales.

Géologiquement et géographiquement bien plus proches de l'Amérique du Sud, elles n'en ont également pas les mêmes nécessités économiques, qui font du tourisme l'activité prioritaire et obligée de la plupart des Antilles. Le bétonnage côtier n'y est pas – encore – de mise.

Où trouver ailleurs dans les Caraïbes des dizaines de kilomètres de littoral absolument déserts, sans aucune route ou habitation, seulement sillonnés par des sentiers tracés à la machette et où des tortues luth viennent pondre par dizaines de milliers chaque année ?

Où trouver ailleurs dans les Caraïbes des dizaines de kilomètres carrés de jungles et de forêts tropicales primaires et avec comme seuls habitants des paresseux, des singes hurleurs, des anacondas, des caïmans, des colibris et des papagayos ?

Oui, définitivement, pour les amoureux de nature, Trinidad & Tobago sont deux petits paradis encore largement méconnus.

Mais ces îles ne sont pas seulement riches de leur nature, elles le sont aussi de leurs habitants. L'authenticité de T&T, c'est aussi celle de sa population, une population aux origines diverses, mélangées, et qui a construit sa singularité et son identité dans un magnifique patchwork, combinaison et recyclage uniques de plusieurs cultures, plusieurs folklores et plusieurs musiques.

Perroquets.

Le pays roi du carnaval, de la fête et de la musique

Qui a dit que le premier carnaval au monde était celui de Rio au Brésil ? Certainement quelqu'un qui ne connaissait pas Trinidad & Tobago. A Trinidad, le carnaval est géant. A son approche, durant les mois qui le précèdent, c'est toute l'île qui est saisie par la fièvre. Toute une saison de préparation, rythmée par des fêtes toujours plus nombreuses et dont le rythme s'accélère au fur et à mesure que l'on se rapproche du mardi-gras. Indéniablement, on aime s'amuser à Trinidad & Tobago.

Soca et calypso non-stop. Tempos de toutes les couleurs sur toutes les peaux. Reflets cuivrés réverbérés par les *steel-bands*, dont les mélodies métalliques vibrent chaque soir dans l'air de Port of Spain au moment des grandes compétitions.

Au même titre que Cuba avec la salsa ou que la Jamaïque avec le reggae, Trinidad fait partie du petit club des îles Caraïbes qui ont su forger une forte identité culturelle dans leur musique, une musique pleine de pêche et de vitalité. L'expérience des fêtes trinidadiennes est à découvrir et à vivre absolument.

Deux îles pour le prix d'une

Sous un même pays, deux îles. Même origine géologique, géographie similaire, comme deux sœurs. Deux fausses jumelles toutefois, à la taille, au caractère et à l'histoire totalement différents. Plus que complémentaires, ces îles sont duales. S'y bousculent, s'y juxtaposent et s'y accolent toutes les images que l'on peut avoir de l'Ile, celle avec un grand I qui n'a cessé de peupler l'imaginaire, les rêves et les histoires.

Tour à tour île de western ou île jouet, île de Barbe rouge ou île de Robinson, île de tous les business et île aux cocotiers, île d'aventuriers ou île de farniente, Trinidad & Tobago, c'est un deux en un. Deux îles pour le prix d'une même destination.

L'île aux plages de sable blanc, aux poissons multicolores, aux raies mantas (un petit paradis pour la plongée) à l'indolence créole et aux voiliers : c'est Tobago, dont l'activité touristique est déjà à peu près implantée.

L'île aux forêts vierges et aux marais, l'île du mélange des ethnies et des genres, l'île du carnaval et de la musique : c'est Trinidad, au tourisme encore balbutiant.

Oui, Trinidad & Tobago est un deux en un. Une destination consensus ou chacun pourra faire son propre dosage entre découverte et confort, carnaval et farniente, écotourisme et plages pour bronzer.

Deux conditions pour bien apprécier le cocktail : à Trinidad, la nécessité d'un goût minimum pour l'aventure, à Tobago, le goût pour la tranquillité nonchalamment affichée.

Englishman's Bay, Tobago.

© MAXENCE GORRÉGUÈS

Fiche technique

Argent

Monnaie

Le dollar trinidadien (TT$). En pratique, le dollar américain est la monnaie de référence, particulièrement pour ce qui est du tourisme (hébergement, location de voitures, bonnes tables).

Taux de change

En octobre 2008 : 1 € = 8,28 TT$/10 TT$ = 1,21 €.

Idées de budget

Ces budgets indicatifs quotidiens par personne prévoient hébergement, restauration, visites, déplacements et faux frais, adaptés aux budgets (logement en guesthouse et déjeuner dans des restaurants locaux pour les petits budgets, etc.). Ils ne tiennent pas compte des billets d'avion.

- **Petit budget :** 65 €.
- **Budget moyen :** 90 €.
- **Gros budget :** à partir de 140 €.

À savoir

- **Sur place le taux de change euro/ monnaie locale ou euro/US$** est beaucoup moins favorable que celui que l'on peut obtenir à partir des pays de l'UE. L'idéal est donc de se munir de traveler's cheques en dollar américain.

- **Les cartes de crédit sont très largement acceptées.** On trouve très facilement des distributeurs automatiques de billets à Trinidad, c'est beaucoup moins vrai à Tobago hors de Crown Point ou Scarbourough.

Trinidad & Tobago en bref

Le pays

- **Nom officiel du pays :** Trinidad-and-Tobago (en français : Trinité-et-Tobago).
- **Capitale administrative :** Port of Spain (Port-d'Espagne en français).
- **Type de gouvernement :** démocratie parlementaire.
- **Superficie :** Trinidad & Tobago : 5 148 km² (Trinidad : 4 828 km², Tobago : 303 km²).
- **Langue officielle :** anglais. Le français n'est que très rarement parlé.

Drapeau de Trinidad & Tobago

C'est en 1962 que les deux îles s'affranchissent de la domination britannique pour acquérir leur indépendance, tout en restant membres du Commonwealth.

En même temps que l'indépendance, les îles de Trinidad & Tobago se dotent d'un nouveau drapeau.

Le rouge symbolise l'énergie et la générosité du peuple, ainsi que la chaleur du soleil. Les deux bandes blanches représentent l'égalité des hommes et de la mer ; enfin, la bande noire transversale marque la force, la volonté et la ténacité de maintenir l'unité du pays.

La population

- **Nombre d'habitants :** 1,1 million d'habitants (population active : 615 000 individus).
- **Espérance de vie :** 68 ans pour les hommes/68 ans pour les femmes.
- **Répartition ethnique de la population :** Indiens : 40,3 % ; Noirs : 37,7 % ; Métis : 20 % ; Blancs : 0,6 % ; Chinois et autres : 1,4 %.
- **Religions :** catholiques : 26 % ; hindouistes : 22 % ; anglicans : 7,9 % ; baptistes : 7,2 % ; musulmans : 5,8 % ; presbytériens : 3,4 % ; autres : 27,7 % (animistes, etc.).

L'économie

- **PNB :** 14,6 milliards US$; PIB/habitant : 21 000 US$.
- **Taux de croissance :** 5,5 % en 2000, 5,7 % en 2007.
- **Taux d'inflation :** 7,6 % en 2007.
- **Taux de chômage urbain :** 6 % en 2007.
- **17 % de la population** vit en dessous du seuil de pauvreté en 2007.

Téléphone

▶ **Code pays de Trinidad & Tobago :** 1868.

▶ **Codes régionaux :** pas de code régional.

▶ **Code international pour appeler à l'étranger :** 00 en France (+ pour les portables), 011 à Trinidad & Tobago.

▶ **De Trinidad & Tobago vers la France :** code international + code France (33) + indicatif régional sans le zéro + les 8 chiffres du numéro français. Ex : d'Arima à Strasbourg : 011 + 33 + 3 XX XX XX XX.

▶ **De la France vers Trinidad & Tobago :** code international + code Trinidad & Tobago + numéro local à 7 chiffres. Ex : de Nice à Port of Spain : 00 + 1868 + YYY HHHH.

▶ **De Trinidad & Tobago vers Trinidad & Tobago (sur la même île ou d'une île à l'autre) :** numéro local à 7 chiffres. Ex : de Blanchisseuse à Chaguaramas : 123 45 67.

Décalage horaire

Moins 5 heures en hiver, moins 6 heures en été.

Climat

Trinidad & Tobago bénéficie d'un climat subtropical qui se caractérise par une constance des températures tout au long de l'année, oscillant entre 20 °C pour leur minimum journalier et 30 °C pour leur maximum.

▶ **Deux saisons alternent au cours de l'année :** la saison sèche – de janvier à fin mai – et la saison humide – de fin juin à décembre.

Formalités

Pas besoin de visa lorsqu'on est ressortissant de l'UE. Seules la présentation d'un passeport en cours de validité et la possession d'un billet A/R suffisent. La durée totale du séjour

Danseuse du carnaval.

touristique ne peut excéder trois mois. Travailler à Trinidad & Tobago requiert obligatoirement l'obtention d'un permis de travail.

Conduite

Sur une période n'excédant pas trois mois, le permis de conduire français suffit pour conduire sur place. On roule à gauche à Trinidad & Tobago, et le parc automobile locatif est très majoritairement composé de voitures à boîte de vitesse automatique.

Dates des prochains carnavals

Dates du carnaval ces prochaines années (les lundi de Jouvert et mardi de la parade). 2009 : le 23 et le 24 février • 2010 : le 15 et le 16 février • 2011 : le 7 et le 8 mars • 2012 : le 20 et le 21 février • 2013 : le 11 et le 12 février.

Port of Spain											
Janvier	Février	Mars	Avril	Mai	Juin	Juillet	Août	Sept.	Octobre	Nov.	Déc.
21°/ 28°	21°/ 29°	21°/ 29°	22°/ 30°	23°/ 31°	23°/ 30°	23°/ 30°	23°/ 31°	23°/ 31°	23°/ 31°	22°/ 30°	22°/ 29°

Idées de séjour

Que faire à Trinidad & Tobago ? Et en combien de temps ?

Tout dépend bien sûr du temps dont on dispose. La superficie totale des deux îles excède celles de la Réunion et de Maurice réunies. Il est donc dur de « couvrir » la destination en peu de temps, d'autant plus que les routes sont escarpées et qu'on se retrouve très rarement à rouler à plus de 50 km/h, hormis les deux tronçons d'autoroute que compte l'île.

L'intérêt de séjourner plus ou moins longtemps à Trinidad & Tobago dépend aussi de l'époque de l'année. Dans un pays aux traditions aussi vivaces, l'année est rythmée par de nombreuses fêtes et célébrations, et il y a toujours un événement particulier, un festival qui peut susciter l'intérêt à prolonger son séjour, sans compter le temps fort de l'attractivité touristique de Trinidad : la semaine de Carnaval. L'intérêt du séjour dépend également de la météo. La saison sèche (de janvier à juin) se prête idéalement à la balade, à la plage et au farniente. La saison humide (d'août à décembre), moment dans l'année où la nature tropicale regorge de vie et de luxuriance, est propice aux activités de trekking et d'écotourisme. A Trinidad & Tobago, il y a 3 endroits qui sont, d'un point de vue touristique, plus accessibles que les autres : Port of Spain et sa région, la côte Caraïbe au nord de Trinidad et l'île de Tobago. Le reste du pays, s'il ne manque pas d'intérêt, se prête moins volontiers à une exploration commode. On n'y voit quasiment pas de touristes, et si les côtes est et ouest proposent quelques solutions d'hébergement, le centre et le sud en sont totalement dépourvues. La meilleure, voire la seule façon, de visiter ces parties de l'île est encore d'être accompagné par une des agences de voyages locales qui y proposent des excursions, généralement centrées autour d'une thématique nature et éco (visite des marais du Nariva, exploration des zones forestières du centre, grottes de Tamana ou de Aripo).

Combien de temps passer à Port of Spain ?

▶ **Compter une semaine en période de carnaval, 2 ou 3 jours à une autre époque de l'année.** Ville plutôt calme, Port of Spain ne dispose pas d'un grand parc d'attractions historiques. L'aéroport de Piarco est situé à plusieurs dizaines de kilomètres de la capitale. Il est donc théoriquement possible de séjourner sur l'île en évitant de se rendre à Port of Spain. Il faudra pour cela avoir réglé la question du transport à partir de l'aéroport avec la *guesthouse* dans laquelle on compte séjourner, ou alors louer une voiture à l'aéroport. Hormis ces deux cas, passer par Port of Spain est incontournable à toutes celles et ceux qui voudront vraiment partir à la découverte de Trinidad et de sa population. Port of Spain est non seulement le cœur économique de l'île, mais aussi sa principale scène culturelle. C'est le principal point de départ de toutes les solutions de transport à travers l'île. De plus, la région de Port of Spain est l'endroit de l'île le mieux pourvue en hôtels et *guesthouses*. Elle pourvoit donc une base arrière commode pour partir à la découverte d'un pays assez cruellement dépourvu de solutions d'hébergement par ailleurs, notamment dans son centre et son sud.

Pour qui aime la fête et décide de venir à Trinidad & Tobago en période de pré-carnaval ou de carnaval, la capitale est un must. On peut facilement y passer une semaine minimum. C'est là que se déroulent toutes les compétitions de *steel-band* et toutes les « *partys* ». Il y a également beaucoup à faire dans les trous du calendrier des fêtes et des réjouissances. A moins de 15 km de la ville, les amateurs trouveront la superbe plage de Maracas Bay. Chaguaramas, distant de Port Of Spain d'une petite dizaine de kilomètres, regorge de possibilités de balades étonnantes, en pleine jungle, avec bambous géants et singes hurleurs au casting. C'est aussi à Chaguaramas que se trouve l'embarcadère pour les îles des Bocas, aux histoires, aux paysages et aux destins étonnants. Dernières stations avant l'Amérique du Sud toute proche…

Pour qui vient à Trinidad en période post-carnaval, Port of Spain devient plus contournable. Hors période de carnaval, passer ses journées à Port of Spain devient moins intéressant. On n'y consacrera que la durée nécessaire à arranger son transport ou ses balades à travers l'île (la plupart des agences locales proposent des excursions sur une journée au départ de Port of Spain), plus quelques jours pour visiter les abords de la ville avant de filer sur la côte nord ou à Tobago.

Combien de temps passer sur la côte Caraïbe de Trinidad ?

▶ **Port of Spain – Blanchisseuse : compter 3 à 4 jours.** La côte nord de Trinidad constitue un superbe circuit touristique, dont le point de départ se situe à 15 km de Port of Spain, à Maracas Bay. Maracas Bay marque le début de la route qui longe la côte nord dans sa partie ouest, jusqu'à Blanchisseuse. Quelques très belles plages se situent sur l'itinéraire. Celle de Maracas Bay bien sûr, mais aussi celles de Las Cuevas et celles de Blanchisseuse.

Si une petite cinquantaine de kilomètres seulement séparent Port of Spain de Blanchisseuse, il faut compter entre une heure et une heure et demie au minimum pour faire le trajet en voiture. Il est donc intéressant de passer une nuit ou deux dans l'un des quelques hôtels ou guesthouses de cette partie de la côte nord. Des solutions d'hébergement existent entre Port of Spain et Blanchisseuse, même si elles ne sont pas encore très nombreuses. On pourra en trouver à Maracas Bay, dans le village de pêcheurs. A une dizaine de kilomètres à l'est de Maracas Bay, un hôtel permet de séjourner à Las Cuevas. Mais le point de chute le plus adapté à la découverte de cette partie de la côte nord est encore Blanchisseuse. Ce petit village est celui où s'arrête la route du littoral, le laissant vierge de toute habitation et de présence humaine sur plus de 30 km, jusqu'à Matelot. Blanchisseuse est le point de départ de quelques très belles balades à faire à pied ou en pirogue, jusqu'à la plage et aux cascades de Paria, distantes de plus de trois heures de marche (7 heures aller-retour). Blanchisseuse est aussi une bonne base arrière pour rayonner dans la chaîne montagneuse de la côte nord, que ce soit pour aller au Asa Wright Centre ou faire des balades aux alentours de Brasso Seco.

▶ **La région de Toco et de Grande Rivière : compter 2 à 3 jours.** Située sur la côte Caraïbe à l'extrême nord-est de l'île, la région de Toco et de Grande Rivière est l'une des plus éloignées de la capitale. De Port Of Spain, il faudra compter un minimum de trois heures de voiture. Compter une à deux heures de plus au minimum si vous empruntez les transports en commun. Cette région de la côte nord est certes un peu enclavée, mais elle est vraiment magnifique. Le temps y est suspendu. Une fois que l'on y parvient, on n'aspire qu'à jouir en toute quiétude de ses plages somptueuses qui viennent border le vert de la forêt vierge toute proche. Séjourner 2 à 3 jours à Grand Rivière permet d'apprécier pleinement la sérénité de cet endroit reposant si loin de tout. Si la saison est propice (de mars à début août) on pourra y voir des tortues luths qui viennent pondre sous le roulement incessant d'une mer omniprésente.

▶ **La portion Arima – Port of Spain : compter 1 à 2 jours.** La route qui ramène de Toco à Port of Spain passe par l'« East Corridor », une plaine qui longe d'est en ouest la chaîne montagneuse du Nord. C'est la partie la plus densément peuplée de Trinidad. Sur cet East Corridor, la portion Port of Spain-Arima mérite au moins un ou deux arrêts. On pourra notamment passer par les petits villages de Lopinot, un des hauts lieux de la tradition Parang sur l'île. On pourra également admirer l'une des plus hautes cascades de l'île, à Maracas St Joseph, ou visiter le monastère du Mount St Benedict, tout à côté de Tunapuna.

Combien de temps passer à Tobago ?

Située à deux heures et demie de bateau de Trinidad ou à 20 min en avion, la petite île de Tobago est emblématique de l'imagerie caraïbe. Elle saura pourvoir à profusion en plages de sables fin, en lagons et coraux peuplés de poissons de toutes tailles et de toutes les couleurs. Un vrai petit paradis pour les amateurs de plongée et les amoureux de nature, spécialement dans la partie nord de l'île, encore très peu développée. Il n'y a pas vraiment de durée de séjour à conseiller. Tout dépend du nombre de jours que vous souhaitez passer à vous reposer et à apprécier une nature parmi les plus belles au monde.

Au centre de Tobago, dans sa partie montagneuse, une superbe forêt vierge primaire, connue pour être la plus vieille réserve naturelle au monde, comblera les amateurs de Robinsonnades et de balades naturalistes.

Au sud de l'île, dans les basses terres, on trouvera tout ce qui compose le cocktail classique d'une station balnéaire digne de ce nom, avec des superbes plages, des hôtels confortables, des golfs et des boîtes. Bref, il y en a donc pour tous les goûts, et la petite île mérite bien que l'on s'y arrête au moins une semaine, que l'on soit pêcheur, plongeur, golfeur, écotouriste ou tout simplement adepte de farniente.

Quelques idées de circuits à Trinidad & Tobago

▌ **Circuits courts (base 7 à 10 jours) : découverte de Port of Spain et de ses environs.** Il y a une multitude à faire et à voir dans un rayon d'une vingtaine de kilomètres autour de la capitale. La visite de Paramin (10 km de Port of Spain) pour sa musique Parang, la région de Chaguaramas (15 km de Port of Spain) pour ses randonnées entre bambous géants et singes hurleurs ainsi que ses night-clubs pour les amateurs, les îles des Bocas au large de Chaguaramas, situées à un jet de pierre des côtes du Venezuela, la plage de Maracas Bay (à une vingtaine de kilomètres de la capitale).

▌ **Circuit classique (base de 14 jours) : une semaine de carnaval à Port of Spain et une semaine à Tobago.** Pour les fêtards, c'est le circuit incontournable par excellence. Il permet tout à la fois de goûter aux joies et à l'exubérance d'un des plus beaux carnavals au monde tout en se donnant le temps de se refaire une santé dans le cadre idyllique et nettement plus indolent de Tobago. Un inconvénient cependant : l'affluence touristique qui est à son pic sur les deux îles à cette période de l'année, tout comme le prix de l'hébergement. Il faut impérativement réserver longtemps à l'avance pour obtenir un logement.

▌ **Circuit nature et aventure (base de 10 à 12 jours) : la côte Caraïbe de Trinidad et le nord de Tobago.** Une large dominante écotouristique pour cette boucle entre la côte nord de Trinidad et la partie la moins développée de l'île de Tobago et qui permet de s'immerger à plein dans un des cadres naturels les mieux préservés de la zone Caraïbe.

Au programme : cascades naturelles à foison, observation d'une faune et d'une flore sans commune mesure avec celles des autres îles antillaises, robinsonnades dans les bungalows et lodges du nord de Tobago, et ponte des tortues luths sur les plages nord de Trinidad (période idéale : de mars à fin août). Une option pour les sportifs : la possibilité d'un trek de 30 km sur la portion littorale du nord de Trinidad entre Blanchisseuse et Matelot (ni route, ni habitations, seulement un sentier entretenu à la machette…).

▌ **Circuit nature et ethno (base d'une semaine) : centre et sud de Trinidad.** Au programme de ce circuit en immersion profonde dans la réalité rurale du pays et qui ne peut se concevoir sans l'aide des agences locales (généralement basées à Port of Spain ou à proximité), la visite des marais et des réserves naturelles du centre et du sud de l'île, moins visitées que celles du nord.

Vous pourrez voir les marais de Caroni, de Nariva et de Orpuche – possibilité de visites en kayak –, les grottes de Tamana et d'Aripo, pour leurs colonies de chauves-souris et de diablotins, vous pourrez faire la visite des campagnes trinidadiennes et aller à la rencontre des villageois et des exploitants traditionnels de cacao et de café.

INVITATION AU VOYAGE

Charlotteville, Tobago.

Trinidad & Tobago sur Internet

Informations générales

■ **www.gotrinidadandtobago.com**
Le site officiel de TIDCO, le bureau du tourisme de Trinidad & Tobago. Ce site très bien fait présente une vue complète de ce qu'il est possible de faire à Trinidad & Tobago, tout en donnant plein d'informations pratiques et d'adresses.

■ **www.discovertrinidad.com**
Un site commercial qui, comme son nom ne l'indique pas, présente les deux îles selon une vision d'ensemble assez bien organisée quoique moins exhaustive que le site de TIDCO, notamment sur le plan des infos pratiques. A noter le bon calendrier d'événements.

Informations pratiques

■ **www.trinidadshopping.com**
À ce jour, le portail le plus complet sur les infos pratiques du type annuaire et contact.

■ **www.carnaval.com/cityguides/trinidad/trincity.htm**
Un city webguide sur les sorties à Trinidad et Port of Spain qui regroupe énormément de liens intéressants et utiles.

Culture

■ **www.ethnologue.com**
Lancer le moteur de recherche interne sur « Trinidad » pour trouver des infos sur l'histoire et les caractéristiques des patois et des dialectes parlés à Trinidad & Tobago.

■ **www.triniview.com**
Site qui regroupe dossiers, historiques et éditoriaux liés à l'actualité. Dommage qu'il n'y ait pas un petit agenda avec les événements culturels à venir.

■ **www.raceandhistory.com**
Un portail regroupant sites et infos sur les communautés noires créoles des Antilles anglophones.

Musique

■ **www.pantrinbago.com**
Le site officiel du *steel pan* à Trinidad & Tobago.

■ **www.triniscene.com**
La meilleure adresse sur le Web pour savoir tout ce qui se passe en matière de sorties à Trinidad & Tobago. C'est la référence pour retrouver toutes les dates de concert, des grosses soirées et autres événements culturels.

Environnement

■ **www.ema.co.tt**
Le site gouvernemental sur l'environnement à Trinidad & Tobago et l'actualité de sa conservation et de sa protection.

■ **www.interlog.com/~barrow/**
Un site sur les oiseaux de Trinidad & Tobago.

Sites perso

■ **www.mytobago.info**
Un site qui n'a de « perso » que le nom. Un couple d'Anglais natifs du Guyana a conçu un site que beaucoup d'offices du tourisme rêveraient d'avoir. Carte des plages, listings d'hôtels et de restaurants, avec un maximum de liens, des critiques d'établissements, des adresses loisirs, un forum très visité et rempli de bons plans, des galeries photo, etc. Du travail de pro à consulter absolument en cas de visite de Tobago !

■ **www.tntisland.com**
Le site perso, bien actualisé et incroyablement complet de Roger, un informaticien canadien né de mère tobagonienne et visiblement amoureux des deux îles. Y sont passés en revue tous les registres d'info, de l'info générale classique à des points beaucoup plus pointus, du type où trouver une limousine ou un sound system à louer. Entre les deux, toute une gamme d'infos pratiques, utiles pour le voyageur. Le site est un peu fouillis, mais vous pourrez en tirer de précieuses informations si vous parvenez à naviguer.

DÉCOUVERTE

Trinidad & Tobago en 25 mots-clés

Amérique du Sud

Bien qu'elles fassent officiellement partie des îles Caraïbes, Trinidad et Tobago sont géographiquement plus proches de l'Amérique du Sud que toutes les autres îles de l'arc antillais. Les deux îles étaient reliées au Venezuela il y a quelques dizaines de millions d'années, au moment des dernières grandes glaciations.

De cette proximité avec le continent, elles ont gagné une végétation et une faune atypiques, uniques dans toutes les Antilles. On y trouvera des espèces similaires à celles des terres humides amazoniennes (caïmans, anacondas, agoutis, lamantins…), plus quelques espèces endémiques propres aux deux îles. Le très proche voisinage de Trinidad avec le continent (seulement 15 km) peut peut-être aussi contribuer à expliquer un mode de vie qui, dans certaines parties de l'île, est parfois plus proche de la fièvre latino que de l'indolence antillaise.

Angostura

Cet extrait aromatique qui parfume certains cocktails présente une similitude avec le calypso. Généralement, on en connaît le nom, on en présume la saveur mais on en ignore l'origine. A Trinidad précisément, il y a quand même une grande différence entre le breuvage et le genre musical. La note de l'angostura est bien plus amère que celles du calypso. A n'utiliser qu'à petites doses (contrairement au calypso).

Bacchanale

La grande affaire de la fête à Trinidad. L'âme du carnaval. L'instant où tout est permis et où les lois n'ont plus cours. L'instant où, sous l'emprise de la musique et de l'énergie de la foule, tout devient possible. Dans un pays où l'esclavage a laissé des traces profondes dans l'héritage culturel, la bacchanale revêt toujours une haute valeur symbolique, même si le terme a désormais tendance à désigner plutôt l'importance de la fête que ses risques subversifs.

Bird watching

Pour la faune avicole, Trinidad et Tobago sont deux petits paradis qui présentent une des plus fortes densités et diversités d'oiseaux observées au monde. Ce serait une grave erreur de faire le déplacement sur l'une des deux îles sans aller les observer dans leur espace naturel. Assez tôt, le goût anglo-saxon prononcé pour le naturalisme a motivé la mise en place d'une offre touristique consacrée à l'observation de la nature. De la formation de nouveaux guides à la création de réserves naturelles, en passant par le lancement de nouveaux projets d'hôtels et la création de packages proposés par les tour-opérateurs, cette orientation débouche aujourd'hui sur la filière plus large de l'écotourisme, devenue de fait un des filons touristiques majeurs des deux îles.

Calypso

Un genre musical qui connut son heure de gloire internationale dans les années 1950, popularisé notamment par Henry Bellafonte, et qui reste aujourd'hui une musique très populaire à Trinidad, même si son évolution conduit à l'émergence de nouveaux courants comme la soca ou le rapso, des courants qui viennent concurrencer les formes traditionnelles du calypso auprès des jeunes.

Carnaval

Le ciment national de Trinidad & Tobago. Le lieu de rassemblement identitaire par excellence. Dans la mesure du possible, planifiez votre séjour sur les dates de cette fête unique au monde. Au fil du temps, chacune des ethnies qui composent la population de l'île y a rajouté sa touche, ses traditions, ses costumes, et, chaque année, toutes les cultures et toutes les communautés s'y retrouvent dans une explosion festive et débridée. Pendant environ quatre mois, le carnaval accapare tous les esprits de l'île et impose véritablement son rythme à l'année. Il y a l'effervescence de la saison du carnaval et il y a la langueur de l'après, longue comme une saison des pluies. Le carnaval de Trinidad est l'un des plus beaux du monde et, en termes d'importance, il peut supporter sans complexe la comparaison avec celui de Rio. A la différence que, pendant cinq jours, c'est plus que toute une ville, c'est toute une île qui fait la fête pratiquement en permanence.

Cascades

Qui n'a pas au fond de la tête l'image d'une de ces cascades des îles mises en scène et vantées par la publicité de certains produits de douche ? Eh bien, non, ces cascades ne sont pas fantasmatiques et elles existent en vrai. Et pas seulement en Polynésie. Il y en a même des centaines sur la côte nord de Trinidad et à Tobago. Et certaines ne sont peut-être pas encore découvertes. Et on répondra par l'affirmative à celles et ceux qui voudraient savoir si, comme dans les pubs, on peut se baigner dedans.

Chutney

On dit que leur amour immodéré pour la mangue a poussé chaque immigrant indien en partance pour Trinidad à emporter un fruit destiné à être planté sur l'île. C'est un fait que les manguiers abondent à Trinidad et que la sauce chutney, la sauce à la mangue, occupe, comme l'ensemble de la cuisine indienne, une place de choix dans le répertoire des saveurs culinaires de l'île. Par extension, chutney désigne tout ce qui est propre à la communauté indienne de l'île, comme, en musique, la « chutney soca ».

Colibri

Ce petit oiseau est emblématique de Trinidad. C'est d'ailleurs ainsi que les premiers habitants amérindiens nommaient l'île : « Lëri », l'île de l'oiseau-mouche, l'île du colibri. Ils sont ici très nombreux, et on en recense 16 variétés parmi les plus rares du monde.

Cricket

Comme en Inde, le cricket est le sport national. Colonisation britannique oblige. Les stars nationales de ce sport comptent parmi les meilleurs joueurs du monde et sont aussi reconnus pas les habitants de Trinidad & Tobago que les joueurs de football de l'équipe nationale.

Do you play mas ?

A chaque période de carnaval, c'est la question rituelle et c'est aussi celle qu'immanquablement le visiteur s'entendra poser. Parce qu'il y a une chose que les Trinidadiens savent bien et dont ils tirent leur fierté, c'est qu'on ne peut pas se contenter d'observer le carnaval. D'ailleurs, il ne laisse guère le choix. Pendant les dernières semaines qui précèdent l'événement, la musique et l'énergie montent crescendo, et c'est une véritable effervescence qui s'empare de l'île tout entière, effervescence à laquelle on ne peut échapper. La meilleure façon d'y participer est alors de « play mas », jouer la mascarade.

Playing mas, cela signifie avoir acheté un costume de carnaval dans un atelier – le *mas camp* –, parmi la vingtaine spécialisés dans la confection des costumes des différents bands qui iront défiler en processions. *To play mas*, c'est encore se joindre à l'une de ces processions et suivre une bande de fêtards qui, par centaines ou milliers, défileront aux couleurs de leur atelier préféré. *To play mas*, c'est enfin profiter de la logistique mise en œuvre par chaque atelier. Pour le prix du costume, les ateliers garantissent des services adjoints, comme les boissons illimitées et un service d'ordre assurant la sécurité des participants. Les noms des ateliers claquent d'ailleurs comme des marques. On pourra ainsi préférer « *to play mas* » chez Poison, Legends, Arts ou Barbarossa, pour citer quelques-uns des ateliers les plus populaires. Prix moyen d'un costume chez ces confectionneurs si particuliers : autour de 1 000 TT$.

Homme costumé.

Gingerbread

Littéralement, pain d'épice en anglais. Ce terme désigne les petites maisons victoriennes en bois peint, construites à la fin du XIXe siècle ou au début du XXe, et que l'on voit encore très nombreuses dans les quartiers de San Fernando et de Port of Spain. Le terme est finalement bien choisi tant certaines rappellent les maisons de poupée ou celle du conte de Hansel et Gretel, la maison de pain d'épice. Tout y est mignon, délicat et un peu féerique, des toits en forme de pagode aux fioritures ciselées des vérandas en passant par les ornements brodés des faîtières et des embrasures, sans oublier le jardin de bananiers. Malheureusement, la promotion immobilière et la modernité rampantes font mauvais ménage avec le pain d'épice et menacent à terme de conformer le paysage urbain de Trinidad au modèle américain. Dans une vision écologique de l'urbanisme trinidadien, *gingerbread* pourrait bientôt sonner comme le nom de la prochaine espèce en voie de disparition.

Jouvert ou J-ouvert

L'un des moments les plus importants du carnaval. Son étymologie provient du français « jour ouvert ». L'ouverture de Jouvert marque le début du mardi gras et a lieu en pleine nuit, aux alentours de 4h du matin, le lundi. Toute l'île se précipite alors dans les rues, pour se rassembler et commencer la fête la plus grandiose de l'année.

Jumbies

Dans la tradition folklorique toujours vivace à Trinidad, ce terme désignait à l'origine une créature de la nuit, possédée, à l'image des zombis haïtiens. Par extension, il désigne aujourd'hui toute personne ayant développé un goût marqué, une accoutumance, que ce soit pour la fête, le *steel drum* (*a pan jumbie*) voire, plus rarement, le travail (*a wo'k jumbie*).

Kaiso musique

Il s'agit d'un type de musique propre à Trinidad et qui trouve ses origines en Afrique de l'Ouest. Le kaiso évolua alors peu à peu vers le calypso. Les chansons de kaiso sont souvent écrites à la forme narrative et tourne souvent autour d'un sujet politique.

Liming

Le sport national des Trinidadiens, leur activité favorite. En français, on pourrait le traduire par « tailler une bavette » ou « passer du bon temps entre amis ». Il n'y a pas d'horaire pour pratiquer le *liming* à Trinidad. Il n'y a pas d'endroits obligés non plus. Cela peut se faire quel que soit le moment de la journée et partout : bien sûr, à l'apéro, autour d'un verre, mais aussi sur une plage, chez des amis, en attendant un taxi… Le *liming* n'est en fait rien d'autre qu'un héritage de la palabre africaine, doublé du fort goût trinidadien pour un hédonisme partagé et d'une insatiable curiosité envers autrui.

Pétrole

La chance de Trinidad & Tobago, sinon son assurance-vie. En tout cas, un gage de très bonne et longue santé pour le PNB des deux îles, tant les gisements de ressources naturelles y sont immenses. Il y a le pétrole, certes, mais aussi le méthanol liquide, l'ammoniac, l'urée et d'autres gaz naturels qui promettent une vie prospère à la nation ces prochaines années…

Trinidad et Tobago ont toutes les cartes aujourd'hui pour devenir un petit Koweït antillais, à moins que, dans l'incapacité de gérer socialement la redistribution de ses richesses, le pays ne s'enfonce dans le marasme.

Pour le visiteur qui préfère les chemins de traverse, à l'écart des autoroutes du tourisme de masse, le pétrole de Trinidad a au moins un avantage : il ne subordonne pas l'économie du pays à l'industrie touristique et contribue à préserver son patrimoine naturel et sa forte identité. Ce qui est une rareté aujourd'hui dans les Antilles.

Robinson

Ou plutôt l'île de Robinson. Si cette île existe, c'est Tobago. En tout cas, c'est ce que les locaux disent. Non seulement la latitude que donne Defoe dans son roman correspond assez bien à celle de Tobago, mais surtout la physionomie de cette dernière correspond parfaitement à l'imagerie de l'île déserte, seulement peuplée par les cocotiers et un héros barbu à la coiffe en peau de chèvre. Les habitants de Tobago se sont empressés d'exploiter le mythe. Il y a même une grotte, appelée pour la circonstance grotte de Robinson, que l'on peut visiter moyennant quelques deniers.

Rum-shop

A Trinidad, le *rum-shop* est une institution. C'est, partout dans l'île et pour pas cher, le lieu par excellence de la socialisation et du *liming*. Pas un village, pas un hameau qui n'ait pas son *rum-shop*. Il se présente généralement sous la forme de petits étals comportant un bar, souvent une terrasse, équipée de deux ou trois tables et de quelques chaises. En plus de la musique et des boissons fraîches, le visiteur y trouvera des renseignements pratiques ainsi que des cigarettes, s'il le désire. Debout ou assis, le rhum vous aidera probablement à vous lâcher en anglais et à rentrer dans des conversations que vous auriez jugées inopportunes en d'autres circonstances.

Soca

Là encore, il s'agit d'un genre musical qui équivaut à une version accélérée du calypso. Le mot « soca » n'est autre que la contraction de soul-calypso. La musique soca est apparue au sein même du carnaval de Trinidad, dans les années 1970.

Steel-bands

L'âme de Trinidad. Celle des orchestres polyphoniques venus des ghettos de Laventille pour jouer le calypso ou même J. S. Bach (si, si) sur des barils de pétrole recyclés, gagnant ainsi non seulement l'estime d'eux- mêmes, mais aussi la fierté de tout un peuple. Le *steel-drum*, appelé aussi *pan* (casserole en anglais), est le dernier instrument musical majeur à avoir été inventé dans le monde. Aujourd'hui décrété instrument national de Trinidad & Tobago, il s'est institutionnalisé jusqu'à devenir le symbole d'une nation en construction d'identité au moment de l'indépendance. Instrumentaliser l'instrument, c'est tout simple, mais il fallait y penser.

Superstitions (et folklore)

Le folklore de Trinidad peuple ses forêts de créatures assez étranges, telles que Papa Bois, Mama De l'Eau, le Ligahoo (notre loup-garou), le Soucouyant ou encore la Diablesse. Toute une ménagerie de différents dieux et sorcières en directe provenance d'un vieux folklore français qui se serait entiché des superstitions africaines shango des Yorubas. La perpétuation de ce folklore encore vivace est facilitée par la pratique clandestine mais toujours actuelle des cultes orishas. Encore aujourd'hui, une bonne part de la population croit à la magie, allant jusqu'à consulter les guérisseurs obehas…

Tortues

La côte nord de Trinidad est l'une des côtes vierges les plus longues qui subsistent encore parmi tous les rivages des Caraïbes, et c'est par dizaines de milliers que les tortues géantes et autres tortues à carapace en cuir s'y rendent chaque année pour y pondre, de début mars à fin juillet. Un spectacle rare que, manifestement, les Trinidadiens, de plus en plus conscients de la richesse de leur patrimoine naturel, entendent protéger. Les communautés villageoises vont jusqu'à organiser elles-mêmes la surveillance de leurs plages afin de défendre les tortues du braconnage et plus généralement de toute activité humaine perturbatrice. Ainsi certaines plages sont interdites d'accès au public pendant la période de la ponte. A la bonne saison, garantie est donnée aux visiteurs de pouvoir continuer à observer ces gentilles bêtes, tout droit venues des temps immémoriaux.

Vaps

It's a vaps, to go for a vaps… On pourrait traduire cette expression trinidadienne par : c'est un plan ou partir pour un plan. Mais que l'on ne se méprenne pas. Le *vaps* est le contraire de la planification… ou de la ponctualité.
En fait, le *vaps* désigne l'impulsion à profiter du temps qui passe et à saisir l'occasion qui se présente. Par exemple, on peut profiter d'un *vaps* pour aller *limer*. Et qu'importe les projets qui ont pu être faits auparavant. A Trinidad, le *vaps* passe avant tout !

Wining

Un autre sport traditionnel à Trinidad. Se pratique à deux, parfois plus, et consiste à se déhancher en rythme, les corps emboîtés l'un dans l'autre, aussi bien sur les rythmes syncopés du calypso que sur ceux, plus lascifs, du reggae ou sur les percussions d'un orchestre de rue improvisé, le tout en totale ingénuité.
En effet, il faut se garder de voir une quelconque lubricité dans le *wining*. Il s'agit juste d'une façon de danser et rien de plus. Donc, dans un pays qui reste au fond assez conservateur et pudique, ne pas confondre invitation à winer avec proposition pour l'après-soirée.

DÉCOUVERTE

Retrouvez l'index général en fin de guide

Survol de Trinidad & Tobago

TRINIDAD

D'une superficie totale de plus de 4 800 km² (à titre d'exemple, une superficie deux fois et demie supérieure à celle de l'île Maurice et plus d'une fois et demie à celle de la Réunion), l'île de Trinidad dessine avec ses 300 km de côtes comme un gros parallélépipède au large du Venezuela, situé à seulement 15 km. Un parallélépipède qui aurait lâché les amarres le retenant à la terre ferme, celle du continent, et qui aurait entraîné dans son sillage la petite île de Tobago, située à 30 km de la pointe nord de Trinidad. La proximité de Trinidad avec le continent n'est en effet pas seulement géographique, elle est aussi géologique. Contrairement aux autres îles antillaises, d'origine volcanique, Trinidad et Tobago auraient été reliées au continent à plusieurs reprises, dépendantes en cela des phases de grandes glaciations survenues à l'échelle géologique. La dernière en date remonte à la période allant de - 18000 à - 11000 av. J.-C. A cette époque, le niveau de la mer était inférieur de 100 m à son niveau actuel, et l'on pouvait progresser à pied dans la majeure partie dc ce qui est aujourd'hui le golfe de Paria. La fin de cette grande glaciation a permis à Tobago de gagner son caractère insulaire actuel en se séparant physiquement de sa grande sœur. Pour Trinidad, les choses se seraient passées beaucoup plus récemment. La datation au carbone de certains récifs de coraux retrouvés dans le golfe de Paria les fait remonter à seulement - 1500 av. J.-C. Cette séparation très récente de Trinidad avec le continent a des conséquences directes sur sa faune et sa flore, en provenance des côtes guyanaise et vénézuélienne. La diversité des espèces vivantes que l'on y recense est à l'image de celle qui caractérise les régions subtropicales de l'Amérique du Sud, bien plus grande que celle observée dans les autres îles antillaises. Si l'on ajoute à cela la formation d'un relief montagneux au nord de l'île, consécutif aux mouvements tectoniques de la région, et l'abondance du réseau hydrique qui recouvre l'île, on aboutit à une très large gamme de biotopes, allant de la forêt vierge primaire et de celle des zones montagneuses aux marais, en passant par différents types de forêts secondaires, par des paysages de savane dans les plaines et de fortes zones de mangroves sur les côtes. Tous ces biotopes sont globalement assez bien conservés dans la mesure où – pétrole oblige – l'agriculture n'est pas la ressource principale de l'île et connaît une régression continue depuis le milieu du XXᵉ siècle. Dernière particularité de Trinidad et particulièrement de ses rivages : le puissant courant de l'Orénoque, qui remonte dans le golfe de Paria et sur toute la côte est de Trinidad, traversant le chenal qui la sépare de Tobago. Riche en limons et nutriments, ce courant produit des eaux très poissonneuses, notamment très riches en espèces pélagiques, habituellement peu habituées à fréquenter les côtes, telles que les requins baleines et les raies mantas.

Climat

En raison de sa latitude (11° N), l'île de Trinidad connaît un climat subtropical, caractérisé par des températures assez élevées et constantes tout au long de l'année ainsi que l'alternance d'une saison sèche (de janvier à juin) et humide (de juillet à décembre).

Cyclones

Tous les marins qui barrent dans les Antilles et les assureurs qui garantissent leur bateau vous le diront : Trinidad et Tobago sont des endroits rêvés pour échapper au risque des cyclones qui viennent balayer la plus large partie des Caraïbes de fin juin à novembre. Statistiquement situées en dessous de la ceinture des cyclones, dont la frontière sud s'établit à 12°40'N – plus ou moins la latitude des îles Grenadines – Trinidad et Tobago apparaissent donc comme des havres de relative quiétude météorologique, même si elles ne sont pour autant pas exemptes de dépressions tropicales. Le dernier ouragan à avoir soufflé sur Tobago est l'ouragan Flora. Il remonte à 1963.

Températures moyennes et précipitations à Trinidad

	Moy. maxi (en °C)	Moy. mini (en °C)	Précipitations (en mm)
Janvier	32	21	60
Février	32	20	45
Mars	32	19	50
Avril	30	20	55
Mai	30	21	90
Juin	32	22	200
Juillet	30	22	225
Août	30	22	250
Septembre	31	22	200
Octobre	32	23	180
Novembre	32	23	190
Décembre	30	19	120

DÉCOUVERTE

Géographie

Trinidad est traversée par trois chaînes montagneuses, au nord, au centre et au sud de l'île. La plus haute, la chaîne de la côte nord, est la continuation d'une des cordillères sud-américaines. Elle traverse l'île de part en part, de Galera Point, à l'extrémité nord-est de l'île, jusqu'à la bouche du Dragon, au nord-ouest. El Cero de Aripo en constitue le point culminant, à 940 m. Deuxième sommet de la chaîne, El Tucuche culmine quant à lui à 936 m.

La plaine du Caroni, plate et bien irriguée, s'étire entre la chaîne du Nord et celle du Centre. C'est là que se concentre aujourd'hui l'essentiel de la culture de la canne à sucre. Au sud de la plaine du Caroni, la chaîne du Centre s'étire des collines boisées de Montserrat jusqu'à Tamana, dans un relief vallonné où les sommets ressemblent davantage à des collines qu'à des pics montagneux. Son point culminant est le mont Tamana, d'une hauteur de 307 m. Au sud de la chaîne du Centre, le paysage évolue dans un relief ondulé en direction des plaines du Nariva, au sud-est, et de la plaine de Naparima, au sud-ouest. Chacune de ces plaines se prolonge dans un marais. Au centre-ouest, celui du Caroni, au sud-ouest celui d'Oropuche et au sud-est celui de Naparima. Enfin, les collines de La Trinidad constituent le dernier relief du sud de l'île, avant la mer. Le réseau hydrique qui recouvre l'île est particulièrement dense et se caractérise par sa grande capillarité. Les trois cours d'eau principaux que l'on rencontre sur l'île sont la rivière Caroni qui vient irriguer la partie nord-ouest de l'île, la rivière Ortoire Guatare qui irrigue la partie sud-est de l'île, enfin la rivière Oropuche qui irrigue le sud-ouest de l'île. Aucun de ces cours d'eau n'est navigable.

Au cours des millénaires, les chaînes montagneuses du nord et du centre, de forte composante calcaire, ont été creusées par l'érosion, sous l'action des multiples cours d'eau qui sillonnent l'île. Ce qui a conduit à l'existence de nombreuses cavités et grottes souvent jointes en réseaux. Ces cavernes abritent souvent une faune spécifique, et particulièrement des chauves-souris par millions. Les grottes les plus fameuses sont celles d'Aripo et de Tamana. La géologie du sud et de l'est du pays se caractérise par la présence d'importants gisements bitumineux et pétrolifères. Deux curiosités géologiques sont à noter dans cette partie de l'île : la présence de nombreux volcans de boue et celle d'un des plus grands lacs naturels d'asphalte au monde, au sud de San Fernando. Les volcans de boue sont des édifices sédimentaires de forme conique et de taille variée.

Ils se caractérisent par un mélange de fluides (généralement eau et gaz) et de boue (argiles sous-compactées), qui s'écoule à partir d'un ou plusieurs évents au milieu du cratère. Ils sont susceptibles de produire des éruptions (de boue), tout comme leurs homologues magmatiques. Les volcans de boue sont associés à des échappements de gaz (essentiellement du méthane) qui forment des bulles à la surface du cratère et qui peuvent parfois s'enflammer au contact de l'air.

Flore

Chaleur et humidité obligent, Trinidad est une île luxuriante. Sa flore est d'une très grande richesse et, comme la saison de floraison diffère d'une espèce à l'autre, la nature y est fleurie toute l'année. On ne recense pas moins de 175 familles et 2 500 espèces différentes de plantes à Trinidad. Parmi les familles les plus répandues, les fougères, les orchidées, les légumineuses, les laîches, les rubiacées et les euphorbiacées se taillent la part du lion, chacune de ces familles regroupant plus de 80 espèces différentes. Parmi les arbres à la plus belle floraison, on trouve le poui, arbre majestueux qui se couvre de belles fleurs jaunes en avril, un arbre dont les fleurs rouges, les immortelles, parsèment les plantations de cacaoyers et que l'on pourrait confondre avec les flamboyants, également présents sur l'île, s'ils ne perdaient pas leurs feuilles au moment de leur floraison. Parmi les arbres les plus imposants de la forêt primaire, on peut citer le crappo, le guatecarc et « l'arbre à boulet de canon », aux grosses fleurs rouges, le bois

cano, le kapok et le banian. Les espèces non natives les plus communément introduites sur l'île regroupent le cacaoyer, présent ici depuis plus de deux cents ans, le caféier, le teck, introduit dans les années 1920, le pin des Caraïbes, introduit une trentaine d'années plus tard, le bananier, originaire d'Asie du Sud-Est, le cocotier, originaire du Pacifique-Sud, ainsi que l'arbre à pain, plus les différents membres de la famille des rutacées originaires de Chine et de l'Asie du Sud-Est que sont les orangers, les citronniers, les pamplemoussiers.

Bien évidemment, les espèces florales ne sont pas en reste, avec notamment quelque 700 orchidées recensées. L'orchidée Papillon, pipe du Hollandais et *Pagonia rosea* figurent parmi les plus belles que l'on puisse trouver à Trinidad. Parmi d'autres belles fleurs qui font la fierté de l'île, on peut citer le chaconnier, la fleur nationale de l'île qui fleurit en grappe de pétales écarlates, l'hibiscus, importé par les Anglais, la fleur de balisier, et la « flamme des bois », une espèce non native originaire de l'Inde.

Faune

Trinidad peut s'enorgueillir d'une faune particulièrement riche, aux origines essentiellement sud-américaines, même si certaines espèces endémiques ont déjà pu se développer au cours des dernières dizaines de milliers d'années. On ne dénombre pas moins de 30 espèces différentes d'amphibiens, 40 espèces de serpents, 5 familles et 25 espèces de lézards, 27 familles de mammifères regroupant une centaine d'espèces différentes et 400 espèces d'oiseaux, ce qui fait de l'île une destination privilégiée pour les amateurs de « *bird watching* ».

Parmi les mammifères, on note la présence de l'agouti, de la taille d'un gros lapin que l'on chasse pour sa chair ou pour en faire un animal de compagnie (il peut vivre jusqu'à 20 ans).

La jungle qui couvre les collines de La Trinidad ainsi que l'île Bush Bush, à Nariva, abrite des paresseux, des tatous et des fourmiliers qui se nourrissent d'insectes et de termites. Des ocelots peuplent encore les forêts du Nord, quoique de plus en plus rares. Le porc-épic arboricole est présent sur l'île, mais il est chassé pour sa viande très appréciée dans les campagnes. Même chose pour l'opossum, dont le nom local est manicou, ou le pécari.

Le chien bois et le chien des mangroves sont des espèces de chiens sauvages que l'on peut rencontrer dans les forêts ou les marais.

© WWW.PANLIBE.COM

Bananaquits.

Des outres vivent dans les rivières de la côte montagneuse du Nord. Le lamantin ou manatee essaye de subsister tant bien que mal dans la réserve protégée des marais du Nariva. Les singes hurleurs sont encore présents un peu partout sur l'île, bien que chassés pour leur viande. Les singes capucins sont la deuxième espèce de singes présente sur l'île. Enfin, habitant en grandes colonies les différentes cavités souterraines de l'île, comme celle de Tamana ou d'Aripo, 60 espèces différentes de chauves-souris se sont approprié les lieux depuis des centaines d'années.

Parmi les 400 espèces d'oiseaux recensées sur l'île, on doit tout d'abord citer la famille des colibris, avec 17 espèces différentes. Les forêts du Nord abritent toute une variété bariolée d'oiseaux, tangaras, guit-guits, grimpars, moucherolles, pawis, manakins, pics verts, cassiques, motmots, pour n'en citer que quelques-uns, sans compter d'innombrables toucans, piping guans, faucons et perroquets. Les plaines sont l'habitat favori des sporophiles, des merles à jabot rouge, des aigrettes, des caracaras, des anhingas et des divers pigeons, sans oublier le fameux *kiskadee* dont le nom remonte à la présence française, et dont le cri faisait dire à nos compatriotes de l'époque : « qu'est-ce qu'il dit ? », qui est devenu avec le temps « *kiskadee* », et a donné son nom à l'oiseau.

Outre l'oiseau-mouche, les deux sortes d'oiseaux les plus remarquables de Trinidad sont peut-être l'ibis rouge, que l'on peut admirer par colonies entières dans les marais, notamment ceux du Caroni, et qui doivent leur plumage écarlate à leur nourriture, exclusivement à base de crevettes, ainsi que les diablotins, appelés « *oilbirds* » à Trinidad, des oiseaux cavernicoles que l'on trouve dans les grottes d'Aripo et dont les Amérindiens chassaient les oisillons très gras pour en récolter la graisse. Ils l'utilisaient comme combustible pour leurs lampes et leurs torches.

Parmi les reptiles et amphibiens spécifiques de Trinidad, il faut citer les tortues géantes à carapace de cuir qui viennent pondre sur la côte nord de mars à fin juillet, les iguanes dont certains, qui peuplent les îles des Bocas, mesurent plus de deux mètres, les caïmans à lunettes, qui peuvent mesurer jusqu'à trois mètres à l'âge adulte. Sans oublier les 47 sortes de serpents recensés sur l'île, dont seulement quatre sont venimeux. Les plus impressionnants d'entre eux sont certainement

les macajuels, le nom local que l'on donne aux anacondas, qui vivent dans les marais et qui peuvent atteindre jusqu'à 10 m de long.

Enfin, le tour d'horizon de la ménagerie trinidadienne ne serait pas complet sans évoquer les insectes, qui sont particulièrement bien représentés sur l'île. 600 espèces de papillons, dont le fameux papillon empereur, aux ailes d'un bleu de cobalt. Des armées de fourmis, des termites, des araignées de toutes les tailles, y compris des tarentules, et des mille-pattes géants venimeux. Brrrou...

Environnement

Parcs et réserves naturelles

▶ **La réserve naturelle d'El Tucuche (925 ha).** Une réserve qui se visite uniquement à pied. Nécessite l'accompagnement d'un guide. Pour ce faire, contacter la « Forestry Division », Long Circular Road, Port of Spain ✆ (868) 622 4521 ou 622 7476 ou 622 7256 ou 622 3217.

▶ **Le Valencia Wildlife Sanctuary (2 760 ha).** Une réserve intéressante pour sa grande variété d'oiseaux, pour les cochons sauvages (pécaris), les cerfs, les agoutis, les tatous et les iguanes. Nécessite l'accompagnement d'un guide. Contacter la Forestry Division (*voir l'adresse au-dessus*).

▶ **Le Asa Wright Nature Centre & Lodge (80 ha).** Une ancienne plantation transformée en réserve ornithologique. On peut notamment y voir les fameux oiseaux diablotins. Des tours guidés de la réserve – pas très chers – sont organisés chaque matin. A midi, un buffet permet également de déjeuner ✆ (868) 667 4655 – Fax : (868) 667 0493.

▶ **Le Caroni Bird Sanctuary (135 ha).** L'endroit idéal pour voir les ibis rouges. Les visites se font en bateau ✆ (868) 645 1305.

▶ **La Bush Bush Wildlife Reserve (1 536 ha).** Cet îlot qui surnage dans les marais du Nariva est l'endroit idéal pour observer les singes hurleurs, les capucins ou d'autres mammifères comme le paresseux. On y accède uniquement en bateau. Pour s'y rendre, passer par un tour-opérateur spécialisé ou prendre contact avec la Forestry Division (*voir l'adresse ci-avant*).

▶ **Le Wildfowl Trust (10 ha).** Une réserve ornithologique située dans le sud de l'île, non loin de San Fernando. Pour la visiter, contacter Mrs Molly Gaskin ✆ (868) 637 5145 ou Mrs Shepard ✆ (868) 662 4040.

DÉCOUVERTE

TOBAGO

Géographie

Tobago est située à une trentaine de kilomètres au nord-est de Trinidad. De forme allongée, elle s'étend du nord-est au sud-ouest, sur une longueur de 42 km pour une largeur de 13 km dans sa partie la plus renflée. Sa superficie totale est de 300 km². L'île est montagneuse. Son centre est occupé par une chaîne de 29 km de long, qui culmine à 640 m et qui est couverte par une forêt primaire dense, couvrant les quatre dixièmes du territoire total. Au nord, et plus particulièrement au sud de cette chaîne, s'étalent des vallées verdoyantes, propices à l'agriculture.

Dans sa partie nord, et ceci des deux côtés de l'île, le littoral est particulièrement découpé et présente une succession de baies et de criques, ainsi qu'un chapelet d'îlots satellites, totalement inhabités. Le plus important d'entre eux, Little Tobago, s'étale sur une superficie de 120 ha et se situe au nord-est, face à Speyside.

Climat

Eu égard à ses coordonnées géographiques (11°15'N, 60°40'W), le climat de l'île est tout à fait tropical et influencé par les alizés soufflant du nord-est. La température moyenne est assez constante tout au long de l'année et oscille autour d'une moyenne de 26 °C, avec des pics pouvant atteindre 33 °C au moment de la saison humide. Cette période, qui dure six mois, de juin à décembre, se caractérise par un taux moyen de 85 à 87 % d'humidité, ainsi que par de fortes et généralement brèves averses quotidiennes.

Contrairement aux îles de l'arc antillais, Tobago ne doit pas son origine géologique à la forte activité volcanique de la région. C'est une collision tectonique entre le continent latino-américain et une plaque dérivant du Pacifique qui est à l'origine de sa formation et qui explique du même coup sa grande proximité avec l'Amérique du Sud. A l'âge des grandes glaciations, l'île s'est même retrouvée totalement rattachée au continent – le niveau des mers étant alors inférieur à son niveau actuel d'une centaine de mètres. C'est à cette époque que la faune et la flore sud-américaines ont envahi l'île. Il y a à peu près 10 000 ans, le dégel et la fonte des glaces ont rendu son insularité à Tobago, piégeant du même coup la faune et la flore qui s'y étaient implantées. Si, à cette époque, Tobago est redevenue une petite île des Caraïbes, sa végétation et sa population animale sont restées celles d'un continent. C'est cette origine continentale qui a permis à cette faune et à cette flore d'être comparativement beaucoup plus riches en biodiversité que celles qui caractérisent les îles antillaises plus septentrionales.

Flore

A l'époque néolithique, Tobago était recouverte de quatre grands types distincts de végétation. Les terres humides étaient recouvertes de mangrove. Les côtes étaient boisées. Une végétation saisonnière recouvrait les vallées et les collines jusqu'à mi-pente. La forêt vierge occupait quant à elle la partie supérieure de la chaîne montagneuse de l'île. Elle possède toutes les caractéristiques des forêts primaires tropicales qui subsistent encore de par le monde, en Amérique du Sud, en Afrique centrale ou à Bornéo. Elle s'organise en cinq niveaux.

Le premier, le plus haut niveau, est celui des arbres émergents qui culminent parfois à plus de 50 m du sol, comme c'est le cas de l'arbre kapok, arbre majestueux dont la longueur des branches horizontales peut parfois atteindre 40 m. A 30 ou 40 m du sol se situe la canopée principale, très fournie, recouvrant les espaces laissés par les arbres émergents d'un tapis vert continu, et formée par les cimes d'une grande variété d'arbres sur lesquelles se fixent d'abondantes lianes, de nombreuses et diverses plantes épiphytes, incluant particulièrement orchidées, broméliacées, lichens et autres plantes grimpantes, en lutte perpétuelle pour leur place au soleil. Formé par les arbres de taille inférieure, ou n'ayant pas encore atteint leur maturité, le troisième niveau, moins régulier que celui de la canopée supérieure, se situe de 10 à 30 m du sol. Le quatrième niveau est celui des arbustes. Enfin, le cinquième niveau, celui du sol, est tellement envahi par les jeunes pousses et les herbacées qu'on ne peut s'y frayer un chemin qu'à coups de machette, appelée aussi « coutlass » à Tobago.

Les premiers colons européens trouvèrent plus commode de travailler les terres littorales ainsi que celles du fond des vallées. C'est dans ces régions de l'île qu'ils décidèrent d'abord de s'installer. Ils les défrichèrent et y plantèrent la canne. A la fin du XVIIe siècle, si les forêts de mangrove et la forêt vierge étaient encore intactes, pratiquement plus rien ne subsistait de la végétation saisonnière primaire et des forêts du littoral.

Conséquence directe des escarmouches et des guerres incessantes auxquelles se livraient les puissances coloniales, le nombre de colons se fixant sur l'île était resté limité jusqu'au milieu du XVIIIe siècle. Les décennies suivantes vont changer la donne. Consacrant définitivement la suprématie des Britanniques sur les Français et garantissant du même coup la stabilité politique et militaire de l'île, elles marquent le démarrage d'une époque de grande prospérité économique, concomitante du boom de l'économie sucrière. Un grand nombre de nouveaux planteurs anglais vient s'installer à Tobago.

Le défrichage s'accentue alors sur l'île. La forêt vierge primaire est menacée. Dilemme. Non seulement la forêt vierge est garante de l'écosystème de l'île, mais elle l'est aussi de son régime de précipitations. S'attaquer à cette forêt vierge, c'est tout bonnement prendre le risque d'assécher l'île et la rendre comme un caillou, totalement impropre à la culture de la canne. L'intérêt bien compris finira par s'imposer. En 1764, le gouverneur britannique déclare la forêt vierge de Tobago réserve de la couronne britannique et, de facto, cette forêt est devenue le plus ancien parc naturel de la planète. En 1963, l'ouragan Flora dévaste 75 % du parc forestier. Il a su se régénérer naturellement pour admirer le spectacle qu'il offre aujourd'hui.

Faune

Tobago est un petit paradis pour les naturalistes. On y dénombre plus de 210 espèces d'oiseaux, 23 espèces de papillons, 5 espèces de tortues marines, 24 espèces de serpents – aucun n'est venimeux – 16 espèces de lézards, dont l'iguane vert, 14 espèces de grenouilles et 17 espèces de chauves-souris, dont une qui tire sa nourriture des poissons qu'elle pêche de nuit. Malheureusement, les premiers colons ayant exterminé singes, renards, lamantins, ocelots, paresseux et outres habitants d'eau douce, les espèces de mammifères subsistant sur l'île ne sont plus qu'au nombre de 12, dont le pécari, l'agouti, l'opossum, le tatou, l'écureuil roux, et le raton laveur mangeur de crabes.

La vie continue d'abonder dans les rivières de Tobago. On y trouve notamment une grande variété d'écrevisses, un poisson endémique des eaux douces de l'île, appelé Guppy en hommage à son découvreur, Mr Lechmore Guppy, ainsi qu'une multitude de crabes, et particulièrement le crabe manicou, qui a la particularité de porter ses petits enveloppés dans une poche ventrale, à l'instar des marsupiaux. Enfin un prédateur d'eau douce mérite d'être cité : le caïman à lunettes, un des plus petits représentants de la famille des alligators et qui lui aussi est un habitant endémique des eaux de Tobago, et plus particulièrement du réservoir de Hillsborough Dam.

DÉCOUVERTE

Mot Mot.

Pour un œil non exercé, les animaux terrestres les plus visibles sur l'île sont certainement les iguanes, assez répandus et ayant une prédilection à se réchauffer sur les routes, les perroquets que l'on voit souvent voler par couples dans la partie montagneuse et au nord de l'île, les frégates et les grands gosiers (pélicans) qui se livrent à la pêche côtière, enfin les lucioles qui brillent en grand nombre dans la nuit tobagonienne.

Faune et flore sous-marines

De par la localisation de l'île, située tout au nord de l'immense delta de l'Orénoque, les eaux marines de Tobago bénéficient d'un grand apport de nutriments charriés par les eaux du fleuve, gage d'une vie sous-marine prolifique. Contrairement au cas de sa grande sœur Trinidad, située plus près de l'embouchure de l'Orénoque, les eaux littorales de Tobago, et tout particulièrement celles du nord et de l'est de l'île, ne souffrent pas d'une abondance excessive d'eau douce et si l'on y ajoute une température de l'eau en surface oscillant entre 26 ° et 28 °C tout au long de l'année, ainsi qu'une géologie des fonds sous-marins favorable, on obtient un cadre idéal pour l'apparition et le développement des coraux. Les scientifiques y ont dénombré pas moins de 44 espèces de coraux.

Les traces les plus significatives de la très ancienne présence de corail à Tobago se trouvent au sud-ouest de l'île, dans la partie des Lowlands, grand plateau calcaire formé depuis des dizaines de milliers d'années par le processus de calcification du corail. Aujourd'hui, c'est sur l'extension sous-marine de ce plateau que se développe le récif de Buccoo.

Tout au long de la côte nord et au nord-est de l'île, le fond marin, qui se caractérise par un socle formé de roches volcaniques et parsemé de criques sablonneuses. Il héberge lui aussi toute une série de récifs de corail en bordure des côtes. La plupart de ces récifs sont accessibles par la terre, et on peut facilement s'y rendre pour pratiquer la plongée en apnée.

Les espèces de coraux que l'on trouve à Tobago sont celles qui peuplent communément les fonds marins antillais. Mais certaines y sont plus particulièrement représentées, tels les coraux cerveau. Hormis les coraux, les fonds marins abritent une grande variété d'éponges de toutes formes (vases, amphores, cordes…), à proximité desquelles se réfugient de nombreux poissons anges.

Egalement bien fournie, la faune piscicole comporte requins (requins de récifs, requins nourrices, requins dormeurs, requins baleines), raies (mantas et aigles), tarpons, murènes, perroquets, chirurgiens… sans oublier un autre habitant saisonnier des rivages de l'île, la tortue géante, qui y vient pondre de mars à juin.

Eaux poissonneuses et coraux, c'est ce cocktail qui permet à Tobago de constituer dans les Caraïbes un des spots les plus intéressants pour l'amateur de plongée sous-marine. Cependant certaines plongées ne sont pas sans risque et s'adressent à des plongeurs confirmés, notamment celles qui sont pratiquées dans les courants, parfois très forts, qui agitent les eaux côtières.

© WWW.PANLIBE.COM

Histoire

Bien qu'îles sœurs et appartenant aujourd'hui à la même nation indépendante, Trinidad et Tobago ont connu des histoires et des époques historiques bien distinctes qui justifient que l'on se penche individuellement sur chacune d'elles.

▪ TRINIDAD

DÉCOUVERTE

En se promenant dans les gués qui parsèment le lit de Grand Rivière ou de Shark River, il arrive qu'on retourne doucement du pied les pierres joliment polies par l'âge et par l'eau qui en jonchent le fond. Avec un peu de chance, on peut apercevoir sur l'une d'elles des entailles faites par la main de l'homme. En se baissant pour la ramasser, on devient soudain étrangement conscient de nombreuses présences qui nous entourent. On n'est pas seul… On se sent épié au travers les palmes et les lianes de la forêt toute proche. C'est qu'on est sur les terres des nombreuses ethnies Arawak et Caribs qui ont peuplé l'île au cours des différentes époques de l'ère précolombienne. L'outil que l'on tient dans la main leur appartient…

Aujourd'hui, ils n'existent plus depuis longtemps. Mais le souvenir de leur présence immémoriale hante encore les lieux. A la tombée de la nuit, quand se taisent soudain les singes hurleurs, il semble que leur esprit plane toujours dans la forêt primitive. Comme une légère brise.

Ils étaient cultivateurs, défrichaient et brûlaient la forêt pour faire pousser du coton et du manioc. Ils vivaient en tribus commandées par un chef, ils avaient des fêtes rituelles, des bijoux et des ornements magiques. Mais s'il y a une chose que leur magie n'a pu empêcher, c'est bien l'arrivée d'un certain Christophe Colomb, en l'an 1498, à la tête de sa troisième expédition dans la région.

« *Au bout de dix-sept jours, au long desquels Notre Seigneur me donna bon vent, le mardi 31 juillet, la terre parut. Je l'espérais le lundi précédent, mais je tins cette route jusqu'à ce moment où, au lever du soleil, faute d'eau, je me décidai à aller aux îles cannibales, et j'en pris la direction. Et comme Sa Haute Majesté a toujours usé de miséricorde envers moi, un marin monta par hasard à la hune et aperçut au ponant trois montagnes contiguës. Nous dîmes le Salve Regina et autres prières, puis, tous, nous rendîmes grâces infinies à Notre Seigneur. Ensuite, je laissai le chemin du septentrion et je revins vers la terre où j'arrivai à l'heure de complies sur un cap que j'appelai de la Galea, après avoir donné à l'île le nom de la Trinidad.* » (Christophe Colomb, *La Découverte de l'Amérique, Relations de Voyage, 1493-1504.*)

C'est un certain Alonzo Perez Nirando, monté à la hune ce mardi 31 juillet 1498, aux alentours de midi, qui fut le premier Européen à poser le regard sur le relief de cette île nouvellement découverte. Qu'il ait tout d'abord aperçu trois sommets émergeant de la brume n'a pu que conforter la résolution de Colomb à donner à l'île le nom de Trinidad. En effet, avant même de l'aborder, Colomb avait formé le vœu de baptiser de ce nom la toute première terre qu'il parviendrait à découvrir au cours de sa troisième expédition.

Lëri – l'île de l'oiseau-mouche –, c'est le nom que les Amérindiens donnaient à cette île. Un nom toujours en usage aujourd'hui, mais qui est surtout utilisé dans un contexte de convivialité festive et chaleureuse : « *lëre. Ah, feeling lëre tonite* ».

1498 à 1783 : les bannières espagnoles imposent la Croix à Trinidad

Quand Colomb découvre Trinidad, la population indigène est au nombre de 35 000. Quelque deux cents ans plus tard, elle se réduira à environ 2 000 personnes, composées pour moitié de ce qu'il reste des Indiens, et pour l'autre moitié de quelques Blancs, de métis et de Noirs souvent venus des îles voisines. C'est dire que les Espagnols ont longtemps négligé d'investir durablement la place, ne considérant pas Trinidad comme une île prioritaire dans leur politique d'expansion coloniale, à la différence de Cuba, par exemple. Durant les quelque 80 premières années de leur occupation, ils y ont tenté, sans grand succès, d'établir plusieurs campements, successivement détruits par les attaques féroces des Indiens.

Quelles étaient les montagnes aperçues par Colomb ?

Selon certains historiens, il s'agirait de la chaîne montagneuse du sud de l'île, conséquemment nommée chaîne de La Trinidad. Selon d'autres, ce serait la silhouette dessinée par le mont Tamana, le sommet le plus à l'est de la chaîne montagneuse située au centre du pays. Par une sorte d'illusion d'optique, ce sommet semble dessiner un des becs d'une forme triangulaire dont les deux autres pointes seraient formées des deux plus hauts sommets de la chaîne montagneuse du Nord, alors vus dans l'alignement. Ou alors, ce seraient peut-être seulement les montagnes du Nord observées d'une distance d'une soixantaine de kilomètres à l'est de l'île... Ce débat de spécialistes n'est toujours pas tranché.

Il est vrai que, dès l'arrivée de leurs premiers colons, les Espagnols avaient pris la fâcheuse habitude de capturer les indigènes pour les réduire en esclavage. La seule tentative espagnole réussie de prendre durablement pied sur l'île conduira à l'établissement de la petite ville de San Jose de Oruna (Saint Joseph, dans le nord de l'île), en 1592, et cela après un premier et infructueux essai quelque vingt-cinq ans plus tôt.

Malheureusement pour les Espagnols, trois ans après la refondation de San Jose, un certain Sir Walter Raleigh vient mouiller à Trinidad. Il est chargé par la couronne britannique de trouver la fameuse route de l'Eldorado. Il découvre le « Pitch Lake », le grand lac d'asphalte situé au sud de l'île, et en profite pour calfater son bateau. Et le 8 avril 1595, sur le coup de 4h du matin, il mettra à sac et brûlera San Jose.

Bon an, mal an, la petite colonie espagnole parvient à se maintenir et finit par se développer. Suite à l'emprise de la politique d'unification religieuse qui prédomine à cette époque en Espagne, et ceci depuis le règne de Blanche de Castille et de Ferdinand d'Aragon, l'évangélisation des tribus indigènes n'allait pas tarder, apportant dans son sillage une aggravation de l'esclavage. En 1687, des moines capucins débarquent d'Espagne pour fonder plusieurs missions autour de l'île. A la même époque est mis en place le système des « encomiendas », un terme qui désignait des réseaux de parcelles de terre contrôlées par les colons espagnols, « los encomiendos ». Ce système obligeait les Indiens à travailler et à payer tribut. Quatre encomiendas furent créées, qui finirent par donner leur nom à des villages qui existent encore aujourd'hui : Acangua (San Juan), Arauca (Arouca), Tacarigua (Same) et Caura (aujourd'hui Orange Grow, le village homonyme de Caura n'ayant lui rien à voir avec l'histoire des encomiendos).

Ces quatre plantations étaient reliées entre elles par un chemin amérindien qui partait d'Acangua pour aboutir à Arauca, et qui est devenu aujourd'hui une portion de la Eastern Main Road. Le système des encomiendas fut aboli en 1716.

Travaillant la main dans la main avec les colons, les moines capucins accueillaient dans leurs missions les indigènes pour leur dispenser enseignement religieux et crainte du Seigneur. Et ceci avec grande efficacité, à tel point qu'il n'était pas rare que les prières en espagnol soient adoptées et perpétuées par la population locale jusqu'à bien après le départ des moines.

Pourtant les conversions religieuses des indigènes se firent plus dans la douleur que dans la douceur. Certains Amérindiens s'échappent et se cachent dans la forêt à l'intérieur de l'île. D'autres se rebellent : en 1699, une bande d'Amérindiens tue trois frères capucins à San Rafael. Les représailles espagnoles sont terribles. Des centaines d'indigènes sont tués au cours du massacre d'Arena. Au cours des décennies qui ont suivi, les missions espagnoles ont recueilli les Indiens en provenance des anciennes encomiendas, et se sont peu à peu transformées en des villages dont la plupart ont survécu jusqu'aux dernières années du XVIIIe siècle et parfois jusqu'à nos jours (Toco, Siparia, Savannah Grande – Princess Town).

Progressivement, au peu d'intérêt initial que l'Europe, et principalement la couronne espagnole, portait à l'île, succède chez les puissances impérialistes de l'époque la conscience aiguë que Trinidad, située aux portes du Venezuela, est une place géostratégique de premier choix. L'île finit par attirer beaucoup de convoitises. Dès avant et tout au long de la première moitié du XVIIIe siècle, l'île subit des attaques répétées de pirates et corsaires à la solde des Anglais, des Français et des Hollandais.

En 1677, le marquis de Maintenon, flibustier de son état, en provenance de l'île de la Tortue et tout récemment échappé des geôles espagnoles, accoste l'île avec sa frégate, *La Sorcière,* et met Trinidad à sac en s'emparant de 100 000 pièces frappées au sceau du roi d'Espagne. En 1716, c'est le pirate Edward Teach, dit l'Oiseau Noir, qui se livre à des exactions dans tout le golfe de Paria. La couronne espagnole décide de réagir.

En 1757, elle envoie sur l'île un nouveau gouverneur, Don Pedro de la Moneda. Mais, à la place d'une capitale coloniale florissante, c'est une ville pratiquement en ruine que de la Moneda découvre quand il arrive à San Jose. Mal défendue, mal située, la première capitale de l'île ne survivra pas plus longtemps aux outrages du temps de la flibuste. De la Moneda décide de l'abandonner pour s'installer à Puerto España (Port of Spain).

1783-1797 : l'Espagne règne, la France gouverne

La volonté des Espagnols de consolider leur présence sur Trinidad et de remettre l'économie de l'île à flot se heurtera vite à une contrainte tout arithmétique : le nombre de colons sur place était devenu insuffisant pour garantir la pérennité de la colonie espagnole. A tout prix, il fallait donc ouvrir les portes de l'île à de nouveaux planteurs.

Ces derniers étaient apparemment plus faciles à recruter au sein des nations amies que sur le sol ibérique lui-même. En 1776, un décret espagnol vient garantir les droits sur l'île de tout catholique étranger désirant s'y implanter.

En 1777, Philippe Rose Roune de Saint Laurent, en provenance de la Grenade française, est le premier colon catholique français à s'intéresser à l'île.

En 1783, la cédule de colonisation, un décret promulgué par Charles III, roi d'Espagne, va permettre à un large nombre d'immigrants en provenance des Antilles françaises de s'installer sur l'île. La plupart cherchant à fuir la discrimination que les protestants leur faisaient subir en Grenade britannique et en Martinique.

La cédule prévoyait que la quantité de terre octroyée aux nouveaux colons devait dépendre du nombre d'esclaves qu'ils amenaient avec eux. Cette disposition ne se limitait pas à la seule population blanche. Les Métis et les Noirs pouvaient également en profiter, à condition bien sûr d'être affranchis, et s'ils amenaient des esclaves, eux aussi pouvaient recevoir de la terre en échange (avec, toutefois, une clause quelque peu différente de celle qui s'appliquait à la population blanche : ils ne pouvaient recevoir que la moitié de ce qui était autorisé pour les Blancs).

L'application de la cédule a eu pour effet de faire passer la population blanche, métisse et esclave de l'île de 700 personnes à 17 000, ce qui l'a donc multipliée par plus de 20. L'île devient une sorte de Far West antillais pour gentilshommes de fortune, de quelque couleur de peau qu'ils soient.

De ce boom économique, ce sera la communauté française qui profitera le plus. Ce seront eux qui introduiront la culture de la canne à sucre sur l'île et, sur les 290 propriétaires terriens répertoriés par le recensement de 1797, 190 portent des noms à consonance française.

La prédominance française deviendra bientôt telle qu'elle imprégnera en profondeur le style de vie insulaire, et permettra à l'historien Borde d'écrire : « *La Trinidad ressemble à une colonie française dont l'Espagne aurait nouvellement fait l'acquisition… mœurs, coutumes, langage, tout y était français.* » C'est au cours de ces quinze années d'influence française que le patois français se mélangera au créole de Trinidad et que les insulaires découvriront le carnaval.

Cependant, avec les hommes, voyagent aussi les idées. Dans leurs besaces, les Français n'apportent pas à Trinidad qu'un simple savoir-faire de colon, ils y apportent aussi la bataille d'idées qui finira bientôt par emporter la France de l'Ancien Régime et embraser l'Europe.

Dans cette toute fin du XVIIIe siècle, les turbulences de la Révolution française se font ressentir jusque dans les Antilles, et le désordre civil qui s'ensuit ainsi que la réactivation des affrontements européens dans la région poussent beaucoup de Français de tout bord, qu'ils soient royalistes ou républicains, à chercher refuge à Trinidad, considérée comme une île neutre par les deux camps.

Les Espagnols contemplent cela d'un sale œil. La propagation des idées républicaines sur l'île les inquiète. Ils y voient un important élément de déstabilisation. Le gouverneur en place écrira à Madrid que les idées radicales des jacobins encouragent chez les esclaves une propension à « *rêver de liberté et d'égalité* ». Cependant ce ne sera jamais plus Madrid qui ramènera l'ordre sur Trinidad.

1797-1834 :
Trini rules over Britania

Aux Anglais, de plus en plus présents dans la région, il n'avait pas échappé que Trinidad était devenue une île sucrière florissante, regorgeant de richesses naturelles et de possibilités. Ils prennent prétexte de la situation quasi émeutière qui règne alors à Trinidad pour attaquer l'île en 1797. Au matin du 16 février, ils alignent une flotte de 18 bateaux dans les eaux de Trinidad. A 2h du matin, le 18 février, la flotte espagnole, composée de cinq vaisseaux, engage le combat dans la baie de Chaguaramas. Sur les cinq bateaux espagnols, quatre sont sabordés dans les heures qui suivent.

Le jour même, le général anglais, Sir Ralph Abercromby, demande aux Espagnols leur reddition et leur capitulation, ce que le gouverneur espagnol s'empresse d'accepter. La rumeur voudrait qu'il ait délibérément donné l'ordre à ses forces de ne pas riposter aux attaques anglaises. Profondément royaliste, il aurait préféré négocier avec l'ennemi de sa couronne plutôt que de voir son île sous l'emprise des Français républicains alors alliés de l'Espagne.

Les conditions anglaises faites à leurs vaincus sont très clémentes. Les propriétaires terriens peuvent garder leurs plantations. Et la nouvelle législation anglaise de l'île n'apporte que très peu de changement aux règles jusqu'alors en vigueur. L'île était devenue anglaise, mais les lois espagnoles et françaises allaient y perdurer pendant encore une bonne cinquantaine d'années.

Cependant, si la présence anglaise n'a pas grandement modifié le cadre quotidien des colons en place, il n'en fut pas de même pour les esclaves. Le premier gouverneur anglais de l'île, Sir Thomas Picton, est un militaire psychorigide, aux pleins pouvoirs sur l'île, obsédé par la crainte de la propagation des idées révolutionnaires françaises, et surtout celle du risque qu'elles faisaient peser selon lui sur Trinidad.

Il fait régner la terreur. Il extorque des aveux sous la torture, organisant des rafles et faisant déporter et exécuter des activistes présumés sur de simples présomptions ou dénonciations. Sa suspicion dépend largement de la couleur de la peau de ses victimes. Ce sont les esclaves noirs et les métis qui souffriront le plus des exactions anglaises. Les Noirs suspectés de pratiques animistes sont traînés devant un tribunal qui se charge, après les avoir déclarés coupables, de les condamner soit au fouet, soit à être mutilés, ou alors à la potence ou au bûcher. Au bout de quelques années, la politique de coercition menée par Picton fait des vagues jusqu'à Londres, et les abolitionnistes anglais parviennent finalement à le faire rétrograder. Cependant les débats abolitionnistes qui agitent l'intelligentsia

Buffalo soldiers...

De 1812 à 1814, dans les territoires américains à la frontière du Canada, la guerre continue d'opposer la couronne britannique aux nouveaux Etats-Unis d'Amérique. Pour la mener à bien, l'Angleterre a levé des troupes qu'elle a recrutées sur le sol britannique et également dans ses colonies. Parmi les recrutés se trouvent des Noirs émancipés. A la fin de la guerre, en 1815, une cinquantaine de ces hommes arrivent à Trinidad pour s'y établir. Un an plus tard, ce sont 34 hommes, 15 femmes et sept enfants qui les rejoignent. Au bout du compte, ce sont des vétérans de six compagnies qui viendront s'établir ainsi à Trinidad, aux frais de l'Angleterre. La plupart s'installeront près de Princess Town, dans des villages qui porteront le nom de leur compagnie d'appartenance. En 1816, la population de ces Noirs libres se gonflera d'un millier d'anciens esclaves recrutés par l'Angleterre dans les Etats américains du Sud, au moment de la guerre de Virginie, en 1812-1813. Comme il était impossible de les remettre en esclavage, ils furent envoyés dans le Sud de Trinidad et à Manzanilla, où ils purent s'établir. Chaque homme de ces « campements américains », comme on les appelait à l'époque, reçut dix acres de terre, qu'il fût marié ou non. Ils organisèrent leur campement en zones, qu'ils nommèrent première, seconde, troisième, quatrième cinquième et sixième compagnie. Ils parlaient une langue spéciale, le « manzanillan », un mélange d'anglais, de français et d'idiomes africains. Les villages « Troisième Compagnie » et « Sixième Compagnie », situés à proximité de Princess Town, existent encore aujourd'hui.

européenne de l'époque laissent les planteurs trinidadiens de marbre. Ils continuent de contraindre leurs esclaves à travailler très durement au défrichage de la forêt pour permettre ainsi l'établissement de nouvelles plantations. Un tiers des esclaves mourront à cette tâche. En réaction, ils s'organisent. Ils forment des sociétés secrètes et fomentent des rébellions qui finissent généralement en bains de sang.

Le décret anglais de 1807 qui abolit le commerce des esclaves ne changera pas la donne. La demande des plantations en main-d'œuvre taillable et corvéable est trop forte. C'est seulement dans les années qui suivront la promulgation du décret d'émancipation, en 1834, que l'esclavage disparaîtra définitivement de Trinidad sous sa forme radicale. La plus grande partie des anciens esclaves quitte alors les domaines pour venir peupler les faubourgs des grandes villes. La main-d'œuvre se fait rare dans les plantations. Les salaires agricoles flambent, mais leur hausse ne suffira pas à endiguer la pénurie de travailleurs à laquelle les planteurs doivent alors faire face. Le temps est venu pour de nouvelles vagues d'immigration.

1845 : l'arrivée des premiers immigrants indiens

Le 3 mai 1945, affrété par un riche musulman, le *Fatel Rozack* arrive en vue des côtes de Trinidad. Dans ses soutes s'entassent les premiers immigrants indiens recrutés pour travailler dans les champs de Trinidad. Le voyage s'est passé dans de bonnes conditions pour l'époque. Sur les 225 paysans du Bengale à bord, six sont morts pendant la traversée. Ce premier débarquement de main-d'œuvre indienne marquera le début d'une immigration massive.

De 1845 à 1917, ce seront plus de 140 000 Indiens qui traverseront les Kali Pani, les eaux noires de l'océan, pour venir travailler dans les champs de Trinidad. C'est un terrible voyage. Dans des bateaux anglais, les Indiens sont entassés comme des sardines, souvent à fond de cale. Au fur et à mesure de l'amplification de l'immigration indienne, les conditions de bord empirent. La proportion des morts en témoigne : si le taux moyen de mortalité est inférieur à 5 % en 1851, il atteindra 17,5 % six ans plus tard. Sur le bâtiment *Roman Emperor*, 88 mourront sur un total de 313, sur le *Merchantman*, ils seront 120 à n'avoir pas survécu à la traversée,

sur un total de 313. Après un tel voyage en mer, la plupart de ces immigrants n'étaient plus physiquement en état de supporter les dures conditions que leur imposaient le travail dans les plantations et le climat tropical. Souvent malades, ils tombaient comme des mouches. Et comme il n'y avait plus aucune place pour eux à l'hôpital colonial, on les voyait couchés, mourants, sur les routes et les trottoirs des villes.

Néanmoins, au fur et à mesure que le nouveau flux migratoire s'installe, cette nouvelle population finira par prendre souche en important dans l'île sa culture, ses traditions et ses religions, l'hindouisme et l'islam. Le long voyage en bateau est une occasion de créer des liens de solidarité étroits et de renforcer la cohésion du groupe à l'arrivée.

En débarquant, les migrants trouvent aussi non seulement un statut d'exploitant agricole, mais la possibilité à terme d'accéder à celui de propriétaire terrien. Les documents de l'époque rendent compte de l'opiniâtreté et de l'âpreté au gain des Indiens, de leur sens de l'épargne ainsi que de leur grande solidarité et de leur forte entraide.

Bien que sensibilisés au christianisme par l'action de l'Eglise presbytérienne notamment, les Indiens sont en grande partie restés fidèles à leurs religions premières. La présence de nombreux brahmanes a fortement contribué à maintenir et à perpétuer les traditions religieuses. L'esprit de communauté, caractéristique de la plaine du Gange, a su s'exporter et se renforcer au-delà de l'antagonisme religieux entre hindouisme et islam.

Au carnaval des Antillais, les Indiens purent imposer la fête de Hussein (Hosé à Trinidad), la plus importante manifestation de la tradition indienne sur l'île. Aujourd'hui les descendants des premiers immigrants indiens constituent 40 % de la population totale de l'île. Ce qui vaut à Trinidad le surnom de Little India des Antilles.

De la fin du XIXe siècle à la Seconde Guerre mondiale : « Times are changing »

A la fin du XIXe siècle, l'exacerbation de la concurrence commerciale à laquelle se livrent les colonies britanniques est à son comble. Elle ne profite ni à Trinidad ni à Tobago, dont les coûts de production des denrées agricoles sont élevés, et dont les parts de marché dans l'Empire britannique s'amenuisent progressivement.

Les Britanniques placent Tobago dans le giron de Trinidad

En vue de réduire le coût de son administration sur place, le gouvernement britannique décide de réunir les deux îles en 1889, en les plaçant sous les ordres d'un seul gouverneur. Désormais Tobago est politiquement subordonnée à Trinidad et perd son assemblée. Elle ne retrouvera une relative autonomie locale que quelque quatre-vingt-dix ans plus tard, en 1980. Trinidad & Tobago sera géré par les Britanniques comme une seule colonie royale à part entière. De 1889 à 1924, tous les membres de son gouvernement et de son assemblée législative sont nommés et placés par l'Angleterre. A partir de 1924, l'élection des membres de l'assemblée permettra d'introduire un peu de représentativité au sein du pouvoir politique, mais ceci de façon très limitée. Le gouvernement restera nommé par le colon anglais jusqu'en 1960.

Apparition des mouvements ouvriers

Dès la fin du XIXᵉ siècle, les plantations de canne à sucre ne font plus recette. La betterave est passée par là. L'industrie agricole de T&T ne cesse de s'enfoncer dans le marasme. La dégradation du contexte économique conduit à l'explosion d'un chômage endémique et massif. Cette situation de chômage ne se résoudra pas par la découverte des champs de pétrole en 1901 et leur rapide mise en exploitation. L'industrie pétrolière, qui est une industrie plus intensive que l'agriculture, ne jouera que très peu un rôle de relais d'embauche. Ceci pour le malheur des ouvriers descendants d'esclaves, devenus sans ressources. Le temps est venu pour eux de s'organiser et de se politiser.

En 1897 sont fondées l'Association des travailleurs de Trinidad, sous l'égide du Labour Party britannique, ainsi que l'Association nationale indienne. En 1901 seront formées l'Association pan-africaine ainsi que l'Association des contribuables.

En 1903, une manifestation a lieu à Port of Spain, dans le quartier de Wooldford Square, suite à la mise en place d'un nouveau système de taxes sur l'eau. Elle dégénère rapidement en émeute. Les émeutiers mettront le feu à la Maison Rouge, siège du gouvernement colonial, qui sera totalement détruite. 18 manifestants trouveront la mort, tués par la police britannique.

Peu à peu, la conscience identitaire nationale se précise

Ce n'est vraiment qu'après la Première Guerre mondiale que l'Association des travailleurs de Trinidad pourra exercer sa pleine influence sur le destin politique de l'île, sous la houlette des Trinidadiens enrôlés pour aller combattre auprès des Anglais, et qui, une fois revenus chez eux, témoigneront avec force des comportements racistes et du sentiment d'infériorité qu'ils ont dû endurer lors de cette épreuve. Leur plus fameux porte-parole sera Andrew Arthur Cipriani, descendant créole d'une famille de planteurs d'origine corse. Celui-ci, enrôlé pour la Grande Guerre en tant que commandant d'un régiment d'Antillais, n'acceptera jamais de n'avoir pas été intégré aux forces de l'Empire britannique pour se battre contre l'ennemi, mais d'avoir été chargé, lui et ses troupes, de travaux de terrassement en Egypte. Dès la fin de la guerre, il décide d'organiser les masses en leur insufflant le sentiment de fierté nationale et la volonté de s'opposer au colonialisme. Son origine blanche lui permet de transcender la dichotomie raciale latente opposant les Noirs antillais à la communauté indienne. Le peuple voit en lui un leader et l'acclame en tant que « *champion des va-nu-pieds* ». En 1925, il se fait élire membre de l'assemblée législative, un siège qu'il occupera pendant vingt ans sans interruption, jusqu'à sa mort en 1945. Il sera également élu maire de Port of Spain à huit reprises. Durant tous ses mandats, il ne cessera de se battre contre la discrimination raciale et pour les droits des travailleurs, ainsi que pour la mise en place d'une République démocratique élue au suffrage universel.

Il donnera un nouvel élan à l'Association des travailleurs de Trinidad, qu'il rebaptise en 1934 du nom de Trinidad Labour Party (TLP). Deux ans plus tard, le TLP comptera 125 000 membres. Mais au fur et à mesure que l'économie mondiale s'enfonce dans la grande dépression des années 1930, l'aile réformiste représentée par Cipriani sera peu à peu débordée par l'arrivée d'une nouvelle génération de leaders politiques, bien plus radicale.

Dans les années 1930, Tubal Uriah 'Buzz' Butler, un Grenadien d'origine africaine, exclu du TLP pour extrémisme, devient la nouvelle figure charismatique des ouvriers de l'industrie pétrolière, les ouvriers les mieux payés mais aussi les plus politisés de l'île. Butler en appelle à l'unité des ouvriers noirs, et organise une succession de grèves, à la tête d'une organisation qu'il nomme « Les Travailleurs de l'Empire britannique », bientôt surnommée le « Parti de Butler ». Sur l'île, le courant nationaliste noir se nourrit de l'échec de l'Ouest à défendre l'Ethiopie contre Mussolini. La popularité de Butler surfe sur cette tendance, et celui que les Britanniques appellent « le négro fanatique » finira par personnifier le combat des Noirs contre l'oppression coloniale toujours vivace. Tout au long des années 1930, c'est en effet un climat quasi insurrectionnel qui règne sur Trinidad & Tobago. Les Britanniques doivent y faire face. De La Barbade, ils envoient des troupes de marines pour rétablir l'ordre. Ils mettent également en place deux commissions, chargées d'examiner les causes des émeutes dans la région. Toutes deux pointeront du doigt la pratique généralisée des bas salaires associée à de mauvaises conditions de travail.

La deuxième commission, conduite par Lord De Moyne, qui rendra son rapport en 1940, sera fortement critique à l'égard du système colonial britannique et recommandera des mesures radicales portant sur le développement de l'habitat, la réforme de l'économie agricole, la nécessité d'une plus grande représentativité démocratique ainsi que le développement d'une classe moyenne dans l'objectif de servir de base à un futur gouvernement indépendant. Le deuxième conflit mondial marquera la fin de cette tentative de transition à l'anglaise.

1941-1961 : l'Amérique débarque à Trinidad

En 1941, un accord de collaboration militaire passé entre les Etats-Unis et l'Angleterre, appelé « accord sur les bases de destroyers », autorise les Américains à installer des bases militaires sur l'île, sur les Bocas, la péninsule de Chaguaramas, à l'est de Port of Spain, et à Wallerfield, dans le centre, non loin de l'actuel aéroport de Piarco. Un grand nombre d'Américains et de Canadiens débarquent sur l'île pour superviser la construction et l'installation de ces bases. Dans cette confrontation à la modernité et à la richesse américaines, la population de Trinidad trouvera à la fois une indéniable amélioration de son niveau de vie, mais aussi la résurgence des anciennes vexations du temps colonial. D'énormes chantiers apparaissent, qui permettent à la main-d'œuvre locale de trouver des emplois en grand nombre. Des

Au bout de l'hameçon...

Dans les villages de l'Inde, on les appelait les Arkatia, du nom que les pêcheurs indiens donnaient à l'hameçon utilisé pour attraper le poisson. Ils travaillaient pour le compte de recruteurs de main-d'œuvre assermentés par les Anglais et étaient chargés de rabattre les villageois volontaires et de les conduire aux bureaux d'immigration, souvent situés à des centaines de kilomètres de là. Leur tactique était toujours la même : ils arrivaient dans un village pour décrire et louer les mérites d'une destination où les immigrants sont les bienvenus et les salaires plus qu'alléchants. L'Eldorado sur un plateau. Une fois au bureau d'immigration, les Arkatia disparaissaient soudainement, et ceux qui s'étaient laissé convaincre prenaient vraiment connaissance de la réalité exacte de leur situation. En guise de mirifiques promesses, ils se voyaient offrir des salaires de misère, ce qui les poussait souvent à refuser l'offre.

Fort bien, disait le recruteur, dans ce cas, puisque je vous ai transporté à mes frais jusqu'ici, vous me donnerez le prix de votre trajet et nous serons quittes. Mais puisque vous ne pouvez me payer faute d'argent, je ne vous demanderai que votre bol et vos vêtements. A la perspective de devoir rentrer chez eux à pied, sur des distances très longues, totalement nus et détroussés, les Indiens devaient finalement se résoudre à accepter ce marché inique, qui devait les conduire dans la douleur jusqu'aux plantations de Trinidad.

dizaines de milliers de Trinidadiens y sont employés, dans des conditions de salaire et de travail dont aucun ouvrier n'avait pu bénéficier jusqu'alors. Cependant l'attitude des soldats américains envers la population sera moins subtile et nuancée que celle des occupants britanniques. Bientôt l'arrivée du billet vert sur l'île rime non seulement avec argent facile, mais aussi avec racisme et prostitution, et la présence américaine finira par être mal ressentie par une majorité de la population. Cette présence ne prendra fin qu'en 1961, un an avant l'indépendance.

1946-1962 :
la marche vers l'indépendance

La fin de la guerre fournit le cadre à la mise en place du premier suffrage universel sur l'île. Mais les premières élections déçoivent. Moins de la moitié des électeurs participent au scrutin. Les syndicats n'arrivent pas à s'entendre pour former une organisation politique cohérente. Les tensions raciales divisent le Parti travailliste, qui démontre une incapacité à fédérer les deux communautés noire et indienne, et dans le débat politique de l'après-guerre, ce sont les luttes interraciales qui se substituent à la lutte des classes.

En 1956, une nouvelle Constitution autorise la formation de partis de gouvernement. En janvier, un groupe d'intellectuels noirs forment le Mouvement national populaire – le PNM – sous l'autorité du Dr Eric Williams, un historien formé à Oxford. Les revendications nationalistes noires de ce nouveau parti, le charisme et l'immense prestige intellectuel de son leader, assurent au PNM un immense succès auprès d'une population doublement fatiguée du pouvoir colonial et des dissensions à l'œuvre au sein du Parti travailliste. La seule véritable opposition politique rencontrée par le PNM à cette époque sera incarnée par le Parti démocratique populaire – le PDP – dont les militants et la base se recrutent parmi la communauté rurale indienne.

En septembre, les élections permettent au PNM de rafler la majorité des sièges à l'assemblée. Le bureau colonial britannique prend acte et autorise le PNM à former le gouvernement. Parmi les toutes premières décisions prises par le nouveau gouvernement, l'une sera de

reprendre la gestion du carnaval, un événement jusqu'alors géré par des capitaux privés, et d'encourager le courant calypsonien.

En 1962, les Anglais se retirent de leurs colonies. L'indépendance est proclamée. Le PNM révise la Constitution, sans même consulter le parti d'opposition, le PDP, ce qui met le pays au bord de la guerre civile. Un compromis de dernière minute entre les deux partis l'évite de justesse. Finalement les premières élections de cette nouvelle ère de l'indépendance donnent le PNM vainqueur, à raison de 20 voix sur 30. Le PNM restera au pouvoir jusqu'en 1986.

De 1970 à nos jours :
irruption du vert dollar
et du noir pétrole
dans la palette
de la Rainbow Nation

L'année 1970 est marquée par des émeutes quasi insurrectionnelles menées par les militants du Black Power, un mouvement contestataire né aux Etats-Unis qui prônait aussi bien les valeurs afro qu'une vision marxisante de la société. Des émeutes éclatent un peu partout. L'*agit prop* des militants fait des adeptes un peu partout, des syndicalistes aux joueurs de *steel-band*, et c'est bientôt tout le pays qui est secoué par la protestation. Le 19 avril, les ouvriers des compagnies sucrières marchent sur Port of Spain, bientôt rejoints par les ouvriers des transports. Le gouvernement déclare l'état d'urgence. L'armée est appelée. Une faction entre en dissidence et fait le siège de Chaguaramas. La rébellion de cette poignée de soldats sera très vite maîtrisée par les garde-côtes et, au lendemain de l'état d'urgence, ce seront 87 soldats et 54 activistes du Black Power qui se retrouveront derrière les barreaux. Ils seront tous relâchés quelque temps plus tard et, en 1971, des élections générales donnent au PNM la totalité des sièges à la Chambre.

Au tournant de cette décennie 70, ce ne sera pourtant pas un événement intérieur mais la nouvelle donne sur la scène internationale qui fera vraiment bouger les choses à Trinidad. Le premier choc pétrolier qui survient en 1973 est comme une manne pour l'économie de l'île qui voit soudain, et pour la première fois depuis l'indépendance ses caisses renflouées par l'afflux des pétrodollars. Le Premier ministre Williams s'exclamera même : « L'argent ? ce n'est plus un problème ! », tellement l'argent vert vient irriguer l'économie

Littoral.

du pays et profiter à une grande partie de la population, sans distinction de couleur de peau ou de religion. Les tensions raciales passent alors au second plan, l'opposition politique également. Il faudra des années aux partis d'opposition pour se reconstituer et s'allier. Ce sera chose faite quand Basdeo Panday finira par s'imposer à la tête du Front du travail unifié, parti d'alliance fondé sur les ruines des vieux camps d'opposition de la fin des années 1960.

Pour le PNM qui règne alors en maître, la seule anicroche au tableau surviendra en 1976, quand Tobago décide de jouer la carte de l'opposition politique. Sur une chambre à 36 représentants, les deux voix de la petite île comptent dans l'équilibre politique de la jeune République, et les Tobagoniens sont lassés du peu d'attention et de cas que fait de leur île la grande sœur Trinidad. Les services publics y sont à la traîne, la misère y est forte, malgré l'ouverture de l'île au tourisme. Les instances trinidadiennes réagissent et autorisent Tobago à créer son « House of Assembly », une structure politique et administrative qui donne à l'île une quasi-autonomie de gestion. La fin des années 1970 et le début des années 1980 marquent pour Trinidad la fin du premier eldorado pétrolier et le retour des problèmes économiques. Les cours du pétrole plongent. La productivité des entreprises aussi, minée par l'arrivée de l'argent facile au cours des années précédentes. L'agriculture a entièrement disparu. Le chômage augmente. L'argent facile des années 1970 a entraîné une corruption généralisée et une aggravation de la criminalité. Si, en 1981, le PNM gagne une nouvelle fois les élections, il sera lourdement défait lors des élections générales de 1986 qui, pour la première fois depuis l'indépendance, imposeront l'alternance au pouvoir. Celle-ci prend la forme d'un assemblage tactique de deux partis, celui de Robinson avec son NAR et celui de Basdeo Panday, d'obédience indienne. Ce Meccano politique, bricolage improvisé dans le souci de gagner les élections, ne durera pas longtemps. Seulement un an après les élections, Panday quitte le gouvernement, congédié par Robinson, et retourne à l'opposition. 1990 sera marqué par un événement singulier : une tentative armée de prise de pouvoir menée par Abu Bakr et son groupe islamiste. Cependant les motivations qui pousseront Bakr seront bien peu idéologiques ou religieuses et beaucoup plus terre à terre, si l'on ose dire, puisqu'il

s'agissait à la base pour lui de s'emparer d'un terrain qui lui était contesté par le gouvernement. Devant le refus du pouvoir d'obtempérer, Bakr et une centaine de partisans armés prennent possession de la station de TV et attaquent le commissariat central de la police ainsi que la maison du Parlement. Ils réussissent même à kidnapper le Premier ministre Robinson et son cabinet. Mais cette fois-ci, l'armée ne manque pas de mater la rébellion et ramène très vite l'ordre. Les rebelles seront enfermés cinq jours avant d'être relâchés. Bakr aura gagné la concession de son terrain. Ces événements seront fatals à Robinson et à son gouvernement. En 1991, des élections générales rappellent le PNM au pouvoir, et c'est une nouvelle figure politique, Patrick Manning, qui prend la tête d'un gouvernement de coalition, avec 58 % des sièges pour le PNM et 36 % pour l'UNC, le parti de Panday. Si les difficultés économiques de la fin des années 1980 disparaissent peu à peu pour laisser place à une nouvelle ère d'embellie et de prospérité, il n'en est pas de même pour la criminalité qui ne cesse de prospérer sur l'île.

Les enfants de la crise des années 1970, peu instruits, soumis à l'influence croisée de l'Amérique et de la Jamaïque, ont développé le culte de l'argent facile, et beaucoup s'approprient la figure mythique à leurs yeux du rappeur « bad boy » des ghettos du Bronx ou de Kingston. Pour Manning, le climat d'insécurité qui s'installe sur l'île lié à des difficultés à gérer son gouvernement sonneront, au tournant de la décennie 90, la fin de sa première période aux commandes politiques. Pour la première fois depuis l'indépendance, les élections générales de 1995 donnent vainqueur un parti d'obédience indienne : l'UNC de Basdeo Panday. Ce dernier restera au pouvoir jusqu'en 2000, date qui marque une période de trois ans de statu quo politique. Toutes les élections qui se déroulent au cours de ces toutes premières années de la décennie 2000 sont marquées par un équilibre total des forces politiques, conduisant à une situation d'inertie et de paralysie des institutions qui ne s'achèvera qu'en octobre 2002, date à laquelle le PNM de Patrick Manning sera rappelé au pouvoir après une courte victoire électorale. Il prend place au poste de Premier ministre le 24 décembre 2001, poste qu'il n'a pas quitté depuis. Quant au président, George Maxwell Richards, il a été élu le 17 mars 2003 et n'a toujours pas quitté ses fonctions.

Chronologie

1498 > Colomb découvre Trinidad durant son voyage à la recherche des Indes. Il repère également Tobago, qu'il nomme Bella Forma.

1506 > A la mort de Colomb, son fils Diego reçoit le titre de gouverneur de l'île de Trinidad.

1526 > Trinidad tombe sous la juridiction de Saint-Domingue.

1580 > Des marins anglais revendiquent la possession de Tobago.

1592 > L'Espagnol Antonio de Berrio de Aruna est nommé gouverneur de l'île de Trinidad et fonde Puerto España, qui deviendra l'actuelle capitale de Port of Spain. Sir Walter Raleigh découvre le lac d'asphalte, au sud de l'île, et met Port of Spain à sac. Le roi James Ier revendique Tobago en tant que possession anglaise.

1610 > Des trafiquants d'esclaves hollandais débarquent les premiers esclaves africains.

1625 > Le roi anglais Charles II déclare solennellement la souveraineté anglaise sur Tobago. Des aventuriers de La Barbade cherchent à s'implanter sur l'île. Ils en seront chassés par les Indiens Caribs.

1626 > Charles II loue des bateaux à la Compagnie des Indes hollandaises, dans le but d'entreprendre le peuplement de l'île.

1632 > Les Hollandais tentent de s'emparer de Tobago, qu'ils nomment New Walcheren.

1654 > 600 Anglais aux ordres du duc de Courtland sont envoyés à Tobago pour occuper l'île et s'installent sur le rivage de l'actuelle Great Courtland Bay, côté caraïbe. Les Hollandais occupent le littoral opposé, côté Atlantique.

1658 > En Europe, le duc de Courtland est capturé par les Suédois, alliés des Hollandais, qui parviennent à prendre Tobago aux Anglais. La couronne anglaise exige le retrait des Hollandais et s'empare à nouveau de l'île. Peu de temps après, des Français forcent la garnison anglaise à se rendre et s'emparent de l'île.

1662 > Les Français revendiquent leur suprématie sur Tobago.

1667 > Les Français abandonnent Tobago. Les Hollandais réoccupent l'île et construisent le fortin de Lampsinburgh, à l'emplacement de l'actuelle Scarborough.

1677 > Les Français mènent un assaut victorieux contre Lampsinburgh.

1679 > Le traité de Nijjmegen restitue Tobago aux Hollandais.

1684 > Le traité d'Amiens institue la neutralité de Tobago.

1699 > Le gouverneur espagnol de Trinidad, Jose Leon de Echales, est tué par les Amérindiens lors du massacre d'Arena.

1700 > Les Bourbons s'allient à l'Espagne contre les Anglais.

1716 > Le flibustier Edward Teach, surnommé l'Oiseau Noir, sème la terreur dans le golfe de Paria.

1728 > La Compagnie de Caracas obtient le monopole du commerce avec Trinidad et casse les prix au détriment de la production locale.

1748 > Une expédition française menée de Martinique tente de s'emparer de Tobago.

1762 > Les Anglais chassent les Français de Tobago et fondent la ville de Georgetown, dont ils font leur capitale.

1768 > Première réunion de la maison du Parlement de Tobago à Georgetown.

1769 > Des immigrants anglais s'installent à Lampsinburgh, qu'ils rebaptisent Scarborough. La maison du Parlement est déplacée à Scarborough, qui devient la nouvelle capitale de Tobago.

1770 > Première grande révolte des esclaves, menée par Sandy Fails.

1777 > Roune de Saint Laurent se rend à Trinidad pour y évaluer les possibilités d'une immigration française à grande échelle.

1781 > Les Français reprennent Tobago aux Anglais. Scarborough devient Port Louis.

1783 > Charles III d'Espagne promulgue la cédule de colonisation. Trinidad s'ouvre largement à l'implantation de nouveaux colons, français pour la plupart. Les Espagnols abandonnent définitivement San José au profit de Puerto España, l'actuelle Port of Spain.

1784 > Le gouverneur Jose Maria Chacon déclare Port of Spain nouvelle capitale de Trinidad.

1790 > Les garnisons françaises envoyées sur Tobago se mutinent. Port Louis est entièrement brûlé.

1793 > Les Anglais reprennent Tobago.

1797 > Conquête de Trinidad par les Anglais. Picton devient le premier gouverneur anglais de Trinidad.

1799 > Publication à Trinidad du premier quotidien de langue anglaise, *The Trinidad Courant*.

1801 > Picton est accusé d'actes de torture sur la personne de Louisa Calderon.

1802 > Les pouvoirs de Picton sont limités par le gouvernement de Trinidad. Le traité d'Amiens, qui scelle la fin de la guerre révolutionnaire française contre l'Angleterre, concède Trinidad aux Anglais, mais revendique Tobago comme étant française.

1803 > La guerre entre la France et l'Angleterre reprend. Les Anglais s'emparent à nouveau de Tobago.

1805 > La destruction des forces navales de l'Espagne et de la France à Trafalgar laisse totalement libres les Anglais d'asseoir leur position sur les deux îles.

1807 > Le Parlement britannique déclare l'abolition de la traite des Noirs.

1833 > Le Parlement britannique décrète l'abolition de l'esclavage. Tobago tombe sous la coupe du gouvernement général des îles anglaises sous-le-vent.

1834 > Emancipation des esclaves, qui deviennent libres à la condition de passer une « période probatoire » de six ans dans les plantations, avec le statut imposé d'apprentis.

1837 > Inauguration de la première ligne de bateau à vapeur reliant Trinidad à l'Angleterre.

1838 > Abolition totale de l'esclavage.

1843 > Premier recensement général de la population des Antilles britanniques.

1845 > Les premiers coolies indiens débarquent à Trinidad.

1851 > Création à Trinidad des écoles publiques, d'une bibliothèque et de l'acheminement postal.

1854 > Une épidémie de choléra venue de la Jamaïque touche gravement Trinidad.

1859 > Inauguration de la première ligne de tramway de Trinidad, reliant San Fernando et Mission (l'ancien nom de Princess Town).

1867 > Le premier puits de pétrole est foré dans le sud de Trinidad.

1877 > Tobago devient une colonie anglaise.

1880 > Visites royales de George V et du futur duc de Clarence à Trinidad. Mission est rebaptisée Princess Town pour l'occasion.

Fort George sur l'île de la Trinidad.

1881 > Premières émeutes canboulay à Port of Spain.

1884 > Fortes émeutes canboulay à San Fernando et à Princess Town, au moment du carnaval.

1889 > Union de Trinidad et Tobago.

1895 > Introduction de l'électricité à Port of Spain. Premier tramway électrique.

1899 > Tobago est placée sous la juridiction de Trinidad.

1903 > Une pénurie d'eau provoque des émeutes à Port of Spain.

1909 > Implantation de la première compagnie pétrolière à Trinidad. Des oiseaux du paradis sont importés de Nouvelle-Guinée pour être relâchés à Tobago.

1917 > Le gouvernement des Indes britanniques met fin à l'immigration de la main-d'œuvre indienne dans les Antilles.

1919 > Première grève générale à Trinidad.

1925 > Premières élections générales.

1937 > Emeutes sur les champs de pétrole de Fyzabad.

1941 > Arrivée des Américains à Trinidad, selon l'application des accords de coopération entre les forces alliées américaines et britanniques.

1945 > A l'annonce de la victoire des Alliés sur le IIIe Reich, pour la première fois, des *steel-bands* jouent dans les rues.

1951 > 1re tournée d'un *steel-band* en Europe.

1958 > Création de la Fédération des Indes britanniques.

1959 > Les îles se dotent d'une nouvelle Constitution. Trinidad et Tobago sont représentées au gouvernement.

1960 > Suite à un nouveau changement de Constitution, la totalité des membres du gouvernement appartient aux deux îles.

1961 > La Jamaïque rejette la Fédération des Indes britanniques, ce qui causera sa disparition. Trinidad et Tobago décident de gagner leur indépendance.

1962 > Trinidad et Tobago obtiennent leur indépendance. La télévision fait son apparition sur l'île. Le gouvernement britannique prend des dispositions pour réguler sévèrement l'immigration en provenance du Commonwealth.

1963 > L'ouragan Flora dévaste Tobago.

1970 > Le Black Power provoque un soulèvement.

1974 > La communauté caraïbe (Caricom) est reconnue par le traité de Chaguaramas.

1976 > Trinidad & Tobago adopte le 1er août une nouvelle constitution, toujours en place aujourd'hui. Trinidad & Tobago accède au statut de république. Trinidad remporte sa première médaille d'or aux Jeux olympiques, grâce à Hasley Crawford aux 100 m.

1984 > Texaco laisse la place à une industrie pétrolière nationalisée, la compagnie pétrolière de Trinidad & Tobago (Trintoc).

1987 > Pour la première fois de l'histoire de la jeune République, le Mouvement national du peuple (PNM) perd les élections, au profit de l'Alliance pour la reconstruction (NAR).

1990 > Echec du coup d'Etat organisé par les partisans de Jamaat al Muslimeen, groupement islamiste conduit par Abu Bakr.

1991 > Le PNM remporte les élections et revient au pouvoir. Le nouveau port de Scarborough est inauguré à Tobago.

1995 > Avec 17 sièges remportés aux élections, le Congrès national unifié (UNC) est au coude à coude avec le PNM. Le NAR apporte ses deux sièges à UNC pour former un gouvernement de coalition. Son Premier ministre est Basdeo Panday.

1998 > La Trinidadienne Wendy Fitzwilliams remporte le titre de Miss Univers.

2003 > George Maxwell Richards est élu président de la République le 17 mars.

2006 > Trinidad & Tobago participe à sa première Coupe du Monde de football, devenant ainsi le plus petit pays à participer à la compétition.

TOBAGO

Jusqu'à l'unification de son destin avec celui de Trinidad à la fin du XIXᵉ siècle, Tobago a une histoire très différente de celle de sa grande voisine. D'abord trop petite pour intéresser les grandes puissances, qui la laissent aux Indiens et aux pirates jusqu'au début du XVIIᵉ siècle, elle devient progressivement objet de nombreuses convoitises, au fur et à mesure que les nations coloniales investissent la région caraïbe. Sur les deux cents ans qui séparent le début du XVIIᵉ siècle du début du XIXᵉ, l'île changera de mains 31 fois. Au début du XIXᵉ, l'île passe définitivement dans le giron anglais. L'abolition de l'esclavage, et la faillite de l'économie sucrière qui survient quelques dizaines d'années plus tard, scelleront la fin de l'autonomie de Tobago, qui sera purement et simplement rattachée à Trinidad par le colon britannique. La dépendance administrative et économique de Tobago par rapport à Trinidad perdurera après l'indépendance jusqu'à nos jours, même si le législateur trinidadien a su accorder à la petite île un peu de marge de manœuvre depuis les années 1980.
La découverte de Tobago par les Espagnols est entourée d'un certain flou et les historiens débattent encore aujourd'hui pour savoir si c'est Colomb qui l'aurait aperçue le premier à l'occasion de son troisième voyage en 1498, ou si c'étaient Juan de La Casa et Alonzo de Ajeda qui l'auraient découverte à l'occasion de leur deuxième expédition dans la région caraïbe en 1502. Toujours est-il que, avant l'arrivée des Européens, l'île était peuplée par plusieurs tribus amérindiennes, dont les Arawaks et les Kalinas. Ces tribus avaient coutume de fumer une herbe qu'ils appelaient « cohiba » ou « tavaco », dans de longs calumets. Et c'est tavaco, mot indien désignant le tabac, qui est à l'origine du nom de l'île.
Pendant un siècle, aucun Européen n'a cherché à faire souche sur l'île. A près de vingt ans d'intervalle, en 1580 et 1596, deux expéditions anglaises de ravitaillement rapportent que l'île est totalement inhabitée. Ce qui fait le bonheur des écumeurs des mers qui utilisent les criques de l'île comme des bases arrière dans leur chasse aux galions espagnols. A partir du début du XVIIᵉ siècle, l'histoire de Tobago s'accélère. Pas moins de quatre puissances coloniales chercheront tour à tour à s'emparer de l'île, acceptant parfois d'y coexister, et d'autres fois pillant et saccageant les campements des voisins devenus ennemis. Ces épisodes de l'histoire ne sont qu'une suite d'incursions et de changements de mains.

Tour à tour revendiquée par les Hollandais, les Lettons, les Français et les Anglais, l'île va changer de maîtres une trentaine de fois. A cette époque, son histoire est celle des ambitions colonisatrices de divers peuples et de leurs tentatives souvent infructueuses, et parfois pathétiques d'y prendre et reprendre pied, comme en témoignent notamment les épisodes et les dates clés des différentes péripéties coloniales de Tobago.
Durant les premières décennies du XIXᵉ siècle, la petite île se maintient tant bien que mal. Elle a obtenu une relative autonomie de gestion de la part des Britanniques et son économie sucrière surnage. Les plantations qui fondent l'économie très agricole de Tobago parviennent même à encaisser les contrecoups de l'abolition de l'esclavage en faisant massivement appel à une main-d'œuvre en provenance des îles voisines. Cependant dans les années 1850, la chute brutale des cours du sucre et un cyclone qui ravage l'île en 1847 mettront l'économie tobagonienne à bas et provoqueront agitations populaires et émeutes. Un de ces soulèvements, appelé « émeute de Belmanna », est resté tristement célèbre : en 1876, les ouvriers de la plantation Belmanna, située à Roxborough, se révoltent contre leurs conditions de travail et leurs bas salaires et mettent le feu à la maison du propriétaire. Ils provoquent une telle agitation dans le village que l'un d'entre eux est tué par la police. Ulcérés par la mort de leur camarade, les ouvriers prennent à parti le chef de la police et le lynchent. De village en village, l'émeute prend de l'ampleur et bientôt la police est dépassée. Elle bat en retraite et appelle à l'aide les forces de la couronne britannique. Celles-ci arriveront une semaine plus tard sous la forme d'un vaisseau de guerre, et c'est la troupe anglaise qui finira par rétablir le calme sous la contrainte. Cet épisode tragique marquera la fin de l'autonomie de gestion qui avait été laissée à l'île. Se sentant complètement dépassé par le cours des événements, le conseil législatif de l'île demandera le rattachement de Tobago à la couronne britannique, rattachement qui surviendra un an plus tard et qui préludera à son rattachement politique et administratif à Trinidad, en 1889. Par la suite et tout au long de la plus grande partie du XXᵉ siècle, l'histoire de Tobago se confondra avec celle de Trinidad. Il faudra attendre 1980 pour que l'île acquière à nouveau un semblant d'autonomie politique (création de la « Tobago House of Assembly »).

Chronologie

L'histoire hollandaise de Tobago

▶ **1628 >** L'amiral d'une flotte hollandaise qui croisait dans les eaux de Tobago envoie des hommes sur l'île couper du bois et faire des réserves d'eau potable. C'est la première fois que des Hollandais foulent le sol de l'île. Ils sont attaqués et tués par les Indiens.

▶ **1637 >** Les Hollandais ont fini par prendre pied sur l'île, mais sont perçus comme une menace par les Espagnols établis sur l'île de Margarita. Avec l'aide des Indiens de Trinidad, les Espagnols attaquent et détruisent le campement hollandais.

▶ **1654 >** Au terme d'une première guerre anglo-hollandaise, la Compagnie hollandaise des Indes envoie sur l'île un petit groupe de colons, qui s'établit à Rockley Bay. Les Hollandais découvrent sur place que des Lettons se sont déjà installés sur l'île, à Courland Bay. N'en déplaise aux Lettons, les Hollandais séparent l'île en deux et la baptisent New Walcheren. Un village est édifié, Lampsinburgh, défendu par un fortin.

▶ **1660 >** Les Hollandais attaquent et détruisent le campement letton.

▶ **1667 >** Fin de la deuxième guerre anglo-hollandaise. Les Hollandais tentent de reconquérir l'île.

▶ **1668 >** Abel Tissot, un Français qui arrive du Surinam accompagné d'une bande armée, débarque à Tobago. Il tente de reprendre l'île aux Anglais, aidé par ce qui reste des pionniers hollandais.

▶ **1673 >** Une paix entre la Hollande et l'Angleterre est signée. Les Hollandais envoient une forte flotte à Tobago dans l'objectif de réaffirmer leur suprématie dans la région.

▶ **1676 >** Affrontements entre les Français et les Hollandais. En février 1677, l'amiral Jean d'Estrée arrive à Tobago et prend position à Bacolet. Ses troupes attaquent le campement hollandais. La bataille occasionne des pertes considérables dans les deux camps et oblige d'Estrée à quitter l'île. Il revient en octobre de la même année et réussit à enlever le fort hollandais. Cet épisode marquera la fin de la suprématie hollandaise sur l'île et du même coup mettra fin aux prétentions de la Hollande dans la région caraïbe.

L'histoire lettonne de Tobago

▶ **1637 >** Jacobus, duc de Courland (Lettonie), envoie 200 pionniers à Tobago. Ils ne résistent pas au climat et aux Indiens.

▶ **1654 >** 80 familles, protégées par des soldats, arrivent sous le commandement du capitaine Hollens. Ils nomment l'endroit où ils prennent position « Great Courland Bay ».

▶ **1660 >** Les Hollandais attaquent et détruisent le campement letton. Après que les Hollandais ont capturé leurs colonies, les Lettons tentent de reprendre pied sur l'île en y envoyant régulièrement des pionniers jusqu'en 1675. En vain.

▶ **1680 >** Le lieutenant Robert Benett arrive avec une petite troupe armée. Ils construisent un fortin qu'ils baptisent Fort Benett. Mais la colonie périclite, minée par les maladies et les attaques des Indiens. Ils finissent par quitter l'île pour rejoindre La Barbade.

▶ **1681 >** Le gouverneur Franz Monck arrive accompagné de nouveaux colons. Ils construisent un fort qu'ils nomment Fort Monck. Ils survivent pendant deux ans, puis quittent l'île.

▶ **1686 >** De nouveaux colons arrivent. Ils repartent pour Boston un an plus tard.

▶ **1687 >** Dernière tentative lettone, qui se solde par un échec et un abandon définitif des velléités lettones sur l'île, après que, six ans plus tard, le petit groupe des derniers pionniers lettons a été totalement décimé par les maladies et les attaques des Indiens.

L'histoire française de Tobago

▶ **1666 >** Le gouverneur français de la Grenade, Monsieur Vincent, envoie une petite troupe attaquer les Anglais installés à Plymouth. Les Français prennent les positions anglaises mais repartent un an plus tard.

▶ **1748 >** La France et l'Angleterre déclarent la neutralité territoriale de Tobago par le traité d'Aix-la-Chapelle.

▶ **1778 >** Reprise des affrontements entre l'Angleterre et la France, alors alliée des Américains en guerre contre la couronne britannique.

▶ **1781 >** Une flotte française, sous le commandement du général Blanchelande, arrive à Tobago en mai. Des troupes françaises débarquent à Courland Bay. Les Anglais défendent l'île à partir d'une redoute appelée Morne Concordia, au nord de Scarborough. Les Français capturent Scarborough, position à partir de laquelle ils bombardent la redoute des Anglais jusqu'à les forcer à capituler. Ils brûlent les plantations anglaises et prennent officiellement possession de l'île, jusqu'en 1793.

L'histoire anglaise de Tobago

▶ **1637 >** Le révérend Nicholas Leverton arrive de La Barbade avec une quarantaine de colons. Ils sont attaqués par les Indiens à leur débarquement sur l'île et repartent aussitôt.

▶ **1639 >** Robert Rich, deuxième comte de Warwick, achète les droits d'exploitation de l'île au comte de Pembroke et envoie une expédition de plusieurs centaines d'hommes. La troupe est attaquée par les Indiens. Les survivants repartent à Trinidad.

▶ **1647 >** Robert Rich envoie une deuxième expédition. A nouveau attaqués par les Indiens, les colons anglais jettent l'éponge et s'enfuient en direction du Surinam.

▶ **1666 >** Alors même que les Anglais, les Hollandais et les Français se font la guerre, le gouverneur de la Jamaïque envoie deux frégates de pirates attaquer les Hollandais, qu'ils réduisent en miettes. Le gouverneur de La Barbade leur donne la chasse, et les Anglais se dispersent en ne laissant sur l'île qu'une petite garnison.

▶ **1763 >** Tobago est cédée aux Anglais à la fin de la guerre de 7 ans. Deux compagnies anglaises arrivent et sont cantonnées à Plymouth.

▶ **1768 >** Construction de Scarborough.

▶ **1776 >** Les Américains mènent leur guerre d'Indépendance contre les Anglais.

▶ **1777 >** Des bateaux américains attaquent les positions anglaises à Tobago (Sandy Point et Man o'War Bay).

▶ **1778 >** Les Anglais s'affrontent aux Français, alors alliés des Américains.

▶ **1793 >** Des forces anglaises, sous les ordres du général Cornelius Coyler, débarquent à Courland Bay. Elles attaquent avec succès la garnison française cantonnée à l'ouest de Scarborough. L'île repasse dans le giron anglais.

▶ **1801 >** La guerre entre l'Angleterre et la France prend fin. Le traité d'Amiens redonne Tobago à la France.

▶ **1803 >** Reprise des hostilités entre l'Angleterre et la France. Le général William Grinfield débarque à Courland Bay en juin. Les forces françaises capitulent le 1er juillet. Les Anglais, qui prennent à nouveau possession de l'île, la garderont cette fois pendant cent cinquante ans.

L'histoire africaine de Tobago

▶ **1769 >** Six fugitifs de la plantation Cove s'enfuient pour rejoindre Trinidad.

▶ **1770 >** Les esclaves de la plantation Grafton se révoltent. Le colon et quatre soldats anglais sont tués. Pourchassés par la troupe, les fuyards se réfugient dans la forêt.

▶ **1771 >** Trente-huit esclaves se révoltent à Bloody Bay et tuent le contremaître de la plantation. Il faudra quatre mois aux Anglais pour rétablir l'ordre.

▶ **1774 >** Quarante-huit esclaves se révoltent dans la plantation Betsy's Hope. Ils seront pourchassés et tués par la milice anglaise.

▶ **1801 >** Des esclaves de Calder Hall et de Bacolet fomentent une révolte pour la veille de Noël, mais leurs plans sont révélés et déjoués et ils sont tous arrêtés. La loi martiale est proclamée. Trente esclaves seront condamnés à la pendaison.

Pour impressionner tous les autres esclaves des plantations avoisinantes, il est décidé qu'un coup de canon sera tiré à chaque exécution. Mais, en définitive, un esclave sera tué, et c'est le même corps qui sera pendu à l'échafaud une trentaine de fois. Les vingt-neuf autres esclaves seront bannis de l'île.

Politique – Économie

POLITIQUE

Structures politiques et gouvernement

Depuis 1962, Trinidad et Tobago constituent une République qui prend la forme d'une démocratie parlementaire, inspirée par le modèle anglais. Jusqu'en 1976, la jeune République reconnaissait encore la reine d'Angleterre comme chef suprême de l'Etat. Depuis 1976, un président, élu par le Parlement, est nommé à la tête de l'Etat. Il est le commandeur en chef des forces armées. Le Parlement est bicaméral. Le Sénat est formé de 31 membres. Seize sont choisis par le Premier ministre. Six sont choisis à la discrétion du chef de l'opposition. Neuf sont directement choisis par le président.

La Chambre des représentants est constituée de 36 membres (34 pour Trinidad et 2 pour Tobago), élus pour cinq ans. Les élections peuvent se tenir de façon anticipée, à la demande du Premier ministre, ou après un vote de défiance par la Chambre des représentants.

Le pouvoir judiciaire est indépendant et s'incarne dans une cour d'appel, instance judiciaire suprême des deux îles.

L'île de Tobago dispose d'une marge d'autonomie assez large, avec la mise en place d'un gouvernement qui lui est propre : la « House of Assembly » ayant compétence sur tout ce qui touche à la gestion de l'île, excepté les questions d'intégrité du territoire.

Le suffrage est universel et le droit de vote est donné à 18 ans.

Les forces politiques en présence

▶ **People's National Movement ou PNM.** Leader actuel : Patrick Manning. Historiquement, le premier parti politique de Trinidad & Tobago, le PNM, a été créé par le Dr Eric Williams en 1956, et a guidé le pays vers l'indépendance. L'indépendance acquise en 1962, le PNM régnera en maître sur le pouvoir politique du pays pendant plus de

vingt-cinq ans, jusqu'aux élections de 1986, qui le verront défait au profit d'une coalition formée par le parti d'opposition indien mené par Basdeo Panday et de celui de Robinson, qui ciblait la classe moyenne. La clientèle électorale du PNM repose quant à elle sur de fortes bases populaires, très majoritairement issues de la communauté noire.

De retour au pouvoir en 1991, le PNM perd les élections quatre ans plus tard et, pour la première fois, l'UNC, le parti d'inspiration indienne de Basdeo Panday, arrivera au pouvoir. Les élections générales de 2002 lui redonneront l'autorité politique sur les deux îles, qu'il a su conserver depuis.

▶ **United National Congress ou UNC.** Leader actuel : Basdeo Panday. Ce parti, issu de la principale communauté ethnique de l'île, la communauté indienne, a accédé deux fois au pouvoir au cours des 10 dernières années. La première fois en 1995, la deuxième fois en 2001. Ces deux expériences de gouvernement l'ont renforcé dans son rôle d'alternative crédible, capable d'assurer un vrai régime d'alternance, d'autant plus qu'aux élections de 2001, l'UNC a su élargir ses bases et gagner des suffrages en dehors des zones à population majoritairement indienne. Lors des élections parlementaires de 2007, l'UNC obtient d'ailleurs 1/3 des voix.

▶ **National Alliance for Reconstruction ou NAR.** Leader actuel : Carson Charles. Un parti très minoritaire en voix mais qui a su jouer à merveille de ses tactiques d'alliances, notamment avec l'UNC, pour occuper une position centrale d'arbitre dans la plupart des élections des années 1990.

Les tensions et les enjeux politiques actuels

La situation d'équilibre total des poids politiques des deux principaux partis a produit un sérieux blocage des institutions pendant plus de deux ans, ceci jusqu'à la fin 2002 où le PNM regagnera les élections générales d'une courte voix. Cette situation de blocage potentiel est le résultat d'une donne démographique qui confère aujourd'hui un poids égal aux populations d'origines noire et indienne, ce qui ne va pas sans risques de tensions ethniques.

De plus, les plates-formes des programmes politiques sont très peu différentes l'une à l'autre. Les deux partis sont pour l'établissement d'un marché libre et sans entrave, la lutte contre la criminalité et la drogue et pour l'amélioration des services sociaux.

Si la similitude de ces engagements facilite la vie de l'économie et est particulièrement bien vue des investisseurs étrangers et notamment des pétroliers qui y voient une condition de « business as usual », il n'en reste pas moins que c'est très certainement sur ces trois derniers points – la lutte contre la criminalité, la justice et le progrès social – que les partis seront jugés par leurs électeurs à l'avenir et que les prochaines vraies batailles électorales risquent de se jouer, au-delà des tensions raciales ou ethniques.

Les relations internationales

Trinidad & Tobago joue un rôle puissant au sein du Caricom (Caribbean Community and Common Market) et participe activement aux efforts d'intégration des pays des Caraïbes au sein de cette zone économique. Par ailleurs, Trinidad & Tobago fait partie de l'AEC (Association des Etats caribéens) dont le siège se trouve à Port of Spain, et où la France a sa place en tant que pays représentant les Antilles françaises. Les plus grands partenaires commerciaux de Trinidad sont l'Amérique du Nord et, dans une moindre mesure, l'Europe. A noter une rivalité récente avec le Venezuela pour la fourniture de pétrole aux pays caribéens.

■ ÉCONOMIE

Une gestion avisée de fortes ressources pétrolières et gazières

L'économie de Trinidad & Tobago est la plus florissante de toutes celles des pays des Caraïbe. Il faut dire que, comme le Venezuela voisin, le pays dispose d'immenses ressources en hydrocarbures qui lui assurent une rente substantielle. On y extrait actuellement, et depuis une vingtaine d'années, près de 120 000 barils par jour, et comme Trinidad & Tobago n'est pas membre de l'OPEP, son économie a toute latitude à adapter la production de pétrole en fonction de la position plus ou moins avantageuse que lui offre la variation des cours sur la scène mondiale. Le secteur des hydrocarbures réalise près de 25 % du PIB. La découverte au début des années 2000 d'un important gisement de pétrole sur la côte est de Trinidad estimé à un milliard de barils laisse présager des jours heureux pour le pays. Si la production n'a pas doublé, les réserves prouvées ont elles été multipliées par deux. Cependant, à la différence du Venezuela, l'économie du pays n'a pas mis tous ses œufs dans le même panier, ou plutôt dans le même derrick. La grave récession économique occasionnée par la chute internationale des cours de l'après deuxième choc pétrolier, dont le pays ne sortira qu'en 1994, a porté ses leçons. Dans le tournant des années 1990, l'économie trinidadienne s'est engagée dans une politique de diversification dont elle recueille aujourd'hui les fruits. Pour limiter les risques que font potentiellement peser sur son économie la dépréciation et le caractère erratique des cours du pétrole, Port of Spain a su parier sur une stratégie heureuse, portant sur deux principes : d'une part, accentuer la politique de prospection de nouveaux gisements gaziers pour créer les conditions d'une ressource relais à celle du pétrole.

D'autre part, faire de la ressource en hydrocarbures la base de la production de produits dérivés à forte valeur ajoutée. C'est ainsi que Trinidad & Tobago est devenue en quelques années le premier producteur mondial d'ammoniac et de méthanol et le cinquième exportateur de gaz naturel liquéfié, avec un rythme de production annuelle qui atteint les quatre milliards de tonnes en 2005. Particulièrement à court terme, la construction de nouvelles usines pétrochimiques assure au pays un vigoureux moteur de croissance.

Retrouvez l'index général en fin de guide

DÉCOUVERTE

Malgré la croissance, une politique économique et sociale à la traîne

Grâce à cette nouvelle politique industrielle, le pays a pu bénéficier d'une croissance non démentie depuis 1994, avec des taux qui ont frôlé les 7 % à la fin des années 1990. Sous l'effet de la récession mondiale de l'après 11-Septembre, ainsi que de l'impasse politique dans laquelle le pays s'est enfermé pendant trois ans, la croissance est retombée à 3 % en 2002, ce qui reste toutefois le plus fort niveau de toute la zone Caricom. En 2006, celle-ci tournait à 12,5 %, pour retomber à 5,5 % l'année suivante.

Cependant, malgré cette bonne dynamique économique et un PNB par habitant qui flirte avec les 10 000 euros par an (près de 3 fois moins que la France, mais 2 fois plus que la Turquie ou le Venezuela), près d'un habitant sur cinq reste en dessous du seuil de pauvreté et, bien que le taux de chômage ait sensiblement baissé, plus de 10 % de la population active est encore sans emploi. Alors que la classe moyenne se reconstruit peu à peu, une fois passés les effets dévastateurs de la récession des années 1980-1990, la majeure partie des sans-emplois ne disposent pas aujourd'hui des qualifications minimales pour espérer échapper à la précarité.

De plus, le développement se fait très inégalement sentir sur l'île, et plus de 20 % de la population habitant les zones rurales du sud et du centre du pays tentent toujours de subsister de la monoculture de la canne, très peu rentable et productive et pour la réorientation ou la rationalisation de laquelle aucune solution n'est envisagée à ce jour. Pour le long terme, c'est principalement de ces enjeux d'éducation, de justice et de progrès social que va dépendre l'avenir économique du pays.

Le tourisme : négligeable à Trinidad, essentiel à Tobago

A l'heure actuelle, le tourisme pèse 3 % dans le PNB de Trinidad & Tobago… La faiblesse du chiffre cache en fait deux réalités bien distinctes.

Il traduit une totale absence de nécessité pour l'économie de Trinidad qui, à la différence des autres îles antillaises, n'a pas besoin des devises du tourisme pour équilibrer son budget, et, dans le même temps, la grande dépendance de Tobago à cette ressource de première importance pour l'île. Le nombre de chambres sur les deux îles est en passe de franchir la barre des 5 000, dont la moitié à Tobago.

Globalement, le tourisme avait rapporté 190 millions de dollars à l'orée 2000, avec une moyenne de 400 000 visiteurs par an (un chiffre qui a doublé en moins de dix ans). En 2006, il a passé la barre des 500 000 visiteurs, et devrait continuer de progresser au cours des prochaines années. Particulièrement grâce au tourisme de plaisance, qui attire près de 70 000 visiteurs par an.

Relations économiques entre Trinidad et la France

Elles restent, pour l'essentiel, à créer, même si un boom est à observer depuis 1998. Les échanges commerciaux entre la France et Trinidad demeurent particulièrement déséquilibrés, l'île fournissant largement les départements des Antilles françaises en produits pétroliers ou dérivés chimiques. Les exportations françaises sur l'île pèsent 5 fois moins que les importations de produits *made in Trinidad and Tobago*.

Ce déséquilibre ne risque pas de s'atténuer avec le temps. La France exporte des équipements électriques et électroniques, des produits des industries agricoles et alimentaires, des équipements mécaniques, des produits chimiques, des automobiles et des pièces automobiles et métaux, ainsi que des produits métalliques. Ces six principaux postes d'exportations représentent 75 % du total des ventes tricolores.

A l'heure actuelle, on compte sur les doigts de la main les entreprises françaises présentes sur le sol trinidadien. On peut néanmoins citer Renault, Total, Publicis, Bouygues (trois gros contrats, dont un en 2007 à hauteur de 100 millions d'euros pour la construction d'un immeuble de 26 étages), Ricard qui y possède de grands champs d'anis, et Ikane, une entreprise spécialisée dans la construction de catamarans. Bouygues Travaux publics, associé à Alstom et la RATP sont également en charge depuis août 2007 de mettre en service une ligne train sur l'île.

Il faut également citer sur le marché du BTP, l'arrivée du savoir-faire français. En janvier 2007, un contrat a été remporté par Vinci pour la construction d'un échangeur autoroutier pour un montant de 52 millions de dollars.

Population et mode de vie

La population de Trinidad & Tobago en quelques chiffres

▶ **Population totale :** 1,1 million d'habitants.

▶ **Structure d'âge :** moins de 15 ans, 19 % ; 15-64 ans, 71,8 % ; plus de 65 ans, 9,2 %.

▶ **Taux de croissance de la population :** −0,891 %.

▶ **Taux de natalité :** 13,2 naissances pour 1 000 individus.

▶ **Taux de mortalité :** 10,9 décès pour 1 000 individus.

▶ **Répartition des sexes :** 1,07 homme pour une femme.

▶ **Taux de mortalité infantile :** 23,59 décès pour 1 000 naissances.

▶ **Taux de fertilité :** 1,73 enfant par femme.

▶ **Répartition ethnique :** Indiens : 40,3 % ; Noirs : 37,7 % ; Métis : 20 % ; Blancs : 0,6 % ; Chinois et autres : 1,4 %.

▶ **Taux d'alphabétisation :** 98,6 % de la population de plus de 15 ans sait lire et écrire.

Langues parlées

La langue officielle de Trinidad & Tobago est l'anglais. Cependant, dans son usage courant, cet anglais est loin de la langue d'Oxford. En réalité, il faudrait plutôt parler de créole anglais, comme d'ailleurs pour toutes les îles anglophones des Caraïbes. Cependant, contrairement à celui qui est pratiqué à Tobago où 95 % de la population qui y vit est d'origine africaine, le créole anglais de Trinidad est assez spécifique. Sur ce plan de la langue courante, il y a d'ailleurs plus de différences entre Trinidad et Tobago qu'entre Tobago et la Jamaïque, autre île anglophone à très large communauté noire. Sous la pression des différentes grandes vagues d'immigration qui sont survenues au cours de son histoire, la grande spécificité vernaculaire de Trinidad est d'avoir su intégrer dans la langue les influences espagnole et surtout française et hindoue. L'influence du français se caractérise par la survivance d'un patois français dans les zones montagneuses du nord de Trinidad, présentant de fortes similitudes avec le créole des îles françaises.

Ce patois a été énormément parlé sur toute l'île pendant plus de cent cinquante ans, autrement dit depuis la fin du XVIIIe siècle, c'est-à-dire l'arrivée des premiers colons français. Aujourd'hui il est quelque peu tombé en désuétude et ne reste pratiqué que dans les zones rurales et par les personnes âgées. Cependant l'influence du français perdure dans le vocabulaire et les idiomes trinidadiens qui comprennent énormément de mots et de tournures empruntés à la langue de Molière.

A Trinidad, les vautours s'appellent « corbeaux », les bateaux des pêcheurs sont des « pirogues », tous les personnages traditionnels du folklore africain et du carnaval ont des noms francisés (Diablesse, Papa Bois, Lagahou – notre loup-garou –, dame Lorraine, Pierrot Grenade…). Enfin, on traduit littéralement notre « il fait chaud » par « *it making hot* », ce qui devrait contribuer à lever beaucoup d'inhibitions françaises à pratiquer l'anglais à Trinidad… L'arrivée des Indiens, dernière très grande vague d'immigration à Trinidad, a elle aussi étoffé le vocabulaire de l'île.

D'abord par la cuisine. Tous les Trinidadiens, même ceux qui ne sont pas d'origine indienne, savent que « *aloo* » est le nom des pommes de terre cuites au curry, que « *beigun* » est le nom indien donné à l'aubergine, devenu d'ailleurs le nom quasi officiel du légume sur toute l'île, et que l'on fait cuire la pâte du roti sur une « *tawa* ».

La dynamique démographique qui caractérise la communauté indienne devrait contribuer à renforcer son influence sur la langue de tous les jours.

Petit lexique de l'anglais made in Trinidad & Tobago

▶ **Waz de scene ?...** Comment ça va ? (What's up ?)

▶ **Cool man** .... très bien

▶ **Nah**................................non (No)

▶ **Ah aint goin** ....
je n'y vais pas (I am not going)

▶ **Wey yuh for ?** .... Que veux-tu faire ? (What do you want to do)

▶ **Ent**................................vrai (True)

▶ **Lime** .... sortir, se décontracter (Hang out)

▶ **Oh shucks !** ....Quel dommage ! (Shoot ! ou oh no !)

▶ **Geeze and ages ! ou What de jail !** .... expressions pour marquer votre exaspération.

Le pays de la « Rainbow Nation »

Pour faire honneur à la diversité des origines de sa population, Trinidad et Tobago se sont affublées d'une étiquette qui sonne comme un label : celui d'une « Rainbow Nation », une nation arc-en-ciel où chaque communauté aurait trouvé une place harmonieuse au sein d'une grande mosaïque de couleurs de peau et de cultures. Si la coexistence interethnique a toujours été pacifique sur les deux îles, et que la culture du carnaval, partagée par tous les insulaires, est un très fort ciment de l'identité nationale, il serait pourtant naïf de croire que cela ne va pas sans certaines crispations ou tensions. Celles-ci sont de trois ordres et renvoient au pouvoir économique, à l'appartenance communautaire et à la couleur de la peau.

Un pouvoir de l'argent inégalement partagé

Bien évidemment, sur le plan de l'argent, tout le monde n'est pas sur le même pied d'égalité à Trinidad & Tobago. Tout au-dessus de la population, ce sont les classes blanche et mulâtre, les « French Creoles », qui continuent de régner en maîtres. Héritières fortunées du temps des plantations, ces classes détiennent toujours les clés du pouvoir statutaire et

de l'argent. Elles ne se mélangent pas au reste de la population et habitent souvent à l'écart, dans de chic banlieues résidentielles ou dans les maisons de maître des anciens domaines de plantation, dont elles ont hérité et détiennent toujours la propriété. On les trouve souvent aux commandes dans les secteurs de l'industrie, de la banque, du commerce ou de l'hôtellerie. Au sommet de la pyramide, elles continuent de perpétuer aux yeux de la population l'image d'une aristocratie blanche, aux plaisirs élitistes.

Cohabitation et rififi entre communautés africaine et indienne

A l'origine, les communautés africaine et indienne furent toutes deux déplacées de force par l'autorité du colon blanc. Pourtant, une fois sur l'île, elles ne partageront ni la même histoire ni le même passé. Les Noirs y sont arrivés en esclaves, sans aucun droit à faire survivre leurs coutumes, leurs religions. A leur arrivée sur l'île, on les séparait physiquement et systématiquement lorsqu'ils étaient en provenance du même village ou de la même région. Ils n'ont pu faire survivre leurs traditions que de façon clandestine. Les Indiens ne sont pas arrivés comme esclaves. S'ils ont, eux aussi, dû subir la pression coloniale, le colon britannique ne les a pas empêchés de garder leurs coutumes et de se regrouper par région ou par village, en affinité de provenance. Par ailleurs, la difficulté du travail et de la vie âpre qu'ils ont pu endurer une fois sur l'île ont contribué à créer et à renforcer entre eux des liens d'entraide et d'amitié, faisant fi des barrières de castes (il n'y a d'ailleurs aucun système de castes chez les Indiens de Trinidad).

L'abolition de l'esclavage aura une conséquence très directe sur le mode de vie de la communauté noire. Son émancipation videra les plantations et les campagnes de toute la population africaine, pour qui l'agriculture rappelait trop le temps de l'esclavage. Sous l'effet de cet exode rural, les villes grossiront, notamment Port of Spain où la culture africaine et son influence ne cesseront de croître. Rapidement, les Africains se tourneront vers la quête de l'indépendance et donc du pouvoir politique. L'abolition de l'esclavage conduira en revanche directement la communauté indienne à investir l'agriculture et les zones rurales, dans une organisation communautaire très poussée.

C'est ainsi que les choses se passèrent cahin-caha, pendant des dizaines d'années. Les Noirs au pouvoir politique et s'attachant à créer la culture identitaire de l'île (carnaval et *steelbands*), les Indiens s'occupant de l'agriculture et rapidement du commerce. Pendant toute cette époque, le concept d'ascension sociale a eu un sens tout à fait différent selon la communauté à laquelle on appartenait.

Pour les Noirs, il s'agissait davantage d'occuper une prestigieuse situation et de s'élever grâce à l'éducation et l'université. Pour les Indiens, il s'agissait surtout de gagner de l'argent.

Trois facteurs ont fait changer les choses : la manne pétrolière, l'éducation pour tous et la démographie. Le soudain afflux de pétrodollars a permis la création d'une classe moyenne véritablement interethnique, où Africains et Indiens ont appris à travailler ensemble et à s'estimer. Le métissage entre les deux communautés existe, même s'il reste faible (seulement 20 % de la population de l'île est d'origine métissée).

Un nom spécifique à Trinidad désigne ces nouveaux métis afro-indiens : les Douglas. L'éducation pour tous a permis aux Indiens de venir progressivement concurrencer les Africains aux postes de la fonction publique et de l'administration. La dynamique démographique fait aujourd'hui de la communauté indienne la principale force électorale du pays.

Dès lors, le *statu quo* qui a prévalu pendant des dizaines d'années entre les deux communautés a commencé à s'ébrécher. La culture indienne est devenue de plus en plus visible sur l'île, dans ses fêtes, ses manifestations et sa musique. Les débats politiques ont davantage stigmatisé les différences entre les deux principales communautés que contribué à rechercher des points de consensus ces dernières années. Peut-être davantage que la prospérité économique annoncée, ce sera à la politique de jouer le rôle modérateur principal pour désamorcer l'antagonisme interethnique larvé.

La place de la femme dans la société Trinidadienne

Les attitudes macho de certains insulaires, d'ailleurs communes à l'ensemble de la zone caraïbe, pourraient induire en erreur en laissant croire que les femmes ne jouent qu'un rôle mineur dans la société trinidadienne. Il n'en est rien. Leur rôle est même de plus en plus important. Les femmes vivent peu sous la coupe des hommes à Trinidad & Tobago. Le modèle patriarcal n'y est pas beaucoup de mise, et le mariage officiel n'y est pas ressenti comme une grande obligation. L'héritage communautaire qui modèle toujours la société se traduit par une organisation matriarcale de la famille, où c'est la femme qui a l'autorité et le pouvoir en pratique.

L'instruction pour tous et le bon niveau d'éducation qui en découle sont venus renforcer ce rôle historique et traditionnel, en le complétant aujourd'hui par une forte accessibilité au monde du travail. Les femmes sont très nombreuses à travailler. On les retrouve à tous les étages des administrations et du secteur tertiaire et à tous les postes, de celui de vendeuse ou de secrétaire aux postes de responsabilité.

Religion(s)

A Trinidad & Tobago, la religion est à l'image du pays : multiple, comme ses origines et sa cuisine. Le visiteur ne peut qu'être frappé par la densité et la diversité des lieux de culte aperçus au hasard de ses promenades à travers le pays.

Les clochers des églises côtoient les temples des spirituels baptistes, qui côtoient à leur tour des mansirs hindous surmontés de leur trident caractéristique, le tout dans le voisinage de quelques mosquées et temples chinois au toit en forme de pagode…

DÉCOUVERTE

© WWW.PANLIBE.COM

Enfants au carnaval.

Les principales fêtes religieuses du calendrier de Trinidad & Tobago

▶ **Le vendredi saint :** fluctuant selon les années.

▶ **Jour de la libération des Baptistes Hurleurs :** le 30 mars.

▶ **Le lundi de Pâques :** fluctuant selon les années.

▶ **Le jour du Corpus Christi :** le 29 mai.

▶ **L'Eid Ul Fitr,** qui marque la fin du mois de Carême pour les musulmans : fluctuant selon les années.

▶ **Divali,** la fête indienne de la lumière : fluctuant selon les années.

▶ **Noël :** le 25 décembre.

La juxtaposition des différentes ethnies et cultures communautaires au fil des époques a favorisé en effet la présence simultanée sur ces îles d'un bon nombre des religions, de la religion occidentale « traditionnelle » catholique romaine, protestante ou anglicane à l'hindouisme, en passant par l'islam, l'animisme africain ou une ribambelle de sectes et de sociétés plus ou moins secrètes. Première arrivée sur l'île, l'église catholique romaine est aussi celle qui est le mieux représentée : 30 % de la population actuellement. La deuxième force religieuse en présence est l'hindouisme, avec 24 % de la population. Au troisième rang, l'Eglise anglicane, avec 11 % de la population. Viennent ensuite les musulmans, avec 6 % de la population, puis l'Eglise presbytérienne, avec un peu plus de 3 % de la population. Le solde, soit plus d'un habitant sur quatre, est assez exotique et regroupe aussi bien des adventistes du Septième Jour, des spirituels baptistes que des animistes adeptes de l'orisha, très proches du vaudou haïtien, des adeptes de kali, des mormons, des rastafaris et même des rosicruciens. Globalement, la religion est très présente dans la culture et la vie quotidienne de Trinidad & Tobago. Le calendrier de l'année est rempli de jours fériés correspondant à autant de fêtes célébrées selon les différentes confessions et les principales d'entre elles sont souvent enseignées aux enfants dès le premier âge, que ce soit dans des écoles appartenant à l'Eglise chrétienne, musulmane ou hindoue.

La prégnance de ce climat religieux, voire mystique, allié à la nature festive, plutôt tournée vers la réjouissance des habitants, a des répercussions singulières sur la psychologie et le caractère de la société de Trinidad & Tobago, qui réussit à composer avec les exigences des valeurs conservatrices et puritaines léguées par l'héritage religieux, tout en s'en gardant dans une distance nonchalante et laissée à l'appréciation de chacun. C'est peut-être là une des principales raisons de la coexistence pacifique de toutes ces religions dans un aussi petit pays.

Enjeux pour le futur

Outre le problème posé par les tensions interethniques entre Africains et Indiens, l'avenir de la société de Trinidad et de Tobago dépendra de trois grands enjeux : ceux de la santé, de l'éducation et de la sécurité. Si les cadres et les élites responsables sont encore directement issus d'une formation « à l'anglaise », ils vieillissent progressivement, et aucune relève véritable n'est là pour les remplacer.

Peu d'efforts sont faits pour améliorer l'éducation, et tout particulièrement les formations secondaires et universitaires, et il y a fort à parier que les générations montantes seront moins instruites et moins spécialisées que celles de leurs aînés.

A moins d'avoir la chance de pouvoir poursuivre ses études à l'étranger et particulièrement aux Etats-Unis.

Mais dès lors pourquoi revenir sur l'île natale ? Ce déficit de professionnels de haut niveau pose déjà un problème à la santé publique où la pénurie de médecins et le manque de spécialistes s'ajoutent à une quasi-absence de politique de modernisation des équipements.

Le manque de redistribution sociale et l'argent facile ont également contribué à créer le climat de relative insécurité qui a touché Trinidad (et seulement Trinidad, Tobago étant une île tout à fait sûre et très différente sur ce plan, de sa grande sœur).

Cette insécurité est essentiellement due à l'importance des trafics illicites en provenance de l'Amérique du Sud, notamment celui de la cocaïne, ainsi que ses corollaires : la corruption, la violence et le blanchiment d'argent.

Arts et culture

LA MUSIQUE À FLEUR DE PEAU

A Trinidad & Tobago, la musique fait un bruit de fond permanent. Elle est partout, dans les rues, dans les magasins, dans les voitures, dans les *rum-shops* et, bien sûr, dans les concerts et dans les fêtes, portée par d'immenses *sound system*. Sur ces îles, faire et écouter de la musique est plus qu'un mode de vie, cela tient de la vitalité d'un formidable héritage et d'une longue tradition. Les genres musicaux s'y enchaînent. Leur actualité respecte des saisons bien précises et complémentaires dans l'année, calendrier scandé par la période du carnaval. Avant le carnaval, c'est le temps du parang. Pendant la saison du carnaval et jusqu'à Pâques, viennent le calypso, la soca et bien sûr les *steel-bands*. Une fois passé le carnaval, c'est le rapso qui prend la relève ainsi que le reggae.

Au commencement était le parang...

Cette musique fut importée par les Espagnols. Paroles chantées en espagnol, guitares, mandolines et violons comme principaux instruments d'accompagnement, le parang sonne indubitablement latino. Aujourd'hui sa tradition est perpétuée par les descendants des premiers occupants espagnols, qui jouent en modestes formations dans les petits villages de la côte nord de Trinidad, du côté de Santa Cruz de Paramin, d'Arima ou de Lopinot. Le parang a même un peu gagné en popularité ces dernières années, profitant de la proximité de l'île avec le continent sud-américain et de l'arrivée assez récente de nombreux Vénézuéliens qui viennent apprendre l'anglais à Trinidad. Le parang se joue essentiellement à la saison de Noël. En pratique, les premiers concerts commencent fin septembre, date de l'ouverture officielle du festival de Parang, qui se termine à Noël.

Puis arriva le calypso...

Le calypso fait un peu mystère de ses origines. Emane-t-il d'une tradition africaine lointaine, colportée par les griots et que les esclaves auraient apportée avec eux sur l'île ? A-t-il été inspiré par l'arrivée des planteurs français et de leur goût pour le « carrousseaux », terme qui en vieux français désignait une partie

fine, passée à boire, à danser et à chanter ? Toujours est-il que le véritable lancement du calypso sera concomitant de celui du carnaval. Il partagera les mêmes fonctions de critique sociale et de subversion. Le calypso, par ses textes, stigmatisera vite les particularités de la société coloniale de l'époque, pour s'en indigner, et le plus souvent s'en moquer. La verve et l'art de la tchatche de ses principaux chanteurs remportent rapidement un énorme succès populaire.

Les textes de calypso, souvent satyriques, deviennent les premiers médias de l'île. Les autorités britanniques s'en inquiètent et les censurent.

Ce n'est que dans les années 1950 que le calypso trouvera une pleine et entière expression. Les Américains vont découvrir le calypso à l'occasion de leur présence militaire sur l'île. Ils s'en emparent et le propulsent sur la scène internationale, popularisé dans les années 1940 par Henry Belafonte et les Andrew Sisters. Robert Mitchum en tombe amoureux et enregistre un disque, *Calypso is like so*. Mais, à Trinidad, les chanteurs et compositeurs de calypso deviennent rétifs à la mainmise américaine. Non seulement ils n'en tirent aucun profit tangible, mais ils sont également très conscients des aspects négatifs de la présence américaine sur l'île. La dénonciation de cette mainmise deviendra vite pour eux un sujet de prédilection, comme on peut le constater dans les paroles du fameux *Rum & Coca-Cola*, chanté par Lord Invader :

« *They buy rum and Coca-Cola,*
Went down Point Cumana,
Both mothers and daughters,
Working for their Yankee dollars. (bis) »
« Elles achètent du rhum et du Coca-Cola,
Vont à Point Cumana,
Les mères comme les filles,
Travaillent pour les dollars des Yankees. (bis) »

Dans les années 1970, le mouvement du calypso s'essouffle. Sa popularité auprès des jeunes est éclipsée par la pop music internationale et le reggae jamaïcain. Le calypso entamera alors une mue qui débouchera sur la soca et le rapso.

Les grandes figures du calypso du XXᵉ siècle

▶ **Atila le Hun (1892-1962),** l'un des grands pionniers qui sut développer le genre.

▶ **Lord Invader,** célèbre pour son *Rum & Coca-Cola* dont le succès, d'abord dû au plagiat par les Andrew Sisters, lui rapporta finalement, après procès, énormément d'argent.

▶ **Lord Kitchener (1923-2000),** surnommé Gran Master, qui composera énormément pour les *steel-bands*.

▶ **Mighty Sparrow (1935),** le dernier grand calypsonien encore en vie. Célèbre pour son *Yankees gone*, qui critiquait la présence américaine pendant la guerre.

Cependant, il reste toujours un genre musical officiel de premier plan à Trinidad, joué principalement au moment du carnaval, où compétitions et joutes musicales qui se tiennent dans les « *calypso-tents* » voient s'affronter les meilleurs calypsoniens de l'île. Le genre, d'abord véritablement bastion masculin, va progressivement s'ouvrir aux femmes à la fin du XXᵉ siècle, avec l'arrivée de chanteuses comme Denise Plummer ou, plus récemment, Singing Sandra.

La soca

Etymologiquement, le terme « soca » provient de la contraction entre le « *so* » de soul et le « *ca* » de calypso. En effet, la soca revendique depuis sa création une filiation avec l'âme du calypso. A la fin des années 1970, un calypsonien nommé Ras Shorty prend conscience de la nécessité de faire évoluer le calypso, notamment pour qu'il ne se fasse pas étouffer par le disco. Lui et quelques autres musiciens, tel Shadow par exemple, s'emploient à en moderniser la musique en faisant évoluer ses bases rythmiques pour les rendre plus propices à la danse, mettant les basses au premier plan, et en y introduisant le son électrique. Mélange d'inspiration funk et de rythmes traditionnels antillais, la soca est très souvent accompagnée d'une cloche qui frappe le tempo. D'emblée, elle remporte un énorme succès populaire sur l'île. Aujourd'hui, cette musique, reine du carnaval et des fêtes trinidadiennes, s'exporte

dans toutes les Caraïbes anglophones. Vous risquez également d'en entendre beaucoup dès que vous sortirez dans en boîte.

Elle a connu une sorte de consécration en 1994, quand, pour la première fois au moment du carnaval, on organisa une compétition visant à élire pour la saison la reine et le roi de la soca.

Les grands noms de la soca sont Shadow et Machel Montano, avec son groupe Xtatic. On peut également citer David Rudder, dont les textes et les mélodies soignés ouvrent un nouvel horizon à la soca.

La chutney soca

Surfant sur le succès de la soca, mais adaptée au goût de la communauté indienne, la chutney soca est une musique qui mélange allègrement le rythme rapide de la soca avec le son des instruments spécifiquement indiens, tels que les percussions du dholak ou le sitar. Les textes sont chantés soit en anglais, soit en hindi.

Accompagnés par des danses à la chorégraphie subtile, avec ces costumes et ces mouvements de tête et de main si particuliers des danseuses indiennes, les concerts de chutney sont un spectacle total.

Depuis 1996, une compétition nationale de chutney soca a trouvé sa place parmi les festivités du carnaval. Chaque année y sont élus pour la saison la reine et le roi de la chutney soca.

Le rapso

Ce terme vient de la contraction entre le « *rap* » anglo-saxon et le « *so* » de la soca et du calypso. Autant dire que le rapso se veut le digne héritier de l'engagement, voire du militantisme dont font preuve certains textes du rap, sans devoir sacrifier pour autant à l'uniformisation anglo-saxonne.

Le rythme et les bases mélodiques chères à la musique antillaise y tiennent en effet une large place. Les grands noms du rapso Trinidadien sont Brother Resistance et surtout 3 Kanal.

Le reggae, le dub et la conscious music

Majoritairement en provenance de la Jamaïque, le reggae, appelé aussi « dub » à Trinidad, est également très populaire sur les deux îles, et peut-être plus encore à Tobago, dont la population est presque exclusivement composée de Noirs créoles.

Représentant le courant de la *conscious music*, certains musiciens de reggae, qui donnent la part belle à leurs textes souvent militants, sont très appréciés, tels Capleton ou Buju Banton.

A noter l'existence du label « Rituals », créé et dirigé par un Français et qui produit à l'échelle internationale des artistes trinidadiens tels que Mungal ou 3 Kanal.

■ **ADRESSE ET COORDONNÉES**

3A Queen's Park West, Port of Spain Trinidad, W.I. ✆ (868) 625 4829 www.caribbeanmusicgroup.com/contact. html

Les steel-bands, emblème de Trinidad

A Trinidad, personne ne sait qui a vraiment inventé le « *pan* », cet instrument métallique auquel on doit l'existence des *steel-bands* et qui provient d'un baril de pétrole refaçonné. Dernier instrument musical inventé au monde, son apparition est le fruit de l'évolution conjointe d'une longue tradition africaine et du recyclage comme moyen de créativité et d'expression identitaire.

Brève histoire du steel-band

A la fin du XIXe siècle, dans un souci d'ordre public, les Britanniques interdisent aux Africains l'usage du tambour à peau, qui représente pour les anciens esclaves un des ingrédients essentiels de leurs fêtes, de leurs combats de bâton et de leurs chansons *kalinda*. Qu'à cela ne tienne. Les Noirs utiliseront des bambous évidés à la place, et ce sera l'apparition des premiers orchestres de « *tamboo-bamboo* ». Dès la fin des années 1920, le son des *tamboo-bamboo* s'enrichit de percussions tirées d'objets métalliques, boîtes de biscuits, couvercles de poubelle, pièces de mécanique… Générés par la découverte de la possible différenciation de plusieurs hauteurs de son, selon l'utilisation de différentes boîtes, pots de peinture, poubelles et, enfin, barils de pétrole, les premiers groupes utilisant uniquement des instruments métalliques apparaissent au cours des années 1930. Progressivement, dans le ghetto noir de Laventille, les joueurs se mettent à façonner des bidons, martelant leur fond pour les rendre concaves, y dessinant de petites bosselures convexes pour créer et séparer les notes, réglant la hauteur des fûts en fonction de l'octave à atteindre. Le pan est bientôt inventé. Les années 1940 sont des années underground pour les *steel-bands*. Les « *panmen* » ont mauvaise réputation. Sans emploi stable, parfois proxénètes, flambeurs… ils passent pour des voyous aux yeux de la société bien-pensante. Pendant la Seconde Guerre mondiale, les Britanniques interdisent tout carnaval. La fin de la guerre et l'explosion de joie qui en résulte fait descendre tout Port of Spain dans la rue, y compris les *steel-bands* du ghetto de Laventille.

Joueur de pan, l'instrument national de Trinidad & Tobago.

La foule médusée se rend compte pour la première fois de la richesse de cet instrument, tout à la fois capable de jouer le calypso comme le *God Save the Queen* ou des préludes de Bach dans les cérémonies organisées par le colon. La consécration n'est pas seulement insulaire, elle devient rapidement internationale.

Des concerts de *steel-band* seront donnés à Londres devant la reine, ou au Carnegie Hall de New York. Dans sa marche vers l'indépendance, le PNM, la seule véritable force politique de l'époque, se rend compte de la puissance symbolique que représentent les steel-bands et leur nouvel instrument né du peuple et devenu instrument national. Tout sera fait pour faciliter son essor et pour multiplier l'implantation des *pan-yards*, ces endroits où l'on vient apprendre à jouer du pan. Les *pan-yards* sont considérés par le pouvoir comme des « écoles de vie », capables de canaliser la jeunesse pauvre, de l'éloigner de la tentation violente et des gangs tout en lui redonnant une capacité d'estime de soi. Très vite, les festivités du carnaval se dotent d'une compétition de *steel-bands*, le Panorama, où les quelque 190 formations actives sur les deux îles viennent concourir chaque année.

Depuis plus d'une dizaine d'années, l'attrait pour le *steel-band* a débordé les frontières de Trinidad et Tobago, et des formations et des écoles se sont créées dans toute l'Europe, y compris en France. Conscientes de la popularité mondiale de leur instrument national, les autorités trinidadiennes ont créé un festival international de Steel-Band, qui se réunit sur la Savannah de Port of Spain une fois tous les deux ans.

Les orchestres

Les orchestres possèdent un effectif variable, allant d'une dizaine de musiciens à des formations de plus de 200 joueurs au moment du Panorama. Les *steel-bands* sont généralement structurés en trois grandes parties :

▶ **La section rythmique, appelée « *Engine Room* » (salle des machines).** Elle est composée d'instruments composites, souvent d'origine étrangère, tels que la batterie classique, les congas, les tambourins, les cymbales, les cloches, le scratch, une râpe métallique que l'on frotte avec un peigne en métal, et l'« iron », un tambour de frein de camion sur lequel on frappe avec des baguettes de ferraille ;

▶ **La *frontline* est la section qui porte la mélodie.** Elle est composée généralement de bidons ténors ou double ténors ;

▶ **Le *background*, enfin, qui soutient le tout.** C'est la section des basses, composées de bidons de basse et tenor bass, de « *cellos* » et de bidons guitares.

Tous les *steel-drums* sont joués avec deux baguettes munies d'embouts en caoutchouc. Un bidon, ou *pan*, est fait sur mesure et est accordé par un artisan appelé « *tuner* », qui les a fabriqués à partir d'un modèle qui lui est propre.

La fabrication de l'instrument n'est pas industrialisée ni standardisée. Il est toujours nécessaire de disposer d'anciens barils de pétrole pour fabriquer un *pan*, ce qui fait que les tuners de Trinidad, parfois à court de fûts, vont s'approvisionner chez le voisin vénézuélien.

Où écouter les steel-bands à Trinidad ?

A Port of Spain, au moment du carnaval, il n'est pas nécessaire d'assister à un concert en bonne et due forme pour se laisser envahir par la musique des *steel- bands*. Tous les soirs un peu partout dans la ville, les orchestres répètent dans leurs *pan-yards*, le plus souvent à l'air libre, le morceau qu'ils interpréteront pour le Panorama. Généralement, ces séances de répétition sont ouvertes au public, souvent à condition de ne pas chercher à faire d'enregistrements, de films ni de photos.

▶ **Tous les ans, c'est le Panorama qui constitue le point d'orgue de la saison du *steel-band*.** Cette compétition nationale rassemble toutes les formations de Trinidad & Tobago, et les éliminatoires s'étendent sur des semaines. Ne reposant que sur un seul morceau par orchestre, tiré du répertoire calypsonien, la compétition est très stricte, et l'appréciation des groupes dépend de la qualité de l'arrangement, de la performance générale, du ton et du rythme de l'interprétation. Au début de la saison de compétition, le jury se rend lui-même dans les *pan-yards* afin de juger et de qualifier les *steel-bands* qui viendront s'affronter au cours des grandes demi-finales et finales organisées à Port of Spain, sur la Savannah.

A ces deux occasions, des dizaines et des dizaines de camions transportant les instruments en provenance de tout le pays viennent s'embouteiller à l'entrée du grand stand où se déroulera la compétition.

Elle durera une journée et finira tard dans la nuit.Le bon endroit pour la suivre est le « North Stand », le stand qui se trouve en face de la tribune des officiels, du jury et de la presse. L'ambiance y est extraordinaire.

Entre les différentes prestations des orchestres, ce ne sont que danses et percussions spontanées organisées par des petites bandes de fêtards qui mettent progressivement en transe toute la foule qui se presse sur les gradins remplis à craquer. Au bout de quelques heures, des milliers de personnes dansent et sautent dans les tribunes avec une formidable énergie.

▶ **Le festival Pan Ramajay, en juillet, est l'autre moment fort du *steel-band* dans l'année.** Ce festival rassemble des formations plus petites que celles du Panorama. Les genres musicaux ne sont pas imposés et vont du jazz au reggae, en passant par la musique classique ou le rock. Le petit nombre de musiciens de ces formations rend possible l'improvisation, et souvent l'on assiste à de grands moments de créativité musicale et de virtuosité.

Adresses des pan-yards les plus réputés de Port of Spain

■ **AMOCO RENEGADES**
138 Charlotte Street, Downtown

■ **BWIA INVADERS**
Tragarete Road, Woodbrook

■ **PHASE II PAN GROVE**
13 Hamilton Street, Woodbrook

■ **BLUE DIAMONDS**
George Street, Downtown

■ **ALL STARS**
46 Duke Street, Downtown

■ **DESPERADOES**
Laventille Community Centre

DÉCOUVERTE

■ FESTIVITÉS ■

Trinidad, terre de carnaval : chaque année, des mois de préparation

C'est bien sûr le carnaval qui est la grande affaire culturelle et artistique de Trinidad. Il résume à lui seul ce que l'île sait faire de mieux en matière de spectacle et de production musicale.

La saison officielle du carnaval s'ouvre le mercredi des Cendres, le lendemain du mardi gras, le moment paroxystique de la saison du carnaval précédent. Commence alors une période où la pression va crescendo au fur et à mesure qu'on se rapproche du carnaval. Les *carnival bands* engagent la préparation du nouveau carnaval par une série de « brainstormings » visant à décider quel sera le thème de leur prochaine prestation. Ces thèmes, généralement très variés, peuvent concerner la culture folklorique du pays mais aussi la mythologie, l'exotisme et les voyages, la féerie, la science-fiction…

Une fois le thème choisi et après une recherche documentaire sur le sujet, chaque carnival band s'attaque dans son mas camp – son atelier – au dessin et à la confection des différents costumes qui illustreront son thème au moment du défilé. On soigne tout particulièrement les costumes de ceux qui concourront pour le titre de roi et de reine du carnaval. Au fur et à mesure qu'approche le dimanche précédant mardi gras, le jour où seront désignés le roi et la reine de la saison, l'effervescence gagne les mas camps. On y travaille d'arrache-pied, jour et nuit, à coller des plumes et des perles, non seulement pour l'élaboration des costumes « royaux », mais aussi pour les fans qui ont acheté un costume pour venir défiler sous les couleurs de leur atelier préféré. En quelques semaines, des centaines, voire des milliers de costumes sortiront de ces ateliers.

Trois jours de fête non-stop

Les véritables festivités du carnaval commencent par l'élection du roi et de la reine, le dimanche gras, celui qui précède le mardi gras. Ce jour correspond aussi à la finale de la compétition de calypso.

Dans la nuit de dimanche au lundi, à 2h du matin, arrive le moment de Jouvert (du français, « jour ouvert »). Tout Port of Spain descend dans les rues pour une gigantesque fête en pleine ville qui ne s'achèvera véritablement que le mercredi suivant. A l'occasion de Jouvert, l'habitude est de s'enduire, voire d'enduire les autres de boue ou de peinture, pour ainsi se transformer en « *blue devil* » et jouer le « *dirty-mas* ».

Le lexique indispensable du carnaval

▌ **Panyards.** Il s'agit des lieux de répétition des groupes de *steel-band*. Les visiteurs sont invités à y assister. Les adresses sont généralement connues à partir du mois d'octobre. Généralement, il est possible d'y apprécier un apéritif.

▌ **Calypso tents.** Tout au long de la saison du carnaval, la mairie de Trinidad aménage des salles pour les transformer en temple du calypso. A Port of Spain, le Jean Pierre Complex et le Deluxe Cinema sur Keate St. accueillent souvent une partie des festivités.

▌ **Mas Camps.** Participer au carnaval, ce n'est pas seulement le regarder. Rejoignez un groupe… Et les quartiers généraux de ces « *bands* » s'appellent *mas camps*. Une tournée de ces centres qui servent à la fois d'ateliers de confection et de centres d'informations inépuisables sur les différentes activités en cours, vaut le coup.

▌ **J-Ouvert.** Il s'agit d'un événement qui prend place le lundi du carnaval, à partir de 5h jusqu'au début de la parade des « *bands* ». Les participants revêtent alors des costumes plus anciens, moins colorés que ceux d'aujourd'hui. Certaines sections de la parade ont leurs vêtements imbibés d'huile, de peinture, de boue et même de chocolat. Les bandes déambulent au son de la soca.

Les festivités se terminent le mercredi des Cendres, au lendemain du mardi gras, et de grosses « *beach parties* » viennent clôturer la fête en donnant lieu à des concerts de calypso et de soca. Le dimanche suivant verra se dérouler « Champs in Concert », où, pour une ultime fois, les bands victorieux se rencontreront et défileront dans la Savannah de Port of Spain.

Pour participer au carnaval

Nous vous conseillons d'acheter un costume dans un des nombreux *mas camps* de Port of Spain. On y a le choix entre les costumes des *carnival bands* les plus populaires et renommés, tels que Poison (1 Harrowden Place, Petit Valley), Hart's (5 Alcazar St, St Clair), Legends (88 Roberts St, St. Woodbrook) ou Barbarossa (26 Taylor, St. Woodbrook). Reste que les costumes ne sont pas donnés. Il faut compter un minimum de 150 US$ minimum pour le costume. L'autre option est d'opter pour une tenue moins somptueuse, mais d'un esprit très ludique des *carnival bands* comme les Burrokeets (les costumes y sont moins chers).

Avec le temps, les costumes se sont de plus en plus déshabillés et, pour les filles, ils se présentent aujourd'hui sous la forme de beaux bikinis décorés. Outre le fun, l'intérêt de porter un costume est d'ordre pratique : pouvoir défiler dans une troupe, en toute sécurité (les troupes ont leur propre service d'ordre), et avoir droit à des boissons gratuites de façon illimitée tout au long du défilé !

A noter qu'à Port of Spain, les prix de l'hébergement ont tendance à monter en flèche pendant la semaine de carnaval.

La bousculade est garantie, tant l'affluence est grande (attention aux appareils photo, n'emportez avec vous que le strict nécessaire : Jouvert est également un grand moment pour les pickpockets !). Le lundi après-midi est l'occasion d'une grande parade où les carnival bands viennent défiler dans leurs nouveaux costumes. Un spectacle très coloré. Cependant, c'est le mardi gras qui donne l'occasion de voir la parade complète, avec tous les costumes de tous les participants de tous les carnival bands.

La parade défile un peu partout dans Port of Spain, et les costumes de chaque band seront jugés, une remise de prix ayant lieu en fin d'après-midi sur la Savannah, noire de monde.

Carnaval.

© WWW.PANJIBE.COM

Carnaval.

DÉCOUVERTE

Festivités à Tobago

Chaque année, la vie sociale et festive de Tobago s'organise autour d'une dizaine de grands rendez-vous.

Ces manifestations, qui permettent d'entretenir les différentes traditions insulaires, issues de l'héritage historique et des cultures africaines de la population locale, donnent lieu à diverses rencontres sportives et à des réjouissances tout autour de l'île.

▶ **A Pâques,** dans le petit village de Buccoo, se déroule une cocasse course de chèvres et de crabes. C'est un grand rendez-vous très attendu : dans une atmosphère de carnaval, les chèvres, entraînées pendant des mois pour l'occasion, et leur maître forment des tandems qui rivalisent à la course.

Les jockeys courent derrière leur bête qu'ils tiennent en laisse et qu'ils encouragent en alternant mots doux, imprécations et coups de baguette, s'évertuant à les faire courir droit, ce qui représente en fin de compte la principale difficulté de l'épreuve.La course des crabes est l'autre grand moment de cette réjouissance pascale. Les crustacés qui concourent, pêchés quelques semaines avant la course, n'ont pas été nourris depuis leur capture. Affamés, ils doivent parcourir un circuit au bout duquel on a placé de la nourriture. La journée se termine par une grande fête sur la plage.

▶ **En mai,** se déroule à Crown Point une grande régate, la régate *Angostura*, dont l'arrivée a lieu sur la plage de Store Bay. Connue pour être la régate la plus sympa des Caraïbes, cette course accueille énormément de bateaux et d'équipages en provenance de tous les coins des Antilles (76 participants en 2002). L'arrivée est couronnée par une énorme « *beach party* », qui dure tout un week-end. Pour plus d'informations, consulter le site de l'association nautique de Trinidad & Tobago : www.ttsailing.org

▶ **A la Saint-Pierre (29 juin),** différentes fêtes de pêcheurs animent les villages côtiers. La plus importante a lieu à Charlotteville et se termine en grande « *beach party* » sur la plage de Man o' War.

▶ **A partir de la mi-juillet,** toute l'île vit au rythme des festivités organisées dans le cadre du festival des traditions de Tobago, un festival qui s'emploie à faire revivre les traditions héritées de la culture africaine et les coutumes de l'ancien temps.

Les visiteurs pourront assister à la reconstitution d'un carnaval à l'ancienne, à des mariages orisha, à la reconstitution de rites d'invocation des esprits, à des séances de pêche à la senne ainsi qu'à des courses de pirogues traditionnelles. Ils pourront aussi écouter les contes et les légendes racontés par les anciens, et goûter les plats traditionnels de la cuisine tobagonienne…

▶ **Fin août** se déroule La Carib Great Race, une grande course de jet boats entre Trinidad et Tobago.

▶ **En septembre,** se déroule la fête de Tobago, qui s'étale sur 3 jours et qui a toutes les caractéristiques d'un petit carnaval : « Jouvert » en ouverture, processions et masques les jours suivants, le tout dans une ambiance de gentillesse et de bonhomie bien tobagoniennes.

Cuisine de Trinidad & Tobago

Les multiples origines et communautés ethniques de Trinidad & Tobago ont eu une conséquence directe sur la cuisine locale. Cuisine, ou plutôt cuisines, tant elles sont nombreuses et variées, de la cuisine populaire créole, héritée des temps de l'occupation espagnole et de l'esclavage, à la cuisine indienne, en passant par les apports syrien, chinois et portugais. Le brassage des influences et des cultures qui caractérisent Trinidad depuis des siècles a débouché sur une sorte d'« évolution des espèces » culinaires, voire un syncrétisme qui dénature quelque peu les recettes originelles. Ainsi, la paella espagnole conduira au pelau *créole ; la* bacalao, *un plat de morue typiquement portugais, deviendra le* buljol *; et le poulet à la chinoise est souvent*

cuit en ragoût dans cette sauce au caramel si typique de l'influence créole. Il y a en réalité un dénominateur commun à toute cette multiplicité gastronomique : l'accompagnement et les sauces, composées d'aromates et d'épices souvent cultivés sur l'île : ail, oignon, thym, ciboulette, coriandre, coco râpé, coriandre (appelé chadon beni *à Trinidad), sans oublier bien sûr les deux « basiques » que sont le poivre et le piment. La cuisine trinidadienne la plus singulière est peut-être la cuisine campagnarde, que l'on prépare dans le* bush. *Elle fait appel en effet à des viandes tout à fait inusitées pour un Occidental, comme celles de l'iguane, de l'opossum, du tatou… tout un gibier insulaire que les Trinidadiens appellent* wild meat.

PLATS TYPIQUES

Voici un aperçu appétissant du répertoire culinaire classique.

La cuisine créole

▶ *Pelau* : un plat complet à base de riz, de légumes et de poulet. Le poulet est cuit à la poêle dans une sauce au sucre caramélisé. Oignons, ail et petits pois viennent apporter une touche finale à la base de riz et légumes, souvent cuits dans la vapeur de l'eau de noix de coco.

▶ *Callaloo* : davantage un nom générique renvoyant à une gamme de plats (comme le pot-au-feu en France ou le goulasch ou le bortsch en Europe de l'Est) que le nom d'une recette bien précise, le « callaloo » est une préparation composée principalement de feuilles de « dasheen » – une sorte d'épinard local – cuites, broyées et pouvant être mélangées à de différents ingrédients, tels que la purée d'okra, du crabe ou du porc. Le callaloo est généralement servi en nappage d'un plat de « coocoo » ou bien en soupe.

▶ *Coocoo* : une pâte à base de farine de maïs et d'okra que l'on fait cuire dans la vapeur de l'eau de noix de coco et dont l'apparence est un peu celle de la polenta italienne.

▶ *San coche, cowheel* et *corn soups* : à l'origine, les soupes typiques des esclaves. La « san coche » est à base de lentilles et de queue de porc. La « cowheel soup » est à base de pois et de viande de bœuf. La « corn soup » est à base de pois, de pâte de blé et de maïs.

▶ *Crab & dumpling* : le plat traditionnel de Tobago. Comme son nom l'indique, le « crab & dumpling » est un plat à base de crabe – ceux qui sont utilisés ressemblent à des grosses étrilles –, cuit dans un curry de noix de coco et servi avec deux galettes de blé cuites à l'eau, façon pâtes.

▶ *Oildown* : morceaux de pain aux fruits fermentés avec du lait de coco et des épices, dans lequel est glissé de généreux bouts de viande.

▶ *Pastelles* : une entrée qui remonte à l'occupation espagnole et que l'on sert surtout au moment de Noël. Se présente sous la forme de petits friands truffés à la viande, aux olives et aux raisins, le tout cuit dans une feuille de bananier.

▶ *Bake & sharks* : ce sont des sandwiches à base de pain rond que généralement on fait cuire devant le client, truffés d'un poisson du jour, souvent du requin. Le tout est agrémenté de salade, de tranches de tomate et d'ananas ainsi que d'une grande variété de sauces, à l'ail, à la coriandre, au fruit de tamarin… L'endroit le plus réputé pour ses « *bake & sharks* » est la plage de Maracas Bay.

▶ **Acras :** les fameux beignets de poisson communs à tous les pays créoles, fortement pimentés et que l'on fait frire dans l'huile.

▶ **Coconut bake :** à Trinidad & Tobago, c'est véritablement l'ami du petit déjeuner, tant il est plaisant chaque matin de commencer sa journée par un morceau de ce pain très frais, généralement encore tiède, et qui fleure la bonne farine et la noix de coco. Sauf dans les grandes villes, on ne trouve pas de boulangerie dans le pays, et chaque foyer a depuis toujours l'habitude de faire et cuire son propre pain.

▶ **Jerk fish & chicken :** d'origine jamaïcaine, le *jerk* désigne une façon de griller une viande au BBQ. Les morceaux marinent dans une préparation fortement pimentée avant d'être cuits au feu de bois.

La cuisine indienne

▶ **Curries :** c'est le plat typique et principal de la cuisine indienne sur l'île. On en trouve de toutes sortes, bien qu'assez différents en saveur de ceux préparés en Inde. Pour faire un curry à la trinidadienne, on ne se sert pas de purée de piment mais de piment frais, et le curry en poudre y a un goût assez différent de celui de son homologue indien.

▶ **Roti :** c'est le plat (ou le sandwich) star de la rue trinidadienne. Une nourriture de très bon rapport qualité/prix et très roborative. Généralement préparé devant le client, sur le feu de bois d'un vendeur de rue, le « *roti* » se présente sous la forme d'un curry à base de viande (généralement de poulet ou d'agneau) ou de poisson, avec une purée de pois ou des pommes de terre « *aloo* », et emballé dans une crêpe de blé très fine. On enveloppe le tout dans un papier sulfurisé et on le mange le plus souvent debout, dans la rue, ce qui requiert un peu d'expérience, car le curry, toujours un peu liquide, a tendance à goutter du sandwich. Les bons *rotis* se trouvent toujours là où la file d'attente est la plus longue.

▶ **Doubles :** une sorte de sandwich végétarien, composé de deux galettes de blé que l'on fait cuire à la poêle et qui enveloppent une purée de pois cassés rehaussée par un mélange de condiments et de piment.

▶ **Accompagnements :** tout bon curry indien sera servi avec la gamme d'accompagnements classique, allant des pommes de terre « *aloo* » au « *dhal* » de lentilles, en passant par les pois chiches, la purée d'aubergines, de citrouilles ou de « *bhaji* », sorte de purée d'épinards. Dans les restaurants indiens, on choisit les accompagnements selon son goût.

Fruits et légumes

Ces deux îles tropicales disposent évidemment d'une très grande variété de fruits et légumes, souvent exotiques pour les yeux et le palais européens. En matière de fruits, on peut citer, pêle-mêle, carambole, pommes cythères, papayes, goyaves, mangues, fruits de la passion, avocats, bananes figues (des bananes toutes petites et très parfumées), pastèques, oranges citrus… En ce qui concerne les légumes, on trouvera ici toute la palette des « *blue provision* », qui accompagnent généralement les plats créoles : yams, cassaves, patates douces et taros.

A citer également : le *dasheen*, sorte d'épinard qui entre dans la composition du *callaloo*, les chrystophènes, en forme de poire et dont le goût rappelle un peu celui de la courge, et le fruit de l'arbre à pain, que l'on fait rôtir sous la cendre et que l'on mange ensuite accompagné de beurre salé.

▬ BOISSONS ▬▬▬▬

En raison de la grande profusion de fruits, on consomme sur les deux îles énormément de jus de fruits, souvent préparés en cocktails ou en punch, comme on le dit à Trinidad.

Une autre boisson très populaire et désaltérante est l'eau de noix de coco, servie avec ou sans paille, mais que l'on boit le plus souvent à même le fruit décapité par la machette du vendeur. On trouve aussi, mais plus rarement, de l'eau de noix coco conditionnée en bouteilles plastiques, vendues dans le rayon des boissons fraîches des magasins.

Trois autres boissons sont très spécifiques de Trinidad & Tobago : le « *sea moss* », le « *mauby* » et le « *sorrel* ».

Pelau.

▌ Le *sea moss* est une espèce de milk-shake très rafraîchissant, au goût inusuel mais agréable, parfumé à l'extrait de certaines algues récoltées sur la côte nord de Trinidad ainsi qu'à Tobago.

▌ Le *mauby* est une boisson assez amère et astringente tirée des écorces de l'arbre du même nom.

▌ Le *sorrel* est une boisson à base de feuilles d'hibiscus.

En ce qui concerne les boissons alcoolisées, ce sont bien sûr la bière et le rhum qui sont les plus répandus.

▌ **Il existe deux marques de bières locales :** la Carib, marque originaire de Trinidad et aujourd'hui très vendue dans toutes les Antilles, et la Stag, un peu plus forte et plus amère que la Carib (slogan publicitaire de la Stag : « *A man's beer* »…).

▌ **Le rhum** reste la boisson populaire entre toutes, qu'il soit brun ou blond. Les Trinidadiens le boivent généralement allongé de coke, de jus de fruits – il devient alors *rum punch* – ou d'eau de noix de coco. On remarquera l'étonnante capacité de descente trinidadienne dans les fêtes et les soirées, qu'il s'agisse de bières ou de rhum, à mettre sur le compte du climat, et de la musique.

Dans les restaurants les plus chics ou à clientèle touristique, on sert également du vin, généralement en provenance d'Amérique du Sud ou de Californie.

Les bouteilles étant plutôt chères, il est conseillé de commander au verre.

▬ MODES DE RESTAURATION ▬

A la différence d'un pays comme la France, les moments de repas à Trinidad & Tobago ne sont pas réglés par une tradition conviviale et ritualisée. En gros, l'homme de la rue mange quand il en ressent le besoin, où qu'il soit.

C'est la raison pour laquelle il est tellement facile de se restaurer dans les rues des grandes villes, à n'importe quelle heure de la journée ou de la nuit dans certains quartiers.

Pour vraiment manger à la locale, il faut compter une petite vingtaine de dollars trinidadiens pour un roti ou un *bake & sharks* achetés dans la rue ou sur la plage, une trentaine de dollars trinidadiens pour un repas pris dans une cantine créole indienne ou chinoise.

On ne manquera pas de remarquer la forte implantation des chaînes de restauration rapide, type KFC ou Royal Castle, qui viennent aujourd'hui frontalement concurrencer ces petits restaurants de quartier.

Dans une gamme plus élevée, l'offre de restauration est assez mince. Les Trinidadiens n'ont pas encore vraiment l'habitude de sortir dîner à l'extérieur, et les repas principaux se prennent toujours à la maison.

Seuls Port of Spain et Tobago proposent un choix de restaurants assez complet. Partout ailleurs, et même sur la côte nord de Trinidad, les adresses restent rares et offrent plutôt peu de choix.

A Port of Spain, ce choix se fera principalement entre la cuisine tex-mex des nouveaux bars américains et les bonnes tables, peu nombreuses et souvent chères.

Il faut compter en moyenne dollars trinidadiens pour un bon hamburger et plus de 150 dollars trinidadiens par personne dans les restaurants cotés de Port of Spain, soit à peu près le même prix que dans une grande ville occidentale.

Trois points sont à retenir

▌ **Le caractère irrégulier** de quelques restaurants à Port of Spain, fermés certains jours de la semaine – il est conseillé de téléphoner pour vérifier et réserver.

▌ **La très grande difficulté** à trouver des restaurants ouverts le dimanche.

▌ **Enfin,** l'existence d'une taxe hôtelière qui vient souvent majorer la note de 10 %. Dans les établissements qui n'imposent pas la taxe, le pourboire est laissé à discrétion.

Jeux, loisirs et sports

LES GRANDES DISCIPLINES NATIONALES

L'athlétisme

L'athlétisme est une grande tradition sportive à Trinidad & Tobago. La qualité des sprinters trinidadiens est reconnue sur la scène internationale depuis 1964, date à laquelle la jeune République remporta 4 médailles dans la discipline aux Jeux olympiques de Tokyo.

En 1976, Hasely Crawford rapporta sur l'île la médaille d'or du 100 mètres aux Jeux olympiques de Montréal et, plus près de nous, c'est Aton Bordon qui permit à Trinidad de briller aux Jeux olympiques d'Atlanta, en 1996, en remportant la médaille de bronze dans les disciplines du 100 et 200 mètres. Autre discipline olympique qui profite de la grande qualité des athlètes natifs de deux îles : le Triathlon, d'origine assez récente à Trinidad, actuellement représenté par des sportifs de premier plan, tels que Jason Gooding et Ryan Mandes.

Le cricket

Comme dans toutes les autres îles des Caraïbes anglophones, et plus généralement de la majorité de la zone du Commonwealth, le cricket est le sport favori et la première de toutes les activités sportives par ordre d'importance à Trinidad & Tobago.

Le stade du Queen's Park Oval à Port of Spain est le haut lieu des grands matches disputés sur l'île, et c'est sur cette scène que se produit Brian Lara, joueur mondial de premier plan, grande figure trinidadienne adulée de la nation.

Le football

Depuis la qualification pour la phase finale de la Coupe du Monde 2006, l'honneur de la sélection a été retrouvé. Plus question de critiquer les Soca Warriors, comme sont surnommés les joueurs de la sélection nationale. 25e au classement mondial de la FIFA en 2001, ils sont retombés au 89e rang en 2008. Aussi populaire que le cricket, le football est pratiqué quasiment partout sur les deux îles. Il vous sera très facile d'intégrer une partie sur la plage.

Le golf

Avec ses 3 superbes 18 trous, dont l'un à Trinidad – le Saint Andrew's Golf Course, à côté de Maraval –, ainsi que ceux du Mount Irvine et du Hilton à Tobago, plus un beau 9 trous à Chaguaramas, le golf est particulièrement bien doté en terrains.

On recense quelque 8 000 joueurs sur l'ensemble du territoire. Trinidad & Tobago est le seul pays de la zone caraïbe à être représenté dans le tournoi américain du PGA.

LOISIRS ET SPORTS À TRINIDAD

Il y a une véritable complémentarité entre les deux îles. La plus grande, Trinidad, est un paradis rêvé pour les amateurs de trek et plus largement pour tous ceux qui veulent s'immerger dans un milieu naturel très préservé et d'une très grande richesse.

Ce qui passe bien sûr par de nombreuses possibilités, de la simple randonnée pédestre à la balade en kayak pour visiter les différents marais de l'île, voire l'exploration souterraine des différents systèmes de grottes et de cavités qui parsèment le sous-sol en grande partie calcaire de l'île. Si, à Trinidad, la dominante est donc largement « eco », elle est plutôt sous-marine à Tobago.

Car c'est la plongée sous-marine et le *snorkling* qui y représentent l'activité la plus spécifique. Plus généralement, toutes les activités maritimes, de la voile à la pêche au gros, y sont à l'honneur. Il va sans dire qu'on peut aussi pratiquer la pêche au gros à Trinidad, comme on peut également faire du « *bird watching* » à Tobago.

Ce sera seulement un peu moins facile (moins d'offres et de structures) et peut-être moins intéressant (les sites sous-marins de Tobago sont bien plus réputés que ceux de Trinidad ; la faune et la flore de Trinidad sont plus riches que celles de Tobago).

© WWW.PANJIBE.COM

Voici l'inventaire des activités proposées à Trinidad (*voir activités possibles à Tobago dans la partie qui lui est consacrée*).

Tour-opérateurs, organisateurs de balades et trekkings à Trinidad

■ **GREEN BANGA NATURE TOURS**
Contact : Simone Bruchet
✆ (868) 664 5597
www.swiss-base.com
Suissesse d'origine, Simone Bruchet est un petit bout de femme pleine d'énergie qui propose des randonnées sur la côte nord de Trinidad, ainsi que dans les marais et le sud de l'île. Pleine d'expérience quant au bush trinidadien, elle propose des circuits toujours inédits et repérés. Dernier avantage : elle parle couramment le français. Compter entre 70 et 90 US$ la journée à partir de Port of Spain, selon le type de randonnée.

■ **CARIBBEAN DISCOVERY TOURS**
Stephen Broadbridge
9B Fondes Amandes Road, Saint Ann's
Port of Spain ✆ (868) 624 728
Fax : (868) 624 8596
www.caribbeandiscoverytours.com
info@caribbeandiscoverytours.com
Stephen Broadbridge est un amoureux de la nature. Il a passé de longues années à quadriller la moindre parcelle de la campagne trinidadienne, à y photographier la faune et la flore, comme ça, pour son plaisir. Maintenant il en fait profiter les autres et accessoirement en a fait son métier. Alors, si vous voulez assister à un envol de millions de chauves-souris à la tombée de la nuit aux alentours des grottes de Tamana ou traquer les opossums et autres agoutis, ne cherchez plus, vous avez trouvé votre T.-O. La gamme des prix va de 80 US$ par personne et par jour pour une randonnée, dans le nord ou dans le centre de l'île, à 100 US$ s'il s'agit de faire du kayak sur les marais du Nariva ou le tour des îles de Las Bocas en bateau. Minimum de 2 personnes par randonnée. Au moment de la saison de la ponte des tortues, Stephen organise des excursions, sur la côte nord, de deux jours, avec bivouac sur la plage (*170 US$ par personne*).

■ **CHAGUARAMAS DEVELOPMENT AUTHORITY**
Airways Road, Chaguaramas

Se marier à Tobago

S'unir pour le meilleur et pour le pire en passant sa lune de miel sous le soleil des Antilles est un must dont nos voisins anglais et allemands raffolent tout particulièrement. Depuis une quinzaine d'années, Tobago a su occuper ce créneau en proposant des démarches administratives ultrarapides et de grande facilité. De plus, la plupart des hôtels de l'île ont une suite « Lune de miel » et offrent des packages sur mesure pour capter la clientèle des (futurs) jeunes mariés. Si vous êtes intéressé(e)s, voici les quelques points importants à savoir sur le sujet.

Résidence

Les deux parties ne doivent pas résider à Trinidad & Tobago. Avant de pouvoir s'unir, elles doivent avoir séjourné un minimum de 3 jours sur l'île (le jour d'arrivée ne compte pas).

Documents à fournir

Les documents qui ne sont pas écrits en langue anglaise devront être traduits et certifiés par un notaire. Preuves du lieu de résidence (passeport et billet d'avion) ; papiers d'identité ; si besoin, certificat de divorce ou de décès si veuvage ; certification du changement de nom, dans le cas où les patronymes diffèrent selon les documents. Pensez également au consentement parental pour les personnes âgées de moins de 18 ans.

Certificat de mariage

Sur présentation des documents énumérés ci-dessus, et après s'être acquitté du coût de la procédure, il est disponible aux deux adresses suivantes :

■ **REGISTRAR GENERAL'S OFFICE**
Jerningham Street, Scarborough
✆ (868) 639 3210

■ **WARDEN'S OFFICE**
TIDCO Mall Scarborough
✆ (868) 639 2410

Cérémonie

Les cérémonies religieuses peuvent avoir lieu n'importe où, à condition de l'accord de la personne du culte en charge de la cérémonie.
Les mariages civils ne peuvent avoir lieu que dans les locaux du Registrar General's Office.

Organisation

Outre les hôtels qui se feront une joie de vous proposer « leurs formules spéciales noces », plusieurs organisations peuvent vous donner un coup de main pour tout ce qui concerne l'organisation du mariage. La plus complète est probablement la Tobago Wedding Professionals, joignable par téléphone au ✆ (868) 631 8586 ou par e-mail à info@tobagowedpros.com. Que ce soit pour les fleurs, le gâteau, trouver des serveurs ou employer des musiciens, cette entreprise saura vous faire profiter de ses contacts.

✆ (868) 634 4364/49
www.chagdev.com
Cet organisme public pour la promotion touristique de la péninsule de Chaguaramas propose toute une série d'excursions dans la région, que ce soit à l'intérieur des terres ou dans les îles toutes proches des Bocas, avec notamment l'exploration des cavernes de Gasparee. Les guides sont très motivés et compétents.
Les commentaires sont en anglais. Les prix des excursions sont très accessibles : environ 25 US$ par personne (2 personnes minimum par excursion).

DÉCOUVERTE

Kayaking

Le kayaking est une activité assez récente à Trinidad, et plus récente encore à Tobago. A l'origine, le kayaking a été encouragé par les tour-opérateurs locaux, comme le Caribbean Discovery Tours ou surtout le Wildways, qui y ont vu une façon ludique et adaptée d'inciter leurs clients à l'exploration des marais de l'île. Sur les eaux douces et plates de ces marais, nul besoin d'être un kayakiste expérimenté. Cependant, le kayak de mer, plus exigeant sur le plan de la forme physique et du niveau d'expérience, ne se pratique que rarement à Trinidad. Contrairement à Tobago, où, en revanche, il a l'air de bien prendre sur la côte nord de l'île.

Pour pagayer sur les marais d'Orepuche, contacter Eco-Sense Nature. Contact :

■ **SHAM SAHADEO**
✆ (868) 766 4035 – Fax : (868) 623 8323

Pêche au gros

Plus que le golfe de Paria, c'est la côte nord de l'île qui est le coin privilégié pour la pêche au gros pratiquée à Trinidad. Les eaux y sont très poissonneuses et jusqu'ici assez peu sollicitées.

Les amateurs possèdent souvent leur bateau privé, ce qui peut expliquer le peu d'agences spécialisées dans le domaine du tourisme de la pêche au gros. Certains propriétaires acceptent cependant de louer leur bateau, équipage compris. Il est possible de les contacter via la :

■ **TRINIDAD & TOBAGO GAME FISHING ASSOCIATION**
91 Cascade Road, Port of Spain
✆ (868) 624 5304

Plongée sous-marine

Peu représentée à Trinidad, cette activité est abondamment pratiquée sur Tobago. Cependant, en cas de volonté expresse de faire de la plongée à Trinidad, contacter :

■ **RON'S WATERSPORTS**
www.divetnt.com

■ LOISIRS ET SPORTS À TOBAGO ■

A l'inverse de Trinidad, la nature n'a pas doté Tobago de grandes richesses naturelles, seulement de vastes plages de sable fin, de limpides fonds sous-marins et d'une superbe forêt vierge. Les habitants de Tobago ont également reçu en partage une belle nonchalance… Des deux îles, il était donc attendu que ce soit cette dernière qui devienne le pôle principal de l'économie touristique de Trinidad & Tobago. Dans les années 1950 et 1960, Tobago est ainsi devenue un endroit de prédilection pour les têtes couronnées et les « smart people » du royaume britannique et de Hollywood. La princesse Margaret s'y est fait construire une villa, les Beatles venaient passer leurs vacances à Arnos Vale et Robert Mitchum et Rita Hayworth faisaient des frasques à Bacolet.

Cependant Tobago n'a pas profité de ces débuts prometteurs pour se placer sur le marché du tourisme de masse, contrairement à d'autres destinations de la région caraïbe (Jamaïque, La Barbade, Saint-Domingue, République dominicaine, Cuba…). Cela pour plusieurs raisons. D'une part, Trinidad a longtemps jugé que les revenus tirés de ses énormes richesses naturelles, sans aucune mesure avec ceux que le tourisme pouvait potentiellement rapporter, suffiraient à subventionner la petite île voisine, placée de fait en situation de complète dépendance économique. D'autre part, jusque dans les années 1990, la faible capacité d'accueil des hôtels et l'insuffisance des Infrastructures portuaires et aéroportuaires empêchaient d'ouvrir Tobago à un grand nombre de touristes. C'est ce contexte qui a prévalu tout au long des années 1980 et 1990.

Mais, malgré tout, sans quasiment aucun budget de promotion, le tourisme a quand même fini par se développer sur l'île. Et si cette activité y était beaucoup plus faible que dans les autres îles de la région (40 000 visiteurs par an), elle y est quand même devenue l'une des sources majeures de l'emploi au cours du temps.

Les événements du 11-Septembre ont modifié la situation en provoquant la défection de la clientèle touristique, et particulièrement de la clientèle anglo-saxonne, traditionnellement la plus importante depuis l'ouverture de l'île au tourisme. Il a donc fallu remédier au manque à gagner et trouver de nouveaux marchés pour remplacer la clientèle américaine. Ouvertures de nouvelles lignes aériennes avec l'arrivée de Virgin en 2003, opérations de communications destinées à consolider la vieille et fidèle clientèle allemande, mais aussi vigilance écologique et mise en place d'un programme de protection et de sauvegarde du récif de Buccoo, tout indique aujourd'hui que Tobago a su maîtriser son avenir touristique.

Tour-opérateurs

■ YES TOURISM

Pigeon Point Road
℡ (868) 631 0286 – Fax : (868) 631 0287
www.yes-tourism.com
Actuellement, Yes Tourism est le seul T.-O. de l'île à proposer des tours guidés et commentés en français. De plus, l'agence a mis en place un service de réservation de chambres d'hôtel et de voitures de location, en ligne sur son site et sans surcoût. Patrick Dankou, à la tête de Yes Tourism, vient vous chercher à l'aéroport.

■ ALIBABA TOURS

Depot Road, Little Bay, Castara
℡ (868) 635 1017 – Fax : (868) 686 7957
www.alibaba-tours.com
Ce tour-opérateur basé à Castara propose toute une gamme d'excursions par terre ou par mer. Les excursions sont organisées en fonction des souhaits des clients. Compter pour une journée 70 US$ par personne, pour une demi-journée 45 US$. En mer, Alibaba organise des balades jusqu'à Little Tobago et promène ses clients le long des plages désertes de l'île. Compter 80 US$ par personne pour une journée – minimum de 6 personnes. Il propose enfin des promenades dans la forêt vierge, de jour comme de nuit.

■ TOBAGO NOW

420 Orange Hill Rd, Prospect, Patience Hill

℡/Fax : (868) 688 7650
www.tobagonow.com
info@tobagonow.com
Tobago Now est connu de tous pour être L'agence qui propose une excursion en jeep des plus originales. Le temps d'une journée, cette agence vous propose d'embarquer à bord de l'une de ses jeeps, direction la forêt vierge, loin des sentiers battus. Le parcours emprunte d'anciennes routes de plantations de canne à sucre, accessibles uniquement en 4X4. Ce Off-Road Jeep Safari offre une vision unique de Tobago et la possibilité de percer le cœur de l'île. Vous y verrez ce que la grande majorité des visiteurs de Tobago n'apercevront jamais. Chutes d'eau, caïmans et autres animaux sauvages, gastronomie locale, sont, entres autres, au programme. Labélisée FTO par la Fédération internationale des tour-opérateurs, Tobago Now répond à toutes les normes de sécurité en matière d'équipement et de formation de l'encadrement. Guide en français sur demande. L'agence assure également un service complet de réservation d'hôtel sur l'île, comprenant notamment les transferts de l'aéroport ou du port, au lieu de résidence. Attention, l'agence n'est pas située à Scarborough mais à Patience Hill, à 5 km à l'ouest de la capitale de l'île.

Activités nautiques

Dans les eaux coralliennes et grouillantes de vie de Tobago, c'est bien entendu la plongée qui est l'activité reine. Exploration des fonds sous-marins mise à part, il est aussi possible de profiter des superbes paysages côtiers et des criques de la petite île en s'y baladant en catamaran, loué avec son skipper à la journée. La pêche au gros est également une option possible pour les plus fortunés.

Port.

Le Top 5 des spots de plongée de l'île

Speyside, Goat Island et Little Tobago

Pour la communauté des plongeurs qui viennent à Tobago, c'est là, à l'extrême nord de l'île, que se situe La Mecque sous-marine. C'est là que, de mars à juillet, on peut voir évoluer la fameuse raie manta de l'Atlantique. En moyenne, plus d'une douzaine de ces raies sont recensées sur le site chaque année. Dans 70 % des cas, elles apparaissent au cours d'une plongée à Little Tobago. Habituées à la présence humaine, elles ont coutume de s'approcher des plongeurs jusqu'à se laisser caresser.

Tous les coraux de la zone sont situés sur des récifs côtiers que l'on peut atteindre de la plage et où l'on peut donc en principe pratiquer la plongée en apnée. Mais attention : la mer y est souvent rude, et les courants peuvent parfois être très forts. Si vous voulez plonger, soyez sûr de votre niveau et méfiez-vous de l'endroit appelé « Washing machine ».

Plus au large, les récifs peuvent descendre jusqu'à une profondeur de 35 m.

La faune et la flore y sont très abondantes. On y dénombre notamment 44 espèces différentes de coraux, dont particulièrement du corail étoilé et une formation de corail cerveau géante dont le diamètre atteint 6 m – la plus grosse formation recensée dans les Caraïbes. Les poissons ne sont pas en reste. On en dénombre 65 espèces, du tarpon au perroquet en passant par les demoiselles, les chromis, les poissons anges, les têtes jaunes, les poissons manioc, les lorettos, les gorettes, les sardes…

▶ **Liste des meilleures plongées à faire sur le site :** les Jardins japonais (récif sud de Goat Island), le récif de l'Ange (récif ouest de Goat Island), la Cathédrale (récif ouest de Little Tobago).

Man o' War Bay

Cette baie est située dans l'anse de Charlotteville. On y plonge généralement sur les récifs de Bobby et sur ceux des Pirates, situés à proximité de la crique du même nom. On y recense plus de 100 espèces de poissons.

Palm Tree.

Diver's Dream – Crown Point

Situé à 5 km au sud- ouest de l'île, dans le passage de Colomb, ce spot est constitué d'un plateau dont la profondeur varie entre 15 et 30 m. Les plongées s'y font dans le courant et nécessitent absolument d'être accompagnées. Au cours de ces plongées, où il n'est pas rare de croiser tortues, dauphins, poissons anges, requins dormeurs, et parfois requins tigres, il est absolument nécessaire de vérifier régulièrement son profondimètre, les courants ayant parfois tendance à entraîner vers le bas.

Mount Irvine Bay

Située au nord de Buccoo, cette baie présente un double avantage pour le plongeur : d'abord s'y trouve l'épave d'un vieux ferry – *Le Maverick* – délibérément coulé en 1997 pour former un récif artificiel et qui gît sur le sable à une profondeur de 30 m. La présence d'une grosse loche, très familière et surnommée Jacob, ainsi que celle d'un barracuda géant constituent les attractions majeures de cette plongée sur épave. Dans la baie de Mount Irvine se trouve également, à une profondeur d'une dizaine de mètres, une barrière rocheuse lézardée de failles et de crevasses constituant un refuge idéal pour les murènes, les langoustes et les pieuvres.

L'îlot de Saint-Gilles (Saint Gilles Island)

Cet îlot se trouve à l'extrême nord de l'île, à environ 20 ou 30 min de bateau de Speyside ou de Charlotteville.

A la confluence des eaux de la mer des Caraïbes et de celles de l'Atlantique, la faune habitant le spot est d'une très grande diversité et particulièrement dotée en espèces pélagiques. Les raies aigles y sont fréquentes, ainsi que les mantas, les tarpons et les barracudas. L'attraction majeure du spot est le « pont de la Tour de Londres », une arche rocheuse dont les bases se trouvent à plus de 20 m de profondeur, et où les plongées se font dans la faille, plutôt étroite, qui se trouve en son milieu.

La plongée sous-marine

Sites variés, faune et flore diversifiées, espèces pélagiques comme le requin baleine, le tarpon et la fameuse raie manta, attirés par les riches nutriments en provenance de l'Orénoque et qu'on a généralement peu l'habitude de voir à si faible profondeur, les eaux de Tobago offrent un florilège sous-marin spectaculaire et de grande beauté. Cependant, les plongées n'y sont parfois pas des plus faciles. La plupart se faisant dans une mer agitée, elles requièrent un bon niveau et la maîtrise de la technique particulière de la plongée dans les courants. A cet égard, le choix d'un bon centre de plongée est primordial car, s'il y a pléthore de boutiques de plongée sur l'île, toutes ne sont pas recommandables.
Quelques adresses fiables :

■ AQUAMARINE DIVE LTD
Blue Waters Inn. Speyside
℈ (868) 639 4416
www.aquamarinedive.com

■ MANTALODGE
Speyside
℈ (868) 660 5268 – mlodge@tstt.net.tt

■ WORLD OF WATERSPORTS
Hilton Tobago. Lowlands
℈ (868) 660 7234

■ RON'S WATERSPORTS
www.divetnt.com

La pêche au gros

Wahoos, thons, daurades coryphènes, mérous, tarpons, barracudas, marlins, espadons, on trouve du gros poisson dans les eaux de Tobago.

Quelques adresses pour aller ferrer les grosses pièces :

■ DREAM CATCHER
℈ (868) 680 7457 – Fax : (868) 635 0655
www.gofishtobago.com
Prix d'une demi-journée, par personne, 70 US$, comprenant équipement, boisson et transport aller-retour jusqu'à votre hôtel.

■ HARD PLAY FISHING CHARTERS
℈ (868) 639 7108 – Fax : (868) 639 7788
www.hardplay.net

Croisières en catamaran

■ NATURAL MYSTIC
Plantation Beach Watersports. Bon Accord
℈ (868) 639 7245 – www.sailtobago.com

Golf

Les amateurs seront comblés : l'île possède 2 golfs 18-trous et 1 golf 9-trous.

▶ **Le golf de Mount Irvine Bay (Mount Irvine Bay Hotel & Golf Club).** Construit en 1968, sur les hauteurs de Mount Irvine, dominant la mer et parsemé de cocotiers, c'est le golf « historique » de l'île, et l'un des tout premiers à s'être implantés dans les Caraïbes. Pour la petite histoire, sachez que l'acteur Harrison Ford s'est fait construire une luxueuse villa juste à côté.

▶ **Le golf des plantations de Tobago (Tobago Plantations Golf & Country Club).** Très récent, un golf aménagé dans un cadre boisé et parsemé de mangrove, sur la côte sud-ouest (Leeward Coast), tout à côté du Hilton. Il dispose d'un 18-trous et d'un 9-trous.

Plongée.

Enfants du pays

Ato Boldon

Ato Boldon est un sprinter de classe internationale d'une trentaine d'années (né à Trinidad en septembre 1973), spécialisé dans les épreuves du 100 et du 200 mètres. Il est sorti 3e des finales 100 et 200 mètres aux J. O. d'Atlanta, 2e à la finale 100 mètres des Jeux de Sidney et a signé deux des meilleures performances du 100 mètres de la saison 2002.

Brian Lara

Né en 1969 à Santa Cruz, Trinidad, Brian Lara est reconnu pour être l'un des meilleurs joueurs de cricket au monde. En 1994, il bat deux records du monde sur le tableau de classement des performances individuelles des joueurs. Il fera également deux très remarquables saisons en 1998/1999 et, plus récemment, en 2001/2002. Il est adulé par les Trinidadiens. En son honneur, la capitale a rebaptisé « Independence Square » en « Brian Lara Promenade ».

Peter Minshall

Performer de son état, Peter Mindshall est un artiste hors pair. C'est aussi l'un des principaux créateurs à insuffler une âme toujours incandescente au carnaval.
Né en 1941 à Georgetown, capitale de la Guyana, il fut élevé à Trinidad puis, dans les années 1960, il suivit des études d'art dramatique à la Central School of Art and Design de Londres. De retour à Trinidad, il se consacra corps et âme à la culture du carnaval, dont il entend retrouver les racines ancestrales pour lui insuffler une nouvelle créativité – souvent débridée.
Il fonde un *mas camp* et une compagnie qu'il appellera « Callaloo ».
Dès la fin des années 1970, Il imposa ses spectacles de défilé, avec ses fameuses marionnettes géantes qui assoiront sa réputation. Repéré sur la scène internationale, Jean-Michel Jarre lui demandera de participer à ses concerts spectacles (14 juillet 1990 à la Bastille, concert pour la tolérance à la tour Eiffel en 1995, Oxygène à Moscou en 1997). Il sera choisi comme directeur artistique à la supervision des cérémonies d'ouverture et de fermeture des J. O. d'Atlanta, en 1996, et des Jeux d'hiver de Salt Lake City en 2002.

Miss Univers

Consacrée en 1998, la dernière jeune fille trinidadienne à être devenue Miss Univers s'appelle Wendy Fitzwilliams. Elle est originaire d'un pays qui détient la plus forte densité (au monde) de Miss Univers et de Miss Monde !

Naipaul

Prix Nobel de littérature en 2001, V. S. Naipaul est peut-être la figure trinidadienne la plus connue dans le monde. Descendant d'une famille d'immigrés indiens et né à Chaguaramas en 1935, Naipaul fait ses études à Londres et sort diplômé d'Oxford en 1953. Mis à part quelques années passées en tant que journaliste free lance à la BBC, il consacrera son temps à l'écriture et aux voyages, séjournant tour à tour en Afrique, en Asie, en Amérique. Il en tirera de nombreux récits documentaires, comme par exemple *L'Inde : un million de révoltés*, *Crépuscule sur l'islam* ou encore *Jusqu'au bout de la foi*. Mais ce sont ses romans, son premier roman, *Le Masseur mystique*, écrit à 23 ans, et surtout *Une maison pour Monsieur Biswas*, écrit en 1961, ou encore *A la courbe du fleuve*, de 1979, qui lui assureront prestige et notoriété. Outre le prix Nobel, il reçut plusieurs autres prix littéraires (prix Booker en 1971, T. S. Eliot Award en 1986) et fut nommé docteur *honoris causa* au Saint Andrew's College, à Columbia University, aux universités de Cambridge, de Londres et d'Oxford. Il fut anobli par la reine d'Angleterre en 1990 et obtint en 2001 le prix Nobel de littérature.

Mungal Patasar

Mungal est un grand musicien de « world music ». Né à Trinidad, dans les années 1950, de parents immigrés d'Inde, Mungal est initié aux ragas dès son plus jeune âge et apprend à jouer des instruments traditionnels indiens, sitar, dholak et dhantals, mais aussi de l'harmonium, de la clarinette et de la mandoline. Dans les années 1980, il part en Inde pour perfectionner son jeu de sitar. Revenu à Trinidad, il fonde son groupe, « PanTar », et commence à jouer et à produire une musique où les sonorités indiennes s'entrelacent à celles du reggae et du calypso, le tout nimbé par de l'électronique ambiant. Se joignent à Mungal des grands noms, comme Nitim Shawnay, un des papes de la London Indian Vibes, ou Sly & Robbie, producteurs de Kingston.

Mighty Sparrow

Un des derniers grands calypsoniens encore de ce monde. Né en 1935, il a écrit et interprété plus de 600 chansons et remporta à de nombreuses reprises le titre de Calypso Monarch, notamment en 1956 pour un de ses plus fameux titres, *Yankees gone*. Très tôt, il mit en effet sa voix et ses textes au service de la critique de la présence américaine sur l'île. On lui doit, dans le même registre, le célèbre Jean & Dinah, qui brosse un tableau de la vie au voisinage de la base américaine de Chaguaramas au début des années 1950. Aujourd'hui il est reconnu comme figure nationale et conscience de l'île. La ville de Port of Spain a érigé en 2001 une statue en son honneur.

Andre Tanker

Surnommé le Bob Dylan de Trinidad, Andre Tanker, décédé en février 2003 à l'âge de 61 ans, fut un musicien « multicorde » si l'on ose dire : il jouait de la guitare, de la flûte, du vibraphone et de la harpe. Sa mère était danseuse et la descendante de Michel Cazabon, le peintre naturaliste trinidadien du XIXe siècle. Après un voyage aux Etats-Unis dans les années 1960, Tanker revint à Trinidad pour mettre sa musique et ses textes au service de la cause du Black Power Movement, ce qui lui valut une première consécration. Tanker expérimentera tous les types de musiques, de la musique latino aux musiques africaines et indiennes, en passant par le jazz, le blues, le reggae, le calypso et le rapso. Il travaillera pendant une trentaine d'années à composer de la musique pour des films, des productions théâtrales, à enregistrer en studio et à arranger et composer pour les steels-bands. En 1996, il sortira *Children of the Big Bang*, qui est reconnu pour être son meilleur album.

Derek Walcott

Prix Nobel de littérature en 2002, Derek Walcott est né en 1930 à Sainte-Lucie. En 1953, il s'installe à Trinidad où il fonde une compagnie théâtrale et entame une œuvre de poète. Il publie successivement *In a Green Night*, en 1962, *The Castaway and Other Poems*, en 1965, *The Gulf*, en 1970, et *Another Life*, en 1973. Au milieu des années 1970, il part enseigner aux Etats-Unis dans les plus prestigieuses universités : Columbia, Yale, Harward et Boston. En 1979, il recommence à publier. La parution de *The Star Apple Kingdom* sera suivie de *The Fortunate Traveller*, en 1982, ou encore *Midsummer*, en 1984. Il a récemment publié *Tiepolo's Hound* et *The Prodigal*. Défenseur d'une culture caribéenne surmontant les divisions géographiques d'une région métissée qui, à l'instar d'une nouvelle mer Egée, serait le berceau d'une nouvelle civilisation fondée sur la créolité, il écrit dans *The Star Apple Kingdom* : « *J'ai du Hollandais, du Nègre et de l'Anglais dans les veines. Ou bien je suis personne, ou bien je suis une nation.* »

© WWW.PANLIBE.COM

Carnaval.

L'anglais pour les globe-trotters

Quel que soit votre pays de destination, vous n'en franchirez réellement les frontières qu'en abattant – partiellement – celle de la langue, c'est-à-dire en communiquant avec les habitants. Pour communiquer, il vous suffit de comprendre... un peu et de vous faire comprendre. Nous nous proposons de vous y aider avec ces quelques pages.

En vous soufflant des "mots de passe" pour la plupart des situations que vous serez appelé à rencontrer dans vos voyages, nous mettons à votre disposition un sésame indispensable. Notre ambition n'est pas que vous vous exprimiez d'une manière académiquement parfaite, mais que vous entriez dans le monde anglophone d'un pas assuré. Vous aurez tout loisir par la suite, si le cœur vous en dit, d'approfondir vos connaissances par un apprentissage plus intensif.

Où parle-t-on l'anglais ? En un mot... partout ! Le monde anglophone s'étend bien au-delà des pays de langue anglaise : où que l'on aille, en effet, n'a-t-on pas recours à l'anglais pour comprendre et se faire comprendre ? Raison de plus pour vous y mettre – ou vous y remettre pour rafraîchir vos souvenirs. Nous vous promettons qu'en très peu de temps, avec un minimum de connaissances grammaticales, de vocabulaire utile et d'informations sur le pays, vous deviendrez un interlocuteur de choix, celui – ou celle – qui a fait l'effort de faire un pas vers l'autre en apprenant sa langue : cette démarche, encore trop rare, est très appréciée, et vous en serez largement récompensé(e) par l'accueil d'autant plus chaleureux que vous recevrez en échange.

Cette rubrique est réalisée en partenariat avec **ASSiMiL** évasion

Prononciation - Intonation

Si vous trouvez la grammaire relativement facile, vous risquez en échange de rencontrer quelques difficultés avec la prononciation... Mais rassurez-vous, même les meilleurs anglicistes ont parfois des doutes ! Les règles de prononciation anglaises étant assorties de toute une gamme d'exceptions, bien trop nombreuses pour que nous vous les infligions ici, nous avons opté pour une prononciation figurée sous chaque mot, qui devrait vous rendre la vie plus facile. Dans cette transcription phonétique simplifiée, nous avons souligné les syllabes accentuées, car l'intonation, elle aussi, est difficile à maîtriser, et elle est très importante en anglais.

Quoi qu'il en soit, la meilleure façon de parler..., c'est de parler ! Plus vous pratiquerez, plus vous apprendrez vite.

La transcription phonétique utilisée ici

• Consonnes et groupes de consonnes

Lettre	Trans. phonét.	Prononciation	Exemple
b	b	comme dans *beau*	**beer** _bier_
c	k	comme dans *cloche*	**clock** _klok_
	s	comme dans *cirque*	**circus** _sœrkœss_
d	d	comme dans *dire*	**dear** _di^{er}_
g	g/gu	comme dans *gars*	**go** _gôou_, **give** _guiv_
	dj	comme dans *badge*	**george** _djordj'_
h	H	toujours "aspiré"	**house** _Haouss_
j	dj	comme dans *fidji*	**jeans** _djinns_
n	n/nn	comme dans *gamine*	**in** _inn_
r	r	langue au palais et légèrement recourbée en arrière	**rope** _rôoup'_
s	s/ss	comme dans *sel*	**sell** _sell_
	z	comme dans *bise*	**please** _pli:z_
sh	ch	comme dans *chaussure*	**shoe** _chou:^e_

◗ **sch**	*sk*	comme dans *ski*	**school** *skou:l*
◗ **sp**	*sp*	comme dans *spatule*	**spell** *spell*
◗ **st**	*st*	comme dans *stupeur*	**stone** *stôounn*
◗ **th** doux	*DH*	placez la langue sur les dents du haut et soufflez doucement	**that** *DHat*
◗ **th** fort	*TH*	même chose en soufflant fortement	**thorn** *THô:nn*
◗ **v**	*v*	comme dans *voiture*	**vote** *vôout*
◗ **w**	*w*	toujours comme dans *watt, whisky*	**window** *winndôou*, **where** *wèr*
◗ **x**	*x*	comme dans *exprès*	**taxi** *tèxi*
◗ **y**	*y/i*	comme dans *yahourt*, ou comme dans *lit*	**yes** *yèss*, **silly** *sili*
◗ **z**	*z*	comme dans *zèbre*	**zebra** *zibra*

• Pour les francophones, la prononciation du **-th** anglais est particulièrement difficile. Exercez-vous en poussant avec votre langue sur les dents du haut tout en soufflant (comme si vous aviez un cheveu sur la langue), vous devriez y arriver. Si c'est trop compliqué, laissez-vous guider par les transcriptions que nous vous proposons (par exemple, l'article défini **the** sera transcrit *DHœ*).

• Le **r** – autre difficulté de la prononciation anglaise –, ne se prononce pas lorsqu'il est suivi d'une consonne ; il sera alors suivi de ":", comme dans **barman** *ba:mèn* ; il se prononce, par contre, lorsqu'il est suivi d'une voyelle, comme dans **rat** *rèt*. N'oubliez pas : langue au palais et légèrement recourbée en arrière ; facile, non ?

• Quand vous verrez une consonne doublée (*kk, mm, pp,* etc.), c'est pour vous avertir que la voyelle qui précède doit être prononcée court. Exemple : **book** *boukk*.

• Le **h** est toujours "aspiré" (transcrit *H*) : expirez l'air comme si vous vouliez embuer un miroir.

• Le **n** est souvent figuré *nn*. Associé à une voyelle comme dans "gamin", il doit être prononcé "ine" comme dans "gamine".

Les autres consonnes ne posent pas de problèmes particuliers.

Voyelles

Lettre	*Trans. phonét.*	*Prononciation*	*Exemple*
◗ **a**	*a*	comme dans *râle*	**last** *last*
	è	comme dans *mère*	**back** *bèkk*
	èi	comme dans *pays*	**name** *nèim*
	ô	comme dans *môle*	**all** *ô:l*
	œ	un e dans l'o court comme dans *cœur*	**about** *œbaout*
◗ **e**	*è*	comme dans *diète*	**egg** *ègg*
	iᵉ	comme dans *comédie*	**deer** *di:ᵉʳ*
	èᵉ	le è est prolongé d'un e	**there** *DHèᵉr*
◗ **i**	*i*	comme dans *mi*	**sick** *sik*
	aï	comme dans *aïe*	**nice** *naïss*
	œ	comme dans *œufs*	**first** *fœ:st*
◗ **o**	*aou*	comme dans *Raoul*	**how** *Haou*
	ôou	le ô est suivi du son ou	**own** *ôounn*
	o	comme dans *note*	**not** *nott*
	ô	comme dans *pôle*	**short** *chô:t*
	a	comme dans *lave*	**love** *lav*
◗ **u**	*a*	comme dans *basse*	**bus** *bass*
	ou	comme dans *chou*	**sure** *chouᵉ:r*
	œ	comme dans *œufs*	**difficult** *diffikœlt*

La prononciation du **-er** en fin de mot s'apparente plutôt au "a" court ou au "e" muet suivi d'un léger "r". Dans notre transcription, nous mettrons un "er" en exposant.

Pour signaler qu'il faut allonger une voyelle, nous l'avons fait suivre de ":", comme dans **first** ou **short** *(fœ:st – chô:t)*.

Diphtongues

Lettre	Trans. phonét.	Prononciation	Exemple
▶ **ay/ai**	*èi*	comme dans *pays*	**pay** *pèi*
▶ **ea**	*œ:*	comme dans *œuvre*	**earn** *œ:n*
	i:	comme dans *mie*	**lead** *li:d*
▶ **ee**	*i:*	comme dans *amie*	**see** *si:*
▶ **ie**	*è*	comme dans *cèdre*	**friend** *frènnd*
▶ **ou**	*aou*	comme dans *Raoul*	**out** *a̲out*
	ou	comme dans *mou*	**you** *iou*
▶ **oy**	*o̲ï*	comme dans *boycotter*	**boy** *bo̲ï*
▶ **oo**	*ou*	comme dans *bouc*	**book** *boukk*
	ou:	plus long comme dans *boule*	**cool** *kou:l*

Notez que la terminaison "**-ive**" se prononce généralement *-iff*. La préposition **of**, de, est plutôt prononcée *ov* de même que **give**, *donner*, est prononcé *guiv*.

L'accent tonique est généralement souligné. S'il porte sur une voyelle prononcée en diphtongue, il sera indiqué par un soulignement de la voyelle tonique.

Lorsqu'un mot se termine par **-tion**, nous transcrivons par *chœn*.

Quelques mots que vous entendrez souvent

Voyons dès maintenant ces mots que nous serons amenés à rencontrer immédiatement et qui nous seront indispensables dans la vie quotidienne :

▶ oui	**yes**	*yèss*
▶ non	**no**	*nо̲ou*
▶ peut-être (il se peut que)	**maybe**	*mе̲ïbi*
▶ peut-être	**perhaps**	*pœrHaps*
▶ merci	**thank you**	*THènk you*
▶ s'il vous plaît	**please**	*pli:z*
▶ et	**and**	*ènd*
▶ ou	**or**	*or*
▶ avec	**with**	*wiDH*
▶ sans	**without**	*wiDHa̲out*
▶ vrai	**right**	*raït*
▶ faux	**wrong**	*wronng*
▶ ici	**here**	*Hi:r*
▶ là	**there**	*DHè̲ᵉr*
▶ ceci	**this**	*DHiss*
▶ cela / que	**that**	*DHat*
▶ où est... ?	**where is...?**	*wèr iz*
▶ où sont... ?	**where are...?**	*wèr ar*

L'ordre des mots dans la phrase

Dans la phrase anglaise, les mots se placent ainsi : **sujet** (qui ou quoi ?) – **verbe** – **complément d'objet** (qui ou quoi ?).

qui (sujet)	verbe	quoi (objet)
Jill	**books**	**a trip**
djil	*boukks*	*œ tripp*
Jill	réserve	un voyage

Dans la proposition affirmative, le sujet et le verbe se suivent toujours. Cet ordre sera donc conservé, même si d'autres éléments interviennent :

circonstantiel (de temps)	Sujet	verbe	circonstantiel (de lieu)
At nine o'clock	**John**	**goes**	**to the museum**
èt na̲ïnn o klok	*djonn*	*go̲ouz*	*tou DHœ miou̲zïœm*
À neuf heures,	John	va	au musée.

Cet ordre reste également inchangé dans les phrases plus complexes qui combinent propositions principales et subordonnées :

sujet	verbe	objet		conjonction	sujet	verbe
I	**eat**	**a pizza**		**because**	**I**	**am hungry**
_aï_	_i:tt_	_œ pidza_		_bikôouz_	_aï_	_èm Hangri_
Je	mange	une pizza		parce que	j'	ai faim

Verbes et temps

En anglais, les verbes et leurs conjugaisons nécessiteraient un chapitre entier. Contentez-vous de retenir les temps les plus importants, ceux que vous utiliserez dans toute conversation.

1 – Le présent (je vais),

2 – L'imparfait (il allait),

3 – Le passé composé (tu es allé),

4 – Le futur (nous irons).

Si vous savez conjuguer à ces quatre temps, vous pourrez converser sans problème. Oublions les nuances entre le passé (simple) et le passé composé, car même les personnes de langue maternelle anglaise ont parfois du mal à s'y retrouver !

La forme progressive

Avant de vous consacrer à l'étude des différentes conjugaisons, notez que l'anglais nous offre deux solutions :

• utiliser le temps dans sa forme simple : je vais (**I go** – _aï_ go)

• ou indiquer l'accomplissement de l'action : je suis en train d'aller (**I am going** – _aï_ am _goïnng_, mot à mot "je suis allant"). Cette deuxième forme s'appelle la forme progressive.

En anglais, la forme progressive est largement utilisée dans la conversation. Elle indique qu'une action ou un événement est en cours au moment où l'on parle. Elle s'emploie aussi pour parler du futur proche, comme le présent français. Ex : **I am seeing John tomorrow** _(aï am si:inng djonn toumorô)_ : Je vois John demain.

Dans les deux cas, le français utilise généralement la forme simple.

Le présent

• Forme simple

L'anglais est plus simple que le français, car seule la troisième personne du singulier diffère des autres. Il suffit d'ajouter un **-s** à l'infinitif du verbe.

▶ **I eat**	_aï i:t_	je mange
▶ **you eat**	_you i:t_	tu manges
▶ **he/she/it eats**	_Hi/chi/it i:ts_	il/elle mange
▶ **we eat**	_wi i:t_	nous mangeons
▶ **you eat**	_you i:t_	vous mangez
▶ **they eat**	_DHèï i:t_	ils/elles mangent

Presque tous les verbes se conjuguent de cette façon. Notez toutefois que les auxiliaires "être" **(to be)** et "avoir" **(to have)** font exception. En voici la conjugaison :

▶ **I am**	_aï èm_	je suis
▶ **you are**	_you ar'_	tu es
▶ **he/she/it is**	_Hi/chi/it iz_	il/elle est
▶ **we are**	_wi ar'_	nous sommes
▶ **you are**	_you ar'_	vous êtes
▶ **they are**	_DHèï ar'_	ils/elles sont

▶ **I have**	_aï hèv_	j'ai
▶ **you have**	_you hèv_	tu as
▶ **he/she/it has**	_Hi/chi/it hèz_	il/elle a

▶ **we have**	*wi hèv*	nous avons
▶ **you have**	*you hèv*	vous avez
▶ **they have**	*DHèï hèv*	ils/elles ont

• **Forme progressive**

L'anglais simplifie notre formulation française "je suis en train de" suivi d'un verbe à l'infinitif, en faisant appel à l'auxiliaire **to be**, suivi du verbe**+-ing**.

▶ **I am travelling**	*aï èm trèvellinng*	je voyage (suis en train de voyager)
▶ **you are travelling**	*you ar' trèvellinng*	tu voyages (es en train de...)
▶ **he/she/it is travelling**	*Hi/chi/it iz trèvellinng*	il/elle voyage (est en train de, etc.)
▶ **we are travelling**	*wi ar' trèvellinng*	nous voyageons
▶ **you are travelling**	*you ar' trèvellinng*	vous voyagez
▶ **they are travelling**	*DHèï ar' trèvellinng*	ils/elles voyagent

La plupart des verbes anglais se construisent sur le même modèle : infinitif**+-ing**.

▶ **they are sleeping**	▶ **I am smoking**
DHèï ar' sli:pinng	*aï am smôoukinng*
ils dorment (ils sont en train de dormir)	je fume (je suis en train de fumer)

Le passé

Pour parler du passé, l'anglais utilise le **prétérit** (simple et progressif) et le **passé composé.** Le "prétérit" peut correspondre, selon le contexte, à notre imparfait, notre passé composé ou notre passé simple. Il s'emploie surtout pour parler d'actions ou de faits complètement terminés.

▶ **Last year I rented an appartment.**
last yi:r aï rènntid ènn apa:tment
L'année dernière j'ai loué un appartement.

• **Forme simple**

Pour former le prétérit des verbes **réguliers,** il suffit d'ajouter le suffixe **-ed** à l'infinitif du verbe. Il existe – malheureusement – des verbes **irréguliers,** dont vous pourrez consulter la liste dans la rubrique suivante ; un conseil : apprenez-les en mémorisant pour chaque verbe l'infinitif, le prétérit et le participe passé.

Une consolation! Les verbes réguliers sont largement plus nombreux que les verbes irréguliers et se terminent toujours en **-ed** à toutes les personnes.

▶ **I rented**	*aï rènntid*	je louais/j'ai loué/je louai
▶ **you rented**	*you rènntid*	tu louais/as loué/louas
▶ **he/she rented**	*Hi/chi rènntid*	il/elle louait/a loué/loua
▶ **we rented**	*wi rènntid*	nous louions/avons loué/louâmes
▶ **you rented**	*you rènntid*	vous louiez/avez loué/louâtes
▶ **they rented**	*DHèï rènntid*	ils/elles louaient/ont loué/louèrent

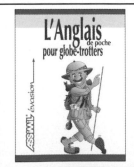

DÉCOUVERTE

Pour le verbe avoir, **to have** : **had** reste inchangé à toutes les personnes.

▶ **I had**	*aï hèd*	j'avais
▶ **you had**	*you hèd*	tu avais, etc.

Pour le verbe être, **to be** :

▶ **I was**	*aï waz*	j'étais
▶ **you were**	*you wèr'*	tu étais
▶ **he/she/it was**	*Hi/chi/it waz*	il/elle était
▶ **we were**	*wi wèr'*	nous étions
▶ **you were**	*you wèr'*	vous étiez
▶ **they were**	*DHèï wèr'*	ils/elles étaient

• **Forme progressive**

Elle s'emploie pour indiquer qu'une action était en train de se produire à un moment du passé. Exemple :

▶ **What did you do when I called you? – I was eating.**

wat did you dou wènn aï kô:ld you – aï waz i:tinng.

Que faisais-tu quand (au moment où) je t'ai appelé ? – Je mangeais (j'étais en train de manger).

Récapitulons :

présent	présent progressif	prétérit	prétérit progressif
I eat	**I am eating**	**I ate**	**I was eating**
aï i:t	*aï am i:tinng*	*aï èit*	*aï waz i:tinng*

Conjugaison du verbe **to eat** (manger) au prétérit progressif :

▶ **I was eating**	*aï waz i:tinng*	je mangeais (j'étais en train de manger)
▶ **you were eating**	*you wèr i:tinng*	tu mangeais (tu étais en train de...)
▶ **he /she was eating**	*Hi/chi waz i:tinng*	il/elle mangeait (il/elle était en train de...)
▶ **we were eating**	*wi wèr i:tinng*	nous mangions (nous étions en train de...)
▶ **you were eating**	*you wèr i:tinng*	vous mangiez (vous étiez en train de...)
▶ **they were eating**	*DHèï wèr i:tinng*	ils/elles mangeaient (ils/elles étaient en train de...)

Si vous avez des difficultés à mémoriser le prétérit des verbes irréguliers, remplacez-le par la forme progressive, on vous comprendra tout aussi bien.

Le passé composé

En anglais, le passé composé se forme **uniquement** avec le verbe **to have** suivi du participe passé, qui se construit, lui aussi, en ajoutant **-ed** à l'infinitif du verbe (pour les verbes réguliers).

Conjugaison du verbe **to travel** (voyager) au passé composé :

▶ **I have travelled**	*aï Hèv trèvelld*	j'ai voyagé
▶ **you have travelled**	*you Hèv trèvelld*	tu as voyagé
▶ **he/she has travelled**	*Hi/chi/ Hèz trèvelld*	il/elle a voyagé
▶ **we have travelled**	*wi Hèv trèvelld*	nous avons voyagé
▶ **you have travelled**	*you Hèv trèvelld*	vous avez voyagé
▶ **they have travelled**	*DHèï Hèv trèvelld*	ils/elles ont voyagé

En français, nous utilisons le passé composé pour souligner qu'une action s'est déroulée et terminée à un moment non précisé du passé. En anglais, vous l'utiliserez pour indiquer que l'action a commencé dans le passé et continue dans le présent.

Deux conjonctions commandant l'utilisation du passé composé : **"since"** et **"for"**. Toutes les deux signifient «depuis» à une nuance près :

– **Since** indique **un moment particulier** écoulé dans le passé,

– **For** indique **une période** donnée.

À noter qu'en français, c'est la préposition «depuis» qui indique le commencement de l'action dans le passé. Le verbe conjugué au présent montre clairement la continuation de l'action au moment où l'on parle.

▶ **I have lived in London for one year.**
aï Hèv livd inn Lonndonn fo: wan' yi:r
Je vis à Londres depuis un an (sous-entendu : j'y vis encore actuellement).

▶ **Since Christmas she has waited for an answer.**
sinnss kristmess chi Hèz wètid fo: ènn anns^er
Elle attend une réponse depuis Noël.

▶ **For three months she has waited for an answer.**
fo: THri: monnTHs chi Hèz wouètid fo: ènn anns^er
Elle attend une réponse depuis trois mois.

Le futur

Le futur se forme essentiellement à partir de deux auxiliaires : **"shall"** et **"will"**, auxquels s'ajoute l'infinitif du verbe sans **to**. À l'origine, **will** signifiait "vouloir".

Shall s'emploie pour la première personne du singulier et du pluriel, et **will** pour les autres. Notez que dans la langue parlée **will** est souvent utlisé à toutes les personnes.

Conjugaison du verbe **to go** (aller) au futur.

▶ **I shall go**	*aï chèl gôou*	j'irai
▶ **you will go**	*you wil gôou*	tu iras
▶ **he/she/it will go**	(etc.)	il/elle ira/ça ira
▶ **we shall go**		nous irons
▶ **you will go**		vous irez
▶ **they will go**		ils/elles iront

En français, nous nous servons souvent du présent pour indiquer un futur proche. Dans ce cas, l'anglais utilise le présent progressif et non le présent simple :

▶ **What are you doing tomorrow?**
wat ar' you douinng toumôro
Qu'est-ce que tu fais (feras) demain ?

Auxiliaires de mode

Les auxiliaires de mode **can**, **may** (pouvoir) et **must** (devoir) servent à exprimer qu'une action peut ou doit se réaliser. Ils s'utilisent suivis du verbe à l'infinitif sans **to**. **Can** indique plutôt la possibilité physique d'accomplir une action. Exemple : "I can swim" (je sais nager, dans le sens de "je suis capable de...") ; **may** implique soit une demande d'autorisation dans une phrase interrogative : **"may I come in?"** (puis-je entrer ? ai-je le droit d'entrer ?), soit une éventualité dans une phrase affirmative : **"I may come tomorrow."** (il est possible que je vienne demain).

Auxiliaire de mode

Personne	présent	passé	infinitif
I	**can**	**could**	**read**
aï	*kèn*	*koudd*	*ri:d*
je	peux	pouvais	lire
she	**may**	**might**	**go**
chi	*mèi*	*maït*	*gôou*
elle	peut	pouvait	aller
they	**must**	*	**ask**
DHèï	*mœst*	—	*assk*
ils/elles	doivent	—	demander

* **Must** n'existe qu'au présent. À l'infinitif et aux autres temps, on doit faire appel aux formes de **to have to** (avoir à) : Exemple :

▶ **I had to leave my camera behind.**
aï hèd tou li:v maï kamœra biHaïnnd
J'ai dû laisser mon appareil photo.

DÉCOUVERTE

Au présent, ces auxiliaires sont invariables à toutes les personnes et ne prennent donc pas de **s** à la troisième personne du singulier **(he, she, it)**. Ils n'ont pas de forme progressive. La négation s'exprime avec **not** ou sa forme contractée **n't**.

"he mustn't go" (il ne doit pas [s'en] aller).

Can n'a pas d'infinitif. On le remplace par **to be able to** (être capable de). Il n'a pas non plus de futur ; il est alors remplacé par **will be able to**. Au prétérit et au conditionnel, il se transforme en **could** dans certains cas.

▌ **I could not** (ou : **could'nt) walk.**
aï koudd not (koudnn't) wôk
Je ne pouvais pas marcher.

▌ **I could not see you.**
aï koudd not si: you
Je ne pouvais pas te voir.

L'auxiliaire de mode "vouloir" est traduit par **want**. Il se conjugue normalement à tous les temps. Si **want** est suivi d'un autre verbe, celui-ci sera obligatoirement précédé de **to**.

▌ **She wants another drink.**
chi wonnts ennaDHer drink
Elle veut un autre verre.

▌ **He didn't want to take her home.**
Hi didenn't wonnt tou tèïk Hœ: Hôoum
Il n'a pas voulu la raccompagner chez elle.

Liste des principaux verbes irréguliers

Infinitif	Prétérit	Participe passé	Traduction
▌ **to be**	**was/were**	**been**	être
▌ **to become**	**became**	**become**	devenir
▌ **to begin**	**began**	**begun**	commencer
▌ **to break**	**broke**	**broken**	casser
▌ **to buy**	**bought**	**bought**	acheter
▌ **to catch**	**caught**	**caught**	attraper
▌ **to come**	**came**	**come**	venir
▌ **to do**	**did**	**done**	faire
▌ **to drink**	**drank**	**drunk**	boire
▌ **to drive**	**drove**	**driven**	conduire
▌ **to eat**	**ate**	**eaten**	manger
▌ **to fall**	**fell**	**fallen**	tomber
▌ **to feel**	**felt**	**felt**	sentir
▌ **to find**	**found**	**found**	trouver
▌ **to fly**	**flew**	**flown**	voler
▌ **to forget**	**forgot**	**forgotten**	oublier
▌ **to get**	**got**	**got**	devenir / recevoir
▌ **to give**	**gave**	**given**	donner
▌ **to go**	**went**	**gone**	aller
▌ **to know**	**knew**	**known**	savoir / connaître
▌ **to lead**	**led**	**led**	mener / conduire
▌ **to leave**	**left**	**left**	laisser
▌ **to lose**	**lost**	**lost**	perdre
▌ **to make**	**made**	**made**	faire
▌ **to meet**	**met**	**met**	rencontrer
▌ **to pay**	**paid**	**paid**	payer
▌ **to put**	**put**	**put**	mettre
▌ **to read**	**read**	**read**	lire
▌ **to ring**	**rang**	**rung**	sonner / téléphoner
▌ **to say**	**said**	**said**	dire

▶ to see	saw	seen	voir
▶ to send	sent	sent	envoyer
▶ to shut	shut	shut	fermer
▶ to sit	sat	sat	s'asseoir
▶ to sleep	slept	slept	dormir
▶ to speak	spoke	spoken	parler
▶ to take	took	taken	prendre
▶ to think	thought	thought	penser
▶ to understand	understood	understood	comprendre
▶ to wake	woken	woken	(se) réveiller
▶ to write	wrote	written	écrire

La phrase interrogative

Les pronoms interrogatifs

▶ **where?**	*wèr*	où ?
▶ **what?**	*wat*	quoi ?
▶ **who?**	*Hou*	qui ?
▶ **whom?**	*Houm*	qui / à qui ?
▶ **whose?**	*Houz*	de qui / à qui ?
▶ **when?**	*wèn*	quand ?
▶ **why?**	*waï*	pourquoi ?
▶ **how?**	*Haou*	comment ?
▶ **how many?**	*Haou mènni*	combien de ? (+ pluriel)
▶ **how much?**	*Haou mœtch*	combien de ? (+ singulier)
▶ **how long?**	*Haou lonng*	combien (de temps) ?

L'ordre des mots dans la phrase interrogative

• Si le pronom interrogatif est le sujet : pas de changement.

sujet	verbe	objet (qui) (indirect)	objet (quoi) (direct)
Who	**told**	**you**	**that news?**
Hou	*tôould*	*you*	*DHèt niouz*
qui	dit	[à] toi	cette nouvelle
Qui	t'a donné		cette information ?

• Mais ceci est un cas rarissime, car la règle habituelle veut que l'on utilise l'auxiliaire do (faire), qui s'intercale entre le pronom interrogatif et le sujet.

pronom interrogatif	auxiliaire	sujet	verbe
When	**does**	**the boat**	**leave?**
wènn	*dœz*	*DHœ bôout*	*li:v*
quand	fait	le bateau	partir
Quand	part	le bateau ?	

auxiliaire	sujet	verbe
Does	**the boat**	**leave?**
dœz	*DHœ bôout*	*li:v*
fait	le bateau	partir
Le bateau part-il ?		

Réponses :	**Yes, it does.**	**No, it doesn't.**
	oui, il fait	*non, il ne fait pas*
	Oui.	Non.

• Au passé, vous interrogerez de cette façon :

auxiliaire	sujet	verbe	objet
Did	**my brother**	**forget**	**his ticket**
did	*maï broDHᵉʳ*	*fo:guèt*	*His tikètt*
faisait	mon frère	oublier	son billet

Mon frère a-t-il oublié son billet ?

Réponses : **Yes, he did.** **No, he didn't.**

ièss, Hi did   *nôou, Hi diden't*

oui, il a fait   non, il n'a pas fait

Oui.   Non.

Notez que le verbe restant invariable, c'est l'auxiliaire **do** (faire) qui prend la forme du passé **did**. Cette forme reste inchangée à toutes les personnes.

Les salutations / La politesse

▶ Bonjour ! (matin)	**Good morning!**	*goud mo:ninng*
▶ Bonjour ! (après-midi)	**Good afternoon!**	*goud èftœ:noun*
▶ Bonsoir !	**Good evening!**	*goudd ivninng*
▶ Bonne nuit !	**Good night!**	*goud naït*
▶ Bienvenu (e) !	**Welcome!**	*wellkomm*
▶ Comment allez-vous (vas-tu) ?	**How are you?**	*Haou ar' you*
▶ Très bien.	**Very well.**	*vèri well*
▶ Comment allez-vous ? (plus formel)	**How do you do?**	*Hao dou you dou*
▶ Merci, je vais bien.	**Thanks, I'm fine.**	*THankss aïm faïn'*
▶ Salut ! (bonjour)	**Hello!**	*Hèlo*
▶ Au revoir !	**Good bye!**	*goud baï*
▶ Salut ! (au revoir)	**Bye-Bye! / Bye!**	*baï*
	Cheerio*!	*tchirio*
▶ Salut ! (À plus tard !)	**See you (later)!**	*si you (lètᵉʳ)*
▶ À bientôt !	**See you soon!**	*si: you sou:nn*
▶ Ça va.	**It's O.K.**	*its ôoukèï*
▶ Je ne sais pas.	**I don't know.**	*aï doounnt nôou*
▶ Je suis désolé/e. / Pardon.	**(I am) sorry.**	*(aï am) so:ri*
▶ Il n'y a pas de quoi.	**You are welcome.**	*you ar' wellkomm*
▶ Dites-moi...	**Tell me...**	*tèll mi*
▶ Je ne me sens pas bien.	**I don't feel well.**	*aï doounnt fi:l well*
▶ Aidez-moi, s'il vous plaît.	**Please help me.**	*pli:z hèlp mi*
▶ À votre santé !	**Cheers!**	*tchi:rs*

*Cheerio veut dire aussi "Santé !", "À la vôtre !".

▶ Comment t'appelles-tu ? / Comment vous appelez-vous ?
What's your name?
wotts yo:r nèïm

▶ Je m'appelle Jacques.
My name is Jacques.
maï nèïm iz Jacques

En général, les Américains s'appellent très vite par leurs prénoms.

s'il vous plaît / merci

▶ Passe(z)-moi le beurre s'il te (vous) plaît !
Pass me the butter, please!
pass mi DHœ battᵉʳ pli:z

▶ Je vous (t') en prie / il n'y a pas de quoi !
You're welcome!
you:r welkomm

▷ Ce n'est rien !
That's all right!
DHats ô:l raït

▷ Comment ?
Pardon?
pa:donn

▷ **Thank you!** — Merci !
▷ **Thanks!** — Merci !
▷ **Thank you very much!** — Merci beaucoup !
▷ **Thanks a lot!** — Merci beaucoup !

Où est... ?

▷ Excusez-moi, s'il vous plaît. Où est... ?
Excuse me, please. Where is...?
ixkiouz mi, pli:z. wèr iz...

▷ Pouvez-vous m'indiquer le chemin pour... ?
Could you tell the way to...?
koudd you tèl mi DHœ wèï tou

▷ C'est là-bas à droite.
It's over there on the right.
its ôouver DHèr onn DHœ raït

▷ Tournez à gauche dans Queen's Street (la rue de la Reine).
Turn left into Queen's Street.
tœrn lèft inntou kouinns stri:t

▷ Allez tout droit, c'est en face de l'église.
Go straight on, it's opposite the church.
go strèït onn, its oppozit DHœ tchœrtch

Bon voyage avec...

L'avion

▷ Je voudrais réserver un aller (aller-retour) pour New York.
I'd like to book a (return) flight to New York.
aïd laïk tou boukk œ (ritœ:nn) flaït tou Niou Yo:k

▷ Y a-t-il une correspondance pour Chicago ?
Is there a connecting flight to Chicago?
Iz DHèr œ konèkting flaït tou tchikègo

▷ aéroport	**airport**	*è:po:tt*
▷ arrivée	**arrival**	*œraïvœl*
▷ atterrir	**to land**	*tou lènd*
▷ bagages	**luggage/baggage**	*lœguèdj/bœguèdj*
▷ comptoir d'information	**information desk**	*innformëïchœn dèsk*
▷ départ	**departure**	*dipa:tch^er*
▷ horaire	**timetable**	*taïmtèbœl*
▷ passager	**passenger**	*pœssèndjœr*
▷ réservation	**booking**	*boukkinng*
▷ salle d'attente	**departure lounge/hall**	*dipa:tch^er laondj/Hô:l*
▷ sortie	**exit**	*èxit*
▷ vol	**flight**	*flaït*

Le bateau

▷ Quand le bateau part-il pour Ellis Island ?
When does the boat leave for Ellis Island ?
wènn dœz DHœ bôout li:v for èlissaïlènd

▶ Combien de temps la traversée dure-t-elle ?
How long does the crossing take?
Haou lonng doez DHœ krossinng tèïk

▶ Je voudrais réserver...
I'd like to book...
aïd laïk tou boukk...

▶ un billet pour...
a passage to...
œ passèdj to...

▶ bateau	**boat**	*bôout*
▶ bateau à vapeur	**steamer**	*sti:m^{er}*
▶ canot de sauvetage	**lifeboat**	*laïfbôout*
▶ côte	**coast**	*ko:st*
▶ ferry	**ferry**	*fèrri*
▶ gilet de sauvetage	**life-jacket**	*laïfdjèkèt*
▶ port	**harbour**	*Harbo:r*
▶ traversée	**crossing**	*krossinng*

Le train / Le bus

▶ Où est l'arrêt du bus / la gare routière ?
Where is the bus stop / station?
wèr iz DHœ bas stop/stèïchœn

▶ Un billet pour Philadelphie, s'il vous plaît.
A ticket to Philadelphia, please.
œ tikèt tou filœdèlfia pli:z

▶ Combien coûte un billet pour... ?
How much is a ticket to...?
Haou mœtch iz œ tikèt tou

▶ Quand y a-t-il un bus / train pour... ?
When is there a bus / train to...?
wènn iz DHhèr œ bas/trèïnn tou

▶ compartiment	**compartment**	*kommpa:tment*
▶ conducteur	**driver**	*draïv^{er}*
▶ départ	**departure**	*dipa:chœr*
▶ direction	**direction**	*dirèkchœn*
▶ (non)-fumeur	**(non)-smoker**	*(nœn)-smôouk^{er}*
▶ prix	**fare**	*fè:r*
▶ terminus	**terminus**	*terminœs*
▶ wagon lit	**sleeper**	*sli:p^{er}*

La voiture

▶ Où est la station service la plus proche ?
Where's the nearest petrol-station?
wèrz DHœ ni:rest pètrol stèïchœn

▶ Le plein s'il vous plaît !
Full, please!
foul pli:z

▶ Pouvez-vous contrôler l'huile / la batterie / la pression des pneus ?
Can you check the oil / battery / tyre pressure?
kèn you tchèk DHi oïl/bèttri/taïer prèchœr

▶ Je suis en panne !
I have a breakdown!
aï Hèv œ brèkdaoun

▶ Pouvez-vous remorquer ma voiture ?
Can you take my car in tow?
kèn you tèk maï ka: inn taou

autoroute	**motorway**	*moto:wèï*
batterie	**battery**	*bèttri*
feux tricolores	**traffic-lights**	*trèffik-laïts*
freins	**brakes**	*brèks*
gasole	**diesel fuel**	*di:sel fioul*
moteur	**engine**	*èndjinn*
ordinaire	**regular petrol**	*règuioul^{er} pètrol*
parking	**car park**	*ka: pa:rk*
permis de conduire	**driving licence**	*draïvinng laïssennss*
phares	**headlight**	*Hèdlaït*
super	**super petrol**	*sœpp^{er} pètrol*

Hébergement

Hôtel / Pension

▶ Bonjour, je voudrais une chambre simple/double pour deux nuits.
Hello, I'd like a single room/double room for two nights.
Helleou, aïd laïk œ sinngœl room/dobbœl roum for tou naïts

▶ C'est combien ?
How much is it?
Haou mœtch iz it

▶ Le petit déjeuner est-il compris ?
Is the breakfast included?
iz DHœ brèkfest inkloudid

ascenceur	**lift/elevator**	*lift/èlèvèïtœr*
auberge de jeunesse	**youth hostel**	*youTH host'l*
chambre avec petit déjeuner	**bed and breakfast**	*bèd ènd brèkfœst*
chauffage	**heating**	*Hi:tinng*
clef	**key**	*ki:*
couverture	**blanket**	*blènkètt*
douche	**shower**	*chaou^{er}*
drap	**sheet**	*chi:t*
étage	**floor**	*flo:r*
lit	**bed**	*bèd*
oreiller	**pillow**	*pilœou*
place de camping	**campsite**	*kèmpsaïl*
réception	**reception**	*rissèpchœn*
robinet	**water-top**	*wot^{er} top*
sac de couchage	**sleeping-bag**	*sli:pinngbèg*
salle de bains	**bathroom**	*bèTHroum*
tente	**tent**	*tènnt*
toilettes	**toilet/lavatory**	*toïlèt/lèvetri*

▶ Avez-vous une place pour une petite tente / caravane ?
Have you got a place for a small tent / caravan?
Hèv you gott œ plèïss for œ smô:l tènt / kèrèvèn

▶ Où sont les douches / prises de courant ?
Where are the washing-rooms / sockets?
wèr ar' DHœ waching roums / sokèts

Au restaurant

▶ Pouvons-nous avoir le menu, s'il vous plaît ?
Can we have the menu, please?
kèn wi Hèv DHœ mèniou, pli:z

▶ Nous aimerions commander.
We would like to order.
wi woud laïk tou o:d^{er}

▶ Je prendrai une soupe de tomates et du poulet rôti, s'il vous plaît.
I'll have tomato soup and roast chicken, please.
aïl Hèv tomèto soup ènd rost tchikœn, pli:z

Nota : En anglais, on ne vous souhaitera pas **"bon appétit"**, tout au plus pourrez-vous entendre :

▶ **Enjoy your meal!**
endjoï yô:r mi:l
Prenez-plaisir [à] votre repas.

▶ Pouvons-nous avoir l'addition, s'il vous plaît ?
Can we have the bill, please?
kèn wi Hèv DHœ bill, pli:z

▶ Le repas était excellent.
The meal was excellent.
DHœ mi:l ouaz exssèllœnnt

bière	**beer**	*bièr*
boisson	**drink**	*drinnk*
café	**coffee**	*koffi*
cuit au four	**baked**	*bèïkt*
déjeuner	**lunch**	*lœntch*
dessert	**dessert**	*dizœrt*
dîner	**dinner**	*dinnᵉʳ*
eau minérale	**mineral water**	*minnèrol watᵉʳ*
frit	**fried**	*fraïd*
fromage	**cheese**	*tchi:z*
fruit	**fruit**	*frou:t*
gâteau	**cake**	*kèïk*
glace	**ice-cream**	*aïsskri:m*
hors d'œuvres	**starter (GB)**	*sta:tᵉʳ*
hors d'œuvres	**appetizer (US)**	*èpœtaïzᵉʳ*
jus de fruit	**juice**	*djou:ss*
lait	**milk**	*milk*
légumes	**vegetables**	*vèdjètèbœls*
pain	**bread**	*brèd*
petit-déjeuner	**breakfast**	*brèkfœst*
poisson	**fish**	*fich*
poivre	**pepper**	*pèppᵉʳ*
porc	**pork**	*po:k*
poulet	**chicken**	*tchikœnn*
sel	**salt**	*sô:lt*
souper	**supper**	*sœppᵉʳ*
veau	**veal**	*vi:l*
végétarien	**vegetarian**	*vèdjètèrienn*
viande	**meat**	*mi:t*
volaille	**poultry**	*poltri*

Le shopping

▶ Bonjour, vous vendez des cartes postales ?
Hello, do you sell postcards?
Hellôou, dou you sell postka:ds

▶ Je veux acheter une chemise, s'il vous plaît !
I want to buy a shirt, please!
aï wonnt tou baï œ chœrt, pli:z

▶ C'est combien / Combien ça coûte ?
How much is it?
Haou mœtch iz it

▶ C'est trop cher.
This is too expensive.
DHiss iz tou ixpènsiff

▶ Pouvez-vous changer de l'argent ?
Can you change money?
kènn you tchèïnndj manni

▶ Je n'aime pas ça / Ça ne me plaît pas.
I don't like it.
aï dôunnt laïk it

▶ acheter	**to buy**	*tou baï*
▶ boucher	**butcher**	*batcher*
▶ boulanger	**baker**	*bèïker*
▶ boutique	**boutique**	*bouti:k*
▶ carte bancaire	**cheque card**	*tchèk ka:d*
▶ carte postale	**postcard**	*postka:d*
▶ ceinture	**belt**	*bèlt*
▶ chemise	**shirt**	*chœrt*
▶ chèque	**cheque**	*tchèk*
▶ cher	**expensive**	*ixpènnsiff*
▶ pas cher	**cheap**	*tchi:p*
▶ distributeur automatique de billets	**cash-machine (GB)**	*kèch mœchinn*
▶ distributeur automatique de billets	**A.T.M. (US) ***	*éï-ti:-èmm*
▶ imperméable	**raincoat**	*rennkôout*
▶ journal	**newspaper**	*niouzpèïppœr*
▶ jupe	**skirt**	*skœ:t*
▶ kiosque	**kiosk**	*kiosk*
▶ magasin	**shop**	*chopp*
▶ grand magasin	**department store**	*dipa:tmennt stor*
▶ magasin de souvenirs	**souvenir shop**	*souvennir chopp*
▶ monnaie	**change**	*tchèïnndj*
▶ pantalon	**trousers**	*traouzœrss*
▶ papeterie	**stationer**	*stèichœnner*
▶ poste	**post office**	*pôustoffiss*
▶ pressing	**dry-cleaner**	*draï-cli:nner*
▶ pullover / tricot	**pullover**	*poulôouvœr*
▶ robe	**dress**	*drèss*
▶ supermarché	**supermarket**	*sœpœrma:kèt*
▶ timbre	**stamp**	*stèmp*
▶ vendre	**to sell**	*tou sèll*
▶ veste	**jacket**	*djèkètt*

* A.T.M. : automated teller machine (mot à mot : « machine-caissier-automatisée »).

▶ Où puis-je changer de l'argent ?
Where can I change money?
wèr kèn aï tchèïnndj manni

S'orienter dans le temps

L'heure

▶ une heure	**an hour**	*ènn aouer*
▶ une minute	**a minute**	*œ minnitt*
▶ une seconde	**a second**	*œ sèkœnd*
▶ une demi-heure	**half an hour**	*haff œnn aouer*
▶ un quart d'heure	**a quarter of an hour**	*œ qwo:ter ov ènn aouer*
▶ ponctuel, à l'heure	**in time**	*inn taïmm*

▶ Quelle heure est-il, s'il vous plaît ?
What's the time, please?
wots DHœ taïm pli:z

▶ Quelle heure est-il ?
What time is it?
wot taïm iz it

▶ Pouvez-vous me dire l'heure ?
Can you tell me the time?
kènn you tèl mi DHœ taïm

▶ Il est tard / tôt.
It's late / early.
its lèit / œ:li

Pour la première demi-heure, de 0 à 30 minutes, par exemple 9h10, dites d'abord les minutes : **ten** (dix min) suivies de **past** (passé, après) suivies de **nine** (9 heures) – **ten past nine**.

Pour la deuxième demi-heure, de 30 à 60 minutes, par exemple 9h40 ou 10 heures moins 20, dites d'abord les minutes **twenty** (vingt min) suivies de **to** (jusqu'à, avant) **ten** (dix heures) – **twenty to ten**.

▶ deux heures vingt-quatre
twenty four minutes past two
touènnti fo: minnitts pèst tou

▶ dix-sept heures trente
half past five
haff pèst faïv

▶ quinze heures quarante-cinq
a quarter to four
œ qwo:ter tou fô:

▶ douze heures / midi
twelve o'clock
touèlv o klok

▶ jour	**day**	*dèï*
▶ semaine	**week**	*wi:k*
▶ mois	**month**	*mannTH*
▶ date	**date**	*dèït*
▶ *hier*	*yesterday*	*yèsstœdèï*
▶ demain	**tomorrow**	*toumorô:*
▶ aujourd'hui	**today**	*toudèï*

Pendant la journée

▶ (le) matin, (dans la) matinée	**(in the) morning**	*inn DHœ mo:nninng*
▶ ce matin	**this morning**	*DHiss mo:nninng*
▶ (à) l'heure du déjeuner	**(at) lunch time**	*èt lœntch taïm*
▶ (dans l') après-midi	**(in the) afternoon**	*inn DHi: èftœ:nou:nn*
▶ soir	**evening**	*iv'ninng*
▶ ce soir	**tonight**	*tounaït*
▶ (dans la) nuit	**(in the) night**	*inn DHœ naït*

Les jours de la semaine

▶ dimanche	**Sunday**	*sœnndèï*
▶ lundi	**Monday**	*monndèï*
▶ mardi	**Tuesday**	*tiouzdèï*
▶ mercredi	**wednesday**	*wenn'esdèï*
▶ jeudi	**Thursday**	*THœ:sdèï*
▶ vendredi	**Friday**	*fraïdèï*
▶ samedi	**Saturday**	*sètœhdéï*
▶ le lundi	**on Monday(s)**	*on monndèï(z)*

Les mois

▶ janvier	**January**	_dj_anni_ou_eri
▶ février	**February**	_fè_broueri
▶ mars	**March**	ma:tch
▶ avril	**April**	_è_ipril
▶ mai	**May**	_mè_ï
▶ juin	**June**	djounn
▶ juillet	**July**	djoul_aï_
▶ août	**August**	_o:_gœsst
▶ septembre	**September**	sèp_tèm_ber
▶ octobre	**October**	okt_ô_ouber
▶ novembre	**November**	n_ô_ouvèmber
▶ décembre	**December**	dissèmber

Les saisons

▶ saison	**season**	_si_zonn
▶ printemps	**spring**	sprinng
▶ été	**summer**	_sa_mmer
▶ automne	**autumn**	_o:_tœmn
▶ hiver	**winter**	_win_nter

Les nombres

▶ 0	**zero**	_zi_rôou
▶ 1	**one**	wann
▶ 2	**two**	tou
▶ 3	**three**	THri:
▶ 4	**four**	fo:
▶ 5	**five**	_fa_ïv
▶ 6	**six**	six
▶ 7	**seven**	_sè_venn
▶ 8	**eight**	_è_ïtt
▶ 9	**nine**	_na_ïnn
▶ 10	**ten**	tènn
▶ 11	**eleven**	il_è_venn
▶ 12	**twelve**	touèlv
▶ 13	**thirteen**	THœr_ti:nn_
▶ 14	**fourteen**	fo:_ti:nn_
▶ 15	**fifteen**	fif_ti:nn_
▶ 16	**sixteen**	six_ti:nn_
▶ 17	**seventeen**	sèvenn_ti:nn_
▶ 18	**eighteen**	èï_ti:nn_
▶ 19	**nineteen**	naïnn_ti:nn_
▶ 20	**twenty**	tou_è_nnti
▶ 30	**thirty**	_THœr_ti
▶ 31	**thirty one**	_THœr_tiwann
▶ 40	**forty**	_fo:_ti
▶ 50	**fifty**	_fif_fti
▶ 60	**sixty**	_six_ti
▶ 70	**seventy**	_sè_vennti
▶ 80	**eighty**	_è_ïti
▶ 90	**ninety**	_na_ïnnti
▶ 100	**hundred**	_Hann_dred
▶ 500	**five hundred**	_fa_ïv _hann_dred
▶ 1 000	**thousand**	_THa_ouzend
▶ 10 000	**ten thousand**	tènn _THa_ouzend

Palm Tree.
© WWW.PANLIBE.COM

Trinidad

Saut d'Eau
La Vache Bay
Mara Bay
Macqueripe Bay
THE DRAGON'S MOUTH
Huevos
Petit Valley
Maraval
Sa Cr
Chaguaramas
Carenage
PORT OF SPAIN
Monos
St. Peter Bay
Chacachacare
Gaspar Grande
San Ju
Patos

OCEAN ATLANTIQUE
Bird Sanctuary

Barracones Bay

TRINIDAD
GOLFE DE PARIA
Waterloo
Carapicha

OCEAN PACIFIQUE
Cou
California

AMERIQUE DU SUD
Claxton Bay
St. Margaret
Pointe-à-Pierre
Marabell
SAN FERNANDO

Autoroute
Route principale
Route secondaire
Rivière
✈ Aéroport

La Brea
Otaheite Bay
Canaan
Vessigny
Lac Pitch
St. Marys
Debe
Guapo Bay
Avocat
Oropuche
Guapo
Fyzabad
NAPARMA
Pe
Point Fortin
Pluck
Irois
ST. PATRICK
Siparia
Cedros Bay
Granville
Los Bajos
Morn Diabl
Bonasse
Chatham
Buenos Ayres
Cooro
Fullarton
San Francique
Palo Seco
Corral Point
Isolte Bay
Erin Bay
Palo Seco Bay
Icacos

Port of Spain

Les immanquables de Trinidad

▶ **En période de carnaval, et pendant les quelques mois qui le précédent,** vous devez visiter les ateliers de préparation de costumes, et essayer de vous intégrer à un groupe pour les défilés.

▶ **Visitez une réserve d'oiseaux.**

▶ **Observer la ponte des tortues luths** sur la côte nord entre mars et juillet.

▶ **Profiter de la splendeur des plages** de la côte nord de Trinidad, parmi les plus belles au monde.

Vibrante, bigarrée, métissée, passerelle entre une histoire coloniale atypique et une modernité brusque, la capitale de Trinidad est vraiment à l'image de son pays. Elle pratique le mélange des genres, tel un petit Brooklyn qui se serait perdu sous le soleil antillais. La cité s'érige en patchwork de quartiers communautaires, indiens à l'ouest, noirs à l'est, blancs au nord, où les zones résidentielles friquées côtoient les ghettos. Les églises catholiques romaines s'y juxtaposent aux temples hindous, aux mosquées, aux maisons du culte évangéliste, et aux restaurants créoles, chinois, indiens, italiens, syriens… Port of Spain, la cosmopolite, accueille toutes les cultures et toutes les races. Présentant un assemblage hétéroclite de petites maisons victoriennes en bois et de grands immeubles, de grandes tours de verre et d'acier montant vers le ciel peu à peu. L'architecture de Port of Spain rappelle constamment le legs britannique, tout en exprimant les espoirs d'un pays peut-être promis à devenir le petit Koweït de la Caraïbe.

Depuis quelques années, le décollage économique du pays et le nouvel afflux d'argent qui s'y déverse ne vont pas sans une certaine américanisation de la ville. Les petites échoppes traditionnelles du centre coexistent désormais avec les grands malls commerciaux récemment implantés dans les périphéries résidentielles à destination des nouvelles classes moyennes et aisées. Les vendeurs ambulants de rotis et autres sandwiches doivent affronter la concurrence des enseignes internationales de fast-food. Mais ces nouveaux phénomènes anglo-saxons sont comme un masque jeté sur la ville, et il y a grand espoir que Port of Spain, la capitale du carnaval, saura faire de cette nouvelle donne ce qu'elle a toujours su faire des multiples influences qui l'ont traversée tout au long de son histoire : la « recycler » et l'ajouter aux nombreuses facettes de sa personnalité polymorphe. Pour le visiteur de passage, l'américanisation, toute relative, de Port of Spain comporte cependant des avantages. Il y gagne la liberté d'évoluer à son gré à travers une capitale à forte personnalité et d'apprécier son mode de vie traditionnel toujours vivace, où l'esprit de la fête continue de souder toutes les communautés, sans pour autant devoir renoncer au confort et aux facilités de la vie moderne. Il trouvera notamment à Port of Spain des solutions d'hébergement aux normes occidentales pour toutes les bourses et pourra choisir librement entre rum-shops, nourriture de rue, petits restos couleur locale et restaurants de standing international.

© WWW.PANJIBE.COM

Palm Tree.

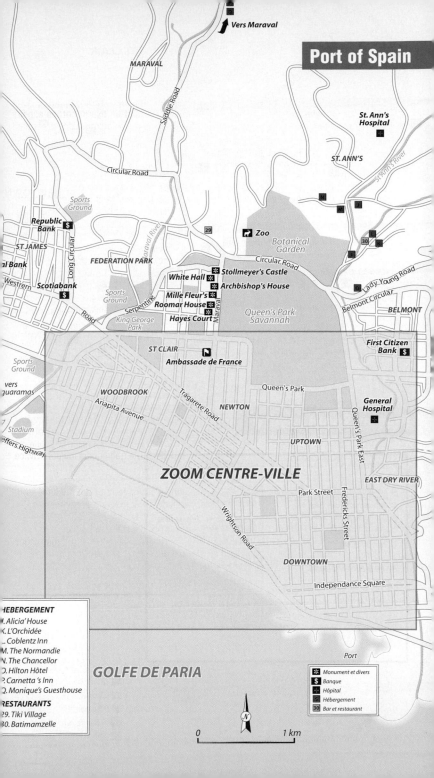

Port of Spain

Vers Maraval

MARAVAL

St. Ann's Hospital

ST. ANN'S

St Ann's River

Circular Road

Sports Ground

Saddle Road

Maraval River

Republic Bank $

ST JAMES

al Bank

Western

Scotiabank $

Long Circular

FEDERATION PARK

29

Zoo

Botanical Garden

Circular Road

30

Lady Young Road

Belmont Circular

BELMONT

White Hall ✳ Stollmeyer's Castle
✳ Archbishop's House
Mille Fleur's ✳
Roomar House ✳
Hayes Court

Serpentine

Sports Ground

King George Park

Road

PAPRIU

Queen's Park Savannah

First Citizen Bank $

ST CLAIR

Sports Ground

vers guaramas

Ambassade de France

WOODBROOK

Ariapita Avenue

Tragarete Road

NEWTON

Queen's Park

General Hospital

Queen's Park East

7

Stadium

effers Highway

UPTOWN

EAST DRY RIVER

ZOOM CENTRE-VILLE

Wrightson Road

Park Street

Fredericks Street

DOWNTOWN

Independance Square

Port

GOLFE DE PARIA

	Monument et divers
$	Banque
	Hôpital
	Hébergement
30	Bar et restaurant

0   1 km

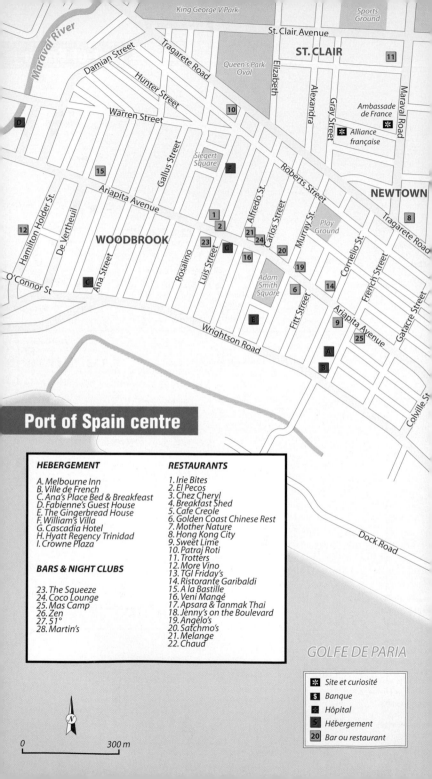

Port of Spain centre

HEBERGEMENT

A. Melbourne Inn
B. Ville de French
C. Ana's Place Bed & Breakfeast
D. Fabienne's Guest House
E. The Gingerbread House
F. William's Villa
G. Cascadia Hotel
H. Hyatt Regency Trinidad
I. Crowne Plaza

BARS & NIGHT CLUBS

23. The Squeeze
24. Coco Lounge
25. Mas Camp
26. Zen
27. 51°
28. Martin's

RESTAURANTS

1. Irie Bites
2. El Pecos
3. Chez Cheryl
4. Breakfast Shed
5. Cafe Creole
6. Golden Coast Chinese Rest
7. Mother Nature
8. Hong Kong City
9. Sweet Lime
10. Patraj Roti
11. Trotters
12. More Vino
13. TGI Friday's
14. Ristorante Garibaldi
15. A la Bastille
16. Veni Mangé
17. Apsara & Tanmak Thai
18. Jenny's on the Boulevard
19. Angélo's
20. Satchmo's
21. Melange
22. Chaud

GOLFE DE PARIA

※ Site et curiosité
S Banque
H Hôpital
S Hébergement
20 Bar ou restaurant

0   300 m

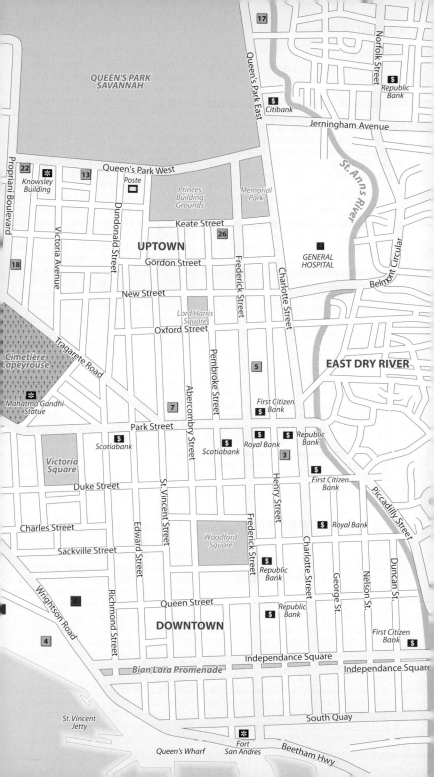

Histoire

C'est un tremblement de terre qui est à l'origine de la création de Port of Spain. En 1766, une secousse d'une rare violence détruit Saint Joseph, jusqu'alors la capitale de l'île, et incite les Espagnols à chercher un autre emplacement pour la reconstruire. Ils choisissent le petit village de Conquerabia, un ancien campement arawak conquis en 1532. Ce petit village de 400 habitants est certes posé sur des terres marécageuses, mais il a le mérite d'offrir un débouché direct sur le golfe de Paria. Conquerabia est rebaptisé Puerto España et vivote pendant dix ans. La nouvelle capitale décolle véritablement avec l'arrivée des planteurs français en 1776. En 1784, on compte 3 000 habitants dans la capitale, dont 1 000 Européens, en grande partie venus de France. L'afflux de sang neuf et de nouveaux bras a un effet direct sur le développement de la ville. Les marais sont asséchés. Le centre-ville s'étend. En 1797, les Britanniques, qui prennent possession de la ville, la nomment Port of Spain et contribuent à son essor.

Au tournant du siècle, on dénombre 10 000 habitants d'origines multiples (Français, Espagnols, Anglais, Italiens, Africains et Américains) dans la ville qui s'étend alors sur moins de 2 km². Port of Spain voit sa géographie totalement remodelée au début du XIXᵉ siècle, après qu'un grand incendie l'a détruite en 1808. Le gouverneur britannique de l'époque, Sir Ralph Woodford, préside à sa reconstruction et initie de grands travaux. La ville adopte un plan quadrillé où de grandes perspectives se croisent à la perpendiculaire. C'est de cette époque que date la Savannah, le square Woodford dans le centre-ville ainsi que les fortifications bâties sur les hauteurs avoisinantes : fort George qui domine Saint James et fort Picton sur la colline de Laventille. L'abolition de l'esclavage en 1840 entraîne l'afflux massif d'une population noire quittant les plantations pour venir s'installer dans les banlieues de la ville, à Belmont et à Laventille. Durant la seconde moitié du XIXᵉ siècle, le constant développement économique de Port of Spain impose la nécessité de fixer davantage de main-d'œuvre et les zones de Saint Ann's et de Maraval se transforment en quartiers ouvriers. Vers le début du XXᵉ siècle, les Indiens commencent à s'implanter à Saint James. Dans les années 1930, la ville se dote d'un port en eaux profondes, capable d'accueillir les cargos et les paquebots, ce qui, de facto, fait de Trinidad une des escales principales du commerce maritime aux Caraïbes. A la même époque, le centre-ville devient la scène régulière des manifestations et des émeutes menées par les syndicats ouvriers. Dans les années 1970, l'afflux d'argent consécutif au boom pétrolier permet au centre-ville de se moderniser et d'engager un vaste programme de construction d'immeubles administratifs et financiers. La ville érige notamment les deux tours jumelles grisonnantes et sans caractère qui se dressent aujourd'hui à proximité du port. Depuis le début des années 2000, le gouvernement s'est lancé dans un programme de réhabilitation du patrimoine architectural de la ville, mais semble encore loin d'avoir accompli tous ses objectifs en la matière.

■ TRANSPORTS

Avion

■ L'AEROPORT INTERNATIONAL DE PIARCO

Il se trouve à une vingtaine de kilomètres de Port of Spain. C'est un aéroport moderne, répondant à toutes les exigences internationales en matière de sécurité et de confort. Si aucune taxe n'est à payer à votre arrivée, vous devrez débourser 100 TT$ à votre départ. Après avoir rempli toutes les formalités et passé la douane, le visiteur trouvera sur sa droite un petit bureau de l'office du tourisme (ouvert tous les jours de 8h à 20h ✆ (868) 669 6044) où il pourra se procurer cartes et brochures d'information, voire réserver une chambre d'hôtel si ce n'est déjà fait. L'office du tourisme dispose en effet d'un listing assez complet et à jour des disponibilités hôtelières de l'île. Il est également possible d'y louer une voiture auprès de l'une des cinq agences de location qui y tiennent un stand. Dans le hall principal, vous trouverez également trois distributeurs, un pour chacune des trois principales banques du pays : la Scotia Bank, la Republic Bank et la Citizens Bank.

Quitter l'aéroport

Piarco est à un jet de pierre de l'Eastern Main Road, l'autoroute qui dessert le Corridor est de l'île en provenance de Port of Spain.

La remontée vers la ville prend en moyenne une vingtaine de minutes, mais il faudra compter le double aux heures de pointe : le matin de 8h à 10h et l'après-midi de 16h à 18h.

▶ **Si vous avez réservé une chambre dans une guesthouse ou un Bed & Breakfast de Port of Spain,** le moyen le plus simple de vous y rendre, est d'avoir convenu au préalable d'un transfert avec votre logeur. C'est une pratique couramment répandue dans l'hôtellerie trinidadienne de venir chercher les clients à l'aéroport pour un prix qui est généralement aligné sur celui qui est pratiqué par les taxis officiels. Demandez à bénéficier de ce service au moment de la réservation de votre chambre. Il vous faudra alors compter entre 30 et 35 US$ pour effectuer le trajet avec un hôtel de Port of Spain et entre 35 et 45 US$ pour San Fernando, ou Blanchisseuse et la côte nord.

▶ **Les chauffeurs de taxi officiels** se trouvent à la sortie principale de l'aéroport. On les reconnaît à leur badge jaune. Le tarif pratiqué en 2008 de la course jusqu'au centre de la capitale est de 25 US$. Dans la mesure où il n'y a pas de compteur dans les voitures, n'hésitez pas à négocier le prix à la baisse si le chauffeur vous annonce plus que 25 US$.

Si vous ne tombez pas aux heures indiquées, il y a une dernière option : les maxi-taxis, ces vans blancs barrés d'une ligne de peinture rouge sur la carrosserie. Ils vous amèneront directement à la jonction « Five Rivers » pour 5 TT$. De là, il faudra alors monter à bord d'un autre maxi-taxi pour rejoindre la City Gate, le terminal de bus du centre-ville. Il vous en coûtera 5 TT$. Si vous voyagez seul, cette option vous coûtera donc douze fois moins cher qu'en prenant un taxi. Pour effectuer le chemin inverse, du centre de Port of Spain vers l'aéroport, il faut se rendre à la City Gate, puis prendre le maxi-taxi qui file toutes les 10 min en direction d'Arima. Descendre à la jonction « Five Rivers ». Traverser la route et prenez le maxi-taxi qui vous laissera à la jonction « Arouca ». Vous n'avez alors plus qu'à traverser la route et prendre l'un des taxis partagés alignés sur la gauche. Le tout vous prendra entre 1 heure 15 et 1 heure 30 et vous coûtera 15 TT$.

Bateau

Tous les bateaux arrivent à King Wharf, à proximité du centre-ville. Les ferries en provenance de Tobago accostent au « Government Shipping Service Passenger

Service » (en face des tours jumelles). Les autres bateaux accostent au CruiseShip Complex, les baraquements peints de couleur verte, à 200 m à l'ouest de l'embarcadère des ferries pour Tobago. Généralement, des taxis privés attendent la sortie des passagers. A une cinquantaine de mètres, la Wrightson Road est très fréquentée par les « maxi-taxis » et les « route-taxis ».

Le transit maritime entre Port of Spain et Scarborough est géré par le Port Authority of T&T. Deux ferrys assurent les liaisons quotidiennes entre les deux capitales. Pour réserver par téléphone : ✆ (868) 623 9353 ou 625 3981. Sinon, il faut se rendre au terminal de ferry pour acheter vos billets. Le trajet coûte 50 TT$. Prévoir d'arriver au moins une demi-heure avant l'heure d'embarquement.

Voyager en bateau sur le T&T Spirit ou le T&T Express présente de nombreux avantages. Les ferrys sont parfaitement équipés pour transporter votre voiture si vous en avez une. Le trajet ne dure que 2 heures 30, et il permet d'admirer la côte nord de Trinidad, qui est la plus belle de l'île.

▶ **Horaires des traversées Port of Spain à Scarborough :** lundi : 6h30, 10h et 17h ; mardi : 6h30 et 17h ; mercredi : 6h30 et 10h ; jeudi : 6h30, 10h et 17h ; vendredi : 6h30, 10h et 17h ; samedi : 8h30 et 16h ; dimanche : 8h30 et 14h.

Transports en commun

En pratique, seuls les maxi-taxis et les route-taxis permettent de se déplacer vraiment librement et pour un coût modique.

Bus

Trois lignes sont desservies par des bus de ville. Mais la fréquence par ligne est faible, et les passages des bus sont assez irréguliers. De plus, il faut obligatoirement acheter son billet à l'avance. Vous pourrez le faire au niveau de la City Gate.

▶ **Première ligne :** City Gate (gare routière) – Abercomby Street – New Street – Frederick Street.

▶ **Deuxième et troisième lignes :** City Gate – Wrighston Road – Ariapita Avenue – Mucurapo Road – Audrey Jeffers Highway, puis une ligne part en direction de Chaguaramas et dessert West Mall, Westmooring, Glencoe, Carenage et Chaguaramas.

▶ **Une autre ligne** part en direction de Diego Martin.

TRINIDAD

Maxi-taxi

De couleur blanche et rouge (ou vert), ces minibus, de capacité variable, rayonnent dans toute la région de Port of Spain. Ils prennent des routes fixées d'avance. Toutefois ils sont souvent pleins, et à moins de les prendre à leur point de départ, il est parfois difficile d'y trouver une place.

Route-taxi

Les route-taxis constituent le moyen de transport le plus populaire à Port of Spain. Ce sont souvent des voitures banalisées, pas tout à fait neuves, et rien ne pourrait vraiment les distinguer des autres véhicules, n'était-ce la propension de leurs conducteurs à freiner et à donner des coups de Klaxon quand ils aperçoivent un individu immobile attendant sur la chaussée. Ils empruntent généralement des itinéraires similaires à ceux des maxi-taxis. Les têtes de station varient selon la destination finale. Passée une certaine heure de la journée (généralement autour de 18h), ils se regroupent sur Independence Square pour attendre le client.

Toutefois, il est nécessaire d'être familiarisé avec les différents types d'itinéraires pour pouvoir se déplacer efficacement en route-taxis. N'hésitez pas à vous renseigner pour savoir dans quelle rue il faut les attendre, en fonction de la destination souhaitée.

Taxi privé

Ils sont bien moins nombreux et bien plus chers que les route-taxis. Ils sont regroupés en sociétés coopératives et peuvent se commander à la réception des grands hôtels ou en téléphonant directement aux coopératives. Dans la grande majorité des cas, ils ne possèdent pas de compteur, et il est toujours difficile de savoir combien doit coûter une course. Ils n'hésiteront pas à vous demander 60 TT$ pour aller du quartier de Woodbrook à Independence Square.

Quelques références

■ **SAINT CHRISTOPHER TAXI CO-OP SOCIETY**
✆ (868) 624 9874
Ouvert 24 h/24.

■ **INDEPENDENCE SQUARE TAXI SERVICE**
✆ (868) 625 3032

■ **BACCHUS TAXI**
✆ (868) 622 5588

Location de voiture

C'est l'option idéale, et la plus sûre, pour vous déplacer à Port of Spain, mais également pour rayonner dans les autres parties de l'île.

Les tarifs des loueurs, donnés sur une base journalière, sont souvent dégressifs sur une période plus longue (à partir d'une semaine de location).

De plus, il ne faut pas hésiter à négocier et à mettre les loueurs en concurrence pour toute période de location en dehors des pics d'activité, c'est-à-dire Noël, la saison du carnaval (de décembre à mi-mars) et Pâques dans une moindre mesure.

On vous demandera systématiquement de laisser une caution à la réservation, généralement autour de 3 000-3 500 TT$. Mais souvent une simple empreinte de la carte bleue suffit.

Coordonnées des loueurs présents à l'aéroport de Piarco et à Port of Spain :

■ **SUE'S**
Piarco International Airport
✆ (868) 669 1635 – suesauto@tstt.net.tt

■ **THRIFTY**
Piarco International Airport
✆ (868) 669 0602
San Juan au 65 Boundary Road
✆ (868) 674 0542 – Fax : (868) 638 7756
Ecar : 45 US$ (hors taxe).

■ **KALLOO'S**
Piarco International Airport
✆ (868) 669 5673
A Port of Spain : 31 French Street
✆ (868) 622 9073
Au Cruise Ship Complex ✆ (868) 628 2394
Sur la Southern Main Rd à Caroni
✆ (868) 645 5182
www.kalloos.com – kalloos@tstt.net.tt
Mazda 323 : 45-50 US$.

■ **ECONO CAR**
Piarco International Airport
✆ (868) 669 2342/1119
econocar@Trinidad.net – A Port of Spain :
191-193 Western Main Rd Cocorit
✆ (868) 622 8072/74
Mitsubishi Lancer : 45 US$.

■ **SINGH'S**
Piarco International Airport
✆ (868) 669 5417
Fax : (868) 669 3860
singhs1@tstt.net.tt
Toyota Yaris : 60 US$.

■ **AUTO RENTALS**
Piarco International Airport
✆ (868) 639 0644/0305
www.autorentalstt.com
Nissan Centra : 60 US$.

■ **AUTO ESCAPE**
✆ 0 800 920 940 (appel gratuit en France)
/33 (0)4 90 09 28 28
www.autoescape.com

Une formule nouvelle et économique pour la location de voitures. Un broker qui propose les meilleurs tarifs parmi les grandes compagnies de location. Cette compagnie qui loue de gros volumes de voitures obtient des remises substantielles qu'elle transfère à ses clients directs. Payez le prix des grossistes pour le meilleur service. Pas de frais de dossier, pas de frais d'annulation.

■ PRATIQUE

Présence francophone

■ **AMBASSADE DE FRANCE**
Tatil Building, 6th floor. 11 Maraval Road
Port of Spain
✆ (868) 622 7446/47
Fax : (868) 622 4848
Ouvert du lundi au vendredi de 7h30 à 14h30.

■ **HAUT COMMISSARIAT POUR LE CANADA**
Maple House, 3 Sweet Briar Rd, Saint-Clair
✆ (868) 622 6232
Ouvert du lundi au vendredi de 7h30 à 14h30.

■ **ALLIANCE FRANÇAISE (B)**
17 Alcazar Street, Saint Clair

✆ (868) 622 6119
Fax : (868) 628 8226
www.alliancetnt.com
info@alliancetnt.com

Tourisme

■ **OFFICE DU TOURISME**
Difficile de trouver un bureau de tourisme dans le centre de Port of Spain. Pour aller à la pêche aux informations, il faut se rendre à Barataria, petite commune située à 5 km à l'est de la capitale. Vous y trouverez alors les locaux du Tourism Development Company (TDC, Maritime Center, 29 Tenth Av. ✆ (868) 675 7034), entreprise d'Etat en charge de la promotion de l'île et de l'accueil des touristes – www.tdc.co.tt

▌ **Pour les autres points dédiés à l'information touristique,** durant le carnaval, deux stands ouvrent spécialement pour l'occasion. L'un se trouve sur la promenade Brian Lara et l'autre à hauteur du Queens Park Savannah.

■ **ISLAND EXPERIENCE**
✆ (868) 625 2410
✆ portable : (868) 756 9677
gunda@wow.net
Contact : Gunda Harewood. Un tour-opérateur spécialisé en découverte de Port of Spain. Le boss de l'agence, Gunda Harewood, est d'origine allemande et vit à Trinidad depuis vingt-cinq ans. Elle connaît tous les recoins de Port of Spain, et notamment sa vie nocturne. Elle organise des visites guidées de tous les endroits qui bougent, des pan yards aux bars et night-clubs branchés, en passant par les mas camps. Pour trois heures de visite guidée, compter environ 30 US$ par personne (2 personnes minimum). Commentaires en anglais.

TRINIDAD

Port of Spain de nuit.

Agences de voyages

■ BANWARI

Bourg Malatresse, Lower Santa Cruz
✆ (868) 675 1619 – banwari@tstt.net.tt
L'agence s'est spécialisée depuis quelques
années dans les excursions autour du carnaval.
Des spécialistes vous expliquent tout ce qu'il
faut savoir sur le plus grand événement de
l'année à Trinidad et vous donnent des conseils
pour vous y impliquer le plus naturellement
possible. Banwari assure également des tours
plus classiques de l'île, notamment autour du
thème des oiseaux.

■ IN JOY TOURS

2 Himorne Court, Hibiscus Drive
Petit valley ✆ (868) 633 4733
✆ portable : (868) 753 2775
injoytours@hotmail.com
Cette agence propose une large gamme
d'activités, de la visite de Port of Spain
aux balades pour observer les oiseaux, en
passant par des visites sur les petites îles
avoisinantes.

Poste

De nombreux bureaux de poste sont
accessibles un peu partout dans le centre
de port of Spain. En voici quelques-uns.

■ TTPOST WRIGHTSON ROAD

27 Cruise Ship Complex
(en face de l'hôtel Crowne Plaza)
Ouvert du lundi au vendredi de 8h à 16h.

■ TTPOST BUSINESS

92 A Wrightson Rd ✆ (868) 625 4784
Ouvert du lundi au vendredi de 7h30 à 17h.

■ TTPOST CHACON STREET

23A Chacon Street ✆ (868) 623 5042
Ouvert du lundi au vendredi de 7h à 17h.

■ TTPOST CITY GATE

PTSC Compound ✆ (868) 624 7177
*Ouvert du lundi au vendredi de 7h à 18h et le
samedi de 8h à 15h.*

■ TTPOST TRAGARETE ROAD

177 Tragarete Road ✆ (868) 622 3364
*Ouvert du lundi au vendredi de 7h à 17h et le
samedi de 8h à 12h.*

Télécommunications

■ INTERNATIONAL CALLING CENTER

Independence square,
juste avant la cathédrale
*Ouvert du lundi au samedi de 7h à 23h et
dimanche de 8h à 22h.* En plus des cabines
téléphoniques, le local dispose de postes de
connexion à Internet (*8 TT$ de l'heure*).

Cybercafés

■ TECH

60-62 Frederick Street, Downtown
*Ouvert de 7h à 20h du lundi au vendredi et de
8h à 17h le samedi.* Ce cybercafé très « high
tech » dispose de 50 machines en ligne et
propose une tarification qui va du paiement
à l'heure (*15 TT$*) ou à la demi-heure (*10 TT$*)
à l'achat de toute une gamme de forfaits
allant de 50 heures de connexion à 250 TT$
(*5 TT$ de l'heure*) à 10 heures pour 80 TT$
(*8 TT$ de l'heure*).

Sécurité

En principe, Port of Spain n'est pas une ville dangereuse. Cependant, et comme
dans beaucoup d'endroits de par le monde, il est nécessaire de prendre quelques
précautions de base afin de limiter les risques. Or, certains quartiers sont moins à
risques que d'autres. Pratiquement tous ceux qui se trouvent à l'ouest de Charlotte
Street sont sûrs le jour, mais il faut éviter d'aller non accompagné(e) dans les quartiers
qui sont à l'est de Charlotte Street, et tout particulièrement à Laventille. Bien entendu,
les risques d'agression augmentent avec la tombée de la nuit. Il faut donc éviter de se
promener à pied dans les rues le soir, et tout particulièrement dans la Savannah.
Si vous sortez le soir, par exemple à Saint James, restez dans la rue principale et
n'acceptez pas de suivre quelqu'un dans les rues secondaires non éclairées,
surtout si vous êtes seul. Si vous conduisez une voiture de location, verrouillez les
portes de l'intérieur, celles-ci étant facilement repérables à cause de leurs plaques
d'immatriculation. Ne prenez aucun inconnu en stop. Essayez d'aller accompagné(e)
dans les fêtes les plus populaires organisées en période du carnaval, type Fire fete
ou Brass fete. Les « *all inclusive parties* » sont beaucoup plus sûres. Enfin, soyez
particulièrement vigilants au moment du carnaval. N'emportez aucun objet de valeur
avec vous ; prenez juste un peu d'argent de poche et des photocopies de vos papiers.

INTERNET CAFE
74 Ana Street, Woodbrook
Ouvert tous les jours de 9h à 22h30 du lundi au samedi et de 16h à 22h30 le dimanche. Le seul Internet café de Woodbrook. 12 TT$ par heure de connexion.

Banques

D'une manière générale, les banques à Trinidad & Tobago sont ouvertes du lundi au jeudi de 8h à 14h, et le vendredi de 8h à midi et de 15h à 17h. Elles sont fermées le samedi et le dimanche. La plupart d'entre elles sont équipées de distributeurs automatiques accessibles 24 h/24.

REPUBLIC BANK
Cor. Ariapita Avenue and Murray Street, Woodbrook ℡ (868) 627 8062
Hilton Trinidad & Conference Centre, Lady Young Road ℡ (868) 625 4411
59 Independence Square
℡ (868) 625 4411
9-11 Park Street ℡ (868) 623 1056
58-60 Tragarete Road ℡ (868) 625 4421
72 Independence Square
℡ (868) 625 2711

SCOTIABANK
56-58 Richmond Street ℡ (868) 625 5633
A l'intersection des rues Park et Pembroke Street ℡ (868) 623 8552
1 Frederick Street ℡ (868) 623 4185
Independence Square

FIRST CITIZENS
Independence Square ℡ (868) 625 2893
Au croisement de Park et Henry Street
℡ (868) 623 2961

Transfert d'argent

WESTERN UNION
44-58 Edward Street, Downtown
℡ (868) 623 6000
Payless Supermarket
aux 99-101 Charlotte Street
Excellent Stores aux 3-5 Frederick Street

Urgences

Hôpitaux

COMMUNITY HOSPITAL OF 7TH DAYS ADVENTISTS
Western Main Road, Saint James
℡ (868) 622 1191

SAINT CLAIR MEDICAL CENTER
18 Elizabeth Street, Saint Clair
℡ (828) 1451

GENERAL HOSPITAL
Charlotte Street, entre Jerningham St et Norfolk St ℡ (868) 623 2951

Sécurité

POLICE ℡ 999

POMPIERS ℡ 990

TRINIDAD

QUARTIERS

Port of Spain, ville portuaire de 60 000 habitants, se concentre entre le rivage du golfe de Paria au sud, les premiers contreforts de la chaîne montagneuse au nord, un relief de collines à l'est et une terre de mangroves asséchées à l'ouest.

Les quartiers du centre-ville et Woodbrook

▶ **Le centre-ville, « Downtown »,** commence à proximité du port et remonte jusqu'à la Savannah. C'est le quartier historique, administratif et commerçant, où se croisent toutes les couches de la population. Il bourdonne d'activité en semaine et se vide le dimanche. Au fur et à mesure de son histoire et de son développement, la ville a phagocyté les anciens domaines des plantations qui

entouraient son centre pour les transformer en nouveaux quartiers. L'urbanisation s'est d'abord faite vers l'ouest, où se trouvent aujourd'hui les quartiers de Woodbrook et de Saint Clair, le quartier des ambassades. Le petit quartier de Newtown, qui flanque la Savannah sur son côté sud-ouest, fait tampon entre Saint Clair, Woodbrook et le centre-ville.

▶ **Situé à un jet de pierres au nord-ouest du centre-ville de Port of Spain, Woodbrook** est certainement l'un des quartiers à la fois les plus agréables et les plus sûrs pour se loger et pour faciliter la découverte de la capitale trinidadienne. Il s'étire en longueur sur un petit kilomètre, délimité à son extrémité ouest par le cimetière Lapeyrouse et à son extrémité ouest par la rivière Maraval.

Il est desservi par trois voies : Tragarete Road, au nord, fait la jonction entre le centre-ville de Port of Spain et les quartiers de Cocorite et de Saint James ; Wrightson Road, au sud, est une sorte de voie rapide longeant le littoral dans le prolongement de la Churchill Roosevelt Highway et débouchant sur la Western Main Road en direction de Chaguaramas ; Ariapita Avenue, au centre de Woodbrook, est l'artère commerçante principale du quartier. C'est sur cette avenue que se trouve la grande majorité des restaurants qui font la réputation de Woodbrook.

A l'origine, Woodbrook était une plantation de canne à sucre appartenant à la famille Siegert, les créateurs et propriétaires de la célèbre marque de Bitter Angustura, et certaines rues de ce quartier portent le prénom des membres historiques de cette fameuse famille (Alfredo Street, Carlos Street, Luis Street…).

En 1911, la zone a été réhabilitée pour servir de quartier résidentiel à une classe moyenne en cours de constitution. Aujourd'hui, Woodbrook apparaît comme le mélange improbable d'une zone pavillonnaire à l'américaine qui se serait entichée du style planteur. Ses larges rues tirées à angle droit, ses squares verdoyants sont très régulièrement jalonnés de vieilles maisons coloniales aux murs de bois peints et aux vérandas parfois envahies par la végétation d'un jardin débordant.

Quartier pratique et fonctionnel, Woodbrook est aussi l'un des foyers de la culture du carnaval de Port of Spain, qui abrite en son sein quelques mas camps, les ateliers qui servent à la conception et à la réalisation des masques et des costumes, ainsi que deux ou trois pan yards parmi les principaux de l'île. Toutefois, mas camps et pan yards ne sont pas actifs toute l'année et la meilleure période pour venir humer l'ambiance d'une préparation de carnaval à Woodbrook s'étend de novembre à février.

À l'est et au nord de la Savannah

A l'est de la Savannah s'étend le quartier de Belmont, quartier en réhabilitation où de superbes et nouvelles maisons résidentielles côtoient des habitations plus traditionnelles majoritairement habitées par la communauté noire.

Au sud de Belmont se trouve le ghetto de Laventille, à population exclusivement noire.

Au nord-est de la Savannah, au-dessus de Belmont, se trouvent les quartiers chics et ultra-résidentiels de Saint Ann's et de Cascade. C'est là où se sont implantés la plupart des grands hôtels de la capitale. A l'ouest de Saint Ann's commence la banlieue résidentielle de Maraval. Enfin, au nord-ouest de Woodbrook, parallèles au littoral et s'étirant en direction du nord, se trouvent les quartiers très populaires, métissés et vivants, de Cocorite et de Saint James, originellement lieux d'implantation de la communauté indienne.

Principales artères et voies de circulation à Port of Spain

Port of Spain est conçu à l'américaine, avec des rues droites qui se coupent à la perpendiculaire et en système de « *blocks* ». Dans ce quadrillage, il y a une dizaine de rues stratégiques utiles à connaître et à repérer pour pouvoir se déplacer facilement dans la capitale.

▶ **La Wrightson Road** longe le littoral et dessert le port. C'est la route à prendre pour aller à Chaguaramas, au nord de Port of Spain, ou pour rejoindre l'Eastern Main Road qui traverse le Corridor est et mène aux principales routes du centre et du sud du pays.

▶ **La Tragarete Road** part du centre-ville, longe la partie nord de Woodbrook et continue en direction de Saint James. A partir de Saint James, elle se transforme en Western Main Road pour retomber sur l'autoroute qui mène à Chaguaramas.

▶ **Ariapita Avenue** traverse le quartier de Woodbrook sur toute sa longueur. Cette avenue accueille une bonne partie des meilleurs restaurants de la capitale. French Street est une rue à sens unique qui coupe Woodbrook à la verticale, et donc Ariapita Avenue. Elle permet de rejoindre la Wrightson Road en provenance du nord de la ville via Maraval Road.

▶ **La Maraval Road** part à la perpendiculaire d'Ariapita Avenue pour aller plein nord longer la Savannah. C'est cette route qui permet d'accéder au rond-point qui donne sur Circular Road et conduit à Maraval.

▶ **Le tour de la Savannah** se fait en sens unique, celui des aiguilles d'une montre. Circular Road longe la partie nord de la Savannah et aboutit à un rond-point d'où l'on peut rejoindre Saint Ann's, Cascade et Belmont.

Queen's Park East longe le bord est de la Savannah et aboutit à un carrefour avec, dans son prolongement, Charlotte Street, une rue en sens unique qui ramène au centre-ville. Queen's Park West longe le bord sud de la Savannah pour donner accès à un premier croisement avec l'entrée sur le Cipriani Boulevard, à gauche, qui ramène sur Tragarete Road. A droite, Queen's Park West continue et, au bout d'un virage à 90°, ramène sur Maraval Road.

▶ **Duke Street et Independance Square** coupent le centre-ville respectivement dans sa partie médiane et sud pour rejoindre la Wrightson Road (attention, Duke Street est en sens unique, de la droite vers la gauche).

HÉBERGEMENT

A Port of Spain, la plupart des possibilités de logement bon marché se concentrent dans le quartier de Woodbrook. Vous pourrez y trouver de bonnes guesthouses et des Beds & Breakfast confortables, à des prix de moins en moins accessibles pour les petits budgets. Quant aux hôtels, ils se trouvent, à quelques exceptions près, dans les quartiers chics de Saint Ann's et Cascade, voire dans la banlieue résidentielle toute proche de Maraval.

Les prix indiqués sont ceux qui sont pratiqués en moyenne sur l'année. Ils augmentent fortement lors de la semaine du carnaval, période du pic touristique. Généralement, les loueurs de chambres proposent des packages spécifiques sur les 5 jours. Il est nécessaire de prendre directement contact avec eux par e-mail pour en connaître les détails. Si vous comptez vous rendre à Port of Spain durant cette période, il vous sera nécessaire de vous y prendre un mois minimum à l'avance pour réserver dans les grands hôtels, et au moins huit mois à l'avance pour mettre une chambre de côté dans les guesthouses. Tout le reste de l'année, il est relativement facile de trouver une chambre à Port of Spain.

Centre-ville

Bien et pas cher

■ **MELBOURNE INN (A)**
7 French Street, Woodbrook
✆/Fax : (868) 623 4006
melbourneinn@hotmail.com
Studio pour 33 US$ la nuit pour une personne, 45 US$ pour deux personnes. A partir de 55 US$ pour avoir la climatisation dans la chambre. Kitchenette, TV câblée, parking et salle de bains privée. L'adresse propose quatre studios et deux appartenant de deux chambres. Les pièces sont très bien entretenues, et le Melbourne Inn offre même un service de location de voiture à partir de 250 TT$ la journée.

■ **VILLE DE FRENCH (B)**
5 French Street, Woodbrook
✆/Fax : (868) 625 4776
shultzi2000@hotmail.com
Climatisation, cuisine commune, salon commun, salle de bains privée, piscine. Chambres à 25 US$ la nuit. Ville de French est la guesthouse la moins chère de Woodbrook, et certainement de Port of Spain. La meilleure adresse en ville pour les petits budgets. Paul, l'hôte principal, approche de la trentaine et entretient une ambiance très amicale au sein de la maison.

Ils louent quelques chambres tout au long de l'année à des étudiants ou à de jeunes professionnels qui viennent des quatre coins du continent américain. Si vous souhaitez retrouver l'ambiance de l'auberge espagnole version caribéenne, réserver une chambre à Ville de French.

■ **ANA'S PLACE BED & BREAKFAST (C)**
5 Ana Street, Woodbrook
✆ (868) 627 2563
anavilla@carib-link.net
Petite chambre 25 US$, grande 35 US$. Petit déjeuner 8 US$. Un petit Bed & Breakfast de deux chambres avec douche, sans prétention. La petite chambre est destinée à un seul occupant. Elle est équipée d'une micro-onde et de tout le nécessaire pour préparer des boissons chaudes. La chambre double comporte un coin kitchenette séparé. Bon rapport qualité/prix.

■ **FABIENNE'S GUESTHOUSE (D)**
15 Belle Smythe Street, Woodbrook
✆ (868) 622 2773
Chambre double 55 US$, simple 45 US$. Petit déjeuner 5 US$. Au total, six chambres correctes et propres : quatre doubles et deux simples. La maison répond à tous les critères basiques de confort. Toutes les chambres possèdent leur propre salle de bains.

TRINIDAD

Confort ou charme

◼ THE GINGERBREAD HOUSE (E)

Guesthouse. 8 Carlos Street, Woodbrook
✆ (868) 625 6841 – Fax : (868) 625 6841
www.trinidadgingerbreadhouse.com
Climatisation, télévision, réfrigérateur, piscine, salle de bains privées, Internet gratuit… 75 US$ pour une simple, 105 US$ pour une double, petit déjeuner compris. The Gingerbread House est décidément la plus belle des adresses de charme de Port of Spain. Et probablement la meilleure guesthouse aussi. Imaginez une superbe petite maison victorienne avec sa véranda, ses colonnades et ses bois peints, entièrement rénovée, décorée dans des couleurs pastel et meublée dans un style contemporain. Eh bien, vous y êtes…The Gingerbread House, c'est de la vraie confiture pour magazine de déco. Mais attention, on n'y trouvera que trois chambres d'hôtes et une annexe, toutes équipées de leur salle de bains privée. Les chambres hautes de plafond et recouvertes de couleurs reposantes procurent un grand confort. L'hôtesse parle même un peu français. Pensez donc à réserver, car il n'est jamais assuré de pouvoir y loger à la dernière minute. Architecte, le propriétaire des lieux a fait de l'arrière de la maison un haut lieu de détente confiné sur quelques mètres carrés. Les résidents pourront profiter de la petite piscine et de la sérénité qui se dégage du décor.

◼ WILLIAM'S VILLA (F)

69 Luis Street, Woodbrook
✆ (868) 628 0824/6795
Fax : (868) 622 7782
www.williamsvilla.com
Guesthouse avec salle de bains privée et petit déjeuner inclus. Chambre simple à 70 US$, double à 85 US$. Air conditionné, télévision avec cable, wi-fi gratuit, réfrigérateur, Visa ou Mastercard acceptées… Pour combattre la solitude, rien de mieux que de recevoir des visiteurs du monde entier. C'est ainsi que Edris, la maîtresse de maison, a décidé de vivre sa retraite après la disparition de son mari et le départ de ses quatre enfants. Ouverte depuis 1995, elle propose cinq chambres très confortables, au mobilier certes un peu ancien, mais très bien entretenu. « *A home away from home* » (ndlr : une maison loin de la maison) se veut être son slogan.
Et le défi est relevé tant il est facile de bien s'y sentir. Edris sait soigner les détails et offre par exemple au chevet de chaque lit une liste de numéros utiles et de restaurants à découvrir. Très cultivée, elle pourra vous compter de nombreuses anecdotes sur la ville ou vous guider dans vos pérégrinations. A noter également l'entrée privative sur le flanc droit de la maison qui permet de rentrer à n'importe quelle heure de la journée ou de la nuit. Une valeur sûre en matière de guesthouse à Port of Spain.

Palm Tree.

■ **CASCADIA HOTEL (G)**
67 Ariapita Road, Saint Ann's
✆ (868) 623 4208/17
Fax : (868) 627 8046
www.cascadiahotcl.com
*Chambre simple 165 US$, double 180 US$,
petit déjeuner inclus.* Le Cascadia est un
vaste hôtel répondant à tous les critères
internationaux de confort, un peu à l'écart
de la ville, spécialisé dans l'accueil des
conventions et autres séminaires. Il est doté
d'une piscine, d'un restaurant d'un bar et
d'une boîte de nuit. Et comme toujours dans
ce genre d'établissement, les chambres sont
spacieuses, confortables et fonctionnelles
(prise Internet, etc.). A noter le parc aquatique
attenant (*ouvert tous les jours aux résidents et
aux non-résidents de l'hôtel, entre 9h30 et 13h
et de 13h30 et 17h. Entrée : 25 TT$*).

Luxe

■ **HYATT REGENCY TRINIDAD (H)**
1 Wrightson Road
✆ (868) 625 9266 – Fax : (868) 625 6597
www.trinidad.hyatt.com
*A partir de 220 US$ la chambre double standard,
petit déjeuner, taxes hôtelières et TVA comprises.
Climatisation, réfrigérateur, fer et planche à
repasser, spa, piscine, bar, restaurant, business
center, pâtisserie, gym, parking, Internet par
câble ou en wi-fi…* Le Hyatt de Trinidad,
ouvert début 2008, marie parfaitement luxe
et modernité. Difficile de trouver un complexe
hôtelier plus agréable que celui-ci sur l'île.
A condition d'aimer les grandes structures,
puisque l'établissement ne compte pas moins
de 428 chambres. Le lobby et la terrasse du
rez-de-chaussée, tournés vers la baie de Port
of Spain permettent de s'échapper facilement
du contexte citadin de la capitale. « *Quand les
étrangers pensent à Trinidad, ils pensent à l'eau,
à la plage. Ici on leur offre une vue unique sur
la mer* », expliquent fréquemment les employés
du Hyatt. Il est vrai qu'il est difficile de trouver
à Trinidad une digue aussi bien aménagée
que celle qui sépare l'hôtel de l'eau, aussi
courte soit-elle. Et que dire de la piscine au
quatrième étage de l'établissement qui une fois
dedans donne l'impression d'être sur un bateau
de croisière. Pensez à prendre une chambre
côté mer plutôt que côté montagne, le soleil
se couchant dans la baie. Pour combler vos
aspirations à la détente, l'espace spa de l'hôtel
vous comblera. Il s'agit probablement du tout
meilleur de l'île. Que ce soit dans l'aménagement
des salles, dans le choix du personnel, dans la

qualité des produits proposés, le spa esencia
du Hyatt s'affiche comme une belle référence à
Trinidad & Tobago. A noter que la terrasse, le bar
ou le restaurant et tous les autres espaces du
premier étage sont ouverts au public. Compter
200 TT$ pour un dîner (Le risotto à la citrouille
est une belle surprise !).

■ **CROWNE PLAZA (I)**
Wrighston Road, Downtown
✆ (868) 625 3366 – Fax : (868) 625 4166
www.ichotelsgroup.com
A partir de 150 US$, hors taxe et TVA. Appar-
tenant à la chaîne américaine Crowne Plaza,
cet hôtel de 243 chambres est situé dans une
grande tour qui s'élève en plein centre-ville,
à une centaine de mètres du port. Un vrai
mastodonte. Si extérieurement, l'ensemble est
très réussi, surtout lorsqu'on se trouve au bord
de la piscine, l'intérieur fait un peu grise mine.
Surtout le hall, très sombre. Mais les services
y étant nombreux, le confort y est optimal :
salle de gym, restaurant, salle de conférences,
business center et arcade commerciale. C'est
l'archétype de l'hôtel international pour hommes
d'affaires. Les chambres sont spacieuses,
confortables, ultra-fonctionnelles mais un
peu anonymes. Aucune surprise. Prix en
conséquence. Faut aimer…

En dehors de la ville

■ **ALICIA'S HOUSE (J)**
7 Coblentz Gardens, Saint Ann's
✆ (868) 623 2802 ou 624 8651
Fax : (868) 623 8560
www.aliciashouse.com
*Chambre simple à partir de 45 US$, double
à partir de 50 US$ (hors taxes et TVA). Petit
déjeuner 8 US$.* Toutes les chambres de cette
grande guesthouse sont équipées de la TV
câblée, de téléphone et d'un réfrigérateur.
De taille variable, certaines peuvent héberger
jusqu'à quatre personnes. Si on passe sur la
couleur des dessus-de-lit un peu « flashy »,
les pièces sont bien armées. Dans le jardin
très fleuri d'Alicia's House, on se détend autour
d'une piscine, et on bronze dans le solarium.
Il y a même un Jacuzzi…

■ **L'ORCHIDÉE (K)**
3 Colbentz Gardens, Saint Ann's
✆ (868) 621 0613
www.trinidadhosthomes.com
*Chambre simple à 120 US$ et la double à
150 US$, petit déjeuner inclus. TV câblée,
climatisation, parking sécurisé, réfrigérateur,
Internet gratuit en wi-fi.*

TRINIDAD

Ouvert en 2007, l'hôtel compte 21 chambres, toutes soigneusement décorées. Dès qu'on rentre dans l'établissement et tout particulièrement à l'étage, on comprend vite pourquoi l'établissement porte un tel nom. Le parfum des fleurs a envahi les lieux. Située au sud de la commune de Saint Ann's, à 5 min en voiture du centre de Port of Spain, L'Orchidée vous assurera tout le calme nécessaire pour vous détendre. L'hôtel compte également un restaurant ouvert 7 jours/7, aux résidents tout comme au public général. Compte tenu de la qualité des plats, du service et des prix proposés, cette table est vite devenue une bonne adresse de Port of Spain. Les plats de poisson et la cuisine italienne proposée sont particulièrement appréciables. Compter 70 TT$ pour un plat de lasagnes accompagnées de salade. La salle étant assez confidentielle, pensez à réserver.

■ **COBLENTZ INN (L)**
Hôtel. 44 Coblentz Avenue, Cascade
✆ (868) 621 0541 – Fax : (868) 624 7566
www.coblentzinn.com
Chambre simple à partir de 100 US$, double à partir de 120 US$, petit déjeuner, taxes hôtelières et TVA compris. C'est une très charmante adresse que cet hôtel de 18 chambres, superbement agencé et décoré dans des tons ocre. Sans être vraiment spacieuses, les chambres sont très confortables, et les détails y sont soignés : lecteurs de CD et vidéo, boissons offertes dans le minibar… Dans la cour intérieure de l'hôtel ont été aménagées des terrasses en étage, avec végétation tropicale et patio où prendre un verre pendant la journée.

■ **THE NORMANDIE HOTEL (M)**
10 Nook Avenue, Saint Ann's
✆ (868) 624 1181 – Fax : (868) 624 0137
www.normandiett.com
info@normandiett.com
A partir de 138 US$ la chambre simple, 155 US$ la double, petit déjeuner, taxes hôtelières et TVA compris. Situé dans le quartier résidentiel de Saint Ann's, The Normandie est l'un des rares grands hôtels de Port of Spain (53 chambres) qui ait su concilier taille et ambiance. L'architecture et la déco sont réussies. Dès l'entrée, on sent qu'il n'y est pas question d'une recherche de l'ostentatoire mais plutôt de la préservation d'une atmosphère hédoniste et sereine. Posés à côté de quelques boutiques, dont le Havana Hut, le restaurant du Normandie et son bar-terrasse jouxtent la réception. Passé celle-ci, on débouche sur la

piscine qu'encadrent les différents corps du bâtiment. Les chambres sont très confortables, spacieuses et fonctionnelles. En haute saison, les jardins ombragés du Normandie servent régulièrement de cadre à des concerts ou des performances théâtrales. Une adresse de luxe et surtout de charme.

■ **THE CHANCELLOR (N)**
Saint Ann's Avenue, Saint Ann's
✆/Fax : (868) 623 0883
www.thechancellorhotel.com
Chambre double à partir de 130 US$, hors taxe et TVA. Cet hôtel de grande classe et de 30 chambres, niché dans un coin tranquille de la banlieue résidentielle de Saint Ann's, a opté pour le style « hacienda ». On y accède par un porche qui donne sur un patio orné d'une fontaine et entouré du bâtiment principal faisant une sorte de U, là où sont les chambres. Plus loin se trouvent le bar, le restaurant et la piscine, un peu en retrait. Les chambres sont très spacieuses et très confortables. A noter les très grandes salles de bains attenantes et l'accès Internet illimité dans toutes les chambres.

■ **HILTON HOTEL (O)**
Lady Young Road, Saint Ann's
✆ (868) 624 3211 – www.hilton.com
Chambre double à partir de 170 US$, hors taxes. On ne présente pas le Hilton. Celui de Port of Spain ne déroge pas à la règle. Une localisation dans les hauteurs, à la périphérie nord de la ville. Une immense pelouse en contrebas. 380 chambres, toutes dotées d'un balcon avec vue plongeante sur la ville. Une vaste piscine, un grand bar-terrasse tout autour, trois restaurants, etc. Des travaux importants ont été réalisés en 2008, donnant encore plus d'élégance à l'ensemble. L'établissement est d'autant plus agréable que les espaces sont vastes.

■ **BARBARA GUESTHOUSE**
13 Nizam Street, St. James
✆ (868) 622 3580
barbaraguesthouse@yahoo.com
Compter 60 US$ en basse saison, 120 US$ en période de carnaval. Deux studios climatisés, avec télévision câblée, salles de bains privées, kitchenette et téléphone. A l'écart du centre-ville, ces deux studios vous offriront tout le calme que vous serez peut-être venus chercher sous les tropiques. Les pièces sont parfaitement aménagées pour que vous fassiez vous-même votre cuisine. N'hésitez pas à négocier le prix si vous restez plus de deux nuits.

RESTAURANTS

On ne mourra jamais de faim à Port of Spain : la ville est truffée de petits restaurants, et ses trottoirs sont constamment jalonnés de vendeurs de rues qui proposent « rotis » et « doubles » en poussant leur cantine sur des charrettes à roues. A toute heure du jour, et de la nuit dans certains quartiers comme celui de Saint James, on pourra trouver de quoi se nourrir « à la locale », et copieusement, pour 20 à 25 TT$ maximum. Par ailleurs, Port of Spain s'est doté depuis quelques années de plusieurs bons restaurants haut de gamme, au cadre agréable mais aux prix souvent élevés, comparable à ceux pratiqués en Amérique du Nord. Ils sont principalement regroupés dans le quartier de Westbrook, le long d'Ariapita Avenue. Il vous faudra alors compter un minimum de 150 TT$ pour un diner.

Entre la nourriture de rues et les bonnes tables coûteuses, on peut toutefois trouver quelques adresses d'un très bon rapport qualité/prix, quelquefois dans une ambiance « bistrot » ou « resto du coin », mais le plus souvent dans l'esprit « Sports Bar » ou bar américain.

Sur le pouce

■ IRIE BITES (1)

68 Ariapita Avenue, Woodbrook
(en face d'El Pecos) ✆ (868) 622 7364
Ouvert du lundi au samedi jusqu'à 21h30 environ. Compter entre 30 et 35 TT$ par personne. Irie Bites est le roi de la restauration rapide à la sauce jerk, façon jamaïcaine. Ses poissons sont excellents, ses garnitures copieuses, ses sauces piquantes extra… Une bonne adresse pour tous ceux qui, dans le quartier, cherchent à calmer rapidement de grosses faims pour pas cher. Quelques tables devant le restaurant permettent de consommer sur place.

■ EL PECOS (2)

68 Ariapita Avenue, Woodbrook
Ouvert du lundi au samedi de 10h à 21h. Compter 25 TT$ par personne. Un petit resto, avec une terrasse et quelques tables où l'on sert principalement poulet et agneau grillés à la sauce BBQ, accompagnés de légumes à la sauce piquante et d'un « macaroni pie ».

■ GRILLERS

Trois adresses principalement :
45 Independence Square, Port of Spain
✆ (868) 624 0652

35 Ariapita Avenue, Port of Spain
et 31-31A Mucurapo Road, St. James
✆ (868) 628 1027
En matière de snack-bar avec des combinaisons poulet-frites bien grasses, difficile de faire mieux. Le gros atout se situe au niveau du prix avec des hamburgers à partir de 16 TT$.

■ CHEZ CHERYL (3)

En face du 77 Henry Street
Ouvert du lundi au samedi de 7h à 17h, fermé le dimanche. Idéal pour prendre son petit déjeuner ou pour apprécier un sandwich, très complet pour 20 TT$. Souvent, des jus de fruits très frais sont également disponibles pour 8 TT$. Les salades du midi vous combleront si vous souhaitez manger léger avant d'attaquer l'après-midi.

Bien et pas cher

■ BREAKFAST SHED (4)

Wrighston Road, à côté de l'embarcadère
Ouvert tous les jours de 6h30 à 15h. Compter de 25 à 50 TT$ par personne. Sur le port de Port of Spain, cet immense hangar abrite des dizaines de petites cantines où des cuisinières s'affairent quotidiennement à préparer tous les plats traditionnels de la cuisine populaire trinidadienne. Les cantines dessinent un « U » autour de la partie centrale de la salle qui sert de réfectoire, meublée de longues tables et de bancs en bois. Sorte de supermarché de la cuisine de ménage, on y choisit son plat en déambulant à la ronde, en posant quelques questions sur telle préparation ou recette et en jugeant du caractère plus ou moins appétissant des plats proposés. Il est tout à fait possible d'acheter son assiette de viande ou de poisson chez une cuisinière et de prendre ses légumes et sa boisson chez une autre. A l'origine, cette cantine, créée dans les années 1930, n'accueillait que les ouvriers du port. Progressivement, la réputation aidant, elle s'est ouverte à tout le monde et, si on n'y voit pour l'heure qu'assez peu de touristes, on y croise autant de cols bleus que de cols blancs. Fort d'une réputation grandissante, le Breakfast Shed a fermé ses portes pour opérer quelques travaux. Durant cette période, la population de Port of Spain s'est lancée dans des manifestations pour exprimer son mécontentement d'être privée pendant quelques semaines de cet endroit très intéressant d'un point de vue social.

TRINIDAD

Une adresse où il faut se rendre si l'on souhaite découvrir la culture de Trinidad de l'intérieur.

■ CAFE CREOLE (5)
102 Frederick Street © (868) 623 5408
Ouvert de 7h à 16h du lundi au vendredi. Pas plus de 30 TT$ par personne. Une petite cantine où manger local en compagnie des locaux. La carte propose poisson et légumes à la vapeur, poulet à la sauce jerk, galettes au coco, « dasheen » et « callaloo », différentes soupes locales, gâteaux au fromage, etc.

■ GOLDEN COAST CHINESE RESTAURANT & BAR (6)
47 Ariapita Avenue & Fitt Street, Woodbrook © (868) 625 1684
Ouvert du lundi au samedi de 11h à 23h, jusqu'à 16h le dimanche. Compter 70 TT$ par personne. Un autre restaurant chinois, récemment ouvert, où l'on mange honnêtement pour pas trop cher. L'endroit ne brille pas par la propreté des tables et des sanitaires.

■ MOTHER NATURE VEGETARIAN (7)
En haut de Saint Vincent Street, Downtown
Ouvert du lundi au vendredi de 5h à 17h. Pas plus de 50 TT$ par personne. Un bon petit restaurant végétarien où l'on trouve notamment d'excellentes salades de fruits (ce qui, paradoxalement, est une chose rare dans la restauration trinidadienne) ainsi que de très bons jus de fruits frais. On choisit ce que l'on veut parmi les différentes préparations exposées sur les présentoirs. Une bonne adresse pour faire le plein de vitamines. De simple restaurant végétarien, les patrons ont décidé de s'orienter vers la nourriture bio. Conséquence, les prix ont augmenté un peu.

■ HONG KONG CITY (8)
86a Tragarete Road, Newtown
© (868) 622 3949
Ouvert du lundi au samedi, de 11h à 23h. Pas plus de 40 TT$ par personne. Comme son nom l'indique, un restaurant chinois où l'on mange des shop suey et autres plats aux nouilles sautées et aux champignons noirs, pour pas cher du tout. La propreté des lieux est à revoir.

■ SWEET LIME (9)
Au croisement de French Street et de Ariapita Avenue, Woodbrook
© (868) 624 3331 – www.sweetlime.co.tt
Ouvert tous les jours de 12h30 à minuit. Voici l'une des ambiances les plus décontractées

du quartier de Westbrook. En short ou en pantalon habillé, aucun dress-code ne viendra vous barrer la route de ce restaurant spécialisé dans le poisson fast-food. Alors qu'on pourrait s'attendre à voir les prix baisser par rapport aux autres adresses du quartier, il ne faut point se réjouir trop vite. Un plat de langouste vous coûtera toujours 220 TT$ et la salade de crevettes monte même jusqu'à 180 TT$. A moins donc de venir pour manger sur le pouce un sandwich (le sweetlime basic chicken est plutôt réussi, à 65 TT$), on préférera probablement aller déguster un bon plat de poisson dans un autre restaurant. La terrasse ouverte sur la rue n'est pas des moins bruyantes, et le service est loin d'être irréprochable.

■ PATRAJ ROTI (10)
159 Tragarete Road, Port of Spain
Ouvert du lundi au samedi à l'heure du déjeuner. Compter 35 TT$ par personne. Tout le monde connaît Patraj ! Heureusement, car une fois sur Tragarete Road, il est facile de passer à côté. Cherchez donc le numéro 159, à l'intérieur d'un immeuble résidentiel. Ce petit restaurant indien très couleur locale est l'un des meilleurs de la ville. On y vient manger des « rotis », ces plats de curry accompagnés d'une galette. Mais ici les rotis ne sont pas transformés en sandwiches, la galette n'entoure pas le curry. Elle est servie à part dans une assiette, et la cuisine est vraiment bonne. On choisit et on montre du doigt ce que l'on veut manger parmi la dizaine de plats préparés quotidiennement et placés dans des bacs en présentoir.

■ WOODFORD CAFE
55 MovieTowne Boulevard, MovieTowne, Invaders Bay © (868) 627 2233
Ouvert à l'heure du déjeuner et jusqu'à 22h en début de semaine et jusqu'au jeudi. Les fêtes du vendredi et du samedi soir commencent aux alentours de 23h30. Compter 80 TT$ par personne. Fort de son succès, le Woodford café a déménagé pour voir la vie en grand à la fin de l'année 2007. Fini le petit bar-restaurant assez populaire, place à l'espace. Les prix ont vite grimpé, et la clientèle a fortement changé. La cuisine est cependant restée la même. Toute la gamme classique de la cuisine de ménage traditionnelle créole y est représentée, du BBQ à la queue de bœuf, en passant par le ragoût de poulet, etc. Le tout est servi bien sûr avec une portion de gâteau de macaroni, de « callaloo », sans oublier les fameux, et un peu bourratifs, « dasheen ».

■ CHILLI PEPPERS

19 Sackeville Street ✆ (868) 627 8768
*Ouvert du lundi au vendredi de 6h à 10h et de
11h à 16h. Ouvert tous les soirs. A partir de
60 TT$ par personne.* Idéal pour aller déjeuner.
Ce petit restaurant fait honneur à la cuisine
mexicaine. Le plus amusant est de voir le chef,
Mario, se lancer dans des essais culinaires
en mélangeant ces recettes à des saveurs
made in Trinidad.

■ TROTTERS (11)

Au croisement de Sweet Briar
et de Maraval Road, Saint Clair
✆ (868) 627 8768
*Ouvert tous les jours de 11h30 à minuit, jusqu'à
2h le week-end. Happy hour de 17h à 19h. A
partir de 60 TT$ par personne.* A première vue,
le Trotters tient plus du bar américain sur deux
étages que d'un restaurant. Mais si son rez-de-
chaussée est occupé par un gigantesque bar
circulaire, au premier étage une grande terrasse
faisant tout le tour de la salle et ouverte sur le
bar permet d'accueillir tous ceux qui veulent
jouer les prolongations de la happy hour autour
d'une pizza, d'un hamburger ou d'un plat de
BBQ. Attention, le Trotters n'est pas vraiment
l'endroit où venir dîner en toute intimité, au
contraire. Ici tout tient dans le show off et dans
un cadre très américanisé (plus d'une dizaine
d'écrans TV incrustés dans les murs diffusent
non-stop images de sport et clips vidéo). La
musique importée des Etats-Unis s'y associent
d'ailleurs souvent.

■ MORE VINO (12)

23 O'Connor Street, Woodbrook
✆ (868) 622 8466
*Ouvert du lundi au mercredi de 10h à minuit,
et du jeudi au samedi de 10h à 1h. Fermé le
dimanche. Compter un minimum de 70 TT$
pour un plat.* Tout tient dans le nom. Voici l'un
des très rares bars à vins de l'île. Très soigné,
la décoration peine cependant à charmer le
visiteur. Du côté de la carte, on regrette le
prix un peu élevé des tapas, comme le plateau
de fromage à 100 TT$. Les assiettes n'en
demeurent pas moins très bonnes. La meilleure
soirée de la semaine est incontestablement le
samedi, lorsqu'un groupe de musique vient
animer les lieux, et que le chef prépare des
plats un peu spéciaux.

■ TGI FRIDAY'S (13)

5-5a Queen's Park West,
Queen's Park Plaza
✆ (868) 624 8443 – Fax : (868) 624 5888
*Ouvert tous les jours de 11h à minuit, et le
vendredi et le samedi jusqu'à 2h. A partir de
60 TT$ par personne pour un hamburger,
100 TT$ pour un plat.* TGI Friday's est le bar
américain par excellence. Un bar immense
agencé tout en longueur. Des serveuses
accortes comme on dit, et toutes en uniforme,
des serveurs sympas, également en uniforme,
se montrent diligents à balancer les vannes et
à remplacer les verres vides. Sur la carte, les
hamburgers se taillent la part du lion… Rien
de très inattendu en somme, sauf que nous
sommes à Port of Spain et que l'endroit plaît
et marche du feu de Dieu. La clientèle huppée
de Trinidad a fait de TGIF un de ses Q. G. du
vendredi soir. L'ambiance, assez étonnamment
y est parfois un peu hautaine. Le restaurant
ne désemplit pas, et on fait la queue pour s'y
attabler. Ambiance hot garantie et, en plus,
les hamburgers sont bons !

■ HANAMI SUSHI

Shop 7, MovieTown Boulevard, MovieTown
✆ (868) 623 5370
*Ouvert du mardi au samedi de 11h à 23h et
le dimanche de 17h à 23h. Fermé le lundi. A
partir de 70 TT$.*

TRINIDAD

© WWW.PANJIBE.COM

Café local.

Une goutte d'eau culinaire japonaise dans l'océan de la gastronomie caribéenne présente à Trinidad & Tobago. Avec la richesse de la mer qui entoure l'île, il fallait bien qu'un restaurant de sushis voie le jour à Port of Spain. C'est fait. Dommage qu'il faille aller jusqu'au complexe de MovieTown pour en profiter.

Bonnes tables

■ RISTORANTE GARIBALDI (14)
32 Fitt Street, Woodbrook
© (868) 772 2942
Ouvert du lundi au mercredi de 11h à minuit et du jeudi au samedi de 11h à 1h. Lasagnes à 70 TT$, plat de viande entre 150 et 250 TT$. Le nom du restaurant parle de lui-même, cuisine italienne au programme. Et le Garibaldi veille à la bonne réputation de la gastronomie transalpine, avec des plats fournis et toujours très légers. L'effet de l'huile d'olive, directement importée d'Italie. Que ce soit sur la petite terrasse à l'ambiance décontractée en extérieur sur l'arrière du bâtiment, ou dans la salle climatisée un peu plus chic, vous serez toujours à l'aise pour déguster les plats du chef milanais, Vittorio Bottagisio, soucieux de ne pas voir la cuisine de son pays se créoliser. La carte des vins est très intéressante. La femme du chef, Renée, parle très bien français et saura volontiers vous aiguiller dans votre choix. Un petit bout d'Italie à Port of Spain.

■ A LA BASTILLE (15)
Au croisement de l'Ariapita Avenue et de De Verteuil Street, Woodbrook
© (868) 622 1789/628 4559
Ouvert du lundi au samedi, de 7h30 à 11h, de 12h à 15h et de 18h à 22h30. Compter un minimum de 150 TT$ par personne pour le dîner, 70 TT$ pour un casse-croûte pendant la journée. « A la Bastille » est un petit morceau de métropole à Port of Spain. Dans une vieille maison victorienne, Gérard a su reconstituer l'ambiance d'une brasserie parisienne – la déco est superbe.
On y dîne ou déjeune en savourant d'excellents petits plats qui fleurent bon le terroir gaulois (lapin aux pruneaux, bouillabaisse, poulet à la provençale…), mais on peut y prendre aussi un petit déjeuner café-croissants-baguette ou un en-cas genre croque-monsieur + verre de vin rouge à toute heure du jour.
Evidemment, l'établissement est devenu le point de ralliement de la petite communauté française de Port of Spain. Gérard

se fera toujours un plaisir d'accueillir et de renseigner ses compatriotes de passage à Trinidad.

■ TIKI VILLAGE
16-18 Cotton Hill, Saint Clair
© (868) 622 5765 – www.kapokhotel.com
Ouvert tous les jours de 11h45 à 22h15 et jusqu'à 1h30 le week-end. Le dimanche de 12h à 14h30. Compter un minimum de 120 TT$ par personne. Tuki Village, l'un des restaurants de l'hôtel Kapok, s'est spécialisé dans la cuisine asiatique et polynésienne. Situé tout en haut de l'hôtel, il offre une vue imprenable sur la capitale trinidadienne. Dans les assiettes, on trouvera surtout des plats de poisson et de fruits de mer accommodés avec toute une gamme de sauces épicées à base de soja, d'huîtres, de gingembre, d'ail, d'olives noires ou de noix.

■ VENI MANGE (16)
67 Ariapita Avenue, Woodbrook
© (868) 624 4597
Ouvert de 11h30 à 15h tous les jours, les mercredis et vendredis soir de 19h à 22h30. Buffet créole le mercredi. Compter 100 TT$ minimum par personne. Mis à part ses horaires un peu inhabituels, ce restaurant est une bonne adresse. D'abord pour sa cuisine, qui marie les parfums créoles de façon créative et parfois surprenante. Mais aussi pour son cadre qui allie la tradition à l'inventivité (le restaurant est situé au 1er étage d'une charmante vieille maison victorienne), avec un patchwork de mobilier contemporain et de déco jaune vert et rouge, couleur rasta.

■ APSARA (17)
1er étage, 13 Queen's Park East
© (868) 623 7659
Ouvert tous les jours de 11h à 15h et de 18h à 23h, fermé le dimanche. Compter entre 150 et 250 TT$ par personne. Apsara est un restaurant indien très chic, haut de gamme, situé au sud de la Savannah. La carte aligne les plats classiques de la cuisine du nord de l'Inde : tandoori, byriani korma ; mais aussi quelques plats de l'Inde du Sud et du côté de Goa. Cantonnez-vous aux entrées et aux plats végétariens pour limiter l'addition… Le restaurant tient son nom des Apsaras qui dans la légende indienne étaient les danseuses préférées de la déesse Indra. Elles permettaient de se mouvoir librement entre la terre et le paradis, assurant la joie de ceux qui l'accompagnaient. Le décor de la salle à manger est d'ailleurs superbe.

Un carnaval, des origines

Difficile de savoir quand on demande aux Trinidadiens quels sont les origines de leur carnaval, l'un des plus célèbres au monde. Certains avancent les références grecques des rites de la divinité Bacchus, d'autres préfèrent le lien bien moins discutable avec l'Afrique et ses coutumes. Mais tous s'accordent de plus en plus à dire qu'au début du XXe siècle, les premiers festivaliers avaient à cœur de défier les autorités en mimant les personnalités importantes de l'île de façon ironique en balbutiant un patois incompréhensible et en s'accoutrant de tenues ridicules. Avec le temps, les lignes de celle-ci ont su épouser la création festive des participants. Peu à peu, des personnages majeurs du carnaval ont vu le jour, pour cultiver par la suite leur légende, comme le célèbre diable Jab Jabs, les bandits Midnight Robbers, ou encore des clowns à l'image de Pierrot Grenade.

■ TAMNAK THAI (17BIS)
13 Queen's Park East
(au bord de la Savannah)
℃ (868) 625 0647/9715
www.tamnakthai.co.tt
Du dimanche au jeudi, ouvert de 11h à 16h et de 17h à minuit, et le vendredi et samedi de 11h à 16h et de 17h à 5h. A partir de 120 TT$ par personne. Située sur la grande Savannah de Port of Spain, l'agréable terrasse de ce restaurant se trouve dans un patio ouvert sur un jardin verdoyant. On y mange une bonne cuisine thaïe, quoique un peu chère (évitez les curries et privilégiez les salades pour limiter les dégâts). Live music en fin de semaine.

■ JENNY'S ON THE BOULEVARD (18)
6 Cipriani Boulevard, Downtown
℃ (868) 625 1807
Ouvert du lundi au samedi. Compter un minimum de 160 TT$ par personne. Jenny's était autrefois une institution à Port of Spain. On y va toujours pour voir et pour y être vu. Reste que l'excellente réputation de la cuisine n'est plus la même. Au sous-sol, un bar américain où il est de bon ton de donner ses rendez-vous, qu'ils soient professionnels ou privés. La salle de restaurant sert une cuisine

d'inspiration chinoise. Mais quand on est de passage à Port of Spain, Jenny's demeure une adresse show off où l'on se doit d'aller au moins une fois. Impossible à manquer en se baladant sur Cipriani Boulevard, l'adresse est abritée dans une très belle bâtisse peinte en bleu. Sa construction remonte à 1897 et elle a longtemps servi de murs à l'hôtel Queen's Park. A noter également, que le service est peu amical et pas toujours très bien organisé.

■ THE VERANDAH
13 Rust Street, St Clair ℃ (868) 622-6287
Ouvert du lundi au vendredi de 11h30 à 14h45, le jeudi en soirée également de 19h à 22h45. Fermé le samedi et le dimanche. Compter 150 TT$ minimum. Cadre romantique, carte au choix limité mais aux plats très savoureux et bien tenu, The Verandah est l'endroit idéal pour un tête-à-tête. Une adresse peu connue, mais intéressante.

■ ANGELO'S (19)
38 Ariapita Avenue, Woodbrook
℃ (868) 628 5551
Ouvert du lundi au samedi de 18h30 à 22h. La très belle terrasse en bois qui fait l'angle de la rue et qui semble protéger une maison victorienne peinte en blanc ne manquera pas d'attirer votre attention. A l'abri de la rue, grâce à une belle haie d'arbustes, il devient alors très facile d'apprécier les plats proposés par Angelo's, à condition d'en avoir les moyens. Car avec une entrée, le premier plat de pâte et le secondi piatti, on arrive vite à 300 TT$. Vous l'aurez compris, la cuisine italienne est là aussi à l'honneur. La maison tient à ce que les clients réservent avant de venir manger.

■ SATCHMO'S (20)
36 Ariapita Avenue, Woodbrook
℃ (868) 622 6685
Ouvert pour le déjeuner de 11h30 à 14h30 et pour le dîner à partir de 18h. Entrées à 60 TT$, menu du jour à 195 TT$. Qui a dit qu'on ne pouvait pas apprendre tout en mangeant ? Dans un cadre très ludique, entièrement tourné vers le monde du jazz, Satchmo's s'est donné pour objectif de compléter la culture de chacun de ses clients en matière de jazz. Entre les noms de plats qui font référence à de grands musiciens, les photos sur les murs, les notes qui accompagnent le repas, les tenues des serveurs et leur badge qui annonce le nom d'un artiste, difficile de ne pas retenir quelque chose de la soirée. Surtout quand le personnel se met à chanter.

TRINIDAD

Attaché à offrir des produits frais à sa clientèle, le chef tient ses langoustes dans un aquarium. Il s'est lancé avec réussite dans des essais gastronomiques intéressants. L'agneau épicé accompagné de patates douces est délicieux.

■ **MELANGE (21)**
40 Ariapita Avenue, Woodbrook
℃ (868) 628 8687
Compter un minimum de 150 TT$. Ouvert pour le déjeuner du lundi au vendredi de 11h30 à 14h30, et pour le dîner du mardi au samedi de 18h30 à 22h30. Voici un restaurant qui sait servir des plats de très bonne facture, et surtout qui sait remplir les assiettes. Tant mieux, parce que les mets présentés à la carte sont délicieux notamment le canard servi sur un bouquet de salade, en entrée ou la poitrine de faisan provençal en plat principal. Pour tous ceux qui souhaitent marquer un événement spécial, il est possible de louer une salle du restaurant, la Cornelio Room.

Luxe

■ **BATIMAMZELLE**
44 Coblentz Avenue, Cascade
℃ (868) 621 0541/4
www.coblentzinn.com
Ouvert tous les jours ; petit déjeuner de 6h30 à 10h, déjeuner de 11h30 à 15h, dîner de 18h à 23h. Compter un minimum de 300 TT$ par personne. Batimamzelle est un restaurant doublement agréable, d'abord pour la qualité de sa cuisine, ensuite pour son cadre. On y mange une cuisine élaborée où la tradition créole est revue selon l'inspiration du chef. Les crevettes à la canne à sucre, la dorade grillée à la goyave, la crème brûlée au sea moss sont quelques exemples de ce que l'on peut vous servir au Batimamzelle (« libellule » en créole). La langouste accompagnée du risotto au saumon est une pure merveille. En outre, la carte des vins est probablement la plus fournie de l'île. La présentation des plats y est du reste irréprochable. Il faut dire que le chef de la maison a cuisiné pour les plus grands de ce monde, comme Nelson Mandela ou la reine d'Angleterre.

■ **CHAUD 22)**
2 Queens Park West ℃ (868) 623 0375
Ouvert du lundi au samedi le midi et le soir de 18h30 à 22h30. Compter au moins 500 TT$ par personne pour un dîner complet. Chaud respire le neuf et l'élégance. Situé au sud de la Savannah, ce restaurant a ouvert ses portes en 2008 et compte bien attirer la clientèle la plus aisée de Trinidad. Son chef, Khalid Mohammed, propose une cuisine des plus raffinées, tout en s'amusant à explorer les différentes saveurs de la mer. Le Fish Pot offre notamment une belle présentation des merveilles de la mer environnante. Les amateurs de viande y trouveront également leur compte avec les nombreuses variations de cuisson des pièces de bœuf.

■ SORTIR

Les habitants de Port of Spain vivent dans les bars. Dans cette ville qui veille la nuit, on ne compte pas les rum-shops qui diffusent les rythmes lourds et syncopés des calypsos et des socas à la mode. Le vendredi soir est le grand moment festif de la capitale.

S'il y a des « parties » partout, et particulièrement de Noël jusqu'au carnaval, le plus difficile est de savoir où se trouvent les bonnes. Les infos circulent oralement, en réseau, et les bonnes fêtes ne se passent jamais au même endroit. De plus, il y a des fêtes plus risquées que d'autres…

En règle générale, le bon plan est de privilégier les « all inclusive parties », les fêtes où il faut s'acquitter d'un forfait à l'entrée qui non seulement vaut comme un laissez-passer, mais qui donne souvent accès illimité au bar (sauf concert exceptionnel, compter en moyenne 70 TT$ pour entrer). L'entrée de ces fêtes est filtrée et elles comportent un service d'ordre prêt à intervenir au moindre débordement. Généralement, elles sont annoncées par des « flyers », qui sont disponibles dans les réceptions d'hôtels ou les bons bars, et qui donnent droit à des réductions sur présentation à l'entrée. Un bon moyen de se tenir au courant des bons plans est de consulter www.triniscene.com, le site qui couvre l'actualité festive et musicale de la capitale.

Bars

■ **SMOKEY'S & BUNTY'S**
Saint James, sur la Western Main Road, au croisement de Dengue Street (sur la gauche quand on arrive de Port of Spain)

Ouvert en semaine jusqu'à 3h et le week-end jusqu'à 7h. Ouvert jusqu'au bout de la nuit, Smokey's & Bunty's est plus qu'une institution à Port of Spain, c'est un concentré de l'âme de la capitale trinidadienne qui catalyse chaque soir dans un débordement d'énergie et de musique. Dans ce bar ouvert sur la rue principale de Saint James, grouillante de vie à n'importe quelle heure du jour et de la nuit, afflue une clientèle cosmopolite et bigarrée, appartenant à toutes les couches de la société trinidadienne, de la fille de rue au ministre. On s'y agglutine jusque sur la chaussée en battant le rythme des socas diffusés à plein tube. On y assiste souvent à des performances de percussions improvisées où chacun marque le tempo en tapant avec une petite cuillère sur une bouteille vide, une pièce métallique, un couvercle de poubelle ou, tout simplement, en frappant de la main sur les tables et le comptoir. Cela se transforme généralement en grosse fête où tout le monde danse, se déhanche et « wine » sur le trottoir. Un must. La référence à Port of Spain.

■ THE SQUEEZE (23)
61 Ariapita Avenue, Woodbrook
The Squeeze est un petit bar très sympa où se réunit une clientèle assez bariolée, mêlant touristes de passage et la petite communauté latino de Port of Spain, majoritairement en provenance du Venezuela. Si la musique est assez éclectique, la salsa et le merengue sont très nettement à l'honneur. Ambiance confraternelle garantie.

■ COCO LOUNGE (24)
Au croisement d'Ariapita Avenue avec Carlos Street, Woodbrook
Ouvert du mardi au dimanche de 17h30 à minuit, et jusqu'à 5h les vendredis et samedis. Ouvert en 2007, Coco Lounge compte devenir l'adresse branchée de Woodbrook. Fréquenté par un public d'expatriés et de touristes, ce bar propose deux salles, l'une en plein air, l'autre à l'intérieur. D'ailleurs la climatisation y est souvent un peu trop forte. Les consommations y sont relativement chères, et il est difficile d'y entrer en pantalon court, même avec une chemise. Il faut souvent attendre les soirées du week-end pour retrouver un peu de la chaleur nocturne des Caraïbes.

Boîtes
En fait, il y a assez peu de boîtes dans Port of Spain même. Elles se concentrent plutôt dans le périmètre de Chaguaramas et de ses marinas, à 15 km à l'ouest. Voici cependant quelques tuyaux pour les inconditionnels de la vie nocturne.

■ CLUB COCONUTS
Cascadia Hotel, Ariapita Road, Saint Ann's
℅ (868) 628 9696
Ouvert du mercredi au samedi jusqu'à 4h30. Clientèle plutôt jeune (20 ans et moins), étudiante et mélangée. Entrée « all inclusive » les mercredis. Soirée reggae tous les jeudis. La principale soirée se tient le vendredi avec de temps à autre la venue d'un DJ ou d'un artiste de renom.

■ MAS CAMP PUB (25)
Au croisement d'Ariapita Avenue et de French Street (juste à côté de Sweet Lime Restaurant)
℅ (868) 627 4042
Ouvert du lundi au samedi, à partir de 11h. Entrée payante en soirée ; prix variable en fonction de l'affiche. Cette boîte, qui ouvre son bar en journée, est également connue sous le nom de De Nu Pub. Au Mas Camp Pub, la clientèle, très locale, s'est rajeunie ces dernières années, même si on y trouve des personnes de tout âge. Les genres musicaux se croisent et s'entremêlent en fonction des jours de la semaine. Quatre billards sont accessibles dans la salle attenante, accompagnés de quelques machines à sous. Le programme varie et alterne karaoké le lundi, danses latines le mardi (possibilité de prendre des cours), des chanteurs calypso le mercredi. La chaleur monte alors le jeudi avec des sessions de DJ, puis avec les grosses « partys » du vendredi et samedi soir.

■ ZEN (26)
9-11 Keate Street, Port of Spain
℅ (868) 625 9936
Compter 80 TT$ pour entrer au minimum. Ouvert du jeudi au samedi, et parfois en semaine pour des événements spéciaux. La boîte de nuit de Port of Spain, voire de Trinidad. Sur plusieurs étages, Zen cherche à faire monter une chaleur des plus épurées.

TRINIDAD

Ne rentre pas au Zen qui veut. Mieux vaut-il être inscrit sur une guestlist (zen.tt), disponible à partir du site, et avoir de l'argent à dépenser. Le décor en vaut le coup. Tout est pensé pour passer une très bonne soirée. Et si votre portefeuille vous le permet vous apprécierez les nombreux cocktails du bar.

■ **51° (27)**
51-57 Cipriani Boulevard ✆ (868) 627 0051
hotinhere@51degrees.biz
Compter 80 TT$ pour entrer. Ouvert tous les jours et soirées les jeudis, vendredis et samedis. *Occasionnellement les autres jours de la semaine.* 51° s'est peu à peu imposé dans la nuit de Port of Spain comme un lounge élégant dont les soirées à thème remportent souvent un franc succès. L'adresse ne manque pas d'organiser régulièrement des concerts, principalement de rock, avant d'enchaîner sur une folle soirée. La petite scène dans le fond de la salle est donc souvent tenue par des artistes locaux, à moins d'y venir le jeudi pour le meilleur karaoké de la ville. La clientèle mêle généreusement locaux et touristes.

■ POINTS D'INTÉRÊT

La Savannah et ses environs

Avec un périmètre qui s'étend sur 3,5 km, la Savannah de Port of Spain est comme un océan de gazon anglais qui fait tampon entre les rues encombrées et bruyantes du centre-ville au sud et les quartiers chics de Maraval et de Saint Ann's, avec, en arrière-plan, les tout premiers contreforts luxuriants de la chaîne montagneuse du Nord. Durant la période du carnaval, cette gigantesque pelouse est noire de monde et se transforme rapidement en champ labouré. C'est ici que se passe l'essentiel des compétitions officielles, du panorama qui regroupe tous les orchestres de steel-pan de l'île, à l'élection des reines et rois du carnaval, en passant par les concours de calypso et le carnaval des enfants. Mais en temps normal, c'est un endroit de prédilection des sportifs de la capitale. Chaque matin et en début de soirée, la Savannah est prise d'assaut par les joggers et autres adeptes de l'aérobic qui viennent y sautiller au rythme d'une musique frénétique, lâchée par un ou deux pick-up. Les autres, les flâneurs qui veulent simplement prendre un bol d'air ne sont pas en reste, et tout autour de la Savannah, on court, on marche, on trépigne, on déambule, on s'invective en sautillant à cloche-pied. Des tombereaux de noix de coco stockées sur des camions n'attendent que d'être décapitées à la machette pour rafraîchir la foule assoiffée, et des vendeurs ambulants proposent leurs populaires « snow cones », ces petits gobelets de glace pilée, parfumée au sirop, que l'on suçote à la paille, davantage pour le plaisir de la friandise que pour vraiment se désaltérer. Sur le côté ouest de la Savannah (portion nord de Maraval Road) s'alignent avec superbe les « Magnificent Seven », sept impérieuses bâtisses coloniales qui datent du tout début du XXe siècle, et dont les styles architecturaux, ampoulés et parfois extravagants, sont autant de marques d'arrogance de leurs commanditaires de l'époque. En effet, ces sept individus, pour la plupart colons planteurs fortunés et concurrents de leur état, se sont défiés de 1904 à 1910 dans une gigantesque course à la surenchère, se lançant dans des projets architecturaux démesurés pour savoir qui remporterait la palme de l'ego et de l'ostentation. Malheureusement, aucune de ces constructions ne peut se visiter.

▶ **Le Queen's Royal College est la première en partant du sud.** Toute empreinte d'un style Renaissance allemande, elle comporte une façade en pierre calcaire bleutée rehaussée de stuc teint en ocre. Elle a été transformée en collège, et c'est dans ses murs que le petit V. S. Naipaul, futur romancier et prix Nobel de littérature, fit ses premières classes.

▶ **La deuxième, Hayes Court,** se caractérise par son architecture au croisement des influences anglaise et française. C'était la demeure de l'archevêque anglican de Trinidad.

▶ **Mille Fleurs** est d'inspiration victorienne. C'est aujourd'hui le bureau du Conseil national de sécurité.

▶ **Roomor,** commanditée par le planteur français Lucien Ambard, est une construction de style colonial baroque, foisonnante de tourelles, de balcons, de coupoles, de balustrades et de fer forgé et construite à partir de matériaux dont certains ont été importés d'Europe à grands frais. Ses marbres viennent d'Italie et ses tuiles de France. Revendue en 1940, il s'agit toujours d'une propriété privée.

▶ **The Archbishop House,** qui était la demeure de l'archevêque de l'église catholique romaine de Trinidad, est une construction d'inspiration néoromane. Le marbre et le granite rose qui la composent ont été importés d'Irlande.

▶ **L'architecture de Whitehall** est d'inspiration vénitienne. Commanditée à l'origine par un richissime planteur de cacao d'origine corse, J. L. Agostini, elle sera réquisitionnée par l'armée américaine qui en fera un de ses QG de 1940 à 1944. Rachetée par le gouvernement trinidadien en 1954, elle deviendra la maison du Premier ministre, avant d'être vidée pour cause de travaux de rénovation.

▶ **Stollmayer's Castle,** la dernière bâtisse, est peut-être la plus impressionnante de toutes. Egalement connue sous le nom de Killarney, elle se veut la réplique exacte du château de Balmoral, en Ecosse. Commanditée par le planteur allemand Stollmayer à un architecte écossais, elle a été construite en briques importées d'outre-Manche. Elle a été revendue à l'Etat de Trinidad en 1979.

Passé ces merveilles, la promenade autour de la Savannah continue sur sa frontière nord et aboutit aux Jardins botaniques, jardins concomitants du zoo de l'« Emperor Valley », situé tout à côté de la maison du président.

■ **LES JARDINS BOTANIQUES**

D'accès libre au public, ils ont été créés en 1820, sous l'égide du gouverneur Woodford, celui-là même qui a décidé de la conception et de l'aménagement de la Savannah. Autant dire qu'ils s'intègrent dans un vaste plan d'ensemble organisant les espaces verts de cette partie de la capitale, venant contrebalancer la vaste étendue plate de la pelouse principale par son relief légèrement vallonné et sa végétation fournie. Celle-ci regroupe les principales essences de l'île ainsi qu'une des plus anciennes et complètes collections de plantes exotiques de l'hémisphère ouest. On y trouve notamment des espèces aux surnoms évocateurs, tels que la « pièce de bœuf », un arbre qui laisse couler une sève rougeâtre quand on lui arrache l'écorce, ou bien le « lacet de chaussures », un arbre qui porte les fleurs et ses fruits au bout d'une tige pouvant mesurer jusqu'à trois mètres, ou encore le « chapeau de Napoléon », un arbre dont les fleurs ont la forme qui rappelle celle du fameux tricorne.

■ **LE ZOO DE L'EMPEROR VALLEY**

Ouvert tous les jours de 8h à 17h30. Attenant aux jardins, le zoo de l'Emperor Valley permet de faire le tour rapide de la majorité des spécimens de la faune trinidadienne, mammifères, reptiles, poissons, oiseaux. On peut y voir des ocelots, des caïmans, des cerfs daguets, des outres, des toucans, des perroquets et des ibis d'un rouge un peu délavé.

■ **MUSEE NATIONAL DE PORT OF SPAIN**

Au sud de la Savannah, au croisement de Frederick Street et de Keate Street

En rénovation lors de notre passage en 2008. Aucune date pour la réouverture n'a été annoncée. En principe ouvert du lundi au vendredi de 10h à 18h, le samedi de 10h à 15h et le dimanche de 14h à 18h. Il invite à une découverte documentée de Trinidad sous tous ses aspects, de la géologie à l'histoire du carnaval, de l'anthropologie, avec de nombreux vestiges précolombiens, à l'histoire des différentes ethnies venues peupler Trinidad au cours des différentes vagues d'immigration, de l'époque coloniale de Port of Spain à la découverte et la mise en valeur des gisements pétrolifères. Le musée abrite également une collection de peintures et de lithographies, dont notamment certaines œuvres de Jean Michel Cabazon, mettant en scène les rues et les maisons du Port of Spain de la fin du XIXe siècle.

Frederick Street et ses environs, jusqu'au port

Coupant le centre-ville du nord au sud et faisant se rejoindre la Savannah et le port, Frederick Street est la principale rue commerçante du « downtown ». Ses trottoirs et ses façades présentent un assemblage hétéroclite de petites boutiques, de restaurants, de stands de vendeurs de rue, d'immeubles administratifs et de magasins plus récents, à la mode occidentale et aux vitrines qui exposent des marques internationales. A l'angle de Frederick Street et de Queen's Street se trouve le People's Mall, une sorte de marché aux puces rempli de petits étals où l'on trouve pêle-mêle les dernières fringues à la mode aux Etats-Unis, de la musique rap et reggae, des tee-shirts peints, de l'encens, de l'artisanat rasta…

Juste avant Queen's Street, face à l'embranchement avec Prince Street, se trouve le Woodford Square, construit dans le cadre des grands travaux d'aménagement de la ville décidé par le gouverneur Woodford au début du XIXe siècle.

Très tôt, ce square ombragé devint le lieu traditionnel des grands rassemblements contestataires qui ont jalonné la vie politique et sociale de Port of Spain tout au long du XXe siècle. En 1903, y débuta une grosse émeute occasionnée par un mouvement de protestation contre la hausse du prix de l'eau, réprimée dans le sang et coûtant la vie à 17 personnes. Dans les années 1970, Woodford Square était le point de ralliement des sympathisants du Black Power. En 1990, c'est juste à côté du square qu'a eu lieu la tentative d'insurrection dirigée par le fondamentaliste musulman Abu Bakr. Aujourd'hui le square est le lieu favori de tous les prêcheurs et débatteurs publics qui, comme à Hyde Park, y trouvent une audience attentive à leurs discours souvent enflammés.

■ THE RED HOUSE

En bordure ouest du Woodford Square, The Red House, la maison du Parlement, se présente sous l'aspect d'un bâtiment massif, aux façades teintes en ocre et surmonté d'une coupole en cuivre vert-de-gris. La maison du Parlement fut prise d'assaut à deux reprises au cours de son histoire, en 1903, lors des émeutes pour l'eau, et en 1990, lors de la tentative de prise de pouvoir menée par Abu Bakr.

■ CATHÉDRALE DE LA SAINTE-TRINITE

Ouverte de 7h à 16h. En bordure sud du square se trouve la cathédrale de la Sainte-Trinidad, de style gothique, construite en 1818. La structure originelle de la cathédrale était en bois, avant qu'un incendie ne la ravage en 1808.

■ FORT ANDRES

A son extrémité sud, Frederick Street débouche sur la zone du port et le fort San Andres, un fort

en bois recouvert de terre ocre, construit par les Espagnols en 1787. Ouvert au public par intermittence, il abrite quelques expositions temporaires de temps à autre. Juste avant d'aboutir sur le port, Frederick Street coupe la double voie de l'Independence Square et de la Brian Lara Promenade.

■ BRIAN LARA PROMENADE

Cet axe, qui traverse latéralement la partie sud du centre-ville, a été appelé promenade Brian Lara en 1994, en hommage au joueur de cricket trinidadien de renommée internationale. La bande de pelouse qui s'intercale entre les deux voies routières est équipée de bancs et de tables où l'on joue aux échecs ou aux dominos. La promenade constitue un emplacement de prédilection pour les habitants de la capitale qui s'y retrouvent après le travail. En saison de festival, des concerts y sont parfois donnés. Habituellement, de nombreux vendeurs de rue y proposent nourriture et friandises. Des locaux au style gangsta rap y vendent des cassettes de musique piratée. Des petites boutiques exposent des sandales en cuir à la mode rasta.

■ CATHÉDRALE DE L'IMMACULEE CONCEPTION

Ouverte de 7h à 16h. A l'extrémité est de la Brian Lara Promenade se dresse la cathédrale romaine de l'Immaculée Conception, construite de 1816 à 1832 dans un style néogothique. On peut y voir des vitraux mettant en scène les différentes composantes ethniques de Trinidad. Aux abords de la cathédrale, des dizaines de petits restaurants indiens ou chinois sont les cantines favorites des milliers d'employés de bureau qui travaillent dans le complexe financier et les immeubles administratifs de cette partie sud du centre-ville.

© WWW.PANLIBE.COM

The Red House.

L'angostura ou l'histoire d'une fortune construite sur un secret

L'histoire de la famille Siegert est exemplaire de celles de ces *self-made-men* venus d'Europe pour faire fortune sous les tropiques. A l'origine, Johann Siegert, un Allemand natif de Silésie, né en 1796 et chirurgien de son état, s'enrôla dans l'armée de Bolivar après avoir combattu les troupes napoléoniennes à Waterloo. Il fut nommé chirurgien en chef par Bolivar et prit fonction dans la petite ville vénézuélienne d'Angostura, sur les berges de l'Orénoque, rebaptisée depuis Ciudad Bolivar. Pour mieux soigner ses malades, il se mit à composer des décoctions à base d'herbes et de plantes médicinales qu'il récoltait dans la forêt amazonienne. C'est ainsi qu'il inventa, en 1824, l'« Amargo Aromatico », qui deviendra le fameux bitter Angostura. Progressivement, le bitter du docteur Siegert sera de plus en plus connu et apprécié pour ses vertus curatives. Bientôt les marins se chargeront d'accroître sa notoriété dans toute la région. A la mort du patriarche, la famille Siegert décide de s'installer à Trinidad pour se lancer dans la distillerie du rhum. Elle n'en continuera pas moins à fabriquer le fameux breuvage dont elle conservera jalousement le secret. Elle le fera connaître dans les grandes foires internationales et défendra jalousement les droits à la marque en combattant toutes les imitations. Pendant la Deuxième Guerre mondiale, les soldats américains prendront vite goût au rhum coca parfumé à l'angostura. Rentrés chez eux, ils populariseront le bitter, consacrant définitivement sa réputation. L'argent ainsi gagné permettra à la maison de s'investir pleinement dans la production de rhum et de devenir la plus grosse distillerie de Trinidad. Elle s'associera à Bacardi dans les années 1990, et l'essentiel de son activité est tourné aujourd'hui vers l'exportation. Cependant le secret de fabrication de bitter est toujours particulièrement bien gardé : cinq personnes au monde seulement connaissent une partie de sa recette. Sans jamais se croiser, ces initiés pénètrent successivement dans la chambre d'assemblage afin de contribuer, chacun par ses partielles connaissances, à la composition du mélange aromatique, prêt ensuite à être distillé.

Laventille

A la simple évocation de ce nom, bon nombre de touristes et de résidents semblent défaillir. Il est vrai que ce quartier situé à l'est du centre-ville tient plus du ghetto que d'un pôle d'attraction touristique et que les rumeurs de vols et d'agressions y vont bon train. Pourtant visiter Laventille est un des moyens de comprendre un des traits principaux de l'âme de la capitale trinidadienne. C'est sur ces collines densément peuplées, couvertes de petites baraques aux toits de tôle et d'anciennes maisons victoriennes, rafistolées pour la plupart, mais à l'allure toujours élégante, que bat le cœur de Port of Spain.

C'est là que fut inventé le « steel pan » dans les années 1930 et que sont nés les premiers steel-bands, dont l'un des plus célèbres de tous, le fameux « Desperadoes ». Et c'est dans les grottes qui traversent la colline Laventille qu'Uriah Buttler, la grande figure du syndicalisme ouvrier de Trinidad, s'est caché, poursuivi par la police britannique après les émeutes de 1937.

▶ **On ne peut pas visiter Laventille tout seul. Le meilleur moyen est de se faire accompagner par Elwyn Francis,** qui travaille au Chaguaramas Development Centre. Elwyn est natif de Laventille, où il habite toujours et y est très connu. Personnage éminemment sympathique, il est une mine de renseignements sur tous les aspects de Laventille, son histoire, sa géologie, la vie quotidienne de ses habitants. Tenant à redorer le blason de son quartier natal, il y organise des visites à pied. Téléphone professionnel d'Elwyn ✆ (868) 634 4349 ; de 8h à 16h ; à domicile ✆ (868) 627 3377 ou 664 5346. Compter 120 TT$ par personne, jusqu'à 400 TT$ pour 4 personnes ou plus.

■ EGLISE NOTRE-DAME

Ouverte de 7h à 16h. Elle se trouve en haut de la colline, flanquée d'une statue de la Vierge Marie offerte par la France en 1876. Cette dernière semble comme surplomber la ville de Port of Spain. Non loin de l'église se trouve la route de l'Observatoire, qui marque l'endroit d'où l'astronome espagnol Churrura établit l'emplacement du premier méridien de longitude du Nouveau Monde, en 1792.

■ FORT PICTION

Il s'agit d'un fortin circulaire construit par les Anglais en 1797 pour dominer le port.

La rumeur voudrait qu'un souterrain parte de ce fortin pour aboutir à proximité de l'embarcadère situé à une centaine de mètres en contrebas.

■ LA DISTILLERIE ANGOSTURA ET SON MUSEE

Au croisement de l'Easter Main Road et Angostura Street

© (868) 623 1841 – Fax : (868) 623 1847
Musée ouvert tous les mercredis. Entrée 6 US$.
Installée dans le bas de Laventille, la maison Angostura qui distille l'essentiel du rhum de Trinidad continue de fabriquer depuis le début du XIXᵉ siècle le fameux bitter qui lui a valu une renommée internationale. La distillerie s'est dotée d'un musée qui retrace les grandes étapes de la saga familiale des Siegert, du nom de l'inventeur du bitter. Le public pourra également y admirer une très belle collection de papillons. La visite se termine par une dégustation-vente de rhums.

Le Port of Spain des pan-yards et des steel-bands

La période qui précède le carnaval, de janvier à février, est favorable pour la visite de Port of Spain. La ville tout entière vit dans la fébrilité et la préparation de ce qui sera son grand rendez-vous de l'année, cinq jours de fête débridée où tout le monde descend dans la rue pour s'amuser et danser. De janvier à février donc, tous les soirs, le visiteur pourra déambuler et flâner en se laissant guider par la musique provenant des nombreux pan-yards qui parsèment les quartiers de Port of Spain et celui de Woodbrook tout particulièrement. Jusqu'au dernier moment, c'est-à-dire le début du carnaval, les différents steel-bands répéteront inlassablement les deux morceaux qu'ils devront jouer lors du « panorama », la compétition officielle qui les opposera et qui se tiendra sur la Savannah une dizaine de jours avant « Jouvert », moment paroxystique du carnaval quand, de toutes les rues, s'échappent des airs de calypso qui déclenchent une envie irrésistible de danser.

■ LA VISITE DES « MAS CAMPS »

Ces ateliers où l'on confectionne les costumes du carnaval constituent l'autre attraction. Jour et nuit on y coud du satin et des brocarts, enfile des perles, colle des plumes, pour assembler ce qui devra être les plus beaux costumes du carnaval. La réputation et le chiffre d'affaires du mas camp en dépendent. La possibilité de visiter les mas camps est laissée à la discrétion de leur patron, mais, en règle générale, ceux-ci se montrent assez permissifs, voire plutôt fiers de l'intérêt porté par les touristes à leurs ateliers. Les visiteurs devront toutefois se montrer discrets afin de ne pas troubler le travail des costumières.

▬ SHOPPING

Avec une vingtaine de grands centres commerciaux, vous pourrez faire vos courses comme si vous étiez en Europe. On regrettera donc le manque de dépaysement à ce niveau, ces grands malls regroupant souvent les mêmes franchises que celles qui sont présentes sur le vieux continent. Les centres commerciaux se trouvent à la périphérie de Port of Spain : West Mall situé à Westmoorings, en direction de Chaguaramas ; Ellerslie Plaza à Maraval ; Long Circular Mall à Saint James ou encore le Trincity Mall qui avec ses 220 boutiques est le plus grand du pays. Il longe la Churchill Roosevelt Highway, à une trentaine de minutes de Port of Spain. Les alentours de Frederick Street et le City Gate sont les endroits les plus commerçants du centre-ville. C'est là qu'on pourra trouver le plus grand nombre de magasins de musique, d'artisanat, de souvenirs.

▶ **Pour le travail du cuir,** la meilleure adresse est la United Craft Workers Cooperative (croisement Picadilly Street et Brian Lara Promenade, à l'est de Downtown). Pour les objets en vannerie, allez à la Blind Welfare Association (118 Duke Street, Downtown). Pour la musique, les principaux magasins sont The Music House (116 Oxford Street), Krishna's Music World (Center City Mall), Rhyner's Record Shop (54 Prince Street) ou Crosby's Music Centre (54 Western Main Road, Saint James).

▶ **Autres adresses de magasins de souvenirs** où trouver colifichets, batiks, bijoux et steel-pans miniatures : Selection House (croisement Frederick Street et Prince Street) Alkebu-lan (13 Ariapita Avenue, Woodbrook), ou Pan Yard de Phase II (Hamilton Street, Woodbrook) pendant la saison du carnaval.

▶ **Le Normandy Hotel (100 Nook Avenue, Saint Ann's) possède une galerie commerciale** qui propose des vêtements de créateurs ainsi que des objets de déco (assez cher). Enfin, le CruiseShip Complex (1d Wrightson Road) propose des objets souvenirs en duty free.

Les environs de Port of Spain

MARAVAL

A l'extrémité nord-ouest de la Savannah se trouve l'embranchement de la Saddle Road, qui tient son nom de sa ligne incurvée rappelant la forme d'une selle. La Saddle Road va tout d'abord plein nord, jusqu'à la vallée de Maraval, pour ensuite bifurquer plein ouest à la sortie de Maraval, après le carrefour donnant accès à la côte nord de l'île, jusqu'à Blanchisseuse et Paria Bay, en passant par Maracas Bay. Enfin, la Saddle Road s'incurve pour se diriger plein sud et nous conduire jusqu'à Saint Juan et la Huriah Butler Highway.

Autant dire que la situation géographique de Maraval en fait une étape doublement pratique, non seulement pour ceux qui cherchent une escale en direction du nord ou qui en reviennent pour se diriger vers le sud, mais aussi pour ceux qui désirent un point de chute tranquille à proximité de Port of Spain.

Maraval n'est en effet qu'à 5 km de la trépidante capitale trinidadienne, et présente plutôt l'aspect d'une banlieue résidentielle bourgeoise indolemment étirée dans une vallée luxuriante, à une vingtaine de kilomètres seulement des plages de Maracas Bay. Dernier avantage et de taille : Maraval est un endroit très sûr, où l'on ne ressent pas le climat d'insécurité larvée qui peut parfois peser sur certains quartiers de l'agglomération de Port of Spain.

Lorsqu'on arrive de Port of Spain, la localité de Maraval se présente de prime abord de façon assez concentrée des deux côtés de la Saddle Road, dans une continuité urbaine qui rend difficile à distinguer la frontière séparant Maraval de la capitale. Cette frontière se situe à peu près au niveau du Royal Palm Hotel, immeuble massif qu'on ne peut manquer d'apercevoir de loin.

A une centaine de mètres du Royal Palm, sur la droite de la Saddle Road, le mall commercial, Ellerslie Plazza, comporte notamment plusieurs banques. Passé Ellerslie Plazza, la Saddle Road continue de sillonner Maraval sur plusieurs kilomètres, jusqu'à une patte-d'oie qui marque l'embranchement avec Perseverance Road. Celle-ci mène au quartier résidentiel de Moka, niché dans une petite vallée contiguë à la vallée principale, et où se trouvent quelques guesthouses ainsi que le golf 18 trous de Saint Andrew.

Transports

De Port of Spain, pour se rendre à Maraval, deux possiblités :

Voiture

Longez le Queen's Park Savannah en empruntant la Maraval Road (côté ouest du parc). Vous déboucherez sur un rond-point d'où partent trois routes. La Saddle Road est la route du milieu ; c'est la vôtre. Vous trouverez en chemin trois stations d'essence espacées les unes des autres de quelques centaines de mètres. A la hauteur de la troisième, un embranchement forme une patte-d'oie. Prenez la route qui va tout droit en direction de Maracas Bay et Las Cuevas. Continuez toujours tout droit jusqu'à Maraval.

Taxi

A partir du centre-ville de Port of Spain, prenez un taxi à l'angle de Duke Street et de Charlotte Street (*compter 4 TT$*), ou un maxi-taxi à l'angle de Park Street et de Charlotte Street (*compter 2 TT$*). Si vous empruntez un taxi privé, compter au moins 80 TT$.

Pratique

■ **COMMISSARIAT DE POLICE**
℗ (868) 629 8002/2001
Ouvert tous les jours 24 h/24. Dans le centre de Maraval, face à l'église de Maraval Paramin, accrochée à la falaise sur la droite lorsqu'on vient de Port of Spain. A noter qu'une cabine publique se trouve pratiquement en face du commissariat de police, au centre de Maraval.

Banques

Trois banques, toutes équipées de distributeurs automatiques de billets et accessibles 24 h/24.

■ **FIRST CITIZENS BANK**
44-46 Maraval Road ℗ 622 5839

■ **SCOTIABANK**
Elleslie Plaza ℂ 628 7589

■ **REPUBLIC BANK**
Elleslie Court ℂ 622 1659

Hébergement

Maraval n'est pas à proprement parler la région de Trinidad la moins chère en ce qui concerne l'hébergement. On peut néanmoins y trouver quelques bonnes adresses confortables et/ou de charme, d'un rapport qualité/prix convenable.

■ **MONIQUE'S GUESTHOUSE (U)**
114/116 Saddle Road
ℂ (868) 628 3334 – Fax : (868) 628-2351
www.moniquestrinidad.com
Chambres standard 65 US$ pour 1 personne, hors taxe hôtelière et TVA ; 75 US$ pour 2 personnes, 105 US$ pour studios avec kitchenette prévus pour 4. Petit déjeuner non compris. Prix majorés dans la semaine du carnaval. Accrochée à flanc de coteau, égayée par une série de jardins en terrasses, cette guesthouse comporte 20 chambres doubles très spacieuses, impeccablement tenues, distribuées autour du bâtiment principal sur deux étages, ainsi qu'une dizaine de studios avec balcon et kitchenette prévus pour quatre personnes, situés en arrière-plan sur les terrasses les plus en hauteur. Toutes les chambres et les studios disposent de l'eau chaude, de l'air conditionné et sont équipées de la TV par câble ainsi que d'une ligne de téléphone permettant les appels internationaux. Le personnel y est très amical et efficace. La maison comporte un bar ainsi qu'une petite salle à manger où l'on peut petit-déjeuner et, à l'occasion, dîner. Enfin, Monique's Guesthouse est située juste au niveau de l'arrêt des taxis pour, ou en provenance de, Port of Spain. Préférez les chambres sur l'arrière de la maison, celles faisant face à la route principale étant quelque peu bruyantes en fin de journée. Monique's est une adresse fiable, pratique et sans mauvaise surprise.

■ **VILLA MARIA**
48 Perseverence Road ℂ (868) 629 8023
Compter entre 275 et 350 TT$. 26 chambres, salle de bains privée, ventilation. De la rue, vous l'apercevrez facilement, avec sa toute petite allée qui donne sur une grande bâtisse repeinte en rouge. Le confort minimum est assuré, et les pièces sont très propres. Villa Maria fait partie des adresses qui assurent les prix les plus bas de Maraval en matière d'hébergement. Bien, mais sans plus.

■ **THE MORGAN'S BED & BREAKFAST**
48B Perseverance Road, Haleland Park
ℂ/Fax : (868) 629 2587
Une personne 55 US$, 2 personnes 65 US$, 3 personnes 70 US$, hors taxe hôtelière et TVA. Dans sa maison, située tout au début de l'embranchement de Perseverance Road, M. Morgan propose cinq chambres équipées de salle de bains privative, d'air conditionné et de TV câblée. Une petite piscine se trouve derrière la maison. Ceux qui aiment vraiment la chaleur apprécieront les 2 spas-Jacuzzi, l'un à l'intérieur, l'autre à l'extérieur, tout à côté de la piscine. La maison est également équipée d'un bar. George Morgan a ouvert son business en 1991 et ne semble pas se lasser de la venue continuelle des touristes.

■ **CARNETTA'S INN (T)**
99 Saddle Road
ℂ (868) 628 2732 ou 622 5165
Fax : (868) 628 7717
www.carnettasinn.com
Une personne 60 US$, 2 personnes 75 US$, 3 personnes 80 US$, hors taxe hôtelière et TVA. A une centaine de mètres sur la gauche de Monique's Guesthouse, en direction du centre de Maraval, l'hôtel de Winston et Carnetta Borrel propose 14 chambres, la plupart dans des bungalows nichés dans la bambouseraie qui descend en pente douce de la route principale jusqu'au creux de la vallée. Toutes les chambres sont équipées de salle de bains privative, d'eau chaude, d'air conditionné, de téléphone, de TV câblée, et connectées à Internet par wi-fi. Les pièces sont d'autant plus agréables qu'elles sont spacieuses. Certaines intègrent une kitchenette. Un restaurant à la carte très complète pour une structure hôtelière de cette taille est attenant à l'hôtel.

■ **THE CHACONIA HOTEL**
106 Saddle Road
ℂ (868) 628 0941 ou 736 5607
Fax : (868) 628 7609
www.chaconiahotel.com
Chambre simple à 140 US$, double à 160 US$. C'est un peu à se demander pourquoi les prix sont si élevés. Certes, l'hôtel est très confortable, mais ne propose pas de services particuliers, hormis un système de sécurité dissuasif. C'est limite si l'on peut se glisser à plus de trois dans la piscine. Les packages golf proposés peuvent être intéressants. Le restaurant « Le Maraville », ouvert tous les jours sauf le lundi, cherche à mélanger les saveurs méditerranéennes avec celle des Caraïbes.

Restaurants

■ ADAM'S BAGEL
15a Saddle Road
© (868) 622 2435
Petit déjeuner de 7h à 11h, déjeuner et thé de 11h à 18h. Compter environ 35 TT$ pour une salade, entre 25 et 35 TT$ pour une assiette de sandwiches. Située à l'entrée de la Saddle Road, cette boulangerie syrienne est l'une des plus réputées de Port of Spain. On y trouve tout un assortiment de salades, kebabs, pizzas, falafels, de sandwiches délicieux et pâtisseries. Une bonne adresse pour ceux qui cherchent une alternative de qualité aux « doubles » et autres « rotis ».

■ TANDOORI HUT
Shoppes of Maraval, 3 Saddle Road
© (868) 622 6826
Ouvert du lundi au samedi de 11h à 23h. Fermé le dimanche. Compter environ 70 TT$ par personne. Ce restaurant sert des plats typiquement indiens, avec des produits importés directement d'Inde. De belles combinaisons végétariennes sont également proposées. Les amoureux de fruits de mer devraient également aller y jeter un coup d'œil pour y goûter ceux préparés par les chefs, Jay Kumar et Anil Bhatt.

■ THE BAMBOO TERRACE
Carnetta's Inn, 99 Saddle Road
© (868) 628 2732
Ouvert de 7h à 10h, de 12h à 14h et de 19h30 à 23h. Il est conseillé de réserver, la terrasse étant relativement étroite. Compter 150 TT$ par personne. Le restaurant de l'hôtel Carnetta's Inn est une bonne adresse, tant pour le décor que pour la cuisine. La salle, où le bois prédomine, est agréablement fleurie et s'ouvre sur un jardin de bananiers. La cuisine, d'inspiration créole, est succulente. Les « pastelles », ces petits rouleaux farcis à la viande que l'on mange surtout dans les communautés d'origine hispanique au moment de Noël, sont particulièrement réussis, et les plats cuisinés à la sauce jerk et les curries n'ont rien à se reprocher. Il s'agit de la meilleure adresse de Maraval.

Points d'intérêt

■ LE GOLF DE SAINT-ANDREW
Le golf de Saint-Andrew est l'un des plus vieux golfs du monde, sa création remonte à 1892. Superbement entretenu, verdoyant, il est flanqué de deux falaises luxuriantes de végétation tropicale et proche d'une bambouseraie géante remplie de chants d'oiseaux. Compter 70 US$ par joueur, plus 10 US$ pour le porteur de caddy. Ceux que le golf ne tente pas, mais qui savent apprécier la quiétude et le farniente, pourront toujours se rabattre sur la piscine (*entrée 5 US$*) et le bar-restaurant du Golf Club.

■ LE VILLAGE DE PARAMIN
A la sortie de Maraval, sur la route principale, Saddle Road, au niveau de la station d'essence se trouve sur la droite l'embranchement de la route qui mène à Paramin, un petit village réputé pour sa production d'un mélange d'assaisonnement à base de thym, d'oignon et de menthe. Réputé également pour une forte tradition musicale parang.

TRINIDAD

Cette tradition, qui remonte à l'occupation espagnole, continue à s'exprimer dans des chansons où se mêlent espagnol et patois français, poussées par des troubadours qui vont de porte en porte au moment de Noël. La balade est superbe. On monte les flancs très escarpés d'une succession de collines pour aboutir à un point de vue unique tout au sommet du mont principal. On a une vue à 360° sur toute la côte nord. Bien sûr, on voit les côtes du Venezuela. Par temps dégagé, on distingue l'île de Tobago et on peut même apercevoir les côtes de la Grenade à l'horizon. Au sud, la montagne de San Fernando se découvre au loin.

La meilleure façon d'accéder au village de Paramin est d'emprunter l'une des jeep-taxis qui font la navette entre les maisons accrochées à flanc de montagne et la Saddle Road.

Enfin, n'hésitez pas à prendre contact avec la famille Mendez, qui parle encore très bien le patois français et qui, pour une petite somme, se fera un plaisir de vous piloter dans les hauteurs de Paramin, voire de vous pousser une ou deux chansonnettes du folklore de la crèche, en vieux français. Contacter Bernard Mendez ✆ (868) 629 3866.

CHAGUARAMAS

La péninsule de Chaguaramas est située à seulement 15 km de Port of Spain. Et pourtant sa visite est l'occasion d'un grand dépaysement. Imaginez, à l'intérieur des terres, un relief de collines parsemées de bambouseraies géantes, habitées uniquement par des singes hurleurs.

Imaginez une jungle épaisse dans laquelle, anachronisme total, on tombe au hasard de la marche sur des radars géants, vestiges d'une occupation militaire américaine datant de la Seconde Guerre mondiale, et aujourd'hui recouverts de lianes. Le littoral, qui fait comme un port naturel, est jalonné de marinas luxueuses avec des centaines de voiliers au mouillage.

A quelques centaines de mètres au large semblent flotter les petites îles des Bocas. Sur l'une d'entre elles, un hôpital laissé tel quel, avec tout son équipement, est aujourd'hui habité par des iguanes géants. Et quand la nuit descend sur la côte, les spotlights des gigantesques boîtes de nuit à ciel ouvert font comme un clin d'œil à la lune. De jour comme de nuit, Chaguaramas semble un gigantesque et insolite parc d'attractions,

mélange improbable de Jurassic Park et de Saint-Tropez, au sud du 12e parallèle. Bien que son étymologie renvoie aux temps des Amérindiens – le nom de Chaguaramas proviendrait d'un terme indien désignant les feuilles de palmiers – et que ses anses aient maintes et maintes fois servi de refuge aux galions espagnols, l'histoire de la péninsule de Chaguaramas débute véritablement à la fin du XIXe siècle, quand les grandes fortunes trinidadiennes commencèrent à passer leur fin de semaine ou des vacances prolongées sur les îles des Bocas.

A cette époque, la vocation balnéaire de Chaguaramas semblait toute tracée. C'était sans compter avec les Américains, qui décidèrent d'y installer une base en 1941. Cette occupation militaire de Chaguaramas, devenue interdite d'accès aux Trinidadiens, durera un quart de siècle.

Au départ des Américains, le gouvernement mettra en place le Chaguaramas Development Authority, dont l'objectif sera de protéger la péninsule et de la transformer en réserve naturelle tout en faisant sa promotion touristique et en y installant une base de loisirs. La péninsule a connu une sorte de consécration en 1999, quand elle a accueilli l'élection de Miss Univers dont tout le monde parle encore sur place.

Aujourd'hui les amateurs de nature y font de la randonnée, explorent les îles et découvrent leur faune. Les amoureux de la mer y vont pour la plaisance et les plus fortunés pour la pêche au gros. Les fêtards s'y retrouvent dans de gigantesques « partys » qui se poursuivent jusqu'au bout de la nuit. Mais quelle que soit la raison de venir à Chaguaramas, on ne pourra éviter d'éprouver une sensation d'étrangeté devant ce lieu où l'atmosphère de la dolce vita ne parvient pas à faire oublier la toute-puissance d'une nature indomptable, prompte à recouvrir de sa jungle les souvenirs d'un passé pas si lointain.

Orientation

▶ **De Port of Spain, la Western Main Road** (WMR) mène à Chaguaramas. En sortant des quartiers de Cocorite et de Saint James, elle traverse successivement Weestmoorings – quartier ultra-résidentiel qui abrite le West Mall, un des plus gros centres commerciaux de la périphérie de Port of Spain – puis le petit village de Glencoe avant d'arriver à Carenage et, enfin, à Chaguaramas qui s'étend sur une petite dizaine de kilomètres.

Péninsule de Chaguaramas

HEBERGEMENTS

1- The Crews Inn
2- The Cove Hotel

RESTAURANTS & BAR

A- Caffe del mare
B- Sails
C- Lighthouse
D- Pier One
E- Mobs II
F- The base

Altitude
(en mètres)

1500
1000
500

Green Hill

Diego Martin Village

BAYSHORE

GLENCOE

vers Port of Spain (10 km)

SEA VIEW GARDENS

CARENAGE

Cathédrale de Bambous

Tucker Valley

Parc national de Chaguaramas

Mount Pleasant

Carenage Bay

Point Gourde

Carrera Islet

Macqueripe Bay

Plage de Macqueripe

Tête Boeuf

Golf Course

Edith Falls

Musée militaire

Mas Camp Callacoo

Chaguaramas Dev. Center

Coral Cove

Crews Inn Marina

Chaguaramas Bay

CHAGUARAMAS

Power Boats

Peakes

Gasparillo

Gaspar Grande

Entrada Point

Scotland Bay

Grand Fond Bay

MONOS

vers le Venezuela

0   2 km

▶ **L'anse de Williams Bay** en marque le début, avec, au bout de l'anse à droite, le poste de police de Chaguaramas et, sur la gauche, le grand night-club de Pier One posé quasiment sur la mer, suivi du night-club « The Base », situé lui en bordure droite de la route. Un peu plus loin, on aperçoit une succession d'immeubles massifs flanqués, çà et là, le long de la côte, des constructions datant de l'époque de la présence de l'armée américaine, dans les années 1940.

▶ **Juste après le poste de police, le petit chemin goudronné de la Tucker Valley** prend à droite. Il dessert la cascade d'Edith Falls, le terrain de golf de Chaguaramas et la plage de Macqueripe. Passé cet embranchement, on arrive au niveau du Chaguaramas Development Authority (CDA). Quasiment à la même hauteur que ce dernier, mais posé tout près du rivage, se trouve le musée militaire de Chaguaramas et, immédiatement après, sur la droite, un deuxième petit chemin donne accès à Morne Catherine. Une centaine de mètres après le Musée militaire, en bordure droite de la WMR, se trouvent les locaux de la T&T Yachting Association. A partir de ce point, la route mène aux différentes marinas de Chaguaramas. La première qui se présente, la marina de Crewsinn qui est aussi la plus luxueuse, est située sur le rivage ouest de la petite presqu'île de Point Gourde. Passé Point Gourde, la Western Main Road dessert successivement la marina de Coral Cove, puis celle de Power Boats, celle de Peakes et, enfin, celle de l'IMS (Industrial Marine Services).

▶ **Enfin, tout au bout de Chaguaramas** et immédiatement après avoir doublé l'hôtel-restaurant du Cove Beach, la Western Main Road vient buter sur une zone militaire interdite d'accès. Et c'est la fin de la route.

Transports

Bus

La ligne de bus appelée « Carenage » assure la liaison entre Chaguaramas et la City Gate (la station routière de Port of Spain, à proximité du port), en empruntant la Western Main Road. Les billets, vendus dans toutes les marinas, doivent obligatoirement être achetés avant de prendre le bus. Le prix du trajet est de 4 TT$. La ligne fonctionne tous les jours de 4h à 22h. De Chaguaramas, les bus partent en principe toutes les demi-heures des différents arrêts signalés par un panneau et des abris qui jalonnent la Western Main Road.

Maxi-taxi

Sillonnant la Western Main Road, de nombreux maxi-taxis font la jonction entre Chaguaramas ou Carenage et le centre-ville (croisement Park Street & Saint Vincent Street). Compter environ 4 TT$ pour la course. Les maxi-taxis circulent généralement de 8h à 20h, mais ont tendance à se raréfier au fur et à mesure que le soir avance.

Route-taxis

Ils empruntent la même route et circulent à peu près aux mêmes horaires que les maxi-taxis. Leur prix est toutefois un peu plus élevé. Compter 7 ou 8 TT$ pour aller du centre-ville de la capitale à Chaguaramas.

Taxi privé

■ **SAINT CHRISTOPHER TAXIS**
Service 24 h/24. Une compagnie basée dans l'enceinte du Crews Inn Hotel & Yachting Centre ✆ (868) 634 4384. Compter environ 40 US$ pour le trajet Chaguaramas-aéroport de Piarco. C'est également dans les locaux de la Crews Inn Marina, qu'on trouve l'agence de location de voiture, Econocar.

Pratique

Tourisme

■ **CHAGUARAMAS DEVELOPMENT AUTHORITY (CDA)**
Airway Road
✆ (868) 634 4227/4312/64/49
Fax : (868) 634 4311 – www.chagdev.com
Ouvert du lundi au vendredi de 8h à 16h.
L'excellent CDA propose toute une série d'excursions et de visites guidées autour de la péninsule ainsi que sur les îles des Bocas. Les prix varient selon le type d'excursion. Compter un minimum de 20 US$ par personne. Officiellement, ces excursions ne sont pas individuelles et se font généralement dans le cadre d'un groupe. Se renseigner sur place.

■ **THE YACHT SERVICES ASSOCIATION**
Crewsinn Village Square, Point Gourde
✆ (868) 634 4938 – Fax : (868) 634 2120
www.ysatt.org
L'association dispense brochures, cartes et toutes sortes d'informations touristiques.

Utile

■ **DOUANES ET SERVICES D'IMMIGRATION**
Crews Inn Marina Dock A, à droite du Lighthouse Restaurant ✆ (868) 623 8147
Ouvert du lundi au vendredi de 8h à 16h.

■ **POLICE**
Western Main Road ✆ (868) 634 4364

■ **AMBULANCE**
A Chaguaramas ✆ (868) 625 5082

■ **POSTE**
Située dans le musée Military History and
Aviation ✆ (868) 622 4894.

Banques

■ **REPUBLIC BANK**
Point Gourde, Chaguaramas Bay
*Dans la marina Crews Inn. Ouvert de 9h à 16h
du lundi au vendredi.*

■ **ROYAL BANK**
Light Pole 50, Western Main Road,
Chaguaramas
*Ouvert du lundi au jeudi de 8h à 15h, le
vendredi de 8h à 13h et de 15h à 17h.*

Internet

■ **CYBER SEA**
Upstairs Coral Cove Marina Hotel
✆ (868) 634 1387
*Ouvert de 9h à 16h30 du lundi au vendredi
et de 10h à 14h le samedi. 17 TT$ l'heure de
connexion. 100 TT$ les 7 heures.*

■ **INTERNET CAFE @ PEAKE'S MARINE**
*Ouvert de 8h à 18h30 du lundi au vendredi,
de 8h30 à 18h30 le samedi et de 9h à 13h le
dimanche. 20 TT$ l'heure de connexion.*

Hébergement

L'infrastructure hôtelière de Chaguaramas
est atypique. Elle est quasiment dédiée à
une clientèle de plaisance assez fortunée.
En conséquence, il vaut mieux trouver une
base arrière à Port of Spain et n'aller sur
la péninsule que pour y passer la journée,
voire la soirée si l'on veut faire la fête. Seul
le Cove Hotel ne semble pas répondre aux
critères du luxe.

■ **THE CREWS INN (1)**
Point Gourde, Chaguaramas Bay
✆ (868) 634 4384/5
Fax : (868) 634 4175
www.crewsinn.com – crewsinn@tstt.net.tt
*Chambre simple 1 121 TT$, double 1 514 TT$,
air conditionné, kitchenette, Internet en wi-fi…*
Dans la superbe marina de Point Gourde,
l'hôtel propose 46 chambres luxueuses qui
ont toutes une vue sur la mer, les voiliers au
mouillage, la piscine et les collines recouvertes

de jungle… Privilégiez les chambres à l'étage
pour que l'horizon ne soit pas obstrué par
les arbustes du rez-de-chaussée. A l'été
2008, l'établissement a entièrement refait la
décoration de ses chambres pour plonger le
visiteur dans une ambiance plus orientale, avec
des tons de marron, de vert et d'écru.

■ **THE COVE**
HOTEL AND BEACH RESORT (2)
Western Main Road
✆ (868) 634 2683 – Fax : (868) 634 4278
*Chambres doubles à partir de 275 TT$ et à
partir de 400 TT$ avec kitchenette.* Il faut
aller tout au bout de la Western Main Road,
jusqu'au poste de police, pour trouver le Cove
Hotel. Sur la gauche de la route se dégage
la réception et la terrasse qui fait face à la
baie avec sa piscine à la disposition un peu
étrange, mais très propre. De l'autre côté de
la route, les studios donnent l'impression
de rejoindre un motel des années 1970. A
l'intérieur, le mobilier semble d'ailleurs dater
de cette époque…

Cafés – Restaurants

■ **CAFFE DEL MARE (A)**
Pointe Gourde, Chaguaramas Bay
*Ouvert du dimanche au jeudi de 8h à 20h, et
le vendredi et le samedi de 8h à 21h. Fermé
le lundi. Compter entre 30 TT$ et 70 TT$.*
Ce café se veut être la petite sandwicherie
idéale au bord de la Marina. La carte est
légère et idéale pour combler un petit creux à
l'heure du déjeuner. Les salades de crevettes
grillées pour 55 TT$ sont excellentes. Les
pâtisseries proposées participent à l'ambiance
européenne qui se dégage de cette adresse,
avec sa petite terrasse orientée plein sud.

■ **SAILS (B)**
PowerBoat Mutual Facilities, Carenage
✆ (868) 634 1712
Compter de 80 à 250 TT$. Ce petit restaurant
de marina n'est plus l'excellente adresse
petit budget qu'il était. En 2008, le décor a
changé pour en faire un point de chute très
confortable à l'heure du déjeuner ou du dîner.
Les prix ont suivi. La terrasse en plein air, au
bord de l'eau, n'en demeure pas moins très
agréable. Le poisson y est toujours très frais
et très bien cuisiné. Vive la cuisine créole de
ce niveau. L'endroit est à fréquenter en soirée,
pour profiter de son bar souvent très animé par
les pêcheurs du coin et par une clientèle jeune
de Port of Spain en fin de semaine.

TRINIDAD

■ **LIGHTHOUSE (C)**
Pointe Gourde, Chaguaramas Bay
✆ (868) 634 4384/85
www.crewsinn.com
Ouvert du lundi au dimanche. Petit déjeuner de 7h à 11h, déjeuner de 11h30 à 15h, dîner de 18h à 22h (22h30 le week-end). Compter un minimum de 80 TT$. On viendra dîner au Lighthouse, le restaurant select de la marina Crews Inn et de l'hôtel du même nom, peut-être davantage pour son cadre que pour sa cuisine. Une cuisine correcte, de style international agrémenté de tradition créole, servie sur une grande terrasse en tek, ouverte face aux bateaux au mouillage. Ah, la brise rafraîchissante qui souffle de la mer... Ne soyez pas impatient pour être servi.

Sortir

Quand on demande aux jeunes de Trinidad où se trouvent les boîtes de nuit à Port of Spain, ils vous répondent à Chaguaramas. Et c'est vrai que la concentration de « nightclubs » que la répond prend vite tout son sens. Généralement à ciel ouvert et dotées de scène de concert, elles accueillent des foules immenses qui y viennent danser toute la nuit, spécialement le vendredi soir, et c'est là que se déroulent les plus belles fêtes de la région de Port of Spain. Les grandes soirées sont annoncées par flyers ou sur le site www.triniscene.com – On y pratique de plus en plus la règle des « all inclusive parties », où l'entrée vaut comme un forfait donnant droit à l'accès illimité au bar.

■ **PIER ONE (D)**
Western Main Road
✆ (868) 634 4472
Entrée variable selon la soirée. Une des boîtes les plus tendance du moment, à l'air libre et à deux pas de la mer. Un lieu de prédilection de la jeunesse trinidadienne dorée. Soirées latino le jeudi, all inclusive parties le vendredi. Mais renseignez-vous avant d'y mettre les pieds. Parfois, l'endroit est loué pour une soirée privée. Impossible donc d'y rentrer sans invitation. C'est également de Pier 1 que partent les bateaux pour le Venezuela voisin et le port de Guira. Il faut compter 3 heures 30 de traversée, au moins 552 TT$ pour un aller et 75 TT$ de taxes portuaires par personne. Le bateau quitte Chaguaramas vers 9h généralement, mais il vous faudra arriver deux heures avant le départ pour vous enregistrer.

■ **MOBS II (E)**
Welcome Bay
✆ (868) 634 2255
www.mobs2.com
Compter un minimum de 80 TT$, variable selon les soirées. Cette boîte de nuit, l'une des plus fréquentée de Trinidad prend la forme d'un amphithéâtre à l'air libre, donnant sur une scène où ont lieu les grandes fêtes et les concerts de la période du carnaval. Mais ne vous y aventurez pas sans avoir vérifié au préalable qu'une soirée y est bien organisée. Consulter le calendrier de Triniscene ou appelez au numéro indiqué.

■ **THE BASE (F)**
A l'entrée de Chaguaramas
✆ (868) 634 4004
Une boîte où se donnent des concerts live et des soirées à thème.

Points d'intérêt

■ **LE MUSEE MILITAIRE DE CHAGUARAMAS**
✆ (868) 634 4491
Ouvert du lundi au samedi de 10h à 18h. Entrée libre. Le musée retrace l'histoire militaire de Trinidad & Tobago, de leur découverte à nos jours et offre une bonne introduction à tous ceux qui veulent en savoir plus sur l'origine de ces deux îles. La conquête espagnole, l'ère de la piraterie, la Seconde Guerre mondiale, les grands épisodes de l'occupation anglaise, la bataille franco-britannique de Scarborough pour la prise de Tobago, la création de la police trinidadienne, l'histoire de T&T vous donne rendez-vous à Chaguaramas.

■ **PARC NATIONAL DE CHAGUARAMAS**
Pour pénétrer dans le parc, il faut prendre la route qui part à la perpendiculaire sur la droite (Tucker Valley) depuis la route principale de Chaguaramas (Western Main Road). La jonction se trouve à hauteur de la « base », un grand bâtiment jaune qui sert de quartier général aux militaires qui opèrent dans la zone. La Chaguaramas Development Authority (CDA) propose de nombreux tours guidés sur les 14 500 hectares du parc. Vous pourrez ainsi accéder à des sites pas toujours évidents à trouver sans guide (caves, stalactites, rivière souterraine...). Pour plus de renseignements ✆ (868) 634 4227/4364 – www.ichaguaramas.com – tours@chagdev.com
Parmi les attractions principales du parc :

▷ **La plage de Macqueripe.** Prendre le chemin de la Tucker Valley qui démarre à partir de la Western Main Road, et continuer sur 4 km pour accéder à la plage de Macqueripe, située sur une petite anse de la côte nord de la péninsule. Une cabine est mise à disposition des visiteurs pour se changer. Si le sable n'est pas vraiment fin, la plage, qui est dotée d'une jetée, est abritée par la verdure, et on peut se baigner dans une eau qui n'est pas polluée, contrairement à la côte sud de la péninsule. Attention tout de même, la plage n'est pas gardée, et les courants sont parfois vraiment violents.

▷ **La cathédrale de bambous.** Juste avant de poursuivre jusqu'à la plage de Macqueripe, un panneau sur la droite indique, la direction de la cathédrale de bambous, un impressionnant tunnel formé par les bambous géants au-dessous duquel chemine la piste asphaltée. Dommage d'ailleurs que les autorités du parc aient décidé de goudronner le chemin dont l'entrée est fermée par une barrière. Pour accéder à la cathédrale, il faut marcher entre 5 et 10 min. Pour les amoureux de balades en forêt, il est conseillé de poursuivre le sentier afin de rejoindre le sommet du site et l'ancien radar américain laissé à l'abandon. L'outil avait été installé au début des années 1970, pour prévenir des attaques soviétiques contre les Etats-Unis. Le site, totalement à l'abandon, est livré aux singes hurleurs et aux capucins qui peuplent les arbres aux alentours.

▷ **Edith Falls et le golf de Chaguaramas.** Presque à mi-chemin entre la plage de Macqueripe et la jonction avec la Western Main Road, vous apercevrez un panneau sur la gauche indiquant la direction du site naturel de Edith Falls. On suit d'abord une petite route goudronnée qui, lorsqu'on la prend jusqu'au bout, conduit au golf de Chaguaramas. Avant d'atteindre les pelouses du golf, un deuxième panneau indique la piste conduisant à la cascade de Edith Falls, au travers des bambous géants, des caoutchoucs, des lianes et des plantes grasses. Une demi-heure de marche dans la jungle, au cours de laquelle il est souvent possible d'entendre et parfois de voir les singes, ainsi que divers perroquets, rapaces (aigles ou faucons) et colibris. Au bout du chemin, on découvre la chute d'eau. Une cascade vraiment spectaculaire au moment de la saison des pluies, de juillet à décembre. Construit par les militaires américains pour occuper leurs loisirs à l'époque de leur présence sur la péninsule, le golf de Chaguaramas est un beau parcours de 9 trous à pelouse ombragée par les bambouseraies qui la parsèment de-ci de-là. Il est toujours en activité et fonctionne tous les jours de 7h à 18h. Compter 60 TT$ pour le parcours. Possibilité de location des clubs.

Loisirs

■ **KAYAK CENTER**
Sur la route entre Port of Spain et Chaguaramas, juste avant l'entrée dans Chaguaramas ✆ (868) 680 6244 *Ouvert tous les jours de 6h à 18h.* Possibilité de louer un canoë ou un kayak pour s'aventurer sur la baie.

TRINIDAD

Palm Tree.

■ LAS BOCAS OU « DOWN THE ISLANDS » ■

Situées au nord du golfe de Paria, au niveau de l'embouchure du Dragon, Las Bocas forment un chapelet de petites îles qui s'étirent de la presqu'île de Point Gourde en direction du Venezuela. Appelées « Down the Islands » par les habitants de Trinidad, la plupart de ces îles ont servi tour à tour de haut lieu de villégiature à une bourgeoisie trinidadienne en mal de plaisirs balnéaires ou bien de prisons, petits Sing-Sing où la société coloniale parquait ses condamnés. Iles de paradis ou d'enfer, l'histoire de Las Bocas est riche en péripéties et jette un éclairage singulier sur le passé de Trinidad. Il est possible de visiter certaines d'entre elles.

▌ **D'ouest en est, on trouve d'abord les « Cinq Iles », en fait un groupe de 6 îlots :** Caledonia, Lenagan, Craig, Pelican, Rock et Nelson, anciennement appelés Los Cotorras par les Espagnols et les « Perroquets » par les Français. Jusque dans les années 1820, ces îlots ont servi de refuge aux bateaux de contrebande en provenance du Venezuela, puis devinrent propriété privée de quelques grandes fortunes trinidadiennes qui en firent des sortes de stations balnéaires. En 1860, ce chapelet d'îlots était surnommé « la Brighton de Trinidad ». Mais, au tournant du siècle, changement radical, la majorité de ces îlots devient des lieux de quarantaine. Les bateaux y débarquent leurs passagers malades.

Sur l'île de Nelson, on entasse les immigrants indiens, pour la plupart recrutés de force, avant de les débarquer à Trinidad. Pendant la Seconde Guerre mondiale, la même île devient un camp de regroupement pour les juifs exilés d'Europe venus chercher refuge à Trinidad et, dans les années 1970, le gouvernement trinidadien y envoie en détention les activistes du Black Power. Aujourd'hui, les seuls habitants des Cinq Iles sont les pélicans et les vautours.

■ THE ISLAND PROPERTY OWNERS ASSOCIATION
Western Main Road, juste avant l'hôtel The Cove à Chaguaramas
ℂ (868) 634 4331 ou 488 9786
Cette association est le bon contact pour trouver un « water maxi-taxi » pour se rendre sur les îles des Bocas. Elle donne également des informations sur les quelques chambres à louer sur les îles. N'hésitez pas à demander Frazer, il saura vous éclairer. Compter 140 TT$ pour rejoindre l'île Monos.

LES ÎLES DIEGO
A quelques encablures à l'est et face à Point Gourde se trouvent les deux « îles Diego », Kronstadt et Carrera. Carrera est une île-prison depuis 1856. L'île de Kronstadt fut partagée en deux au début du XXe siècle. Sa majeure partie fut achetée par l'archevêché de Port of Spain. L'autre fut transformée en carrière. L'Eglise revendit sa partie de l'île au gouvernement en 1946, qui l'accorda en usufruit au superintendant des prisons, puis aux différents gouverneurs qui s'y succédèrent jusqu'en 1973. Elle est inhabitée depuis.

Guit-guit émeraude.

GASPAR GRANDE

C'est la troisième île en partant de l'est et aussi la plus accessible, à un quart d'heure de pirogue de Chaguaramas. A l'origine de son nom, un don que fit le gouverneur espagnol Chacon à un certain Gaspar de Percin la Roque, en 1783. Ancienne plantation de coton, propriété d'un colon français, elle fut vendue en parcelles quand les Anglais prirent possession de Trinidad. Au début du XIXe siècle, Gaspar Grande se tourna vers la pêche baleinière, ceci jusqu'en 1864. Un petit village de pêcheurs subsista sur l'île jusque dans les années 1960.

Depuis, l'activité de l'île se résume à celle d'une station balnéaire pour privilégiés, doté de splendides résidences et de plages privées. Sa géologie confère à Gaspar Grande un intérêt tout particulier. On y trouve des cavernes et les restes d'une rivière souterraine au lieu-dit « Point Baleine ».

L'embouchure de cette ancienne rivière souterraine forme une espèce de hangar naturel qui servit, aux temps héroïques, de cachette aux flibustiers. Ces cavernes —la « grotte bleue » en particulier – sont ornées de stalagmites et de stalactites dont les formes souvent évocatrices leur valent des surnoms imagés, tels que les amoureux, le bouddha ou la chaire de l'archevêque. Les grottes servent de refuge à des milliers de chauves-souris, de toutes les espèces, mais la plus redoutable d'entre elles, celle des vampires, a été éradiquée il y a plus d'une vingtaine d'années. Cependant la faune de Gaspar Grande ne se résume pas aux chauves-souris. En fait, l'île est un petit paradis pour les naturalistes. On y trouve toutes sortes d'oiseaux et notamment des perroquets, des iguanes en nombre, des serpents et ces fameux centipèdes, ces mille-pattes géants à la piqûre très venimeuse. Des visites de Gaspar Grande sont organisées par le Chaguaramas Development Authority, pour 32 US$ par personne. A noter l'existence d'un restaurant sur l'île, le Bayview Resort (*ouvert tous les jours de 7h30 jusqu'à tard dans la soirée*).

MONOS ET HUEVOS

Ce sont respectivement les quatrième et cinquième îles en partant de l'est. Situées dans le prolongement de la péninsule de Chaguaramas, ce sont les premières îles de l'embouchure du Dragon. Anciennes plantations, elles furent adoptées par nombre de militaires américains qui avaient l'habitude d'y passer leur week-end. Aujourd'hui, excepté la présence de quelques belles maisons, propriétés privées de fortunes trinidadiennes, il n'y a pas beaucoup d'activité sur ces deux îles, qui sont très rarement visitées.

CHACACHACARE

Le CDA organise des visites sur « Chaca » pour 25 US$ par personne. La dernière, la plus à l'ouest, et la plus grosse des îles des Bocas, est à une heure de bateau de Trinidad. On ne connaît pas vraiment l'origine du nom de Chacachacare. Est-il dû à une ressemblance onomatopéique avec un cri d'oiseau ? Dérive-t-il du terme indien servant à désigner le coton – chacacha ? Nul ne sait. Toujours est-il que, lorsque Colomb y accoste en 1498, il lui donne le nom de « El Caracol » – l'escargot – une allusion à la forme particulière de cette île, enroulée autour d'une crique principale, la « Chacachacare Bay ».

Des Amérindiens vécurent sur l'île jusqu'à la fin du XVIIIe siècle, date à laquelle les planteurs esclavagistes mirent Chacachacare en coupe réglée, y organisant la production de coton et de cacao. Au début du XIXe siècle, Chaca, comme on dit à Trinidad, servit de repaire aux révolutionnaires qui y faisaient transiter armes et munitions du Venezuela jusqu'à Trinidad. Ces révolutionnaires furent vite défaits par le pouvoir anglais. Quand les cours du coton s'effondrèrent, aux alentours de 1850, Chaca se tourna tout entière vers la pêche à la baleine. Cette dernière activité déclina à son tour à la fin du XIXe siècle, laissant Chaca et ses derniers habitants complètement démunis. La plupart d'entre eux n'étaient plus que de petits propriétaires vivant de l'exploitation de leurs parcelles de terre. Ils ne purent s'opposer à la décision du gouvernement de Trinidad d'implanter, en 1921, une léproserie sur la petite île et furent expropriés. Tenue par des nonnes dominicaines, l'administration de la léproserie imposait des conditions très dures aux malades, à la limite de la coercition. Le centre de soins fonctionna jusqu'en 1984. Depuis, il est vide de tout occupant, mais ses bâtiments victoriens en brique rouge, les maisons d'habitation des docteurs, les logements des nonnes, l'hôpital, la chapelle… tout est resté quasiment en état. A l'heure actuelle, les seuls occupants de l'île sont les gardiens des deux phares et les iguanes géants dont les plus beaux spécimens mesurent plus de 2 m de long.

TRINIDAD

Le Nord

Au nord de l'île, s'étire sur la côte une chaîne montagneuse de 80 km de long, dont le sommet principal atteint 945 m. Sur leurs versants nord, les montagnes butent très vite sur la mer des Caraïbes, alors qu'au sud, commencent les grandes plaines de l'île. Entre les deux, une forêt vierge qui recouvre la quasi-intégralité des montagnes, très dense et luxuriante.

Des versants nord à ceux du sud, c'est un clash temporel, tel un télescopage entre une côte enclavée, seulement peuplée de quelques villages de pêcheurs où le temps semble s'être figé, et, au sud des montagnes, le Corridor est-ouest, une grande conurbation urbaine définitivement gagnée par la modernité, qui s'enfonce en transversale de Port of Spain jusqu'à Arima. Autant dire que pour le visiteur avide de calme, de mer et de nature, c'est bien le littoral qu'il faut privilégier. C'est d'ailleurs là que se concentre la plus grande partie de l'offre d'hébergement, encore balbutiante, bien que de nombreux projets d'hôtellerie soient à l'étude.

Sur la côte nord, les paysages sont magiques. Chose rare dans la région Caraïbe, le littoral y est quasi intact et parfois vierge de toute présence humaine. La route côtière s'interrompt même sur près de 40 km laissant le champ libre à une nature inviolée. Un paysage magnifique de plages désertes, avec pour seule palette, le blond du sable, le bleu de la mer, le blanc de l'écume et l'émeraude de la forêt. Un cadre qui n'a pas changé depuis Christophe Colomb et où les tortues géantes viennent pondre chaque année par dizaines de milliers depuis des temps immémoriaux...

Les forêts montagneuses sont l'autre attraction de cette côte. Une jungle qui recouvre des vallées encaissées, des collines escarpées parsemées de rivières et de chutes d'eau par centaines. C'est la patrie du singe hurleur, du tatou et du fourmilier, le territoire du papillon empereur, du perroquet et de l'orchidée, toute une faune et une flore ayant migré d'Amérique du Sud à l'époque des dernières grandes glaciations. Nul besoin d'être explorateur ou naturaliste pour profiter de cette nature prodigue. Les guides de la région connaissent les sentiers qui mènent aux piscines naturelles creusées par les cascades, dans lesquelles il fait si bon se baigner après la marche.

Décidément, la côte nord de Trinidad offre encore de nos jours une bienfaisante sensation de dépaysement...

Orientation

▶ **De Port of Spain,** la route qui conduit à la partie la plus proche de la côte nord passe par Maraval, puis arrive sur le littoral à hauteur de Maracas Bay, spot favori des habitants de la capitale durant le week-end et halte obligée de tous les amateurs de belles plages. Longeant la côte, la route se poursuit jusqu'à Las Cuevas, autre belle plage et escale possible pour se restaurer et dormir. Puis, après avoir traversé le village de Fillette, la route s'achève à Blanchisseuse. A partir de Blanchisseuse, plus aucune possibilité de rejoindre le village côtier suivant, Matelot, distant de plus de 30 km, excepté la marche à pied. Il faudra alors piquer vers le sud et traverser la montagne en prenant la route qui fait la jonction entre Blanchisseuse et Arima. A partir d'Arima, la route part à l'est en direction de Valencia, Matura, pour rejoindre le littoral ouest à hauteur de Salybia. De là, elle remonte vers le nord jusqu'à Toco, la pointe la plus extrême de l'île. De Toco, la route côtière reprend vers l'ouest en passant par Sans Souci, Grande Rivière et Matelot, le village le plus enclavé de la partie nord (compter plus de trois heures pour l'atteindre en voiture à partir de Port of Spain).

▶ **La façon la plus directe d'aller à Arima en partant de la capitale** est d'emprunter l'une des deux routes qui desservent le Corridor est-ouest. La première et la plus ancienne est l'Eastern Main Road, qui part de la capitale pour traverser la succession des petites villes du Corridor et continue au-delà d'Arima jusqu'à Valencia. A partir de là, elle devient la Valencia Road, puis se transforme en Toco Main Road. La deuxième façon, la plus rapide de toutes, est de prendre l'autoroute qui double l'Eastern Main Road, et qui s'arrête brutalement un peu au-delà d'Arima. Le nord de Trinidad est desservi par les transports publics. Cependant, leur fréquence se raréfie au fur et à mesure que l'on progresse en direction du nord-ouest, et il n'est vraiment pas facile de gagner Matelot en prenant les transports en commun. Rien de tel donc que de disposer d'un véhicule privé ou loué si l'on veut parcourir la région en toute liberté. Comme à Tobago, la population du nord de l'île est très majoritairement noire créole, tout particulièrement sur le littoral. A la différence du centre et du sud de l'île, on n'y croise que très peu d'Indiens. Sur tout le littoral, les habitants sont très gentils et accueillants, et il n'y a pas de problème majeur d'insécurité. Les risques potentiels peuvent survenir lors de balades non accompagnées dans le bush, notamment à cause des plantations de marijuana qui s'y dissimulent. Il est donc préférable de ne pas se lancer seul dans ce type d'aventure sans s'être bien renseigné au préalable.

MARACAS BAY

A la sortie de Maraval en direction du nord, vous trouverez un carrefour. A droite, la Saddle Road vous mène vers le petit village de Cantaro. A gauche débute la North Coast Road qui va en direction de Maracas Bay. Vous ne pouvez pas vous tromper : un portique imposant en bois, sous lequel vous devez passer pour emprunter la North Coast Road, se trouve à son tout début.

Une fois franchi le portique, une très bonne route sinueuse vous emmène à travers des collines et des vallées luxuriantes en offrant au regard des paysages somptueux de jungle nimbés de brume où se réfléchit le soleil. D'ailleurs, attention à ne pas vous laisser distraire par les merveilles environnantes. La route est des plus sinueuses, et les ravins ne pardonnent pas. Au bout d'une dizaine de kilomètres, la mer se découvre à la vue, et on arrive à la halte panoramique de La Vache, située au sommet d'une des plus hautes collines de la région. On peut y garer sa voiture sur un grand parking. Des vendeurs ambulants proposent rafraîchissements, friandises et noix de coco en haute saison. Le reste du temps, l'espace est plutôt libre. La vue panoramique vaut vraiment le coup d'œil. En direction de l'ouest, si l'air n'est pas trop brumeux, il est possible d'apercevoir les côtes des îles de Las Bocas et du Venezuela, situé à seulement 15 km de là. En direction de l'est, c'est la côte nord très découpée de Trinidad qui se laisse contempler, avec ses falaises vertigineuses qui donnent l'impression de tomber dans la mer.

Passé La Vache, la route entame sa descente sur Maracas Bay. Pour les habitants de Port of Spain, Maracas Bay n'est pas seulement une des plus belles plages de la côte nord,

et de surcroît la plus proche de la capitale. C'est véritablement un must incontournable du week-end ou des jours fériés, autant dire une institution. Les Trinidadiens s'y rendent comme s'ils joignaient une procession.

Encerclée par les falaises des montagnes de la côte nord, la baie de Maracas, d'un kilomètre de long environ, est bordée de cocotiers sur toute sa longueur.

Du côté gauche de la route s'étend une plage de sable fin surveillée par les garde-côtes ; sur le côté droit se trouvent des cabines pour se doucher et se changer ainsi qu'un parking surveillé (compter 1 TT$ pour utiliser les cabines).

Sur la plage, une multitude de paillotes proposent des boissons et surtout les fameux Bake & Sharks, ces fameux sandwiches de poisson qui font la réputation de l'endroit. Le pain est cuit devant vos yeux, le poisson est pêché du jour, la garniture est composée de salade, de tranches de tomate et d'ananas et le tout est agrémenté d'une grande variété de sauces, à choisir selon le goût de chacun. Un régal. A l'exception d'un hôtel assez cher et au confort plutôt spartiate, il n'y a pas énormément de possibilités de se loger à Maracas Bay. Seulement un petit village de pêcheurs, situé à l'extrémité gauche de la plage, où l'on pourra trouver quelques chambres chez l'habitant.

Transports

Tous les transports en commun qui desservent la côte nord jusqu'à Blanchisseuse effectuent un arrêt à Maracas Bay. Cependant ils ne fonctionnent pas très bien le week-end. La solution idéale pour se rendre à Maracas consiste à disposer de son propre véhicule pour profiter ainsi à son gré de la côte et de ses superbes baies.

Bus

Une ligne de bus ruraux part de la gare routière de Port of Spain toutes les heures en semaine. Compter 6 TT$

Maxi-taxi

Des maxi-taxis à ligne jaune desservent Maracas Bay. Point de départ à Port of Spain au croisement de Charlotte Street & Oxford Street. Prix indicatif de la course 10 TT$. Des maxi-taxis à ligne rouge passent par Maracas sur leur trajet jusqu'à Blanchisseuse. Point de départ de la ligne à la gare routière de Port of Spain (City Gate).

TRINIDAD

Route-taxi

Les route-taxis qui font le trajet de la côte nord jusqu'à Blanchisseuse partent du croisement de George Street et de Prince Street dans le centre-ville de Port of Spain. Compter 12 TT$ pour aller à Maracas Bay.

Pratique

▶ **Sécurité.** La plage de Maracas Bay est surveillée par les garde-côtes de 10h à 18h tous les jours. Cependant la baignade y est parfois risquée, et les nageurs peuvent rencontrer des courants marins violents. Chaque année, on déplore une ou deux noyades. Les baigneurs devront donc être vigilants, ne pas s'écarter trop au large et se renseigner sur l'état de la mer auprès des garde-côtes.

Hébergement – Restaurants

Hormis le restaurant du Maracas Bay Hotel, vous ne trouverez que des fast-foods, alignés le long et sur la plage, dans les petites cabanes orange et bleu.

Difficile de comprendre leur planning et la durée de vie de ces chop-bars souvent amateurs.

La paillote de Richard's, juste à côté du parking ou celle de Sam's and Son à la sortie de la baie ont cependant su forger une solide réputation dans le temps, grâce à leur Bake & Shark à partir de 25 TT$.

■ **BAYVIEW ACCOMODATION AND RESTAURANT**
Juste avant l'entrée de Maracas Bay, sur les hauteurs
✆ (868) 669 4077 ou 784 3589
Quatre chambres de 200 à 250 TT$. Il s'agit probablement de l'établissement avec le plus fort potentiel de Maracas. Juché en haut d'une falaise, le bâtiment domine la baie. La vue sur la mer depuis les chambres est imprenable, et les couleurs qui sautent aux yeux ne manqueront pas de rester graver dans votre mémoire. Reste à savoir si la maison a tenu ses promesses et aménagé les pièces comme promis. Lors de notre passage à l'été 2008, un lit planté au milieu de chaque chambre constituait l'unique mobilier. Bayview propose également un service de restauration, tous les jours à partir de 11h et jusqu'à ce que quelqu'un soit encore disposé à vous concocter quelque chose. Comme partout sur la côte, la spécialité de la maison se résume au fameux Bake and Shark (*compter 20 TT$*).

■ **AYHE'S GUESTHOUSE**
Old Fishermen's Bay Road, Maracas Bay
✆ (868) 776 1200
Compter 175 TT$ pour l'une des chambres à l'étage et 250 TT$ pour l'appartement au rez-de-chaussée. Qu'on soit d'accord, on ne séjourne pas à Aye's pour le confort de la maison, mais bien pour son implantation face à la plage, à une trentaine de mètres seulement de l'eau. Matelas inconfortables, eau chaude pas toujours assurée, pièces carrées et pommeau de douche en forme de jet d'eau, plantent le décor d'une guesthouse aux hôtes très accueillants. Une cuisine en plein air sur la terrasse de l'étage devait être construite au moment où nous écrivions ses lignes.

■ **MARACAS BAY HOTEL**
Old Fishermen's Bay Road, Maracas Bay
✆ (868) 669 1914
www.maracasbay.com
maracasbay@tstt.net.tt
32 chambres, la double à partir de 460 TT$, la triple à 550 TT$. L'établissement est difficile à manquer lorsqu'on arrive sur la baie de Maracas. Le toit bleu et pointu de la réception se dégage facilement du paysage qui apparaît sur la gauche. Il s'agit du seul hôtel de cette partie de la côte nord. Les chambres sont propres. La décoration et le confort restent basiques. L'hôtel possède son propre restaurant, dont les plats de poisson sont toujours très frais et bien garnis. Déjeuner à partir de 75 TT$.

LAS CUEVAS

Les habitants de Las Cuevas disent de leur plage qu'il s'agit de la plus calme de l'île, comme celle qu'on peut rencontrer à Tobago. Une chose est sûre, il s'agit probablement de la baie la plus agréable de la côte nord. Hormis un chop-bar planté sur le parking de la plage, rien ne semble venir perturber la quiétude de cette longue baie de près d'un kilomètre. Une fois sur la plage, méfiez-vous tout de même de la présence intermittente d'aoûtats sur la plage. Se munir d'un bon produit répulsif au cas où…

Avant d'arriver à Las Cuevas, en venant de Maracas, vous aurez sûrement vu se dessiner la plage de Tyrico Bay. Sachez qu'il est possible d'y planter sa tente sans avoir à obtenir d'autorisation préalable. Lors des week-ends prolongés, comme celui de Pâques, la plage se transforme en un immense camping.

Transports

▶ **Par bus, par maxi-taxi (ligne rouge) ou route taxi** (*cf.* « *Maracas Bay* »). Compter approximativement 10 à 12 TT$ pour le trajet de Port of Spain.

Hébergement – Restaurant

■ **LAS CUEVAS BEACH LODGE**
Sur les hauteurs, face à la plage
℃ (868) 669 6945 ou 796 3145
Six chambres doubles à 400 TT$, petit déjeuner inclus. Cet établissement a le mérite d'être le seul complexe hôtelier de Las Cuevas. Pour le reste, les chambres qui disposent toutes d'air conditionné, apparaissent assez rustiques, flanquées sous la charpente en bois du bâtiment. La moquette posée dans chaque pièce ne contribue pas à la grande propreté des lieux. Un cafard est toujours une mauvaise surprise lors d'une visite… Les salles de bains sont petites, mais l'eau chaude parvient jusqu'à la douche. Pensez à demander les chambres avec la vue sur la mer. Il serait dommage de passer à côté d'un tel spectacle, surtout en fin de journée. Las Cuevas Beach Lodge dispose surtout d'un restaurant (*ouvert tous les jours jusqu'à 22h*) qui commence à se faire un nom dans la région. La maison s'est spécialisée dans les plats de poisson et de fruits de mer. Avec un point de chute de pêcheurs à moins de 150 m, il aurait été dommage de se priver. L'accueil, que ce soit celui du restaurant ou celui de l'hôtel, est excellent. Depuis les hauteurs, le manager ne manquera pas de vous faire observer les nombreux oiseaux du matin qui tourbillonnent autour de la terrasse. Le soir, de fin mars à début août, il n'hésitera pas à vous accompagner sur la plage à la rencontre des tortues de mer.

BLANCHISSEUSE

Passé Las Cuevas, les plages de la côte nord sont lavées par une mer parfois rude. Cette région constitue cependant un endroit idéal pour souffler et se détendre, en prenant quelque distance par rapport au rythme trépidant du carnaval des premiers mois de l'année. Déjà la forêt semble se faire plus dense, et les plages plus sauvages. La fin de la civilisation n'est plus très loin. Actuellement, la route qui longe la côte nord s'arrête à Blanchisseuse, la dernière série de criques accessibles en voiture. Pour atteindre Matelot et Grande Rivière, il vous faudra passer par Arima et faire un grand détour en remontant la côte est. Nul doute que cette caractéristique d'enclave a su jusqu'à présent protéger et préserver la dimension très sauvage de cette partie côtière de l'île. Cependant est prévue déjà la construction d'un tronçon de route goudronnée reliant Blanchisseuse à Matelot et Grande Rivière. Les autorités en parlent depuis une dizaine d'années, mais il semblerait que le projet ait été reporté. Il ne reste peut-être qu'un peu de temps pour découvrir Blanchisseuse la paisible et de savourer son atmosphère avant qu'elle ne devienne une escale trop fréquentée. Cela dit, les habitants de Port of Spain viennent bien plus facilement se mouiller les pieds le temps d'un week-end à Blanchisseuse et dans ses environs plutôt qu'à Matelot et Grande Rivière, bien plus distants depuis la capitale.

Histoire

Dans l'histoire de Trinidad, Blanchisseuse est l'un des tout premiers villages à avoir été créé par des Français, autorisés à immigrer et à s'implanter à Trinidad à la suite de la promulgation de la cédule par le royaume d'Espagne, en 1783. L'origine du nom de Blanchisseuse nous vaut une anecdote amusante. Pour les nouveaux immigrants français qui se sont implantés à Blanchisseuse, la rivière Marianne, qui se déverse à cet endroit dans la mer, servait de réserve naturelle d'eau douce.

TRINIDAD

© WWW.PANJIBE.COM

Perroquet.

Un jour, un navire français est venu mouiller à proximité de Blanchisseuse. Son officier de bord, Frédéric Mallet, voulut savoir le nom du village. Personne n'étant capable de lui répondre, il remarqua des femmes lavant leur linge sur la plage du petit estuaire de la rivière Marianne et consigna dans son journal de bord : « la rivière des femmes ». Par la suite, les lavandières et les colons baptisèrent leur village Blanchisseuse (prononcer *Blan-tchee-chiuze*).

Il n'existe malheureusement pas d'archives historiques sur Blanchisseuse, ni du temps des Espagnols ni plus tard du temps des Anglais. Les plantations n'y étaient pas envisageables à cause de la nature escarpée du terrain et du manque de terres cultivables.

La région ne disposait pas de routes praticables, surtout à la saison des pluies. Au sud, des falaises et des collines couvertes de forêt vierge, quasiment infranchissables, surplombent le village. Le seul véritable accès à Blanchisseuse ne pouvait se faire que par la mer.

Totalement enclavés, les colons qui y avaient trouvé refuge vivaient donc en autarcie, coupés du reste de l'île. Ils le sont restés jusqu'à la première moitié du XIXe siècle, lorsque, en 1849, le gouverneur anglais de l'époque, Lord Harris, fut chargé du découpage administratif de l'île. Il envoya une brigade à Blanchisseuse, dans l'objectif de surveiller et de contrôler la riche et vaste région forestière s'étendant autour du village. L'économie de l'île avait en effet grand besoin de bois de construction. L'exploitation forestière permit à Blanchisseuse de connaître une petite expansion jusque dans les années 1930. Puis, le ciment et les poutrelles métalliques remplaçant peu à peu les madriers dans la construction des bâtiments, l'activité forestière périclita, et Blanchisseuse ne subsista que grâce à sa petite pêcherie.

Aujourd'hui, si les pirogues des pêcheurs sont encore à pied d'œuvre, quand la mer le permet, Blanchisseuse fait figure de belle endormie dans la torpeur des après-midi antillais, tout en gardant un œil à moitié ouvert sur les perspectives que pourrait lui offrir un nouveau relais de croissance : l'écotourisme.

Transports

Voiture

De Port of Spain, prendre la North Coast Road à la sortie de Maraval. Compter approximativement une heure depuis le centre-ville de Port of Spain ou le quartier de Woodbrook. Si la distance n'est pas très grande, les nombreuses courbes de la route vous ralentiront considérablement, surtout si vous vous trouvez bloqué derrière un camion que vous mettrez du temps à pouvoir dépasser. Attention, il n'y a pas de station-service à Blanchisseuse. Les seules stations dans le périmètre se trouvent à Maraval (approximativement à 20 km de Blanchisseuse) ou à Arima (approximativement 50 km). Pensez donc à remplir votre réservoir d'essence.

Taxi

Des maxi-taxis (lignes rouges) partent régulièrement pour Blanchisseuse de la gare routière de City Gate, à Port of Spain, pour 15 TT$. De façon plus aléatoire, on trouve des voitures taxis qui acceptent d'aller à Blanchisseuse à partir de Port of Spain. Les tarifs sont à négocier. Station au croisement de George Street & Prince Street.

Bus

Une ligne publique dessert Blanchisseuse à partir de Port of Spain, dépôt de City Gate Terminal South Kay, à côté de l'embarcadère du ferry.

Départs en principe le matin à 4h et à 8h ; l'après-midi à 13h et 17h. Compter 8 TT$. Dans le sens inverse, départs de Blanchisseuse, le matin à 5h30 et à 10h ; l'après-midi à 15h et à 17h.

A Blanchisseuse, la station de bus se trouve au milieu du village, en face du Travelling Officers Quarters (signalé par un panneau sur une maison peinte en vert). Durée du trajet entre Port of Spain et Blanchisseuse environ 1 heure 30.

Pratique

Blanchisseuse est un petit village. Vous pourrez y trouver quelques rum-shops ou épiceries, mais ne vous attendez pas à y voir de banque, de poste ou de supermarché.

Pour changer de l'argent ou pour vous procurer des provisions dépassant les besoins d'appoint, vous devrez aller soit à Maraval, où se trouve le centre commercial le plus proche, ou à Arima, un peu plus distante.

▶ **Si vous êtes à court de monnaie locale**, mais si vous disposez de traveller's cheques, vous pouvez vous adresser aux hôtels qui, généralement, acceptent de changer de petites sommes pour dépanner.

▶ **Téléphone.** Depuis 2006, les deux compagnies de téléphonie qui opèrent à Trinidad & Tobago ont installé des relais qui permettent d'assurer la couverture de la zone. Jusqu'à cette date, les ondes ne passaient pas la chaîne montagneuse qui sépare la côte nord des régions urbanisées de Port of Spain et d'Arima. Aussi, le long de la route principale vous trouverez des cabines téléphoniques à l'air libre. Il n'existe pas centre de communications.

▶ **Police.** Ouvert 24 h/24, le poste de police se trouve au milieu du village, sur la droite quand on arrive de Las Cuevas, en face de la pêcherie ✆ (868) 669 3868. Si vous désirez faire une randonnée non accompagnée jusqu'à la plage de Paria, ou dans les petites plages désertes situées entre La Fillette et Blanchisseuse, il peut être judicieux de prévenir le poste de police de vos intentions. On n'est jamais trop prudent…

■ **URGENCES MEDICALES**
✆ (868) 669 4118/3135 après les heures de bureau
Ouvert de 8h à 16h en semaine. Un peu plus loin, toujours sur la droite, se trouve un centre médical relativement moderne qui peut porter les premiers secours en cas d'urgence et qui dispose d'une d'ambulance en cas de besoin.

Hébergement

Blanchisseuse n'est pas un centre touristique très développé, mais on y trouve quelques bonnes et même de très bonnes guesthouses à prix convenables. Si vous n'avez pas pensé à réserver parmi les adresses suivantes, il vous restera toujours l'option du Mariame Beach Resort, situé juste avant le Laguna Mar, à la fin du village. Entre un accueil déplorable et des chambres mal tenues, cette option ne sera à utiliser qu'en dernier recours.

■ **SECOND SPRING**
Lamp Post 191, Paria Main Road, Blanchisseuse
✆ (868) 669 3909 ou 639 5562
Fax : (868) 638 7393
www.secondspring.com
Studio pour 2 personnes à 60 US$; cottage pour 4 personnes 100 US$. Les années passent, et le service est toujours aussi excellent à Second Spring. L'adresse demeure incontestablement l'une des meilleures de la région. D'abord pour sa localisation. Perchée en haut d'une falaise, le site propose trois studios et un cottage, tous équipés de leur petite kitchenette. L'endroit n'a rien à envier aux clichés de cartes postales. Les hôtes ont su aménager ce coin sauvage pour proposer un jardin extrêmement bien tenu. Depuis la pointe, assis sur un banc, ou tenu à la balustrade, on admire les couchers de soleil, ou la lumière de la lune caresser les rochers. A partir de chaque appartement, vous pouvez emprunter des passerelles en bois qui longent le rivage et qui offrent des points de vue imprenables sur la mer des Caraïbes. Cet endroit se caractérise également par la qualité du service. De la moustiquaire à l'insecticide électrique en passant par le ventilateur, rien ne manque dans les chambres pour rendre le séjour et les nuits agréables. Chaque matin, un petit déjeuner savoureux, à base de fruits, de pain coco fait maison, de fromage et de confitures, peut vous être directement apporté dans la chambre sur un plateau. La maîtresse de maison, Ginette, d'origine française, est très amicale et se fera un plaisir de vous renseigner sur la région.

■ **LAGUNA MAR BEACH RESORT**
65 1/2 Mile Marker, Paria Main Road
✆ (868) 628 3731 – www.lagunamar.com
Chambre simple de 45 à 55 US$, et de 65 à 75 US$ la double, hors taxe hôtelière et VAT, en fonction de la saison. Petit déjeuner complet à 12 US$. Le Laguna Mar, le seul hôtel de Blanchisseuse, est situé tout au bout de la route principale, juste avant le pont suspendu où débute la piste qui mène à la plage de Paria. Vous ne pourrez donc pas le manquer. L'hôtel dispose de 14 chambres réparties dans trois bâtiments sur le côté droit de la route, ainsi que d'un restaurant attenant à la réception. Les chambres sont correctes et propres quoiqu'un peu spartiates. Les jardins sont magnifiques, et l'accès à la mer au travers d'une nature qui paraît encore vierge est un vrai plaisir. Le Laguna Mar est situé à l'embouchure d'un petit estuaire fort pratique pour la baignade. Et en toute sécurité. La plage Marianne, du nom de la rivière qui se jette dans le grand bleu à cet endroit, semble s'étendre sur des centaines de mètres. Aussi, l'hôtel peut se vanter d'avoir le meilleur restaurant de Blanchisseuse. Compter entre 90 TT$ et 110 TT$ pour un excellent dîner. Aussi, à une demi-heure de marche de l'hôtel, se trouve une petite piscine naturelle à l'eau rafraîchissante. Les employés se feront un plaisir de vous en indiquer le chemin.

TRINIDAD

■ **ALMOND BROOK**

Paria Main Road ✆ (868) 758 0481

Chambre à partir de 200 TT$ la nuit. Salle de bains privée, climatisation, kitchenette, moustiquaire... Une grande maison sur le bord de la route dans le centre de Blanchisseuse, toute en longueur, ne manquera certainement pas d'attirer votre attention. C'est ici qu'on y trouve les chambres les moins chères de Blanchisseuse. Les clients disposent d'une kitchenette. Le sol en bois qui recouvre l'ensemble de la structure donne un certain caractère à cette adresse qui peine à avoir du charme. L'accueil n'en demeure pas moins très amical.

Restaurants

Il n'y a que 4 restaurants à Blanchisseuse, et les réservations ainsi que le service finissent assez tôt dans la journée. Pour réserver, il est conseillé de s'y prendre quelques heures à l'avance, au plus tard à 15h ou 16h. Profitez-en pour demander quels sont les menus du jour, car la carte varie d'un jour à l'autre selon les arrivages et la pêche. Dans tous les cas, il y aura toujours un bon poulet de ferme.

■ **TANTY'S PLACE**

Sur la droite en arrivant de Las Cuevas, à une centaine de mètres après le cimetière. Compter environ 60 TT$ pour une soupe, un plat principal et une bière ou deux. Un tout petit restaurant tenu par un couple de villageois assez âgés, M. et Mme Philips, et qui dispose en tout et pour tout d'une table ou deux sous une hutte au toit en feuilles de bananier. Ce couple très sympathique propose une cuisine créole simple, mais bonne et roborative, et se fera également un plaisir de vous donner quelques informations sur Blanchisseuse.

■ **SURF'S COUNTRY'S INN**

Compter en moyenne de 80 TT$ à 120 TT$ pour le plat principal (180 TT$ pour une langouste). Situé à l'entrée de la Guesthouse qui porte le même nom, le restaurant offre les entrées aux clients de l'hôtel. Une carte à base de fruits de mer et de poissons selon arrivage, cuisinés façon créole, ainsi que des plats à base de porc, de poulet, ou même des T Bone Steaks pour ceux qui ne veulent décidément pas goûter à la cuisine locale.

■ **LAGUNA MAR BEACH HOTEL**

Voir adresse ci-avant. Compter 75 TT$ par personne pour le plat principal, hors taxes et TVA. Incontestablement la meilleure adresse pour dîner dans le village. Les propriétaires et managers de l'hôtel proposent des plats créoles et parfois des spécialités allemandes. Ils disposent surtout régulièrement d'une vaste gamme de produit pour vous proposer une carte relativement bien fournie, ce qui est loin d'être le cas des autres adresses de Blanchisseuse. Possibilité de petit-déjeuner et déjeuner également.

Sortir

On l'aura compris, Blanchisseuse n'est pas vraiment un endroit pour les fêtards. Les noctambules iront prendre une bière ou un rum & coke dans l'un des rum-shops du village le long de la route principale, et c'est tout. La meilleure activité le soir reste de se balader sur la plage à la lumière de la lune éclatante et de rester à attendre l'arrivée éventuelle d'une tortue qui viendrait y déposer ses œufs (entre mars et fin juillet).

Points d'intérêt

■ **PARIA BEACH ET PARIA WATERFALL**

Tout à l'extrémité de la route principale, passé les dernières maisons et le dernier hôtel du village, se trouve un pont suspendu, comme une réplique miniature de celui de la rivière Kwaï. A partir de ce pont part une piste en terre, praticable, sur une petite partie seulement, en voiture, et encore faut-il que ce soit à la saison sèche. A partir du pont, il vous faudra marcher environ 3 heures dans la forêt vierge, dans un relief assez escarpé alternant des montées et des descentes parfois raides pour arriver au bout du chemin. Compter 7-8 heures pour la durée totale de la promenade aller et retour, mais la balade vaut vraiment la peine.

Au bout de la piste, vous débouchez soudain sur une vaste plage qui mène à la superbe plage de Paria, restée totalement sauvage et intacte. Un paysage de commencement du monde, un kilomètre de sable fin avec, tout au bout, une falaise qui tombe dans la mer et la forêt vierge qui frise tout au long de la plage incurvée.

Appréciez pendant quelques minutes le spectacle des rouleaux écumants qui viennent finir sur le sable en vous léchant les pieds, amusez-vous à ramasser sur le rivage quelques coquilles d'œuf de tortue géante – on en trouve à foison –, piquez une tête dans la mer si vous le désirez, tout en restant assez près du rivage – la mer n'est généralement pas trop agitée, mais il peut parfois y avoir du courant –, et longez la plage jusqu'à l'estuaire de la rivière.

A une cinquantaine de mètres avant l'estuaire, vous apercevrez un passage qui s'enfonce dans les terres en suivant la rivière. Prenez-le. Au bout de 200 m, la piste rejoint le lit du cours d'eau. C'est les pieds dans la rivière que vous finirez la route pour déboucher sur la piscine ombragée d'une cascade d'une dizaine de mètres, où il fera bon se baigner après la marche. Attention, la piscine est profonde – 7 ou 8 m en son centre –, et on y perd vite pied. Au-delà de cette première cascade, se trouvent deux autres piscines, de moindre taille, sortes de Jacuzzi naturels que l'on peut également atteindre à pied et où l'on peut aussi se baigner. Faites-vous accompagner par un guide qui connaît le chemin, et que vous pourrez facilement trouver dans le village ou vous faire recommander par votre hôtel, à Blanchisseuse.

Une alternative intéressante, car beaucoup plus rapide et moins fatigante, pour aller à la cascade de Paria est de demander à un pêcheur de vous emmener dans sa pirogue jusqu'à la plage de Paria. Le trajet ne dure qu'une demi-heure, et il vous en coûtera 400 TT$ aller-retour si vous parvenez à bien négocier. Les prix pratiqués aujourd'hui vont jusqu'à 500 TT$. Mais que vous soyez seul ou à plusieurs, le tarif n'évolue pas.

Là encore, l'expérience vaut la peine d'être tentée. Pendant le trajet, tout en zigzaguant entre de petits îlots rocheux battus par le ressac, vous aurez le loisir d'apprécier la splendeur de cette côte sauvage très découpée, qu'aucune construction n'est encore venue abîmer. Pour trouver une pirogue, adressez-vous à votre hôtel ou demandez Curbain dans le village de pêcheurs. Cette traversée est pourtant déconseillée à ceux qui sont sujets au mal de mer, la mer pouvant parfois être assez formée en certains points de la côte.

■ **LES PLAGES DE BLANCHISSEUSE**

Le petit village comporte deux plages principales. Aucune n'est surveillée. La première à se présenter lorsqu'on arrive dans le village est en face de l'hôtel-restaurant Surf's Country Side (entrée signalée par un panneau), et la mer y est souvent très remuante. Pour la rejoindre, vous devrez emprunter une petite passerelle en bois sur une centaine de mètres, contournant une propriété privée qui fait face à la plage. L'hôtel ne porte pas son nom pour rien, c'est à cet endroit qu'on trouve l'un des meilleurs spots de surf de la côte nord. La deuxième, la plus vaste et couverte de sable fin, se trouve à la sortie du village. Sur sa partie gauche, la plage se confond avec l'estuaire de la rivière Marianne, qui forme un lagon et où les baigneurs peuvent toujours se réfugier quand la mer est un peu trop agitée. Un parking privé payant est tout près.

DE BLANCHISSEUSE À ARIMA

L'endroit qui sépare Blanchisseuse « le bas » (Lower Blanchisseuse) de Blanchisseuse « le haut » (« Upper » Blanchisseuse) est marqué par un pont jeté sur un un virage et dont une voie est toujours affaissé. C'est à ce niveau que la North Coast Road, la route principale de Blanchisseuse, croise la route qui mène à Arima. Un itinéraire qui vous plonge d'emblée dans un décor digne d'Indiana Jones. La route s'enfonce aussitôt dans une jungle épaisse. Les lianes dégringolent des arbres majestueux dont les ramures qui recouvrent la voie dispensent une pénombre que viennent trouer de part en part les rayons du soleil tropical. Peu fréquentée, cette route est cabossée, pleine de nids-de-poule, sinueuse et étroite. Les virages étant souvent en épingle à cheveux, on ne peut y conduire vite, et il vous faudra compter au moins 1 heure 30 pour faire les 70 km qui séparent Blanchisseuse d'Arima. Aussi, prévoyez de partir suffisamment tôt, le matin ou en début d'après-midi, pour éviter de vous faire surprendre par la nuit. Une dizaine de kilomètres après Blanchisseuse, un chemin débouche à droite qui mène aux chutes d'eau d'Avocat. Une marche à pied d'une dizaine de minutes vous conduira à une cascade de 12 m de haut, qui tombe dans une piscine naturelle dans laquelle on peut se baigner.

Après l'embranchement avec le chemin menant à Brasso Seco, la route vers Arima grimpe tout en haut d'une colline qui domine des vallées luxuriantes remplies de jungle et qui offre de beaux points de vue sur El Cerro de Aripo, le principal sommet des chaînes montagneuses du Nord, qui culmine à une hauteur de 941 m. De la colline, la route tout en virages vous conduira, en 10-15 min, à l'entrée du centre Asa Wright, signalé par un panneau, situé en aval sur la route. Du centre Asa Wright, la route descend en virages entre les champs de christophine – une plante grimpante dont le fruit entre dans la composition de plusieurs recettes locales, et qui est cultivée en terrasses – et finit par rejoindre la plaine et la ville d'Arima au bout d'une vingtaine de minutes.

TRINIDAD

Points d'intérêt

■ MORNE LACROIX ET BRASSO SECO

On atteint ces deux villages en prenant une petite route qui part à gauche à partir de la route Blanchisseuse-Arima et dont l'embranchement est signalé par un panneau. Ces deux petits villages situés sur les flancs de la partie la plus montagneuse de la côte nord sont très enclavés – le téléphone n'y est pas encore vraiment installé – et leur population, essentiellement paysanne, y cultive le cacao et parle le patois français. Il y a énormément de balades à faire à partir de Brasso Seco.

Les plus populaires d'entre elles sont celles qui mènent aux chutes de Paria, que l'on peut aussi atteindre en partant de Blanchisseuse, et surtout aux chutes de Madamas, une superbe cascade qui se découvre au bout d'un périple de 3 heures de marche dans la forêt vierge. Il serait tout à fait hasardeux d'entreprendre ces balades sans être accompagné par un guide qualifié.

▶ **Il est possible de passer la nuit à Brasso Seco,** certains villageois ayant aménagé des chambres d'hôtes pour héberger les amateurs de trek. N'hésitez pas à passer par les guides ou contacter la famille Pacheco dans le village pour vous renseigner. Ces adresses-là changeant très régulièrement.

▶ **Pour organiser une balade,** contactez donc le Brasso Seco Tourism Visitor Centre, ouvert les samedis et dimanches de 8h à 18h, et par téléphone au ✆ (868) 749 4632/8246.

■ LE CENTRE ASA WRIGHT

Borne 7 3/4 sur la route de Blanchisseuse à Arima ✆ (868) 661 4655
asaright@tstt.net.tt

Ouvert tous les jours de 9h à 17h. Entrée 5 à 10 US$ en fonction de la durée du tour. L'entrée comprend également un accès à la véranda, où un déjeuner est servi (compter 100 TT$ par personne). Le Centre Asa Wright est une étape incontournable pour tous les amateurs de la nature qui se rendent à Trinidad. Dominant la vallée, le site s'étend sur les 193 acres de ce qui fut autrefois une plantation de cacao, de caféiers et d'oranges citrus, la plantation Springhill. Elle fut acquise en 1906 par un Allemand natif de Trinidad, Charles William Meyer, qui y fit construire une grande maison coloniale, élégamment décorée dans un style assez british, et notamment dotée d'une superbe véranda tout en largeur, offrant une vue panoramique sur la vallée d'Arima. La maison sert aujourd'hui de point de réception de l'hôtel et de restaurant ouvert à tous les visiteurs qui viennent au Asa Wright Centre. L'histoire de ce domaine fut au croisement

des influences d'abord britannique, puis américaine, qui ont prévalu à Trinidad au cours du XXe siècle. Quand éclata la Première Guerre mondiale, les Britanniques confisquèrent les propriétés allemandes de l'île. Sa naissance sur le sol trinidadien permit à Charles William Meyer de se faire reconnaître comme sujet britannique et de ne pas perdre Springhill en 1914. Mais, quelques années plus tard, en 1925, la dégringolade des cours du cacao eut raison de tous ses efforts pour maintenir le domaine familial à flot, et il dut finalement l'abandonner.

Pendant une dizaine d'années, le domaine passa de main en main, jusqu'à être repris en 1936, par un Américain, Joseph Holmes, ingénieur en chef d'une firme de prospection pétrolière. La forêt ayant repris ses droits sur la plantation, Holmes s'employa à restaurer la maison coloniale et à défricher le domaine, en l'agrémentant de nouvelles plantations. Il y introduisit des citronniers et des bananiers et planta des bougainvilliers et des anthuriums tout autour de la maison. A la fin des années 1930, Springhill devint le lieu de pique-nique favori des officiers américains basés à Trinidad, des pilotes de la Pan-Am et de leurs épouses, ainsi que de tous leurs amis.

Quand éclata la Seconde Guerre mondiale, Holmes fut rappelé en tant que réserviste, et finit par s'établir au Venezuela. En 1955, il vendit Springhill à un couple d'Américains devenus ses amis, le docteur Newcome Wright et sa femme Asa. Mais Newcome Wright décéda la même année, et Asa resta seule pour s'occuper du domaine. Par hasard, quelques années plus tôt, un autre Américain était venu s'établir dans la vallée d'Arima. Il s'agissait d'un naturaliste, aventurier à ses heures, William Bebe, qui s'était fait connaître au début des années 1930 pour avoir tenté, avec succès, la plus profonde plongée en bathyscaphe de l'époque – moins 923 m – dans la mer des Bermudes. Dans sa propriété voisine de celle des Wright, il s'adonnait à des recherches naturalistes et accueillait des chercheurs, qui trouvaient à se loger chez les Wright, faute de place suffisante chez Bebe. Et c'est ainsi que la passion naturaliste prendra possession de Springhill. Les travaux et les publications de Bebe sur la faune et la flore d'Arima vont connaître une notoriété de plus en plus grande outre-Atlantique et, progressivement, vont attirer de nombreux passionnés de nature, chercheurs ou simples amateurs, qui seront tous hébergés à Springhill. En 1967, la santé

déclinante d'Asa Wright oblige à trouver une solution pour garantir la pérennité du lieu. Un autre Américain passionné de nature, Don Eckelberry, parvient à réunir les fonds nécessaires pour racheter Springhill à Asa et transformer le domaine en réserve naturelle. Springhill devient officiellement l'Asa Wright Centre. L'obligation de trouver les revenus nécessaires à financer les emprunts et développer les activités du centre va définitivement consacrer son implication dans l'écotourisme et ancrer sa nouvelle vocation hôtelière. Aujourd'hui, le centre Asa Wright est un lieu emblématique qui incarne la volonté de l'île de préserver sa forêt primaire du Nord, et qui illustre un nouveau modèle de développement fondé sur les ressources de l'écotourisme. Les bénéfices générés par l'activité touristique du centre sont réinvestis dans l'achat de nouvelles terres pour agrandir le domaine, dans des programmes d'éducation et de formation de nouveaux guides, dans la publication d'ouvrages naturalistes sur la faune et la flore de Trinidad & Tobago.

La faune et la flore que l'on peut y observer donnent en effet un bon aperçu des richesses écologiques du nord de Trinidad. De la véranda, on peut voir, tous les matins, plus d'une vingtaine d'espèces d'oiseaux différents (colibris, jacamars…) qui viennent picorer les fruits laissés à leur intention. Les arbres environnants servent de perchoirs favoris à une kyrielle de toucans, et quelques grottes accueillent une vaste colonie de « oilbirds » ou « diablotins », ces fameux oiseaux cavernicoles que les Amérindiens chassaient pour leur graisse. Des balades accompagnées et commentées par les guides du centre permettent de pénétrer dans la forêt tout autour de l'hôtel, et d'accéder au milieu naturel et à ses différents biotopes, et il n'est pas rare d'y rencontrer quelque agouti ou autre iguane au passage. Les clients de l'hôtel représentent une autre espèce caractéristique du centre, généralement des couples d'Américains à la retraite, affublés de « battle dress » et portant sur eux tout un attirail de jumelles et de téléobjectifs, que l'on peut généralement rencontrer en fin d'après-midi lorsqu'ils viennent boire des rum punch sur la véranda.

■ ASA WRIGHT CENTRE

Asa Wright Nature Centre and Lodge, Blanchisseuse Road, Arima
Adresse postale : PO Box 4710, Arima
✆ (868) 667 4655 – Fax : (868) 667 4750

asarigh@tstt.net.tt

Les prix de la pension varient selon la saison : Du 16 décembre au 31 mars, 225 US$ pour 1 personne, 360 US$ pour 2 personnes ; du 1er avril au 30 novembre et du 1er décembre au 15 décembre 180 US$ pour 1 personne, 280 US$ pour 2 personnes ; du 1er mai au 31 octobre 155 US$ pour 1 personne, 250 US$ pour 2 personnes, hors taxe et TVA. Réservation très conseillée. Si l'on compte arriver après 17h, prévenir de l'heure par téléphone, car l'entrée du chemin est fermée par une barrière.

Un endroit très privilégié pour qui veut se plonger dans l'ambiance luxuriante de la forêt vierge sans pour autant rien sacrifier de son confort. L'hôtel propose 27 chambres très confortables, disséminées dans de petits bungalows attenants, ainsi qu'une pension complète comprenant petit déjeuner, déjeuner et dîner, plus le traditionnel thé de 17h et un punch avant le dîner. La maison principale offre une vue imprenable sur la vallée, sa terrasse semblant comme dominer la nature.

Guides

■ **PARIA SPRING ECO COMMUNITY**
✆ (868) 622 8826
www.pariasprings.com
rooks@pariasprings.com
Demander Simone Bruchet, elle a le double avantage de bien connaître le coin et de parler français ✆ (868) 664 5597
✆ portable : (868) 760 9227

■ **CARL FITZ JAMES**
✆ (868) 667 5968
Ce guide habite Brasso Seco.

ARIMA

Arima est une ville importante, tant par sa taille (la troisième de l'île en termes de population) que par sa localisation géographique, au carrefour de la côte nord et de l'est, ou par son histoire. Ville cosmopolite et bigarrée, située à seulement 10 km de Piarco, on y croise toutes les ethnies qui peuplent l'île. C'est particulièrement un des derniers lieux d'ancrage de la population amérindienne ou du moins de ses descendants.

Le tourisme y est encore peu développé et peu d'efforts y ont été faits pour l'encourager. Il est vrai qu'il y a peu de choses à faire à Arima, si on n'y vient pas pour visiter des amis. Le seul véritable intérêt, réside probablement dans le fait que la ville soit située si près de l'aéroport.

Histoire

Le nom de la ville provient d'un ancien mot amérindien qui signifie « eau », sans doute parce qu'elle fut bâtie sur les berges d'une rivière, justement appelée la rivière Arima. La ville fut fondée du temps de l'occupation espagnole, en 1757, par des moines capucins qui établirent là une mission destinée à convertir les Amérindiens à la chrétienté. De ce temps, subsistent une église, l'église de Santa Rosa – qui porte le nom d'une jeune fille indienne originaire de Lima, et dont la très grande piété fut reconnue par l'Eglise catholique qui la canonisa – ainsi qu'un festival, le festival de Santa Rosa qui, tous les ans au mois d'août, célèbre et perpétue les traditions de la communauté caribe d'Arima, traditions enrichies et transformées tout au long de l'étroite coexistence avec l'occupant espagnol.

Quand, dans les années 1780, les colons français furent autorisés par les Espagnols à s'implanter à Trinidad, emmenant leurs esclaves avec eux, des règles très strictes furent édictées pour empêcher quiconque n'étant pas d'origine amérindienne de s'installer aux abords de la mission. Après quoi, les Anglais firent la conquête de l'île, moins de vingt ans plus tard, et ces règles tombèrent vite en désuétude, jusqu'à ce qu'un gouverneur anglais, Ralph Woodford, les remette en application en 1813, en réaffirmant la spécificité amérindienne d'Arima, et en accordant même aux Amérindiens une garantie inaliénable d'un droit à leur terre.

A la mort de Woodford, les droits des Amérindiens sur leur terre furent à nouveau vite battus en brèche, les gouverneurs britanniques qui succédèrent à Woodford étant davantage préoccupés par la mise en place de l'abolition de l'esclavage et la gestion des temps difficiles qui succédèrent à cette abolition, que par l'application du droit au bénéfice des Amérindiens.

Dans la deuxième moitié du XIXe siècle, la localisation géographique d'Arima, son carrefour stratégique entre le nord, le centre et l'est de Trinidad, lui permet de se doter très rapidement des nouveaux moyens de communication et locomotion de l'époque et de bénéficier ainsi d'une forte expansion économique. La ville est une des toutes premières de Trinidad à se voir équipée d'un service postal, en 1851. Une voie ferrée reliant Port of Spain à Arima est inaugurée en 1876.

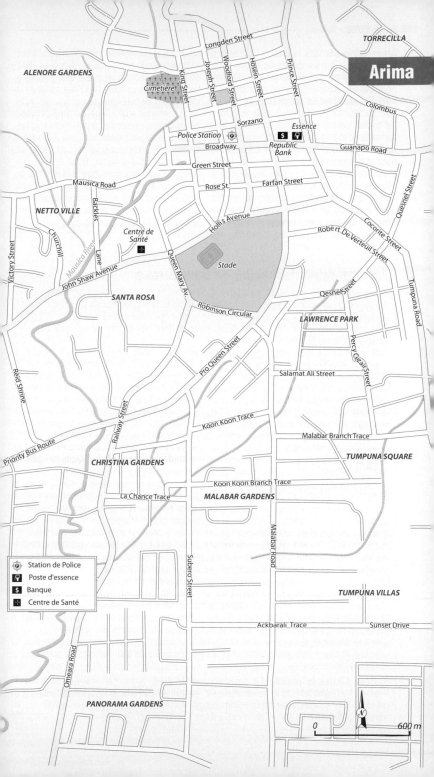

Arima devient la ville la plus à l'est à être desservie par le train, ce qui du même coup lui permettra de devenir une gare routière de première importance, quelques années plus tard, d'où partiront les convois de camions en direction de Manzanilla et de la côte est. Dans les toutes dernières années du XIXe siècle, Arima devient l'un des premiers marchés de matières premières de Trinidad, notamment pour le cacao en provenance de l'est. Cette grande prospérité durera trente ans. Au début des années 1930, l'économie d'Arima accuse durement le coup porté par la dégringolade des cours du cacao, et la ville devra attendre une dizaine d'années pour voir son économie se relever, une économie dopée par l'arrivée des Américains qui viennent construire une base militaire dans la banlieue sud d'Arima en 1941 et qui embaucheront la main-d'œuvre locale à tour de bras. La culture et le climat social de la ville auront du mal à s'accommoder de cette forte présence américaine, comme peuvent en témoigner certaines paroles des calypsos de cette époque signés par Lord Kitchener, un des plus grands spécialistes du genre de Trinidad et natif d'Arima. Dans les années 1960, l'économie industrielle commence à se substituer à la forte tradition agricole dérivée de l'exploitation du cacao, et quelques usines viennent s'implanter à Arima, principalement le long de O'Meara Road et dans le quartier de Malabar et de Santa Rosa Heights.

La communauté caribe de Santa Rosa

Au 74 de Paul Mitchell Street se trouve le centre de la communauté amérindienne de Santa Rosa, la seule communauté caribe de Trinidad & Tobago qui ait pu s'organiser et survivre jusqu'à nos jours. Elle est formellement reconnue par le gouvernement de T&T depuis 1980, et réunit environ 400 membres, dont l'appartenance se fonde sur le lignage ou sur le lieu de résidence.

Les liens de lignage permettent de retracer une généalogie qui parfois remonte aux premiers temps de l'occupation de l'île par les Espagnols. La communauté est égalitariste. Les prises de décision s'y font en commun. Elle est dotée d'un conseil des anciens qui est garant de la pérennité des traditions. Ce conseil se tient sous les hauts auspices d'une reine, la reine caribe. La communauté est également dotée d'un président. Le moment le plus important de la vie de la communauté est la célébration annuelle, tous les 23 août, de la fête de Santa Rosa, qui trouve atteint son apogée le premier dimanche qui suit son ouverture. Célébrée tous les ans depuis 1786, cette fête tire son origine des fêtes rituelles et patronales qui caractérisaient la vie des premières « encomiendas », les premiers camps de regroupement amérindiens organisés par les Espagnols au XVIIe siècle, avant qu'ils ne soient intégrés à la mission d'Arima à partir de la deuxième moitié du XVIIIe. Outre cette fête, la communauté de Santa Rosa entend faire revivre les connaissances des premiers habitants de l'île relatives à la flore et à la faune de Trinidad. Les membres de la communauté pratiquent également l'artisanat, de la vannerie au tissage en passant par la construction des « ajoupa », les huttes traditionnelles au toit de palmes, ou encore le broyage de la cassave en farine. Cette volonté de faire revivre les traditions passe aussi par le folklore parang, cette musique chantée aux textes mélangés d'espagnol et de patois français. Assez active, la communauté de Santa Rosa cultive depuis une dizaine d'années des liens et des échanges avec les autres communautés amérindiennes de la région caraïbe et plus particulièrement avec celles de la Dominique, de Saint Vincent, de Belize, de Guyane et du Surinam. Enfin, elle a pris contact avec les « Premières nations du Canada » et particulièrement la Fédération des nations indiennes du Saskatchevan, et participe aux conventions internationales qui réunissent les nations aborigènes du monde.

Dans le centre de la communauté caribe de Santa Rosa, un petit musée expose des objets artisanaux faits par la communauté ainsi que quelques archives et photographies de son histoire récente.

▸ **Pour visiter le musée ou pour en savoir plus,** contacter Ricardo Bharath Hernandez, président de la communauté ✆ (868) 667 0210 ou bien Cristo Adonis, le shaman très sympathique de la communauté, qui propose aussi des tours guidés en forêt ✆ (868) 667 7883.

Transports

L'arrivée à Arima

▶ **Voiture à partir de Blanchisseuse.** Le croisement entre la route de Blanchisseuse et la Eastern Main Road se trouve à 1 km de la ville. Quand on arrive de Blanchisseuse, aucun panneau de signalisation n'indique la direction d'Arima. Prendre à droite de ce croisement et suivre la route appelée « Over the Bridge ». Compter au moins 1 heure 30.

▶ **Voiture à partir de Piarco ou de Port of Spain.** Prendre la Churchill Roosevelt Highway jusqu'à l'embranchement qui mène à D'Abadie. De D'Abadie, Arima est indiquée. Suivre la route appelée « Cleaver Woods » sur environ 2 km jusqu'à Arima.

▶ **Bus.** La ligne des bus PTSC pour Arima part de la gare routière de City Gate. La ligne fonctionne de 5h à 21h. Les bus se succèdent en moyenne toutes les demi-heures. La durée du trajet est d'environ 45 min. Prix du ticket 2,50 TT$.

▶ **Maxi-taxis** Ligne rouge. Départ depuis la City Gate. Prix de la course 5 TT$.

Pour quitter Arima

▶ **Les taxis pour Port of Spain** stationnent dans Broadway Street. Compter 7 TT$.

▶ **Les maxi-taxis pour Port of Spain** stationnent au bout de Joseph's Street. Compter 5 TT$.

▶ **Les maxi-taxis pour** Manzanilla, Toco, Grande Rivière, Sangre grande ou Mayaro attendent au coin de Raglan Street et de Broadway Street. Manzanilla 4 TT$, Toco 8 TT$, Sangre Grande 5 TT$, Mayaro 8 TT$, Grande Rivière 17 TT$.

▶ **Les bus pour Port of Spain** stationnent sur Hollis Avenue, en face de la Savannah. Compter 5 TT$.

Orientation

Arima se présente comme une ville commerçante, structurée par un centre-ville très animé, surtout en fin de semaine, qu'entourent des banlieues très étendues, dont certaines sont assez résidentielles. Le cœur, le noyau du centre-ville d'Arima, situé au carrefour de Broadway Street et de Woodford Street, se caractérise par la présence d'une horloge carrée, appelée « Dial », que l'on aperçoit d'assez loin. Tout autour se pressent de nombreux restaurants, le commissariat de police, une station d'essence et quelques bons pubs. A quelques centaines de mètres au sud se trouvent la Savannah d'Arima et la gare routière. Au nord-est du centre-ville, sur une colline en hauteur, l'association caribe de Santa Rosa occupe un local dans Paul Mitchell Street.

Pour ceux qui y viennent en voiture, le centre-ville, rempli de sens uniques, peut faire figure de petit labyrinthe. Se procurer une carte de la ville sur place relève de l'exploit (les seules cartes d'Arima disponibles se trouvent à Port of Spain !).

Cela dit, après quelques heures de marche à pied dans le centre-ville, qui a la taille d'un mouchoir de poche, on aura vite fait de prendre ses repères, de s'accoutumer à la géographie d'Arima, et d'apprécier cette ville caractéristique de la multiplicité des ethnies et des modes de vie trinidadiens.

Pratique

Banques

■ **REPUBLIC BANK**
Broadway Street, au niveau du croisement avec Queen's Street
Ouvert de lundi au vendredi de 8h à 13h et de 15h à 17h.

■ **RBTT BANK**
Au croisement de Queen's Street avec Hollis Avenue
Ouvert de lundi au vendredi de 8h à 13h et de 15h à 17h.

■ **SCOTIABANK**
Sur Hollis Avenue
Ouvert de lundi au vendredi de 8h à 13h et de 15h à 17h. Distributeur automatique accessible 24 h/24.

Poste et télécommunications

■ **INTERNET CAFE**
Dans le Palms Plaza, 18 Woodford Street
Compter 5 TT$ de l'heure.

■ **POSTE**
48C Broadway Street ✆ (868) 667 3221
Ouvert du lundi au vendredi de 9h à 15h.

Utile

■ **POLICE**
Broadway Street ✆ (868) 667 2910
Ouvert 24 h/24.

TRINIDAD

■ **SERVICES DE SANTE**
Queen Mary Avenue ☏ (868) 667 4715

■ **URGENCES**
☏ (868) 624 4343 ou 653 4343

Hébergement

Ceux qui voudraient rayonner dans la région à partir d'Arima, ou tout simplement faire une halte pour une nuit n'auront pas l'embarras du choix : trois adresses répertoriées en tout et pour tout. Mais les rares Bed & Breakfast qui se trouvent à Arima sont confortables et très hospitaliers. Tous à classer dans la catégorie « bien et pas cher ». Leurs propriétaires feront tout leur possible pour vous aider tout au long de votre séjour dans la ville.

■ **CHATEAU GUILLAUME**
COMFORT ZONE
3 Rawle Circular ☏ (868) 667 6670
Fax : (868) 667 4339
www.caribsurf.net/cguillaumme
joanwilliam@yahoo.com
Pour une personne 65 US$, 80 US$ pour deux, petit déjeuner compris. Climatisation, salle de bains privée et télévision. Ce Bed & Breakfast, situé dans une rue calme à quelque 500 m du centre-ville d'Arima, propose quatre chambres très convenables, de différentes tailles – deux chambres standard pour une voire deux personnes, une chambre double et une chambre triple. Elles sont toutes équipées de salle de bains privée et de l'air conditionné. Le propriétaire propose les transferts jusqu'à l'aéroport (*10 US$*) et organise également des excursions à convenance dans son minivan. En outre, si vous êtes intéressés par le folklore parang, le propriétaire a de bons contacts dans la région de Maraval et de Toco, qu'il vous communiquera de bon cœur. Une salle commune est mise à la disposition des résidents. Elle est équipée d'une grande cuisine, qui vous permettra si vous le désirez de préparer vous-mêmes vos plats.

■ **EJAY'S HOST HOME**
5 Julie Moses Avenue,
Santa Rosa Garden's ☏ (868) 667 6491
35 US$ par personne, net de taxe et de TVA, petit déjeuner compris. Un autre Bed & Breakfast qui propose deux chambres simples mais très correctes dans le quartier assez résidentiel de Santa Rosa Garden's, au sud-est de la Savannah. Les propriétaires sont très gentils et iront vous chercher en ville pour vous amener chez eux. Les petits déjeuners sont bons et très copieux.

■ **IXORA PLACE**
217 Barbara Street ☏ (868) 642 8739
Compter entre 45 et 60 US$ par chambre, net de taxe et de TVA, petit déjeuner compris. Ce petit Bed & Breakfast ne dispose que de deux chambres. Elles n'en demeurent pas moins très bien meublées. Côté propreté rien à redire.

Restaurants

Les rues d'Arima foisonnent de petites boutiques de snacks où vous pourrez toujours trouver où vous restaurer pour trois fois rien. Pas de bonne table en perspective cependant.

■ **HOME'S RESTAURANT**
Très proche de l'horloge, en face du commissariat ou à l'angle de Guanapo Road et de Raglan Street. Compter en moyenne entre 30 et 40 TT$. Une des adresses les plus populaires du centre-ville d'Arima. On y sert des plats créoles, des currys, des rotis et des « bakeryes ».

■ **HOSEIN ROYI SHOP**
A l'angle de Queen's Street
et de Farfan Street
Compter environ 20 TT$ pour un roti. Comme son nom l'indique, un restaurant surtout spécialisé dans les rotis.

■ **A&E MALL**
Sanchez Street
Ouvert du lundi au vendredi de 6h à 18h. A partir de 30 TT$. Idéal pour le petit déjeuner ou le déjeuner. La maison propose de très bonnes soupes ou des salades très complètes. C'est également l'un des rares endroits de l'île où l'on peut trouver des très bons jus de fruits naturels.

■ **CHINESE WOK**
Woodford Street,
entre Farfan Street et Green Street
Compter un minimum de 30 TT$. Les installations de cette adresse peuvent prêter à la méfiance. Mais une fois servi, il n'y a pas à regretter son choix. Les plats sont relativement légers et bien fournis.

■ **INGRID'S**
Queen's Street
Compter 50 TT$. Là où les cuisines créole et indienne se rencontrent. Le mariage est fort intéressant avec des sandwiches et des petits plats originaux.

Sortir

Arima possède quelques pubs sympas, où prendre une bière et se détendre en écoutant de la bonne musique.

▎ **Les deux pubs les plus réputés** sont le 5ᵗʰ Element, dans Sorzano Street, au niveau de Hosein Street, un pub-dancing situé en terrasse, généralement bondé les vendredis et samedis soir. Un autre endroit très populaire, le Living Room, est situé à la jonction entre Sorzano Street et Queen's Street. Il s'agit en fait de la principale boîte de nuit d'Arima, avec une terrasse en plein air au dernier étage. Le Black Dolphin, au rez-de-chaussée, juste au-dessous du 5ᵗʰ Element, offre l'occasion d'échapper à la touffeur de l'après-midi et de savourer à la fois une boisson rafraîchissante et la climatisation.

▎ **Enfin, on peut citer** le Stadium Pub, dans Hollis Avenue, en face du stade ; le Sylvester's, à l'angle de Green Street et de Queen's Street.

▬ D'ARIMA À PORT OF SPAIN ▬

Le retour d'Arima à Port of Spain s'effectue par la Churchill Roosvelt Highway ou par la Eastern Main Road. Cette autoroute, qui longe la chaîne montagneuse du Nord, emprunte la portion que les Trinidadiens appellent le Corridor est-ouest. Cette bande de territoire est densément peuplée. Le paysage urbain défile dans une quasi-continuité, les villes se collent les unes aux autres et le trafic routier est très intense aux heures de pointe.

Cependant quelques sites pleins d'intérêt jalonnent l'itinéraire jusqu'à la capitale. Desservis par des chemins de traverse qui partent à la perpendiculaire de l'axe principal en direction de la montagne, ils mènent à des vallées luxuriantes qui sont autant de sites propices à la découverte de la nature tropicale qu'à une plongée dans son histoire et sa culture.

LA VALLÉE DE LOPINOT

L'embranchement qui mène à la vallée de Lopinot se trouve au niveau d'Arcouca, petite ville qui borde l'Eastern Main Road, à 5 km à l'ouest d'Arima. Sur une dizaine de kilomètres, une petite route sinueuse grimpe jusqu'au village de Lopinot et au complexe touristique qui porte le même nom, construit sur les terres de la plantation du comte français de Lopinot.

La vie de cet aristocrate français est riche en rebondissements et assez exemplaire de celles de tous ces aventuriers esclavagistes de la fin du XVIIᵉ siècle, ayant quitté la métropole pour chercher fortune de par le vaste monde. Pour Lopinot, l'histoire commence dans les années 1750. A cette époque, il est incorporé dans l'armée royale. Son audace et sa bravoure lui valent bientôt la médaille de l'ordre de Saint Louis ainsi qu'un grade de lieutenant-général.

On l'envoie alors en mission dans les colonies françaises d'Acadie, au Canada. Mais, en 1755, l'Acadie est conquise par les Anglais. Comme la majorité de ses comparses, Lopinot se retourne alors vers la Louisiane. Progressivement, dans l'ébullition de l'indépendance américaine, la Louisiane devient de moins en moins sûre pour les royalistes français. Lopinot quitte alors cette colonie pour une autre, Saint-Domingue, alors très riche colonie sucrière française. Il y devient planteur et amasse une grande fortune. La Révolution française arrive.

En 1791, les esclaves de Saint-Domingue se révoltent, menés par leur chef Toussaint l'Ouverture. Lopinot passe alors alliance avec les Anglais pour tenter de mater la révolte, mais au vu de la défaite, il doit s'échapper, caché dans un tonneau, sur un bateau en partance pour la Jamaïque. Là, il joue de ses accointances anglaises pour retrouver une terre. Les Anglais l'envoient à Trinidad et le nomment brigadier général de la milice.

On lui accorde le droit de défricher et d'exploiter une terre de son choix. Il choisira cette petite vallée couverte par la forêt vierge et y plantera du cacao. C'est le retour de la fortune pour le comte. Il baptisera sa plantation « Reconnaissance ». Il y mourra en 1819 et sera enterré sur sa terre.

De cette ancienne plantation subsistent quelques édifices. La maison de maître a été restaurée. On peut y voir des séchoirs traditionnels à cacao, ces baraques au toit posé sur rails et qu'on fait coulisser pour profiter de chaque rayon de soleil. Il y a aussi un petit musée à entrée libre et des tables de pique-nique installées dans les superbes jardins attenants. Le complexe touristique est ouvert tous les jours de 6h à 18h.

TRINIDAD

Outre son ancienne plantation, Lopinot représente un autre intérêt culturel, d'ordre musical. Ce village est en effet un des principaux foyers d'activité du folklore traditionnel parang, une musique aux racines espagnoles, au croisement des influences latinos et amérindiennes que l'on joue et chante essentiellement au moment de Noël.

CUREPE, TUNAPUNA ET LE MONT SAINT BENEDICT

Situées sur l'Eastern Main Road, à 5 km à l'ouest d'Arouca, les villes de Tunapuna et Curepe se jouxtent en formant une espèce de nœud urbain. Curepe est une halte traditionnelle pour les bus, maxi-taxis et route-taxis qui sillonnent le Corridor est-ouest. Tunapuna est la ville universitaire de Trinidad. C'est là que se trouve le campus de l'UWI – University of West Indies –, une structure universitaire destinée à accueillir les étudiants de toutes les Antilles anglophones et qui possède également d'autres campus à La Barbade et en Jamaïque.

A Tunapuna, une route part en direction des contreforts montagneux pour atteindre le monastère du mont Saint Benedict (emprunter la Saint John Road, à l'angle de la Scotiabank). Il s'agit d'un monastère bâti en 1912 par des moines bénédictins qui s'enfuirent du Brésil alors en proie à des persécutions religieuses.

Au fil du temps, le monastère s'est agrandi. Son église fut consacrée abbaye en 1947. Aujourd'hui, le monastère accueille des séminaristes en provenance de toutes les Antilles anglophones, et la vingtaine de moines qui composent la communauté s'est lancée dans la production de miel et de yaourts, produits vendus au monastère. Tout près du monastère, il y a un bar-restaurant qui ne fonctionne que le dimanche. On pourra y venir déguster de bons brunchs ou y déjeuner (pas de service pour dîner). De la terrasse du restaurant, à plus de 300 m au-dessus du niveau de la mer, on a une vue plongeante sur les plaines centrales de Trinidad. Au-dessus du restaurant s'est ouverte récemment une galerie-exposition de peinture regroupant principalement les œuvres d'artistes locaux.

LA VALLÉE DE LA CASCADE DE MARACAS SAINT JOSEPH

De Curepe, une route perpendiculaire à l'Eastern Main Road, et appelée la Maracas Royal Road, part en direction du nord et mène au petit village de Saint Joseph, puis à la vallée de Maracas. Cette vallée est flanquée par les pentes du mont El Tucuche, le deuxième sommet des chaînes montagneuses du Nord, culminant à une hauteur de 936 m. De la vallée partent des treks qui montent à El Tucuche (compter 8 heures de marche) ou

© WWW.PANJIBE.COM

qui permettent de rejoindre Maracas Bay sur la côte nord (compter 4 heures de marche). Pour ces treks, il est indispensable de se faire accompagner par un guide. Contactez le Paria Springs Eco-Community si vous êtes intéressés. (Courtenay Rooks, 20 La Seiva Rd, Maraval ✆ (868) 622 8826 – www.pariasprings.com – rooks@pariasprings.com).

▌ **L'accès aux chutes de Maracas** est signalé par un panneau en bordure de la Maracas Royal Road. On peut y aller en voiture, que l'on garera en bas de la colline qui monte aux chutes. Au bout d'un quart d'heure de marche à pied, on arrive aux premières chutes. Il faudra encore une vingtaine de minutes pour parvenir à la cascade principale, qui tombe d'une hauteur de 90 m. Cette cascade est entourée de mystères. Elle serait un lieu sacré où se dérouleraient des cérémonies hindoues et des rituels orisha et vaudous… Ces cérémonies se déroulant la nuit, on ne croise dans les parages, en plein jour, que des touristes et des promeneurs.

Hébergement

▪ CYNTHIA'S FAITH VILLE
4, Poolside II, Maracas Saint Joseph
✆ (868) 663 2407
cynfaithville@hotmail.com
Chambre simple à 45 US$, double à 60 US$. Mrs Cynthia Browne propose des chambres simples avec salle de bains, ainsi que 2 studios tout équipés, comprenant kitchencttc, coin salon donnant sur un bow-window et entrée privative. Une adresse idéale pour les visiteurs qui souhaitent avoir leur indépendance.

▪ LA BELLE MAISON
108a Juniper Road, Valley View, Maracas Saint Joseph
✆/Fax : (868) 663 4413
contactus@la-bellemaison-tt.com
Chambre simple à 50 US$, double à 70 US$, petit déjeuner inclus. La Belle Maison est un Bed & Breakfast qui dispose en tout et pour tout de 2 chambres. Dans l'une, un grand lit et une salle de bains privative, dans l'autre 2 lits jumeaux et une salle de bains commune à la maison. Les chambres sont spacieuses, la maison est bien aménagée, le tout à proximité de la cascade de Maracas. La bâtisse ressemble à un vrai corps de ferme avec sa pierre et ses tuiles. Superbe. Merle and Irwin Lynch sont fort sympathiques et ne manqueront pas de vous aiguiller dans vos pérégrinations.

▪ PAX GUESTHOUSE
Mount Saint Benedict, Tunapuna
✆/Fax : (868) 662 4084
Fax : (868) 645 4232
www.paxguesthouse.com
pax-g-h@trinidad.net
Chambre simple, salle de bains partagée 45 US$, salle de bains privative 55 US$, double, salle de bains partagée 75 US$, salle de bains privative 85 US$, petit déjeuner, dîner et punch compris mais hors taxe et TVA. Fleurant bon l'encaustique, la maison Pax est la plus ancienne guesthouse de Trinidad. Certaines de ses 18 chambres n'ont pas de salle de bains privative et ne sont rafraîchies que par des ventilateurs. Mais elle a gardé une ambiance d'autrefois, cosy, très british, scrupuleusement entretenue par Oda et Gerard, le couple qui gère l'endroit.
Dans cette vénérable maison, dont la quiétude semble celle d'un couvent, le temps qui passe est scrupuleusement réglé par des plaisirs simples et réguliers comme le succulent petit déjeuner du matin pris sur la véranda, le « 6 o'clock punch » et le dîner-buffet, sur la véranda également, à 19h, annoncé par un coup de gong. (Une ponctualité qui réveille la nostalgie de l'emploi du temps de l'écolier et l'envie un peu régressive de se faire dorloter.) La plupart des clients de Pax y viennent pour satisfaire leur passion d'ornithologue. En effet, la guesthouse possède un immense terrain sur les contreforts d'une colline et y organise des balades pour birdwatchers et autres amateurs de la nature. Le matin, sur la véranda, au moment du petit déjeuner, de nombreux colibris volettent à proximité de la mangeoire laissée là pour l'occasion. La maison organise également des transferts à l'aéroport et travaille avec une agence de location de voiture.

▪ PLANTATION HOUSE
Maracas Saint Joseph
✆ (868) 696 0311 ou 638 3182
www.trinidadhouse.com
Compter 150 US$ par nuit. Plantation House est une superbe villa au milieu d'une ancienne plantation de cacao redevenue sauvage. Tout en teck, la maison est construite sur deux niveaux. Au rez-de-chaussée, un hall d'entrée, la salle à manger et la cuisine. Au premier étage, une vaste véranda et deux grandes chambres pourvues d'un double lit, avec une très belle salle d'eau. Et tout ça à 5 min des chutes de Maracas ! Pas de doute, l'adresse est des plus intéressantes, mais le prix est un peu élevé compte tenu du niveau de confort, bon, mais sans être excellent.

TRINIDAD

▬ D'ARIMA À TOCO ▬▬▬▬

Pour aller d'Arima à Toco, il faut compter entre 2 et 3 heures de route. Au départ d'Arima, on traverse d'abord les terres du nord-est de l'île et on passe par une bourgade sans grand intérêt, Valencia, qui vit essentiellement de l'agriculture, avant de parvenir à la mer. Puis on atteint le petit village de Matura, posé sur une petite rivière, et non loin de deux plages, Orosco et Rincon où les tortues viennent pondre de mars à fin juillet. Si vous êtes de passage ici à cette époque de l'année et si vous voulez vous rendre sur ces deux plages, vous devrez au préalable acheter un permis délivré par l'organisation « Nature Seekers », dont les bureaux, situés sur la route, sont signalés par un panneau. Vous y trouverez des guides qui vous accompagneront jusqu'à l'une ou l'autre des plages et vous donneront des informations sur la ponte des tortues. A Matura, vous pourrez vous arrêter au bar de Mendoza, une cabane au bord de la rivière, le long de la route, qui est la halte incontournable de la plupart des voyageurs de la côte nord.

A partir de Matura, la route pour Toco longe des décors de carte postale. A votre droite, des kilomètres de plages alternant sable fin et cocotiers ou falaises tombant dans la mer. A votre gauche, le vert d'une forêt luxuriante qui lèche le macadam, pratiquement en permanence, seulement ponctué par quelques maisons ou *rum-shops* par-ci, par-là, comme à Salybia, le premier village après Madura. A Salybia, les amateurs de la nature pourront faire une halte et prendre un chemin de traverse qui part du village jusqu'aux chutes d'eau de Rio Seco (l'entrée du chemin est signalée par un panneau). Impraticable en voiture (prévoir 2 heures de marche pour la balade), le chemin traverse la forêt de la réserve naturelle de Matura et conduit jusqu'à une petite rivière, que l'on croise avant d'atteindre la cascade. Celle-ci, haute d'environ 8 m, se déverse dans une grande piscine naturelle assez profonde, remplie d'une eau cristalline dans laquelle on peut se baigner.

▸ **Pour se loger sur la côte,** la liste des possibilités est succincte. Le « Salybia Resort and Spa » apparaît comme la meilleure option à condition d'en avoir les moyens. Si vous cherchez des points de chute moins huppés dans les environs, il vous faudra vous loger à Rampanalgas.

Ce petit village, immédiatement après Salybia, est un endroit accueillant où vous trouverez de quoi vous restaurer ou prendre un pot au Arthur's Bar and Grocery, situé un peu à l'écart du village. Tout à côté de Rampanalgas se trouve la plage de sable fin de Balandra, longue de 3 km, où l'on peut se baigner. Si la mer n'y est pas dangereuse, la plage n'est pas surveillée et pratiquement pas aménagée, à l'exception d'un parking et d'une douche. Du village de Rampanalgas, un sentier part dans la forêt et conduit, en une vingtaine de minutes, à la chute d'eau de Cira, moins spectaculaire que celle de Rio Seco, mais dans laquelle on peut également se baigner.

Tout de suite après Rampanalgas se trouve le village de Cumana (qui porte parfois le nom de Redhead sur les cartes). Notez bien que c'est à Cumana que se trouve la dernière station d'essence sur la route qui mène jusqu'à Blanchisseuse et Matelot. Pensez donc à regarder votre niveau de carburant en quittant le bourg et en vous dirigeant vers le nord. A Cumana, on trouve également un très bon « *sea mouss* » préparé par une bien sympathique grand-mère qui tient une échoppe sur le bord de la route. Originaire de Saint Vincent, mais vivant à Cumana depuis de nombreuses années, elle se fera une joie de vous renseigner et de vous raconter ses nombreux souvenirs liés à la région.

Hébergement – Restaurants

Les possibilités d'hébergement sur cette route sont très peu nombreuses. Malgré les récents projets de construction d'hôtels et de guesthouses, trouver un lit pour la nuit demeure difficile. En plus des adresses communiquées ci-dessous, nous mentionnons ici une maison à louer à la semaine ou pour un week-end. La première se trouve à l'entrée de Toco (**AS'S Guesthouse** ✆ (868) 670 0664 ou 741 2852.

▪ THE BIG YARD
Cumana ✆ (868) 670 2127
Compter 450 TT$ pour une chambre. Un hôtel-restaurant ouvert tous les jours, pour les budgets serrés. Impossible de le manquer, le bâtiment peint en orange forme comme un boomerang. Plat à base de poulet et de légumes pour 25 TT$.

▪ SALYBIA NATURE RESORT & SPA
Salybia Bay 13 3/4 Mile Post,

Toco Main Road, Salybia Village, Matura
© (868) 668 5959 – www.salybiaresort.co
Compter entre 110 et 150 US$ en fonction de la saison pour une chambre standard, petit déjeuner compris, mais hors taxe et TVA. Déjeuner-buffet ouvert aux non-résidents (150 TT$). Lancé en 2004, le Salybia a vite su se forger une solide réputation d'hôtel de luxe, malgré des tarifs qui restent accessibles à la majorité des touristes visitant Trinidad. Le programme de Spa y est particulièrement riche. Tourné vers la mer, l'hôtel a parfaitement su s'intégrer au cadre environnant. Organisé autour d'un bâtiment pyramidal, il propose un restaurant et un bar sur un premier niveau, un spa avec soins, massages et manucure sur le deuxième niveau ainsi qu'un penthouse vraiment classieux, avec Jacuzzi, niché sous le sommet de la pyramide, et d'où l'on a une vue panoramique à 360°. Au bout d'une série de paliers parsemés de gazon et de fleurs, et qui conduisent jusqu'à la mer, la piscine de l'hôtel surplombe la ligne bleue de l'océan. Les chambres, toutes équipées de TV, de lecteur de CD, de miniréfrigérateur et d'accès à Internet, vont de la standard située dans un corps annexe au bâtiment principal, à la « luxury suite » ou la villa. Un seul petit regret. Aussi près de l'eau, il est dommage que l'hôtel ne débouche pas sur une petite plage.

TOCO

Toco est la capitale administrative de cette région du nord-ouest de l'île. Elle se présente comme une bourgade paisible vivant principalement de la pêche et de l'agriculture. Le bourg, dans sa majeure partie situé de part et d'autre de la route, étire ses petites maisons, dont certaines assez anciennes, sur plusieurs kilomètres.

En venant de Cumana, vous arriverez à un rond-point flanqué d'un petit palmier. La route qui part à droite vous conduira jusqu'à Galera Point, qui marque l'extrémité nord de l'île. En suivant cette même direction, vous trouverez, à une centaine de mètres du rond-point, les locaux de Radio Toco (106.7 FM), une radio communautaire qui diffuse sur toute la côte nord de l'île. Face au rond-point, la route principale continue pour aller desservir les petits villages de Sans Souci, l'Anse Noire, MonteVideo et Grande Rivière.

En raison de sa grande proximité avec Tobago – quelques kilomètres seulement séparent Toco de l'extrémité sud de l'île voisine –, l'histoire de Toco renvoie davantage à celle de Tobago qu'à celle de Trinidad. Toco fut fondé par les Anglais en 1631, quand un bateau de la flotte de Sa Majesté, gouverné par un certain Henry Colt, aborda le rivage de cette partie extrême de l'île, à l'insu des autorités espagnoles, dans le but d'y fixer un peuplement anglais. Puis les Hollandais, régnant alors en maîtres sur Tobago, débusquèrent les Anglais et les chassèrent de Toco pour s'y installer, bientôt chassés à leur tour par les Espagnols, aux environs de 1640.

Un siècle plus tard, les moines capucins vinrent s'y installer et y ouvrir une mission afin de convertir la population amérindienne de la région. Ainsi un lieu-dit contigu à Toco porte le nom de Mission (en direction de Sans Souci). C'est à ces Amérindiens que Toco doit son nom, bien que l'étymologie en soit un peu confuse. A cette époque, la mission espagnole établie à Toco était reliée à une autre un peu plus au sud, à l'endroit où se trouve aujourd'hui le village de Cumana, par un chemin que les colons français appelèrent plus tard « la route des Anglais », aujourd'hui Anglais Road.

Ce sont les colons français, venus s'y établir à la fin du XVIIIe siècle, qui permirent à Toco de connaître sa première expansion. Ils y plantèrent principalement du coton et aussi un peu de canne à sucre. A la fin du XVIIIe, on y comptait 28 colons français aidés de 158 esclaves, 62 affranchis et 155 Amérindiens. Malheureusement pour le village, son éloignement du reste de l'île et l'absence de route pour le desservir, freinèrent son développement. Il fallut attendre 1820 et la mise en service d'un bateau à vapeur chargé de faire la jonction entre les différents points de l'île, ainsi qu'entre Trinidad et Tobago, pour que Toco se réveille à nouveau.

Les spots de surf

La côte au nord-est de Trinidad compte parmi les meilleurs sites de surf de l'île. Les amateurs de glisse devraient trouver leur bonheur au niveau des plages du fishing depot de Toco ou de Grande Riviere.

Mais les deux criques de Sans Souci, dont l'une s'appelle Beach Break, sont probablement les meilleurs spots du coin. La plage de Salybia Bay, plus à l'est, est également très appréciée des surfeurs.

TRINIDAD

La proximité géographique de Toco avec l'île de Tobago alliée au service régulier assuré par le steamer permit au village de bénéficier d'un afflux de main-d'œuvre en provenance de l'île voisine, offrant ainsi du même coup à son économie agricole basée sur le système des plantations la possibilité de passer sans heurt le cap de l'abolition de l'esclavage.

Aujourd'hui, l'agriculture et la pêche continuent de prévaloir à Toco. Rien n'y est prévu pour le touriste, et les visiteurs de passage y trouveront seulement quelques rum-shops ou restaurants très couleur locale. Sur la route de Galera Point, dans les bâtiments d'un collège, on pourra visiter le petit Toco Folk Museum, où se trouve rassemblée une collection « à la Prévert » d'objets artisanaux amérindiens, de papillons, d'insectes et d'anciens disques 78 tours de calypsos. Pour trouver un hébergement dans la région, vous devrez soit retourner sur vos pas jusqu'à Rampanalgas, soit continuer jusqu'à Grande Rivière. Vous pourrez néanmoins avoir un beau point de vue sur le village et ses alentours en montant tout en haut du phare de Galera Point.

Le site de Galera Point, qui marque l'extrémité nord de l'île, est un promontoire rocheux dont les bords escarpés se jettent abruptement dans la mer, battus par une mer souvent agitée et assez traître, d'après les pêcheurs, qui surnomment l'endroit « le cimetière ». Le nom de Galera Point, qui fait référence à l'arrivée de Colomb sur l'île, est usurpé, ou tout au moins résulte d'une confusion, le navigateur génois n'ayant jamais mouillé à cet endroit, mais tout au sud de l'île.

Du haut du phare, construit en 1897, d'une hauteur de 21 m (70 pieds), on peut apercevoir l'île de Tobago toute proche. Le gardien des lieux est assez sympathique et bavarde volontiers avec les touristes, allant même jusqu'à leur raconter les légendes relatives à cet endroit. Il paraît que le phare est hanté… Toutefois, ses horaires étant fantaisistes, pour le rencontrer il faut se fier au hasard ou à la chance. La route qui donne accès à Galera Point longe une très belle plage, non aménagée, non surveillée, mais abritée par des cocotiers et où se trouve également une petite barrière de corail. Le week-end, cette plage sert habituellement de terrain de pique-nique à la population locale, et des petits snacks sont servis dans des stands dressés pour l'occasion. Le reste de la semaine, la plage est généralement déserte.

Hébergement

■ **MONTANO'S GUESTHOUSE**
℃ (868) 681 2037
Arrivé dans le centre de Toco, la route se sépare en deux. A gauche, la route qui mène à Blanchisseuse. A droite, celle qui part vers le phare. Prendre cette dernière et poursuivre sur 200 m. Prendre à droite et après 200 m, la maison se trouve sur la droite. Elle appartient au célèbre chanteur de soca, Monty Montano. Il y loue des appartements à partir de 2 000 TT$ la semaine, tous équipés d'une cuisine. Le site dispose également d'une piscine.

▬ DE TOCO À MATELOT ▬

Passé Toco, la route traverse le petit village de Sans Souci, où les amateurs de surf pourront trouver leur bonheur dans les rouleaux d'une petite baie, puis continue jusqu'à l'Anse Noire et Monte Video.

Elle traverse quelques petits ponts en bois où deux voitures ne peuvent se croiser – si vous conduisez, il est vivement conseillé de ne pas aller trop vite, les ponts se présentant parfois à la sortie de virages sans visibilité – pour aboutir à Grande Rivière et finalement à Matelot, où la route s'arrête et se transforme en piste non praticable pour les voitures, de quelque modèle que ce soit. Cette piste qui s'enfonce dans la jungle permet de rejoindre Blanchisseuse, distant de Matelot de 38 km.

GRANDE RIVIÈRE

Grande Rivière est un des endroits les plus magiques de la côte nord. Imaginez une nature brute et inviolée où les éléments semblent se confondre dans un hymne sauvage. Imaginez l'écume d'une mer qui brasse tout au long d'une plage de sable doré sur plus d'un kilomètre de long et qui se termine par des petits brisants nimbés par des embruns. Entendez le roulement de tambour incessant des vagues puissantes qui viennent frapper le rivage et sur lesquelles il est certains jours possible de surfer. Sentez sur votre peau la lumière mordorée de l'après-midi qui se reflète dans la couche d'embruns et dans les vertes collines de la forêt vierge tout autour. Imaginez l'estuaire d'une petite rivière formant un lagon, dans lequel, après s'être baigné dans la mer, il fait bon se débarrasser du sel marin qui colle à la peau. Imaginez, au crépuscule, des feux de bois sur la plage autour desquels on se réunit pour le plaisir de discuter, de boire un verre et de se rencontrer en toute simplicité, que l'on soit natif du village, de Trinidad ou de pays plus froids et plus lointains.

Faites-vous porter par la musique, presque toujours présente en fond sonore, qu'elle soit jouée par des musiciens sur la plage ou qu'elle provienne de quelque sound-systems un peu plus au loin. Enfin, imaginez cette même plage la nuit, quand tous les feux se sont éteints et quand les pulsations du calypso, de la soca ou du reggae ont laissé place au bruit de la mer, avec, pour seul spectacle, celui, unique, de centaines de tortues géantes venues y pondre.

La lune pour seule lumière et les étoiles comme uniques repères, le plus beau des spectacles naturels prend place sous vos yeux. Grande Rivière est un havre privilégié pour tous les hédonistes amoureux de la nature et amateurs de rencontres authentiques.

© WWW.PANJIBE.COM

TRINIDAD

Black Stick.

Orientation

Le village de Grande Rivière (orthographié aussi parfois Grand Rivière) est principalement organisé autour d'un croisement d'où part, à gauche, une route en direction de la plage située à une centaine de mètres. Tout droit, la route continue en direction de Matelot. C'est au point d'accès à la plage que se trouvent les restaurants et les possibilités d'hébergement. C'est également à ce niveau que se trouve le bureau de l'organisation du développement touristique de Grande Rivière, une organisation créée à l'initiative de la communauté villageoise en 2001.

La mission que s'est donnée cette organisation est louable. Il s'agit de mettre en place les bases d'un développement économique, social et culturel de Grande Rivière passant par un écotourisme bien compris, et cela dans un climat d'entente cordiale entre les villageois et les touristes. Fait notable, les villageois de Grande Rivière ont une très forte conscience de la richesse et de la beauté de l'environnement et de l'écologie de leur région et entendent bien qu'elles soient préservées. Par ailleurs, n'entendant pas suivre l'exemple des autres îles de la région Caraïbe, qui ont perdu leur identité sous le béton des resorts, ils veulent à tout prix éviter de se voir spoliés de leurs terres sous la pression des

promoteurs du tourisme de masse. Enfin, ils voient dans l'écotourisme une alternative et un relais d'emploi pour remplacer les métiers harassants et mal payés de l'agriculture et de la pêche qui assurent encore le pain quotidien de la majorité d'entre eux.

Reconnue par les autorités gouvernementales de Trinidad, cette organisation veille particulièrement à la préservation des tortues géantes qui viennent pondre par milliers sur les rivages de Grande Rivière, et ceci cinq mois dans l'année, de début mars à la fin du mois d'août.

Interdiction d'illuminer la nuit pour ne pas effrayer les grosses bêtes, contrôle scrupuleux des visiteurs de la plage… l'organisation prend son rôle très au sérieux, avec juste raison. En 1997, la plage de Grande Rivière a été déclarée zone protégée, et depuis il est nécessaire de se procurer un permis pour venir la visiter à la saison de la ponte. Ces permis peuvent être obtenus dans les bureaux de la division forestière de Port of Spain, mais aussi à celles de Sangre Grande et de San Fernando.

A Grand Riviere, il est également un personnage incontournable. Il s'agit du célèbre Jakatan. S'il est sur la plage, vous ne pourrez le manquer. Il a des allures de vieux rasta, avec des dreadlocks qui dégringolent de son crâne comme des lianes, et une barbe grise toute frisée.

Sur la plage, il est généralement aux trois quarts nu, par égard pour les touristes. Mais dans la jungle, là où il vit avec sa femme, il l'est complètement, nu.

Sa notoriété, Jakatan la doit d'abord à son histoire personnelle. Il est en effet le dernier représentant des Earth People, une branche alternative du rastafarisme, créé dans les années 1970, et qui stipulait que la rencontre avec Jha, l'élément divin pour les rastas, passe par une communion complète avec la nature.

C'est ainsi que Jakatan a passé sa vie, et continue de la construire, sans la forêt. Il y réside en quasi complète autarcie, en ayant des enfants et en s'installant ici ou là au gré de ses envies. Une deuxième raison pour le rencontrer, c'est qu'il connaît la forêt comme sa poche, si l'on ose dire. Il a battu tous les sentiers qui vont de Matelot jusqu'à Paria et Blanchisseuse ou Madamas et a même découvert une chute d'eau qui porte aujourd'hui son nom : Jakatan Falls.

Jakatan fait aujourd'hui partie de l'association des guides de Grande Rivière et sera tout à fait heureux de faire partager au visiteur curieux son savoir immense sur la nature.

Les prix qu'il pratique sont corrects : 110 TT$ par personne pour une balade dans la journée ; 220 TT$ par personne pour la journée et la nuit. Si Jakatan ne se trouve pas sur la plage, renseignez-vous auprès des villageois, ou des petites cabanes qui y proposent de l'artisanat local. L'une d'entre elles est d'ailleurs tenue par l'un de ses enfants.

Pratique

■ GRANDE RIVIERE INFORMATION CENTER
En face du Grande Almandier

Ouvert de 11h à 22h. Pour plus d'informations sur les tours proposés par l'association, contacter Nicholas Alexander ℂ (868) 670 2251 ou Marcia Barker ℂ (868) 670 2244 ou Carlos Change ℂ (868) 670 2347. L'organisation propose aux visiteurs des visites guidées et payantes, que ce soit pour observer les tortues (*60 TT$ par personne*) ou pour se balader dans les différents et nombreux sentiers qui sillonnent la jungle environnante, ou encore observer le fameux « pawi », une dinde sauvage assez rare, d'un plumage bleu cobalt, oiseau emblématique des forêts des montagnes du nord de Trinidad, et qui fait la grande fierté de Grande Rivière. L'association proposer aux visiteurs de planter leur tente sur leur terrain pour la modique somme de 20 TT$ la nuit.

Hébergement – Restaurants
A Grande Rivière, vous trouverez en tout et pour tout deux hôtels qui font aussi restaurants, plus quelques guesthouses. En attendant l'ouverture en avril 2004 d'un Waly Fay qui s'annonce assez exceptionnel.

© WWW.PANJUBE.COM

■ MC EACHNIE'S HAVEN

Corner Thomas and Bristol Streets
✆ (868) 670 1014 ou 777 9764
Chambres à 350 TT$, ou 400 TT$ avec la climatisation. Seul, on peut négocier la chambre à 250 TT$ sous condition de disponibilité. Salle de bains privée, réfrigérateur, ventilateur. Sur demande, petit déjeuner à 35 TT$ et déjeuner à 65 TT$. Situé un peu au-dessus du croisement de la route principale avec celle qui mène à la plage, ce Bed & Breakfast propose quatre chambres au rez-de-chaussée et deux chambres au 1er étage. Toutes sont très correctes, dotées d'un lit double ainsi que d'un ou deux lits pour une personne et d'une salle de bains. Un coup de peinture ne ferait cependant aucun mal, même si les pièces restent très propres. Quelques mètres en aval du bâtiment principal et donnant sur une cour, un petit bar ouvert à l'air libre est complété d'une piste de danse. Là, on peut discuter avec les gens du coin en écoutant de la musique, voire danser quand les soirées sont chaudes. Le propriétaire, surnommé Roots, est un fou de musique. Il est leader d'un groupe appelé « Roots and Branches », qui répète régulièrement dans un bâtiment non loin de son établissement, et propose assez régulièrement aux groupes trinidadiens de ses amis de venir jouer chez lui. Une bonne adresse pour séjourner ou égayer ses soirées.

■ WIND SHINE

Un peu plus haut que le Mc Haven, sur la droite
✆ (868) 670 1894 ou 337 3504
Compter 125 TT$ par nuit pour un appartement. Difficile à manquer, c'est la seule maison de la rue peinte en violet. Ambiance familiale assurée. Deux appartements sont disponibles, chacun disposant d'une kitchenette, et de trois lits pouvant accueillir jusqu'à six personnes. Ne vous attendez pas à une adresse très confortable, mais vous ne trouverez pas moins cher à Grande Rivière.

■ MOUNT PLAISIR ESTATE HOTEL

Hosang Street ✆ (868) 670 8381/2217
www.mtplaisir.com
Plusieurs formules, selon les différentes capacités des suites et allant de la chambre simple à la pension complète en passant par le Bed & Breakfast et la demi-pension. Chambres sans petit déjeuner pour 2 ou 3 personnes à 633 TT$, pour 4 ou 5 personnes à 788 TT$, pour 5 ou 6 personnes 945 TT$. Tous les prix sont donnés avec la taxe hôtelière et TVA incluses. Pour tous ceux qui n'ont pas un budget trop serré… et même pour ceux qui ont des moyens plus conséquents à leur disposition, mais qui souhaitent apprécier le confort d'une adresse au charme si particulier. Construit en bois et en galets, sur la plage, à 10 m du rivage, cet hôtel est vraiment une des adresses de charme de la côte nord. La réception et le patio s'ouvrent sur une salle à manger superbement agencée, elle-même ouverte sur la mer. Le bâtiment est si près de l'eau que parfois, lorsque la mer s'agite un peu trop fort, les salles du rez-de-chaussée sont inondées. La décoration est assurée par des œuvres d'artistes locaux. Au premier étage, se trouvent trois suites qui donnent sur un balcon commun et une quatrième, sur une véranda privative. A une dizaine de mètres du bâtiment principal, un bâtiment allongé, lui aussi construit en bois et en galets, abrite encore une dizaine de suites, disposant toutes d'un patio donnant sur l'océan. Au fond du bâtiment, au premier étage, il y a une autre suite avec véranda privée. Mount Plaisir Estate a apporté un soin très attentif à la décoration intérieure où les matières brutes (bois, pierre) sont à l'honneur. Le mobilier est très choisi et dans un esprit très « vintage », alternant vieux rocking chairs ou transats en bois avec des commodes lookées années 1950. Le propriétaire des lieux, Piero, italien d'origine et ancien photographe de presse, a également su apporter une touche très réussie à l'éclairage, souvent indirect, qui met l'ensemble en valeur sans ostentation. Le restaurant de l'hôtel est une bonne adresse. Il propose une carte variée, entre la cuisine italienne et des plats locaux créoles, à base de poissons et fruits de mer pêchés le jour même. Pour le petit déjeuner, différentes sortes de pain sont cuits tous les matins ; on peut également déguster des fruits frais en salade, ce qui est généralement, et paradoxalement, assez rare dans les restaurants de Trinidad. Piero est très accueillant et saura vous renseigner sur les coins intéressants des alentours, et vous trouver un guide si vous le désirez. Il possède un bateau qu'il utilise pour la pêche, mais qu'il est aussi possible de louer pour partir à la découverte des petites plages désertes disséminées le long de la côte entre Matelot et Paria (capacité maximale 4 personnes, prix forfaitaire de 250 TT$ pour la première heure + 100 TT$ pour les heures suivantes). Enfin, Piero dispose d'un minivan Mercedes qu'il loue avec chauffeur pour la journée, quelle que soit la destination dans l'île. A négocier.

■ **LE GRANDE ALMANDIER**

2 Hosang Street

✆ (868) 670 1013/2294

www.legrandealmandier.com

Selon la saison, chambres double entre 90 et 115 US$, et suite (de 4 à 6 personnes) entre 145 et 200 US$, petit déjeuner continental compris. Situé sur la plage, face à l'hôtel Mount Plaisir Estate, Le Grande Almandier est un hôtel moderne qui propose sept chambres standards confortables ainsi que trois suites au premier étage. Les pièces sont superbement décorées, dans un ton qui correspond parfaitement à l'environnement. Les balcons qui donnent sur la plage sont certes un peu petits, mais très agréables au moment de se plonger dans la lecture d'un livre ou d'observer l'activité de la plage. Parfaitement intégrée à celle-ci, la structure veille au respect de l'environnement et fonctionne en grande partie grâce à l'énergie solaire puisée de ses capteurs. Il dispose également d'un restaurant ouvert toute la semaine, où l'on peut déjeuner ou dîner, résidents comme non-résidents. La carte est un peu chère, mais les plats sont copieux et corrects. L'adresse est idéale pour venir observer les tortues entre mars et juillet. Vous les apercevrez même certains soirs depuis le balcon principal de l'hôtel, en train de vadrouiller sur la plage. Cyril, le propriétaire, peut organiser vos balades dans le coin en vous trouvant les guides ou un bateau à louer. L'hôtel peut également se charger des transferts de Grande Rivière à l'aéroport de Piarco. Fort de son succès, le Grande Almandier affiche complet tous les week-ends. Pensez donc à réserver au préalable.

■ **ACAJOU**

209 paris Main Road

✆ (868) 670 3771 – acajoutrinidad.com

Bungalows à 160 US$, petit déjeuner continental compris. Voici la toute dernière adresse de Grande Rivière. Et quel charme également ! Dans un style bien différent des deux hôtels mentionnés précédemment, cinq bungalows offrent la plus grande sérénité à qui vient y passer quelques jours. La plage n'est qu'à quelques dizaines de mètres. Très bien aménagée, chaque cabine dispose de sa petite terrasse qui fait face à la mer. Construites en bois, leur réalisation est esthétiquement parfaite. Vive le hamac. La vaste salle de restaurant en plein air, ouverte tous les jours, accueille les résidents et les personnes extérieures à l'hôtel toute la journée. Plats à partir de 95 TT$.

MATELOT ET ENVIRONS

Passé Grande Rivière, la Paria Main Road – la route principale qui dessert toute la côte nord depuis Toco – s'arrête définitivement au village de Matelot. Pour visiter ce village très enclavé, il est préférable d'avoir une voiture de location, très peu de transports en commun pouvant vous conduire jusque-là. La dizaine de kilomètres qui séparent Matelot de Grande Rivière exige quand même une petite demi-heure de trajet, la route étant remplie de nids-de-poule, très étroite et jalonnée de ponts en bois franchissant de petits rus qui s'écoulent des collines toutes proches dans la mer. En lui-même, le village n'a que peu d'intérêt, si ce n'est celui de représenter une part très authentique de la vie villageoise sur cette côte nord de l'île.

Le visiteur de passage n'y trouvera qu'un seul bar, le « Sea Breeze Recreational Club ». En revanche, il y rencontrera des gens très accueillants qui se feront une joie de lui parler et lui donner quelques informations sur la région. En définitive, la raison principale pour laquelle on vient à Matelot, c'est que ce village est le point de départ de nombreuses excursions dans le bush des collines avoisinantes, et notamment le départ de l'excursion la plus courue qui va de Matelot jusqu'à Blanchisseuse. Attention, ces balades ne peuvent se faire sans un minimum de préparation – surtout la dernière mentionnée (environ 30 km de piste pour la jonction, et la nécessité de faire étape pour passer la nuit) –, et il serait totalement inconscient de s'y lancer sans être accompagné et sans matériel adéquat. Conscients de la richesse de la nature qui les entoure et du manque de logistique et d'encadrement pour les touristes amateurs de naturalisme, une dizaine de jeunes villageois de Matelot se sont regroupés, au début des années 2000, dans une association, Pawi Culture & Eco Club. Enfants du pays, ils connaissaient les chemins par cœur, mais ils ont tenu à suivre des formations assermentées pour devenir guides officiels. Ils sont très sympathiques et peuvent vous guider dans les environs. Pour les contacter, il faut se rendre directement au village. Demandez Robert ou Ricardo de la Pawi Association ; quelqu'un les préviendra de votre arrivée et ira les chercher. Si vous souhaitez vraiment dormir à Matelot, juste avant l'entrée du bourg, une maison est à louer, la « Beach House ». Pour réserver, il faut impérativement appeler au ✆ (868) 359 2540. La maison est en très bon état.

La côte ouest

Sur la côte ouest, c'est d'une plage à l'autre que la tradition et la piété côtoient la modernité, et le bord de mer est un endroit où l'on se rend pour prier ou pour travailler mais pas pour se baigner. Quasiment pas d'hôtels ou des hôtels chers, pour expatriés. Peu de touristes. En règle générale, les visiteurs ne s'attardent pas trop dans cette partie de l'île dépourvue d'infrastructures, faute d'une nécessité à faire la promotion d'une région qui n'a pas besoin du tourisme pour vivre. Par ailleurs, le tour des attractions côtières est vite fait. Si de Port of Spain, il faut une heure de voiture pour rejoindre San Fernando par la route nationale, il faudra compter en moyenne une journée pour visiter les principaux points d'intérêt qui jalonnent le trajet, peut-être deux jours, avec une nuit sur place pour également bien s'imprégner de l'ambiance et de l'atmosphère de San Fernando et sa région.

Passé La Brea et son lac d'asphalte, seuls les visiteurs les plus téméraires pousseront le voyage plus au sud, dans des terres qui deviennent de moins en moins touristiques. Pratiquement aucune possibilité d'hébergement, une proximité avec le Venezuela qui favorise beaucoup de trafics, des plages pas toujours très sûres…

Au départ de la capitale, il faut environ une demi-heure pour rejoindre la grande ville du sud de l'île San Fernando. L'aménagement récent de l'autoroute Uriah Buttler a permis un gain de temps précieux. Si vous empruntez la Southern Main Road, le voyage est également rapide, mais il est aussi dépaysant. Il commence dans l'odeur suave et entêtante de la canne à sucre dont les champs forment d'abord l'essentiel du paysage. Au fur et à mesure qu'on se rapproche de San Fernando, le contraste entre le mode de vie créole de la côte nord, le cosmopolitisme de Port of Spain et l'influence indienne grandissante deviennent visibles. A San Fernando, cette influence est frappante. Dans le trafic, les autoradios déversent leur trop-plein de décibels de la musique acidulée de la chutney soca. Le long de la route, apparaissent des temples et des minarets. Sur les affiches de pub, des mannequins arborent des saris… San Fernando, ou San Do comme on dit à Trinidad, est la deuxième ville du pays. La ville est majoritairement et historiquement indienne par sa population.

San Fernando a les allures d'un petit San Francisco, tout en creux et en petites collines. Dans ses rues labyrinthiques, les petites maisons anciennes en bois peint, style planteur, donnent à la ville un charme un peu désuet. Il ne faut pas trop se fier à l'apparente oisiveté qui semble y régner. San Fernando est une capitale économique, sa région, le cœur industriel de l'île. Au bout de la descente le long de la côte ouest, une nouvelle réalité de Trinidad vient surprendre également le voyageur, sa réalité moderne, celle du pétrole et de l'industrie. D'ailleurs, on ne peut pas dire que les raffineries et autres exploitations industrielles soient de nature à séduire un voyageur avide d'espaces sauvages et de belles plages.

Au nord de San Fernando, une bande côtière étalée sur une dizaine de kilomètres, de Pointe-à-Pierre à Pointe Lisa, regroupe l'essentiel de l'industrie pétrolière et chimique de Trinidad, les usines de méthanol, les raffineries, les plates-formes d'extraction… Plus au nord encore s'étendent des plages où s'élèvent des temples de prières et où se fait entendre le bruit sec des drapeaux religieux qui claquent au vent.

LES MARAIS DU CARONI

Il vous faudra obtenir un permis de visite de cette division forestière pour avoir le droit de visiter les marais du Caroni. L'organisation est présente sur le site (Uriah Butler Highway ✆ (868) 645 8452, ouverte de 7h à 18h). Vous y obtiendrez le permis mais aussi la liste des guides accompagnateurs officiels. Pour aller au plus simple, la marche à suivre la plus rapide pour qui veut visiter le marais en bateau est de se mettre en contact avec l'une des deux organisations citées à la fin de cette présentation sur le Caroni Bird Sanctuary. Le Visitor's Centre se charge lui-même d'obtenir les pass de la division forestière et d'organiser la visite, le tout dans les délais les plus courts. Par la route, on accède aux marais du Caroni en empruntant une des premières bretelles sur la Uriah Butler Highway. Elle mène à une esplanade en terre bordée par une sorte de petit chenal connecté aux marais. Là, des barques et une dizaine de leurs propriétaires, guides officiels ou autoproclamés comme tels, ont l'habitude d'attendre le touriste à côté des petites paillotes au toit de palmes qui leur servent de stand.

Il faut continuer la route qui longe le canal sur 500 m pour arriver aux véritables et officielles infrastructures d'accueil mises en place pour les visiteurs. Elles comprennent le Visitor's Centre, une bâtisse toute blanche, posée sur un bras du marais aménagé en petit embarcadère. Dans le centre, on trouve des informations pédagogiques sur le marais, sa flore et sa faune. Le centre héberge également quelques tour-opérateurs et accompagnateurs spécialisés dans la visite du site, ainsi qu'un petit bar-restaurant où trouver snacks et autres en-cas… en cas de fringale.

De l'embarcadère partent les tours de pirogues mais aussi un circuit pédestre aménagé, petit chemin en bois sur pilotis, tout en ponts et en passerelles. Cette promenade conduit à un poste d'observation, une tour d'une hauteur de 24 m qui permet un point de vue exceptionnel sur la canopée et les oiseaux. Un peu plus loin, le flâneur pédestre trouvera une plate-forme d'observation des oiseaux, longue d'une cinquantaine de mètres et littéralement posée sur la mangrove.

Les marais du Caroni sont les seconds plus larges de Trinidad. Ils forment un estuaire de 5 611 hectares rempli d'herbes hautes, de mangrove et de forêts. A l'heure actuelle, un gros tiers de la superficie est protégé par un statut de réserve naturelle. La mangrove est l'espèce végétale la plus répandue dans le marais. Elle en recouvre 30 km², ce qui représente 60 % de la mangrove totale de Trinidad. Vivent dans cet habitat naturel 190 espèces d'oiseaux, 24 sortes de poissons, des caïmans, des anacondas et des fourmiliers.

Dans la famille des volatiles, le roi du marais est certainement le fameux ibis rouge, l'emblème national de Trinidad & Tobago. On en dénombre aujourd'hui dans cette zone plus de 15 000 à égayer les verts bayous de leurs grappes d'un rouge flamboyant. Leur envol en nuages vermillon à l'approche du bateau est un très beau spectacle offert par une nature généreuse. Une nature pas encore trop gâchée par la présence humaine, même si des menaces réelles pèsent sur l'écologie du marais. Braconnage de l'ibis, pollution, surexploitation agricole et surtout intrusion de l'eau saumâtre dans les eaux douces, ce qui aurait des effets désastreux sur la faune et la flore. Conscientes des enjeux écologiques, les autorités trinidadiennes ont mis en place un système de permis pour visiter le Caroni.

■ **NANAN'S BIRD SANCTUARY TOURS**
Uriah Butler Highway ✆ (868) 645 1305
www.nananecotours.com
nantourstt.net.tt
Compter 60 TT$ pour le tour. Il s'agit de la meilleure compagnie pour réaliser une balade inoubliable sur les canaux de ce parc exceptionnel. La balade commence tous les jours à 16h. Il faut compter 2 heures 30 de balade. A bord d'une barque pouvant contenir une vingtaine de passagers, vous découvrir la faune et la flore de cette zone exceptionnelle. Le spectacle du regroupement des ibis rouges en fin d'après-midi est unique au monde.

■ **AJOUPA POTTERIES**
Rory & Bunty O'Connor
326 Chickland Road, Upper Carapichaima
✆ (868) 673 0604 – Fax : (868) 673 0605
www.ajoupapottery.com
Sortie indiquée par un panneau sur l'autoroute dans le sens nord-sud. Une fois arrivé à Freeport, continuer tout droit jusqu'au lieu-dit de Chickland. Si vous ne trouvez pas, demandez aux locaux en dernier ressort. Ils seront tout heureux de pouvoir vous aider. Située dans la campagne qui entoure le petit village de Freeport, la manufacture d'Ajupa est spécialisée dans la production de poteries et de céramiques. A la tête de cette entreprise familiale se trouve la famille O'Connor. C'est Bunty, l'artiste, qui conçoit, dessine et peint les modèles, tous d'un goût très sûr. Son mari, Rory, en supervise la fabrication et la cuisson. Les O'Connor sont des gens très amicaux, d'un accueil chaleureux et, par-dessus tout, passionnés de l'histoire, de la nature et de la culture de leur pays. Si vous leur rendez visite, nul doute qu'à l'occasion de la visite de l'atelier, ils vous fassent visiter leur superbe maison victorienne, en bois peint, et tout en vous glissant une ou deux anecdotes, vous indiquent les points d'intérêt des alentours, telle cette mignonne petite église catholique romane en bois de tortuga, dont les vitraux proviennent de France.

WATERLOO

A quelques kilomètres au sud-ouest de Chaguanas se trouve l'exotique petit village côtier de Waterloo. Malgré le nom, ce Waterloo-là n'a rien de british. Ce serait plutôt un Waterloo façon vindaloo. Le village ressemble à une petite Inde qui se serait échouée sur le golfe de Paria, avec son décor clinquant de temples, de minarets et de cocotiers.

Au terme de la longue route rectiligne bordée de petites maisons qui constitue la rue principale du village, on arrive à une plage où, au bout d'une jetée, s'élève un temple, construit face à la mer. Des dizaines de drapeaux de toutes les couleurs sont plantés sur la jetée, autant d'offrandes de la part des fidèles indiens qui viennent ici faire leurs dévotions. On y pratique même régulièrement des crémations. Ce temple a été construit par un fermier indien très pieux, Seeda Sadhu, qui, à la fin des années 1940, voulut honorer ses dieux en leur dédiant un temple ou « mandir », qu'il décida de construire de ses mains sur la plage de Waterloo. Mais la terre appartenait alors à des capitaux britanniques investis dans une plantation de canne à sucre, une plantation dont les gérants ne se montrèrent pas très perméables ni tolérants à l'hindouisme.

Alors même que le temple était déjà entièrement construit, ils envoyèrent un bulldozer pour le raser et intimèrent l'ordre à Seeda Sadhou d'aller bricoler ailleurs que sur la terre de la plantation. Il paraît que la foi déplace les montagnes. Pour Seeda, il s'agira plutôt de repousser l'océan. L'Indien mystique ne se démonte pas. Sa foi ne sera pas soluble dans le droit à la propriété. En face de l'adversité, elle devient aussi dure que les rochers qu'il va péniblement charrier de ses mains pendant des dizaines d'années. Puisqu'on lui a ôté toute possibilité de bâtir son temple sur la terre ferme, il ira le reconstruire sur la mer, qui, elle, n'appartient à personne. Mais pour cela, il faut d'abord construire une jetée. Il passera plus de quarante ans à tenter de tirer une jetée sur l'océan, à transporter à vélo les matériaux nécessaires, graviers, cailloux, à se battre contre les marées, appliquant à marée basse le ciment que la mer emportera au large quelques heures plus tard. Un mouvement perpétuel auquel ce Sisyphe de Waterloo se serait probablement enchaîné durant toute sa vie, si, en 1995, à l'occasion du 150e anniversaire de l'arrivée des premiers Indiens Bengalis à Trinidad, le Conseil national de culture indienne n'avait décidé de donner un coup de pouce à l'édification du temple. Aujourd'hui, des services y sont célébrés tous les dimanches.

A hauteur du virage situé avant la grande rue rectiligne du village, un chemin donne accès à un autre étonnant témoignage de la grande piété indienne qui règne dans la région. C'est en effet par là qu'on arrive à un gigantesque ashram inauguré en février 2002, construit en hommage au dieu Hanuman et à Sri Swamiji, le gourou indien qui a présidé le projet. Ce natif de Mysore est aujourd'hui à la tête d'une large chaîne d'ashrams installés non seulement en Inde, mais aussi en Amérique du Nord et en Europe, et il voue un culte à Dattatreya, gouru des gourus, guide spirituel éternel de l'humanité... Pour le visiteur, ce qui fait l'intérêt immédiat du temple, ce n'est pas tant la philosophie ou les préceptes qu'il symbolise que ses splendides décors, ses ornements et ses petites statuettes sculptées par des artisans du sud de l'Inde venus spécialement pour l'occasion. Mais le plus insolite est certainement la gigantesque statue près du temple, représentant Hanuman, le roi des singes, dont l'énigmatique et impavide visage surplombe d'une vingtaine de mètres les humains qui viennent le contempler.

LA RÉSERVE DE POINTE-À-PIERRE

Pour visiter la réserve, il est nécessaire de prendre rendez-vous au préalable. Vous pouvez contacter directement Molly Gaskin au © (868) 628 4145 ou Karilyn Shephard qui est basée à Port of Spain au © (868) 622 0238. Vous pouvez également appeler 48 heures avant le jour de la visite au © (868) 678 3515/16 – www.trinwetlands.org – L'entrée est libre. Un guide accompagne les visiteurs. Sur place, un petit musée regroupe des photographies et des informations sur la faune de la réserve. Il expose également une collection de mollusques et quelques objets amérindiens. La réserve ornithologique de Pointe-à-Pierre se trouve sur les terrains du complexe de la raffinerie pétrolière Petrotrin, située dans la proximité sud de Claxton Bay. Pour y accéder en voiture de l'autoroute, prendre la sortie Claxton Bay puis, arrivé dans le village, prendre la route côtière qui part à gauche en direction de San Fernando. Cette réserve, fondée en 1966, s'étend sur 25 ha de terres humides et comprend deux lacs, devenus le refuge d'une grande variété d'oiseaux, dont certains menacés d'extinction. Aujourd'hui, la réserve se félicite d'avoir obtenu de beaux succès dans sa politique de protection des espèces. Elle a ainsi sauvé plusieurs sortes de canards qu'on ne trouvait déjà plus ni au Venezuela ni au Mexique, pour ensuite les réimplanter dans leurs territoires naturels. Outre son activité de protection de l'environnement, la réserve contribue à de nombreux programmes pédagogiques visant à dispenser aux nouvelles générations la connaissance de la nature et la sensibilité à l'écologie.

TRINIDAD

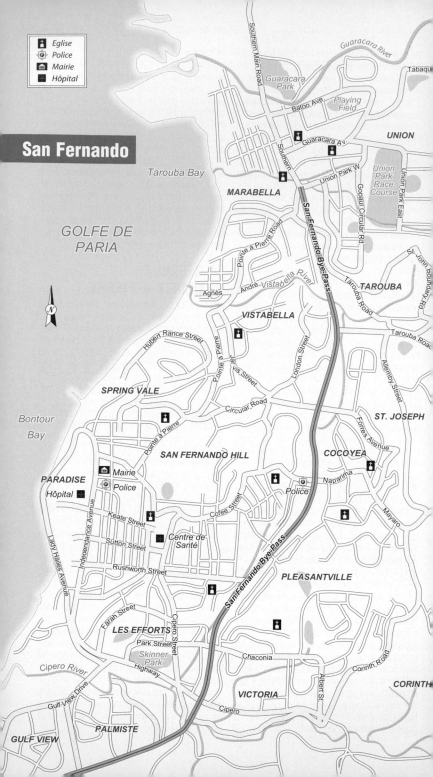

SAN FERNANDO

Elle domine, majestueuse. C'est la première chose que l'on aperçoit quand on débarque à San Fernando. La colline, visible de l'autoroute à une distance d'une dizaine de kilomètres. C'est un promontoire de près de 200 m de haut s'étendant sur 26 ha. Mais cette hauteur et ces dimensions ne payent pas beaucoup de mine. D'emblée, le regard est frappé par le sommet, raboté, tronqué. La colline, complètement entamée par plus de 200 ans d'excavation de la pierre et du gravier, a payé un lourd tribut à l'urbanisation galopante de San Fernando à l'époque coloniale. Le monticule semble porter la ville en anneau. Tout autour, les quartiers dessinent comme un disque, les restes d'un big bang d'urbanisation non planifiée, propulsé des flancs du sommet pour se répandre en bordure côtière et venir finalement buter sur les marais.

En voiture, il est facile d'entrer dans San Fernando mais plus difficile d'en sortir. La ville est labyrinthique. S'il n'y avait la colline et la mer pour s'orienter, les rues sinueuses, non marquées, toutes en côtes et en pentes, feraient perdre tout sens de l'orientation. On se croit perdu en Inde, tellement tout y est indien. Mais on ne se perd pas à San Fernando, tout au plus on s'y égare un moment.

Le centre-ville surgit presque par hasard au bout du dernier méandre d'une rue sinueuse. En s'y baladant, insensiblement porté par la curieuse mesure qui rythme cette ville, indienne et chinoise par sa population, latino par son histoire et sa proximité avec le Venezuela, on plonge en plein dans le mélange où l'indolence quasi équatoriale vient contrebalancer les caractères les plus affirmés.

Il est dommage que le tourisme y soit encore aussi peu développé. La ville, qui en elle-même est assez belle, est aussi un — sinon le — carrefour stratégique qui donne à la fois accès au sud profond (le Deep South) et à la côte est. Pourtant, il y a peu d'adresses pour s'y loger et, jusqu'à ce jour, la clientèle des quelques hôtels qui s'y trouvent est très majoritairement faite d'expatriés, généralement américains, qui travaillent pour le compte des compagnies pétrolières. Les chambres sont donc assez chères. Pour se loger à prix plus modiques, il faudra sortir de la ville et aller jusqu'à Pointe-à-Pierre, située à une dizaine de kilomètres au nord.

Histoire

Les historiens s'accordent à penser qu'aux alentours de -8000 av. J.-C., la colline de San Fernando était occupée par les tribus indiennes Warao ou Gwaranao. Ces Amérindiens tenaient la colline pour une montagne sacrée. Selon la tradition warao, le héros mythique Haburi et sa mère ont dû fuir la vindicte de la femme grenouille en cherchant refuge dans le delta de l'Orénoque. Mais, parvenus à Trinidad, ils furent transformés en montagne : celle d'Anaparima, la montagne du monde.

TRINIDAD

Martin-pêcheur.

Ce mythe, très populaire chez les Warao ainsi que chez d'autres tribus amérindiennes d'Amérique du Sud, est à l'origine d'une tradition de pèlerinage qui a survécu pendant des millénaires, remontant à au moins - 6500 av. J.-C., pour finalement disparaître vers 1900. Jusqu'à cette époque, des Amérindiens ou leurs descendants en provenance de toute la région sud des Caraïbes et de l'Amérique du Sud avaient coutume de couvrir de longues distances, en bateau et à pied, pour venir rendre hommage à la montagne.

Anaparima, c'est le nom de cette colline qui servit à désigner l'actuel site de San Fernando jusqu'en 1784, date à laquelle le gouverneur de l'île, Don José Maria Chacon, baptisa le village San Fernando de Anaparima, afin de rendre hommage à Fernando, le fils de Charles III, qui régnait alors en Espagne. A l'usage, le suffixe indien tomba en désuétude et, progressivement, San Fernando de Anaparima devint San Fernando, ou San Do, l'appellation familière que lui donnent aujourd'hui la plupart des Trinidadiens. Au début du XIXe siècle, les Britanniques qui prennent possession de la ville y encouragent la production de la canne. De grandes plantations sont créées. Leur expansion est bientôt favorisée par l'installation d'une ligne ferroviaire reliant Port of Spain et son commerce maritime à ce qui deviendra rapidement la deuxième ville d'importance à Trinidad. A la fin du XIXe siècle, l'économie sucrière de San Fernando est florissante. Elle requiert une main-d'œuvre indienne de plus en plus nombreuse arrivant par flots. Ces Indiens prennent souche dans la grande ville du Sud, y important leurs coutumes, leurs traditions, leurs cérémonies. Si bien que le gouvernement colonial britannique commence à s'inquiéter de l'ampleur que prennent ces fêtes, en particulier la fête de Hosay, un des événements majeurs du calendrier indien. En 1884, les Britanniques veulent en interdire la célébration, ce qui conduit à une grave émeute populaire, réprimée dans le sang et qui se solde par plus d'une dizaine de morts et une centaine de blessés. Lors des travaux de construction de ce qui est l'actuelle place du marché, les ouvriers qui ont creusé les fondations ont trouvé des crânes humains, autant de vestiges de cet épisode sanglant où les corps des émeutiers tués furent brûlés sur place.

Quelque cinquante ans plus tard, en 1937, d'autres émeutes meurtrières secouent le centre-ville, fomentées par les ouvriers des compagnies pétrolières, et menées par l'un des

premiers et plus connus syndicalistes de l'île, Uriah Butler. La police réprime ces émeutes à partir d'un camp de base qu'elle établit dans les locaux de la bibliothèque publique Carnegie, du nom du célèbre philanthrope écossais qui, dans les années 1920, offrit les fonds nécessaires à sa construction. Dans les années 1940 et 1950, la ville modernise progressivement ses infrastructures routières et hospitalières, ainsi que ses services publics – dans les années 1950, les ordures y étaient encore collectées par des charrettes tirées par des ânes.

Mais c'est seulement à partir des années 1960 et 1970 que San Fernando décolle véritablement sous l'effet du boom de l'industrie du pétrole. La ville a gardé très peu de traces de son passé historique. Seulement quelques noms ou quelques lieux, qui peuvent donner prétexte à la balade. En référence à son époque précolombienne, San Fernando a nommé « Carib Street » l'une de ses artères principales qui prend naissance juste à proximité du sommet de la colline. Les habitants ont aussi baptisé du nom de « Carib House » le bâtiment qui passe pour être le plus ancien de la ville. L'architecture de cette vieille demeure, construite en 1833 par un commerçant originaire de La Barbade, est pourtant fortement empreinte d'un style espagnol qui n'a rien à voir avec les Indiens. Mais beaucoup s'accordent à penser qu'elle a été construite sur les fondations d'un ancien campement indien, tout comme l'hôpital général, situé à l'extrémité de la promenade Harris. Sur cette promenade se trouve un autre hommage au passé colonial de San Do, sous forme de mémorial : une statue du Mahatma Gandhi. Passé cette dernière, la promenade Harris conduit jusqu'à un vieux train immobilisé sur sa voie, souvenir du temps où la circulation des personnes et des marchandises entre la capitale et San Fernando se faisait essentiellement par le rail et où le terminus de la ligne se situait précisément sur la promenade.

Transports

De Port of Spain à San Fernando

▶ **En bus.** Un bus PTCS part toutes les demi-heures de la gare routière de Port of Spain, la City Gate. Prix du billet 4 TT$.

▶ **En maxi-taxi (ligne verte).** Depuis la City Gate à Port of Spain, prendre un maxi-taxi pour San Fernando (13 TT$).

▶ **Se déplacer à San Fernando.** La seule solution est de prendre les route-taxis qui circulent tout autour de la colline. On les trouve en nombre dans toutes les grandes rues de San Fernando. Prix moyen de la course 3 et 6 TT$. Compter 8 TT$ pour aller à jusqu'à Chaguanas, au nord.

Quitter San Fernando

▶ **Pour Port of Spain :** l'arrêt de bus se trouve au bout de Queen's Street, près du marché aux poissons. Les billets s'achètent de 5h à 20h du lundi au vendredi, de 6h à 19h le samedi et de midi à 7h le dimanche. L'arrêt des maxi-taxis pour Port of Spain se trouve à côté de l'Hôpital général, sur Chancelery Lane.

▶ **Pour le nord de la côte ouest :** les maxi-taxis pour Chaguanas stationnent aussi sur Chancelery Lane, au niveau du marché. Sinon, les taxis partagés partent depuis l'intersection de la High Street avec la rue Point-à-Pierre.

▶ **En direction du sud :** les maxi-taxis et les route-taxis stationnent sur Chancelery Lane, au niveau de l'hôpital général. Compter environ 4 TT$ pour La Brea en maxi-taxi, 6 TT$ en route-taxi.

▶ **En direction de l'est :** les maxi-taxis pour Princess Town (3 TT$) se trouvent en haut de la promenade Harris. A partir de Princess Town, d'autres maxi-taxis partent pour Mayaro (5 TT$).

Pratique

■ **POLICE**
Harris Promenade,
au coin de Penitence Street
✆ (868) 652 2561

■ **HOPITAL**
Hôpital général de San Fernando,
en face de la promenade Harris,
à cheval sur Chancelery Lane
et Independence Avenue
✆ (868) 652 3581

Banques

■ **ROYAL BANK**
11 High Street,
près de l'arrêt de maxi-taxis

■ **SCOTIABANK**
Deux adresses : 49 High Street
et à l'intersection des rues Cipero
et Rushworth
Les deux agences disposent d'un distributeur accessible 24 h/24.

Hébergement à San Fernando et les environs

Seulement deux hôtels dans la deuxième ville de Trinidad ! Une rareté qui donne bien la mesure du caractère peu touristique de la ville, a fortiori quand on sait que la plus grande partie de la clientèle de ces hôtels se recrute parmi les expatriés travaillant pour les compagnies pétrolières. La bonne conséquence, c'est que dans la ville les touristes ne se marchent vraiment pas sur les pieds. La mauvaise, c'est que le prix des chambres s'aligne sur le marché des expatriés, en grande majorité américains. Les nuits à l'hôtel sont donc un peu chères à San Fernando, même si ses deux hôtels sont très confortables. Pour trouver des prix plus accessibles, il faudra sortir de la ville et aller jusqu'à Pointe-à-Pierre.

■ **TRADEWINDS**
38 London Street, Saint Joseph Village
✆/Fax : (868) 652 9463
www.tradewindshotel.net
delia@tradewindshotel.net
Compter 99 US$ pour une chambre simple standard, 109 US$ pour la double, petit déjeuner inclus, hors taxe et TVA. Un hôtel fonctionnel de 40 chambres spacieuses, dont la plupart nouvellement ont été récemment refaites. Les chambres les plus sympas sont situées au dernier étage de l'hôtel, doté d'une terrasse avec vue sur tout San Fernando. L'établissement compte également une piscine et d'une salle de gym. Le confort et standard et manque assurément de charme. On sent l'ambiance professionnelle qui règne dans les couloirs, comme si on était au bureau.

■ **ROYAL HOTEL**
46-54 Royal Road, San Fernando
✆ (868) 652 4881 – Fax : (868) 652 3924
www.royalhoteltt.com
Chambre simple ou double à partir de 125 US$, hors taxe, et petit déjeuner compris. Cet hôtel de 54 chambres a été reconstruit en 2003, suite à un incendie. Les chambres y sont depuis bien tenues, même si comme pour l'adresse précédente, il est difficile de leur trouver du charme. Très fonctionnel, l'établissement dispose de son propre restaurant. Toutes les chambres sont équipées de la télévision, d'Internet, du téléphone, de la climatisation et d'un réfrigérateur.

■ **MARION'S PLACE**
15 railway avenue, Plaisance village,
Pointe-à-Pierre ✆ (868) 659 2584

TRINIDAD

Compter 460 TT$ pour une chambre double. Pour y parvenir, emprunter la Southern Main Road à la sortie de San Fernando. Après 5 km, vous apercevrez des panneaux indiquant la maison, qui se trouvera sur votre droite. Cette adresse sans charme particulier est dotée de 13 chambres, confortables et très propres. Une piscine sur l'arrière est même mise à la disposition des clients pour qu'ils puissent se relaxer. Il est également possible de déjeuner ou dîner sur place. Penser à réserver auprès de la réception.

■ **CARA SUITES**
Southern Main Road, Claxton Bay, Pointe-à-Pierre
✆ (868) 659 2271 – Fax : (868) 659 2202
www.carahotels.com
carasuitespap@carahotels.com
Compter 180 US$ pour une chambre simple, et 195 US$ pour une double, taxes et petit déjeuner inclus. Cet hôtel lancé en 2003, est la référence de la côte ouest hors de Port of Spain. Son succès est tel qu'un projet visant à doubler sa capacité d'hébergement pour passer de 52 à 102 chambres d'ici à l'été 2009 était à l'étude lors de notre passage. Son gigantesque hall-patio débouche sur une superbe terrasse dotée d'une très belle piscine qui surplombe la mer, distante de 300 m. Si le Cara Suites accueille principalement des expatriés travaillant dans le pétrole (accès Internet illimité gratuit dans toutes les chambres), il est également tout à fait indiqué pour une villégiature haut de gamme. A noter l'existence d'un package week-end à moins de 300 US$ par couple, tout compris, qui inclut une chambre avec vue sur la mer pour deux nuits, petits déjeuners et dîners dans l'excellent restaurant de l'hôtel, The Metropolitan, ainsi qu'une visite guidée du Pointe-à-Pierre Wildfowl Trust.

■ **PARIA SUITES**
South Trunk Rd, La Romain
✆ (868) 697 1442 – Fax : (868) 697 1445
www.pariasuites.com
Chambre à partir de 96 US$, petit déjeuner non compris. Récent, le Paria Suites apparaît comme l'une des principales références en matière d'hôtellerie à San Fernando. Les 68 chambres sont climatisées, et la piscine n'est jamais très loin pour finir de se rafraîchir. Les deux restaurants proposent une gamme variée de plats. Les amateurs de poissons, particulièrement, seront ravis s'ils s'attablent au Schelles (ouvert tous les jours

de 17h30 à 23h). On apprécie, le piano dans le hall et les ordinateurs mis gratuitement à la disposition des clients pour surfer sur Internet. Très spacieuses, les chambres sont excellemment tenues, et toutes équipées de la climatisation, de la télévision par câble et d'un réfrigérateur.

Restaurants

Le centre-ville de San Fernando est truffé de petits fast-foods où il est facile de manger sur le pouce pour 25 TT$. Le récent mall du Golf propose également une large palette de restauration rapide, du Burger King au KFC, en passant par des adresses un peu plus étoffées comme TGI Friday's.

Sur le pouce

■ **ALI'S DOUBLES**
36 Vistabella Road, « On the Hill »
✆ (868) 653 9329
Compter 20 TT$ par personne. A San Fernando, lorsqu'on monte la rue en pente de Vistabella avant de redescendre vers le centre-ville, on a l'habitude de garer sa voiture à hauteur du n° 36 et de faire la queue pour le plaisir de savourer les doubles de chez Ali. Ce petit restaurant de rue est une sorte d'institution dans la deuxième ville de Trinidad. On y croise tout le monde, des policiers profitant de leur pause aux gens de la rue, des cadres aux ouvriers. La nourriture, très locale, y est aussi très bonne.

Bonnes tables

■ **NAM FONG LOTUS RESTAURANT**
91-93 Cipero Street ✆ (868) 652 3356
Ouvert du lundi au samedi de 10h à 22h. Plats à partir de 50 TT$. Une des meilleures adresses pour manger chinois en ville. Etabli depuis 1960, ce restaurant a connu une rénovation importante en 1990. Vous trouverez des plats de poulet cuits à toutes les sauces.

■ **TREE HOUSE**
38 London Street, Saint Joseph, San Fernando ✆ (868) 653 8733
Compter 115 TT$ par personne. Tree House est le restaurant du Tradewinds Hotel. Il tient son nom de l'arbre autour duquel se déploie la terrasse du restaurant ouverte sur une vue panoramique de San Fernando, au dernier étage de l'hôtel. La cuisine y est correcte, et la carte propose différents plats d'origines variées (tex-mex, cajun, italienne et créole).

■ **JENNY'S WOK & STEAK HOUSE**
175 Cipero Road, Victoria Village,
Cross Crossing, San Fernando
© (868) 652 1807
Compter 120 TT$ par personne pour le dîner.
La filiale sud-trinidadienne du célèbre Jenny's
on the Boulevard, à Port of Spain. Tout aussi
célèbre. On y mange même mieux que dans la
capitale. Peut-être aussi parce que le personnel
y est beaucoup plus sympathique.

Luxe

■ **THE METROPOLITAN**
Southern Main Road, Claxton Bay,
Pointe-à-Pierre
© (868) 659 2271
*Compter 110 TT$ par personne pour le
déjeuner, 240 TT$ pour le dîner.* Conscient de
son statut d'unique très bonne table du coin,
le Metropolitan ne se contente pas de faire
dans la facilité en servant des plats tout pensés
d'avance. Le chef veille à mettre un brin
d'originalité dans sa carte. Au Metropolitan,
on mange des gâteaux de crabe à la guyanaise
accompagnés d'une salade de mangue, des
mille-feuilles au pamplemousse et à l'avocat,
des filets d'agneau aux épices de Trinidad
et au jus de tamarin ou encore un délicieux
poulet au rhum, relevé d'une sauce poivrée
qu'accompagnent des beignets de pomme de
terre et des acras. A noter le plan du package
week-end à l'hôtel qui inclut deux dîners.

Sortir

■ **THE EDGE**
South Trunk Rd, La Romain
*Ouvert à partir de 16h. Pas d'horaire de
fermeture spécifique.* The Edge est situé dans
un bâtiment attenant à l'hôtel Paria Suites.
Ambiance américaine pour ce bar, dont tous
les jeunes du centre-ville de San Fernando
vantent les mérites pour passer une excellente
soirée. Soca, dancehall et reggae sont au
programme, dès que la température monte
un petit peu. Possibilité d'y manger quelques
sandwiches également.

■ **PRIVE**
23 South Trunk Rd, La Romain
© (868) 652 4360
www.privecl.com
Depuis l'été 2008, ce club, l'un des plus
selects de la ville, a lancé son concept de
« bistro-table », comme le manager tient à
l'appeler. Il est donc désormais possible d'y
venir déjeuner ou dîner (*compter entre 75 et
200 TT$*). L'ambiance change peu à peu, 23h
passées. Le volume monte, et l'espace semble
se réduire. Mais attention, ne rentre pas qui
veut. Il vaut mieux être inscrit sur la guestlist
(*compter 100 TT$*). Comme dans toutes les
boîtes de l'île, la plus grosse soirée a lieu le
vendredi. Sur des sons venus tout droit des
années 1980, vous pourrez vous lâcher sur la
piste de danse à l'étage, entouré d'un décor
très distingué.

Dans les environs

Le lagon Oropuche

Le lagon Oropuche étend ses 56 km² à
quelques kilomètres au sud de San Fernando.
A la différence des marais du Caroni, il est très
rarement visité et constitue de facto un paradis
pour les naturalistes. La faune, peu habituée
à la présence humaine, y est pléthorique. Ses
eaux très poissonneuses sont également un
vivier très riche en crevettes. On peut explorer
le lagon en kayak. Les intéressés peuvent
contacter Eco-Sense Nature, une affaire de
balades en kayak dans les marais du lagon,
montée par un Indien, Sham Sahadeo, qui
connaît bien son terrain de jeu. Ces balades
vous font traverser un paysage de mangrove
fournissant l'habitat idéal d'une grande variété
d'oiseaux, dont le fameux ibis rouge. Elles
ont lieu dans la matinée et ne comportent
pas d'itinéraires trop formatés. Pour chaque
balade, l'itinéraire choisi sera celui qui donne
le plus d'occasions à l'observation de la faune.
Et ces occasions ne manquent pas. Les lagons
d'Oropuche sont encore quasiment vierges de
toute présence touristique.

■ **ECO SENSE NATURE**
© (868) 766 4035 – trinikayak.tripod.com
La petite agence de Sham Sahadeo organise
des balades de 2 à 3 heures en kayak. Compter
50 US$ par personne.

LE PITCH LAKE

■ **LA BREA PITCH LAKE TOUR
ASSOCIATION**
© (868) 651 1232
*Ouverte du lundi au dimanche de 9h à 17h.
Entrée à 30 TT$ pour les adultes, 12 TT$
pour les enfants. Jusqu'à 3 visites par jour du
Pitch Lake sont organisées.* Visite guidée sur
demande avec tarif spécial pour les groupes.
Pour se rendre sur ce lac si particulier, il
est indispensable d'être accompagné d'un
guide.

TRINIDAD

Quiconque a consulté les brochures touristiques locales ou a quelque peu discuté avec les Trinidadiens en conviendra, la bizarre singularité géologique du Pitch Lake – le lac de bitume situé à hauteur de La Brea, un petit village à une vingtaine de kilomètres au sud de San Fernando – fait tellement la fierté de tout Trinidad que bon nombre de ses habitants n'hésitent pas à propulser ce lac au rang de huitième merveille du monde. Pourtant le fameux lac a toutes les allures d'un vieux tarmac croûté qui embaumerait le goudron sous le plomb d'une touffeur d'été et à moins d'avoir une passion pour la géologie, on est plutôt bluffé, voire un peu déçu par cet endroit singulièrement peu accueillant.

Mais le site est effectivement curieux, à la limite de l'improbable. Une promenade dans les pas d'un guide officiel – surtout ne pas s'en écarter, certaines parties du lac sont mouvantes, et on peut s'y enfoncer – permet d'approcher au plus près la réalité de cette étendue d'asphalte, déjà connue et crainte à l'époque précolombienne. Les légendes amérindiennes rapportent que, dans une folle arrogance, le chef d'une tribu caribe captura et tua le colibri sacré. Les dieux se vengèrent en précipitant toute la tribu au plus profond des fluides noirs et visqueux. Toujours est-il que les mouvements telluriques qui agitent cette grosse marmite de bitume renvoient périodiquement à la surface des morceaux de bois et des objets artisanaux amérindiens. (On peut en voir certains dans la petite cabane de l'office du tourisme qui sert à la fois de petit musée et de local pour les guides officiels.)

Si nul ne sait vraiment quels furent les véritables rapports des populations primitives avec le lac, ce dont on ne peut douter, c'est que sa première découverte par l'Europe s'est faite en 1595, quand Sir Walter Raleigh, célèbre corsaire anglais aux ordres d'Elizabeth Ire, utilisa le goudron du lac pour calfater son navire. Il consignera la découverte dans son journal de bord. L'exploitation industrielle du Pitch Lake commencera à partir de la seconde moitié du XIXe siècle. Elle se pratique encore aujourd'hui et, depuis plus d'un siècle et demi. On y a extrait des milliers de tonnes d'un asphalte de très grande qualité, sans que cela rétrécisse le gisement tant les ressources semblent inépuisables. Les dimensions du lac sont effectivement impressionnantes : 100 ha en superficie, 80 m en profondeur estimée. Seuls deux autres lacs de ce type existent dans le monde, l'un près de Los Angeles,

l'autre au Venezuela. Quelques conseils pour ceux qu'une visite du lac tenterait : préférer systématiquement un guide officiel, reconnaissable à son badge. D'abord le prix de la visite est officiellement fixé. La cahute des guides officiels se trouve à côté d'un parking surveillé. Ensuite, faire particulièrement attention à la façon dont vous êtes chaussé. En saison sèche, l'asphalte a tendance à se coller aux chaussures ; en saison des pluies, une paire de bottes est un élément de confort appréciable. L'asphalte retient les pluies à la surface du lac, et on ne cesse de patauger dans les flaques. Quelques dernières curiosités d'ordre anecdotique viendront récompenser ceux qui fouleront de leurs pieds ces étendues caoutchouteuses, souvent semblables à du chewing-gum. Vous serez sûrement surpris par d'étranges petits poissons poussés par l'évolution à s'acclimater aux eaux sulfureuses qui remplissent les crevasses de bitume et par le cadre hallucinant de l'usine d'extraction qu'on croirait tout droit sortie du film Mad Max III. Enfin, s'offre au visiteur le spectacle de ces vieilles maisons en bois construites sur les bords du lac, devenues avec le temps complètement bancales sous l'effet des courants lents qui traversent le sous-sol. On croirait même que certaines ont été construites sur plusieurs niveaux.

LES PLAGES DU SUD-OUEST

Les amateurs de belles plages seront certainement très déçus par celles qu'ils rencontreront dans cette partie de l'île. Alors que certaines proposent un sable en permanence humidifié, d'autres sont bien plus rocheuses. Aussi les raffineries de pétrole qui les entourent sont peu propices à la détente et à améliorer un décor déjà peu enivrant. Les belles cartes postales idylliques des Caraïbes semblent bien loin. Les deux plages les plus fréquentées au sud de San Fernando sont Vessigny (à 25 km) et Point Fortin (à 30 km). Los Iros Bay, plus au sud et sur la côte du Columbus Channel est du même acabit. A noter la possibilité d'y dormir dans **la rare guesthouse de la zone, la Beach Boys** ✆ (868) 649 8569 – 200 TT$ la chambre.

En revanche, toujours sur la même côte, plus à l'est, se trouve la très agréable plage de Quinan Bay. Située au bout d'un magnifique parc naturel, elle rappelle ses sœurs du nord de l'île, avec un sable plus fin et plus clair.

La côte est

Conséquence probable de son éloignement de la capitale et des grands centres urbains de l'ouest de l'île, la côte Est, quasiment vide de toute présence touristique, est l'une des plus bucoliques de Trinidad. De Manzanilla à Mayaro, ce n'est qu'un paysage de champs de cocotiers plantés en bordure de littoral sur des dizaines de kilomètres. Quelques « buffalypsos » broutent çà et là – ces ruminants hybrides qui proviennent du croisement entre le buffle asiatique et le bœuf commun ont été introduits sur l'île à la fois pour leur grande capacité à endurer le climat mais aussi pour l'excellente qualité de leur viande.

Une plage interminable étale son décor de carte postale sans discontinuer sur plus de 20 km. Face à la mer, longeant la route côtière, s'étend le marais du Nariva. A partir de Mayaro, le paysage se modifie. Au large, les plates-formes pétrolières trouent régulièrement la ligne d'horizon.

Aux abords de Guayaguayare, la terre devient complètement plate, propice à une végétation grasse et prolifique. Bientôt la route s'interrompt pour le visiteur. On arrive ici sur le domaine des compagnies pétrolières américaines, établies sur cette portion de l'île depuis le début du XXe siècle et qui en restreignent l'accès. Malgré cela, il est possible de visiter ces terres qui constituent également une réserve naturelle, la réserve des collines de La Trinidad. A cet effet, il faut demander un permis à Petrotrin, le consortium pétrolier national de Trinidad, ou, plus confortablement, contacter un des tour-opérateurs spécialisés sur cette zone, qui se chargeront des formalités administratives et vous piloteront dans une région à peu près vide d'habitants. Outre la découverte d'une faune très diversifiée et d'une flore un peu différente de celle du nord de l'île, cette balade permet notamment d'approcher au plus près une des curiosités géologiques de l'île, les fameux volcans de boue. Question hébergement, la côte est très légèrement mieux lotie que la côte ouest. On pourra trouver à se loger à Mayaro et à Manzanilla, bien que l'offre y soit également assez réduite.

Par la route, on accède à la côte est de deux façons. Soit à partir de Port of Spain et du Corridor est-ouest. Il faut alors bifurquer à hauteur de Valencia en prenant la route qui mène à Sangre Grande, puis à Manzanilla (compter 2 petites heures de trajet depuis Port of Spain). Soit à partir de San Fernando en empruntant la Naparima – Mayaro Road, qui passe successivement par Princess Town et Rio Claro.

La côte est également desservie par les transports en commun. De Port of Spain, on peut prendre un maxi-taxi pour Sangre Grande et, de là, un autre pour Manzanilla. Ensuite, de Manzanilla, on prend un maxi-taxi pour Mayaro. Cela dit, la découverte de cette côte sera grandement favorisée si l'on dispose d'une voiture particulière.

TRINIDAD

Manzanilla.

MANZANILLA

C'est le premier village de la côte est que l'on rencontre lorsqu'on arrive par Sangre Grande. Partant des terres pour s'étirer paisiblement le long du littoral, il est partagé en deux par un pont qui, à proximité du rivage, relie Upper Manzanilla à Lower Manzanilla. La partie du village construite en bord de mer jouxte une belle plage équipée de cabines et de douches, généralement déserte en semaine. Le week-end, elle est le lieu de réunion favori de la communauté indienne voisine. Cette plage, qui commence à Manzanilla, s'étend quasiment jusqu'à Mayaro. Mais attention toutefois, tout le long de la côte est, la mer est parfois agitée de violents courants qui rendent la baignade dangereuse.

Excepté quelques rum-shops et l'unique restaurant du village, il y a peu de possibilités de divertissement le soir à Manzanilla. Ses deux ou trois hôtels rendent cependant possible une halte pour la nuit avant d'aller explorer les marais du Nariva ou de continuer plus au sud.

Histoire

Le nom du petit village côtier indique ses origines espagnoles. Quand les Espagnols arrivent dans ces parages, ils y notent une abondance d'arbres portant des fruits semblables à des petites pommes – petite pomme, manzanilla en espagnol. En fait, les arbres en question ne sont pas des pommiers mais des arbres à « manchineel », des petits fruits ronds renfermant un poison potentiellement mortel que les Amérindiens utilisent pour en enduire la pointe de leurs flèches... Ce ne seront pas les Espagnols mais les Anglais qui donneront le premier véritable coup d'envoi à l'implantation d'un village sur ces terres. Au début du XIXe siècle, cette partie de l'île est totalement enclavée. Aucune route n'est tracée pour accéder à la côte est. Pour le gouverneur Woodford, cette position distante, loin de toute habitation et surtout de toute plantation, va fournir ce qui lui semble être à la fois une garantie et une opportunité. En 1822, le gouverneur doit en effet se charger de trouver des terres aux hommes du troisième régiment des Antilles britanniques, tout récemment démobilisé et rendu à la vie civile. Les ex-soldats sont très majoritairement noirs. Problème. Si le gouverneur installe ces derniers au statut d'hommes libres à proximité des plantations, l'engouement profond des esclaves pour la liberté risque d'être ravivé et de faire tache d'huile. De plus, si ces esclaves prennent la fuite et trouvent refuge chez les anciens du troisième régiment, comment faire la distinction entre un esclave en fuite et un soldat noir démobilisé ?

Pour Woodford ce sera Manzanilla, ce lieu tellement loin de tout, rendant nul tout risque de contagion abolitionniste, qui fournira le cadre idéal à l'implantation des anciens militaires. Voilà pour la garantie. De plus, si les terres sont sauvages, elles semblent propices à l'exploitation agricole. Y établir un peuplement permettrait de commencer à défricher la côte est et d'accélérer ainsi la construction d'une route reliant le littoral à Arima. Voilà pour l'opportunité. C'est comme ça que, mal payés par les Britanniques – quand ils étaient payés –, les hommes du 3e régiment se sont donc retrouvés, quasiment livrés à eux-mêmes, à devoir défricher et cultiver le riz sur les terres humides de Manzanilla. Un riz qui souvent pourrissait à même le sol, dans l'attente improbable du passage du bateau à vapeur chargé de récupérer les récoltes pour permettre leurs ventes sur les marchés. Les ex-soldats et leurs descendants se battront pendant trois générations pour leur survie. La petite communauté de Manzanilla devra attendre la fin du XIXe siècle et l'inauguration de la ligne de chemin de fer reliant Port of Spain à Sangre Grande pour trouver un vrai débouché à sa production de cacao et de café, et mener dès lors une vie paisible, semblable à celle de tous les villages agricoles de Trinidad.

Transports

▶ **Se rendre à Manzanilla en transports en commun.** C'est Sangre Grande qui fait office de gare routière la plus proche. Les maxi-taxis pour Manzanilla s'y trouvent dans la rue principale, à côté du Royal Castle. Prix du trajet 8 TT$.

Hébergement

■ **DOUGIES**
Upper Manzanilla ✆ (868) 668 1504
Compter 250 TT$ (40 US$) pour une chambre. Dans les hauts de Manzanilla, à une quinzaine de minutes à pied de la plage, la sympathique guesthouse Dougies se trouve dans une bâtisse adjacente au principal rum-shop du village. Elle propose 8 chambres vastes, fonctionnelles et bien équipées. C'est l'endroit parfait pour observer quelques scènes pittoresques de la vie rurale de Manzanilla (la concentration des joueurs durant les parties de dominos qui se déroulent dans le patio de la rum-shop) et nouer des contacts avec

ses habitants. Côté confort, il faut admettre que le minimum est assuré avec des lits qui vous feront sûrement penser au dortoir d'un film de guerre, et un mobilier ancien, parfois brinquebalant. L'ambiance y est vraiment familiale. Dougies sert des petits déjeuners (*10 TT$ par personne*), des déjeuners (*entre 15 et 25 TT$ par personne*), mais pas de dîner.

■ **AMELIA'S GUESTHOUSE**
Manzanilla Beach Lot 22 Calypso Road
✆ (868) 750 0651 ou 662 6087
www.ameliasguesthouse.com
Compter 50 US$ pour une chambre double. Formule tout compris avec les trois repas et le transfert à l'aéroport pour 125 US$ par chambre double. Du haut de Manzanilla, on accède à cette petite guesthouse en empruntant le chemin de terre qui part à gauche de la route principale, dans le dernier virage avant d'atteindre la plage. La guesthouse d'Amelia est une mignonne petite maison construite sur la plage, dotée de trois chambres comportant chacune un patio privé qui donne accès à la plage. Toutes les chambres sont équipées de réfrigérateur et certaines de l'air conditionné. L'adresse étant très prisée, il est presque inutile de s'y pointer à la dernière minute en pleine saison. Pensez à réserver.

■ **MANZANILLA HOTEL**
Carries on the Bay, lower Manzanilla
✆ (868) 668 5711 ou 663 0893
lloyd17@tstt.net.tt
Compter 400 TT$ pour une chambre double. Climatisation, télévision, réfrigérateur et salle de bains privée. Une douzaine de chambres parquées dans une grande barre de béton rectangulaire. Voilà pour le décor. Rien de spécial donc, mais une adresse correcte en termes de propreté et de service pour les week-ends prolongés qui attirent une masse conséquente de vacanciers à Manzanilla et qui par conséquent remplit rapidement les meilleures adresses. L'hôtel compte également trois appartements tous équipés d'une kitchenette.

■ **COCONUT COVE**
Manzanilla Beach, 33-36 Calypso Road
✆ (868) 691 5939
Formule tout compris incluant les trois repas et le logement : 925 TT$. Piscine. Anciennement appelé Calypso Inn, l'hôtel a fait peau neuve il y a peu. Enfin, c'est beaucoup dire, tant certains indices tendent à penser que les travaux n'ont pas été finis… L'établissement est situé au bord de la plage, mais précisément à cet endroit, on ne trouve pas de plage.

Dommage. En revanche, les chambres sont bien aménagées et parfaitement tenues. Le Coconut Cove se trouve tout au bout du chemin qui mène à Amelia Beach House.

Restaurants

Le restaurant de Coconut Cove est actuellement le seul digne de ce nom à Manzanilla, où pouvoir se restaurer et spécialement dîner. On y trouve une cuisine à base de pêche du jour, à des prix en hausse ces dernières années. Petit déjeuner complet 45 TT$, déjeuner à partir de 55 TT$, dîner à partir de 70 TT$.

Dans les environs

Le phare de Brigand Hill

Ouvert au public de 8h à 17h. Entrée libre. Ce phare assez récent (de 1958) se trouve un peu au-dessus d'Upper Manzanilla. On y accède par la Plum Mitan Road qui part de la route côtière en direction de Sangre Grande. L'accès au phare est indiqué par un panneau.

Les marais du Nariva

En 1996, le gouvernement de Trinidad a ratifié la convention internationale de Ramsar qui l'engage depuis lors à assurer la protection des marais du Nariva. Il est vrai qu'il y avait péril en la demeure. Ces marais de 15 km² constituent un des plus parfaits spécimens de système aquatique en eaux stagnantes de Trinidad et abritent une faune d'une richesse unique, aujourd'hui menacée.
Outre différents et innombrables moustiques, les marais du Nariva abritent notamment, des caïmans, des fourmiliers, des opossums, des singes hurleurs et capucins, plus une foule de serpents, dont le célèbre anaconda qui peut atteindre 6 à 9 m de long. Parmi les espèces rares, figure celle des lamantins, ces mammifères vivant en eau douce mais que l'on rapproche de la famille des dauphins et que l'on appelle « *manatee* » à Trinidad. Il est devenu très difficile d'observer un lamantin dans le marais. D'abord parce que l'espèce est très timide et se tient à l'écart de toute intrusion dans son habitat et parce qu'elle habite dans des biotopes très sensibles à l'écologie, ultra-réactifs aux modifications thermiques et chimiques du milieu. Aujourd'hui, partout dans le monde, l'espèce des lamantins se raréfie. Et cette extinction progressive n'épargne pas le marais du Nariva. On estime à une poignée les lamantins qui pourraient encore y subsister. Ils se comptaient par centaines il y a seulement trente ans.

Avec le temps, le marais a souffert de la proximité humaine. En plus de la chasse illégale, les petits paysans cultivateurs de riz continuent d'empiéter sur le marais à sa frange et participent à son émiettement. Lors de la construction des ponts sur lesquels passe la route côtière en bordure de marais, les chantiers du génie public ont creusé les lits des rivières pour mieux les canaliser, permettant du même coup l'intrusion régulière de l'eau saumâtre dans le système hydrique du marais. Si l'on ajoute à tout cela l'habitude régulière qu'ont les fermiers de mettre le feu au bush en périphérie du Nariva au moment de la saison sèche, on comprend que décidément ces pauvres lamantins ont encore bien du souci à se faire.

▶ **Au centre du marais se trouve une curiosité, l'île « Bush Bush »,** une bande de terre couverte de forêt qui émerge de quelques mètres au-dessus des eaux du marais et qui abrite une importante population de singes.
Le visiteur ne pourra pas s'aventurer par lui-même dans le marais, même si le permis délivré par la Wildlife Division du département d'Etat chargé des forêts (✆ (868) 662 5114) lui en donne le droit. En pratique, seules les visites accompagnées d'un guide permettent de s'enfoncer un peu en toute sécurité, en bateau comme en kayak. Le meilleur moment pour s'y rendre est la saison humide.

■ **WILDWAYS**
10 Idlewild Road Knightsbridge, Cascade Port of Spain ✆ (868) 623 7332
Spécialisé dans l'exploration du marais en kayak. L'agence propose aussi à d'autres endroits de l'île de belles excursions pour les amateurs d'escalade.

■ **CARIBBEAN DISCOVERY TOURS**
✆ (868) 624 7281 ou 620 1989
Spécialisé dans l'exploration du marais en kayak. N'hésitez pas à demander Stephen Broadbridge.

MAYARO

Mayaro, la sauvage indomptée. Grosse bourgade, elle semble avoir chassé les touristes de ses terres. Mais que s'est-il passé pour que toutes ces superbes maisons alignées le long du rivage tombent dans l'oubli. Située à une vingtaine de kilomètres au sud de Manzanilla, à proximité d'une des plus belles plages de Trinidad, elle semble désespérée en regardant un passé prospère. L'effet d'une station balnéaire passée de mode frappe le visiteur avec ses aménagements hôteliers obsolètes. Dans la ville, qui s'étend sur plusieurs kilomètres d'une route longeant la plage, s'accumulent les indices d'une activité touristique dont on ne sait si elle est définitivement passée ou tout simplement irréelle. Si on ne voit aucun touriste, on observe en revanche des villas posées sur le rivage, on aperçoit des panneaux d'hôtels. Plus loin pourtant, on double une série de maisons de plage laissées à l'abandon. Et certains hôtels paraissent définitivement fermés.
Mayaro laisse une drôle d'impression, comme si on se trouvait dans un petit Lacanau qui aurait subitement gonflé sous l'afflux touristique et ensuite enduré une éternelle basse saison. Et puis on comprend. Mayaro est tellement au sud-ouest de l'île, tellement loin de Port of Spain, tellement loin de San Fernando, les grandes fêtes qui font les bons week-ends et la popularité des plages sur l'île en sont pratiquement exclues. A Mayaro, l'activité touristique se résume à celle des Trinidadiens qui y louent une maison pour les vacances ou qui y possèdent une résidence secondaire.
Mû par la volonté de mieux comprendre, on cherche une réponse à la présence de ces maisons abandonnées le long de la plage. On interroge des gens ; ils ne savent pas. On ramasse des bribes ; on finit par recoller des morceaux. Ces anciennes maisons de plage auraient été la propriété de Trinidadiens dont la fortune a mal tourné. Ne pouvant plus payer les réfections rendues nécessaires par la dureté du climat, ils auraient tout bonnement laissé leurs maisons à l'abandon. Et puis, après 5 minutes d'une conversation qui dérape sur la difficulté d'appliquer une couche de peinture sur un mur ouvert au vent de la mer et après avoir payé les bières, on se tourne vers l'océan. Pour contempler sa beauté sauvage. Il n'y a que cela à faire à Mayaro.

Transports

On accède à Mayaro en maxi-taxi à partir de Rio Claro. Arrêt des maxi-taxis dans la rue principale de Rio Claro. Prix 6 TT$. Egalement à partir de Sangre Grande ou de Princess Town.

Pratique

■ **SERVICES DE SANTÉ**
Cor. De Verteuil avec Doughdeen Street
✆ (868) 644 2236

Hébergement

Peu d'hôtels recensés à Mayaro. Parmi ceux qui existent, la plupart sont posés sur la plage, de grande capacité et tous dans le même ordre de prix. Mais rares sont ceux qui fassent aussi restaurants. Dans les autres, des appartements avec kitchenette combleront les inconditionnels de la cuisine comme à la maison.

■ QUEEN'S BEACH HOTEL

Gould Street, Radix Village, Mayaro
✆ (868) 630 5532 – Fax : (868) 630 5607
A partir de 350 TT$ la chambre. Dans la Gould Street, une route tout en longueur qui longe la plage, l'entrée du Queen's Beach est signalée par un panneau. Un portail vert donne accès au patio de l'hôtel, en forme de « U », au milieu duquel quelques bancs et une pergola obstruent la vue sur la mer. Pourtant la plage n'est pas loin, à quelques pas. Pour les franchir, on longe une bâtisse tout en longueur qui abrite la réception, les chambres, puis une salle de billard. De l'autre côté se trouve la salle de restaurant. Au bout, on accède à une grande terrasse couverte, où se trouvent un grand bar et une piste de danse. Vue d'ici, la plage, magnifique, s'étend à perte de vue. Les chambres, qui auraient besoin d'être quelque peu rafraîchies, sont néanmoins propres et fonctionnelles. Pendant les week-ends, l'hôtel accueille des groupes de Trinidadiens venant des grandes villes. En semaine, il est presque exclusivement fréquenté par des expatriés américains qui travaillent pour les compagnies pétrolières du coin. Le bar du Queen's Beach est un des lieux majeurs de socialisation à Mayaro, et on peut y manger.

■ RASH BEACHFRONT RESORT

Gould Street, Church Road
✆ (868) 656 0193/630 7274/680 3076
Chambre simple 350 TT$, double 420 TT$. Appartement front de mer pour 4 personnes 650 TT$. Le Rash Resort pourrait être une adresse charmante s'il avait été construit en largeur, face à la mer. Ce n'est pas le cas. Il est posé tout en profondeur, perpendiculaire à la plage. La conclusion, c'est qu'il n'y a qu'un seul appartement qui ait une véritable vue sur l'océan. Les autres chambres, et seulement au premier étage, doivent se contenter d'un petit balcon patio posé au sommet des escaliers métalliques en colimaçon, qui distribuent les entrées des chambres et d'où, en tournant un peu la tête et en se penchant, on peut voir un petit bout de bleu maritime à l'horizon. C'est d'autant plus dommage que l'architecture moderne un peu provocatrice de l'hôtel, aux façades résolument d'un jaune pétant, est assez réussie. Les chambres sont spacieuses, toutes différentes les unes des autres, de taille variable. Et, bien sûr, toutes équipées de réfrigérateur, kitchenette, four et autres micro-ondes.

Restaurants – Bars

■ THE RANCH

Dans le centre à proximité du KFC
Ouvert tous les jours jusqu'à minuit, et plus tard le week-end. Ce bar propose des sandwiches. Idéal pour caler un petit creux. L'endroit, parce que moderne avec ses néons et autres gadgets sur le comptoir, donne l'impression d'avoir été importé directement des Etats-Unis. Les Bakes & Sharks coûtent 25 TT$.

■ QUEEN'S BEACH RESTAURANT AND BAR

Gould Street, Radix Village
✆ (868) 630 5532 – Fax : (868) 630 5607
Petit déjeuner local 35 TT$, déjeuner environ 60 TT$, dîner à partir de 75 TT$. Malgré son irremplaçable emplacement sur la plage, le Queen's Beach Restaurant sert ses repas dans une salle très conventionnelle, à la limite de la banalité. Dommage de ne pas profiter d'un tel panorama. La nourriture y est toutefois bonne, principalement créole. Elle profite habilement de la fraîcheur de la mer. Pour profiter du bruit des vagues et se remplir l'estomac pour pas cher, le meilleur plan est de commander des cutters au bar, sur la terrasse. Ces assiettes de beignets de poisson ou de crevettes, officiellement servies en guise d'amuse-gueule, sont bonnes et copieuses.

■ AZEES

3^{1/2} mm, Guayaguayare Road,
Grand Lagoon ✆ (868) 630 4619
Chambres de 400 à 550 TT$. Dîner à partir de 80 TT$. Azees est une petite guesthouse qui fait pension. Elle compte ses chambres. Azees les loue aux expatriés en mission (le rapport qualité/prix est assez médiocre). En revanche, le restaurant d'Azees est une des meilleures adresses où dîner à Mayaro, si on fait abstraction de la salle systématiquement confinée dans l'obscurité. On y sert une cuisine indienne de très bonne facture. Goûtez les plats de poissons, ils sont délicieux.

La découverte de l'or noir à Guayaguyare

En 1870, Guyaguayare est juste un obscur petit village côtier, vivant de la pêche et du coco, totalement replié sur lui-même, et dont les abords n'ont quasiment pas changé depuis le temps des Arawak, à qui il doit d'ailleurs son nom. C'est un chasseur du bush qui provoquera le changement. Ayant remarqué que, lorsqu'il faisait un feu de brousse pour faire fuir les insectes, une substance visqueuse et noirâtre semblait sourdre de la terre, il en porta un échantillon à un marchand chinois établi dans le village. Celui-ci l'envoya à son tour à Londres pour analyse. Ce qui revint des laboratoires confirma ce dont tout le monde commençait à se douter à Guayaguayare. On y avait trouvé du pétrole et, de plus, un pétrole d'une très haute qualité. Pendant plus de vingt ans, rien ne se passe. Il faut attendre 1893 pour que l'histoire parvienne aux oreilles d'un Canadien, Randolph Rust, alors basé à Port of Spain où il dirige une petite affaire d'import-export. Vivement intéressé par les enrichissantes perspectives que cette découverte laisse envisager, il fait des pieds et des mains pour convaincre une compagnie canadienne de s'associer à l'entreprise de prospection qu'il veut monter et parvient ainsi à créer un groupe d'intérêts sous le nom du Syndicat d'Exploration pétrolière du Canada.

Le premier gisement et le premier puits sont découverts et percés en juillet 1902. Une date qui marque le véritable point de départ de l'histoire pétrolière de Trinidad.

GUAYAGUAYARE ET LE TRINITY WILDLIFE SANCTUARY

Au sud de Mayaro, la route de la côte se poursuit pendant une vingtaine de kilomètres jusqu'à Guayaguayare et, sur la mer, la ligne de l'horizon se heurte de plus en plus aux plates-formes pétrolières qui s'élèvent à quelques kilomètres du rivage. La route de la côte est descend en effet jusqu'au cœur de la région la plus pétrolifère de Trinidad. Jusqu'au cœur ? Pas vraiment tout à fait. La pointe de la Galeota, la péninsule à l'extrême sud-ouest de l'île, est toujours le domaine réservé des compagnies américaines, Amoco, et Texaco, et on ne peut y pénétrer. Passé Guayaguayare, un village devenu très résidentiel avec le temps et l'argent du pétrole, où les maisons à l'américaine poussent comme des pissenlits après la pluie, la route de la côte est se poursuit sur 5 ou 6 km le long du littoral avant de bifurquer brutalement vers le nord, en direction de Rio Claro. On entre alors dans la réserve naturelle de Trinity Hills. Mais pour y pénétrer, il faudra montrer patte blanche au préalable et passer un barrage routier surveillé par Petrotrin, le consortium national pétrolier de Trinidad. En effet, un pipeline sous responsabilité de la compagnie publique longe la route sur des kilomètres (interdiction absolue de fumer). La réserve, à la faune et à la flore très riches, est aussi le lieu où s'observent les volcans de boue. Attention, cette balade ne s'adresse qu'aux amateurs forcenés de curiosités naturelles. Imaginez une jungle grasse, remplie d'épineux, où l'on est obligé de patauger dans une vase épaisse pour avancer. (Penser donc au détail pratique des bottes). Au bout d'une dizaine de minutes, on arrive à une étendue qui fait comme une sorte de clairière. Au milieu, une flaque boueuse est agitée en son centre d'un bouillonnement irrégulier. Aucun chant d'oiseau dans les environs. Un silence seulement percé de part en part par les « blops », ces bulles de gaz qui montent des profondeurs de la terre, rendue liquide et visqueuse. Veillez à ne pas trop vous approcher de l'étrange flaque ; ici les sols sont mouvants. On attend encore 5 min, et comme rien ne se passe, on se presse de retourner au véhicule, sous les piqûres d'une nuée de moustiques (penser au répulsif), et on apprend qu'on a été chanceux. Parfois, les éruptions de gaz deviennent tellement violentes que, lorsqu'elles éclatent, elles envoient de la boue à des dizaines de mètres à la ronde.

■ **PETROTRIN**
℡ (868) 649 5539
Ouvert du lundi au samedi. Pour visiter la réserve, il est nécessaire d'obtenir un permis auprès du consortium pétrolier de Trinidad. Plus rapidement et sûrement, nous vous conseillons de contacter les deux tour-opérateurs suivants :

■ **CARIBBEAN DISCOVERY TOURS**
℡ (868) 624 7281 ou 620 1989

■ **WILDWAYS**
10 Idlewild Road Knightsbridge,
Cascade Port of Spain ℡ (868) 623 7332

TOBAGO

Tobago

Légende ou réalité, Tobago passe pour avoir inspiré Daniel Defoe lorsqu'il a imaginé le cadre de son très célèbre roman, *Robinson Crusoe*. Les Chiliens et leur île Fernandez ne seraient très certainement pas contents d'entendre cette version. Mais qu'importe, il est vrai que l'île s'y prête merveilleusement. Une forêt vierge derrière des plages de sable fin, des lagons et des récifs de coraux aux eaux turquoise, un passé peuplé d'Amérindiens et de batailles navales… La physionomie et l'histoire de Tobago correspondent tout à fait à l'archétype de l'île au trésor, cette île qui appartient à nos souvenirs d'enfance. Pour un peu, on se surprendrait à chercher sur le sable de son rivage les traces laissées par la démarche claudicante de Long John Silver, le fameux pirate borgne à la jambe de bois, avec sa perruche perchée sur l'épaule…

C'est donc un petit miracle que cette île soit encore si peu connue et bien moins fréquentée par les touristes que les autres îles de la mer des Caraïbes, même si c'est principalement le tourisme qui fait aujourd'hui vivre une bonne partie de ses 40 000 habitants.

Crown Point, la zone où se trouve l'aéroport, à proximité des plages de Store Bay et de Pigeon Point, ainsi que du très large plateau corallien de Bucoo, est entièrement consacrée au tourisme, et c'est là que se concentrent la plupart des complexes hôteliers de l'île. Vous comprendrez vite qu'il faut rapidement abandonner Crown Point et les Lowlands, la partie plate du sud de Tobago. Une fois passé Scarborough, la capitale de cette petite île où vivent 15 000 habitants et qui ressemble davantage à une bourgade indolente et assoupie qu'à un centre bourdonnant, c'est un tout autre aspect de Tobago qui s'offre au regard du visiteur.

Orientation

Comme s'il y avait deux îles en une. Le relief change et la Windward Road (au sud), la route-au-vent, qui longe le littoral Atlantique en direction du nord, dispense des points de vue d'une rare beauté au fur et à mesure qu'elle devient de plus en plus escarpée et que l'on progresse vers la pointe extrême de l'île.

Passé Roxborough, village où se sont déroulées les émeutes sanglantes de Belmanna au XIXe siècle, la route s'incurve en direction des terres et grimpe sur les collines couvertes d'une forêt primaire, qui constitue la plus vieille réserve naturelle protégée de l'hémisphère Nord. Au terme de cette montée, la route entame une descente vertigineuse vers Speyside, petit village côtier situé face aux îlots de Goat Island et de Little Tobago qui sont une sorte de Mecque pour les pratiquants de la plongée sous-marine. C'est en effet dans ces eaux que l'on peut voir évoluer des raies mantas, spectacle rare dans la région des Antilles.

Passé Speyside, la route grimpe à nouveau pour replonger sur Charlotteville, un exquis petit village de pêcheurs flanqué de deux criques, dont la si belle qu'elle en devient ineffable « baie des Pirates », et qui marque la fin de la route praticable. La route se poursuit alors sans encombre sur la côte nord, même si les nids-de-poule ne manqueront pas de vous ralentir.

Les immanquables de Tobago

‣ **Des plages paradisiaques.** Impossible d'aller à Tobago et de ne pas profiter de ses plages qui comptent parmi les plus belles du monde.

‣ **La Sunday School.** Tous les dimanches soir, le petit village de Buccoo attire tous les fêtards de l'île pour une soirée endiablée et inoubliable.

‣ **Pénétrer la Main Ridge Forest Reserve.** Encore vierge sur la plus grande partie de sa superficie, Tobago offre en son cœur une variété exceptionnelle d'espèces au niveau de sa faune et de sa flore, sans oublier ses cascades et ses piscines naturelles rafraîchissantes.

‣ **Débutants ou amateurs confirmés,** vous devrez vous équiper d'un masque et d'un tuba pour observer parmi les plus beaux fonds marins de la planète. Ce ne sont pas les sites de plongée qui manquent.

Tobago

Légende:
- Autoroute
- Route principale
- Route secondaire
- Rivière
- Aéroport

0   5 km

CROWN POINT

ST.PATRICK

Canaan
Mmford
Baie Canoe
Récif Bucco
Baie Bucco
Buccoo
Black Rock
Bethel
ST.ANDREW
Lambeau
Baie Little Rockly
Baie Rockly
SCARBOROUGH
Plymouth
Arnos Vale
Baie King Peters
Baie Great Courland
Rockly Vale
Morne Quinton
Mount St.George
ST.GEORGE
Mason Hall
Sandy
Courland
Moriah
ST.DAVID
Castara
Baie Parlatuvier
Parlatuvier
Sisters Rocks
RESERVE FORESTIERE
Goldsborough
ST.MARY
Belle
ST.JOHN
Baie Bloody
Bloody Bay
Hermitage
Goodwood
Pembroke
Glamorgan
Belle Garden
Ile Smiths
Baie Goldsborough
Goldsborough
Ile Richmond
Baie Carapuse
Roxborough
ST.PAUL
Delaford
Kings Bay
Baie Kings
Ile Queens
Speyside
Cambleton
Ile Booby
Cardinal Rock
CHARLOTTEVILLE
ST.JOHN
Ile Goat
Black Rock
Little Tobago
Middle Rock
Iles St. Giles

TOBAGO
AMERIQUE DU SUD
OCEAN ATLANTIQUE
OCEAN PACIFIQUE

On accède alors à Bloody Bay et à Parlatuvier Bay, deux petits hameaux de pêcheurs où le temps semble s'être figé. Vient ensuite Englishman's Bay, une magnifique plage déserte, puis le petit village de Castara, doté lui aussi d'une superbe plage et qui constitue le principal endroit où l'on pourra se loger de ce côté de l'île. Enfin la route continue en direction de Moriah et Les Coteaux, village où la tradition orisha est toujours vivace, puis Plymouth, Black Rock et les Lowlands. La boucle de l'île est bouclée.

Tobago est une île jouet. On peut en faire le tour en moins d'une journée. Mais quelle diversité dans ses paysages, quelle richesse dans sa nature et sa culture ! Pas moins de 70 plages recensées, une faune et une flore très riches héritées d'un lointain passé sud-américain et d'un climat prodigue, un folklore tout droit issu des traditions africaines, entretenu par une population très largement créole (plus de 95 % de la population de l'île) qui se distingue par une extrême gentillesse… Oui, dans la région Caraïbe, Tobago présente tous les atouts qui lui vaudront de devenir rapidement une destination privilégiée et bientôt très courue.

SCARBOROUGH

Scarborough a beau être la capitale de l'île, il est difficile de lui trouver un intérêt touristique majeur hormis son port qui la lie à Trinidad. Grosse bourgade de près de 20 000 habitants, elle est nichée dans l'anse de Rockley Bay. Pour s'orienter, rien de plus simple. La ville est divisée en deux. Du côté ouest, Lower Scarborough assure la plus grande activité commerçante du bourg, alors qu'à l'est, Upper Scarborough se veut être un quartier plus résidentiel qui s'accroche à flanc de colline jusqu'à Bacolet.

Ce lieu-dit constitue probablement le point le plus charmant de Scarborough. Une petite plage du même nom y recevra probablement votre approbation pour une halte. Pour la petite histoire, sachez que c'est à cet endroit que fut tourné, dans les années 1950, le film de Walt Disney, *Les Robinsons suisses*. Jusque dans les années 1970, Bacolet était le haut lieu de villégiature des quelques touristes américains et britanniques qui débarquaient à Scarborough en ferry – à l'époque, il n'y avait pas encore d'aéroport international sur l'île. Il ne subsiste de ces temps dorés que quelques rares restaurants et hôtels, dont un, magnifique, le Blue Haven Hotel.

Histoire

Passablement confuse, l'histoire de Scarborough est un petit concentré de celle de l'île. La ville abandonnée et reconstruite maintes fois a vu se succéder tous les colonisateurs européens qui ont voulu s'annexer l'île.

Arrivés les premiers sur les rivages de Little Rockley Bay, les Hollandais y construisent, en 1654, le premier campement appelé Lampsinburgh. Mais ils doivent l'abandonner quelques années plus tard quand, en 1666, une flotte anglaise attaque le campement et le détruit. Qu'à cela ne tienne, les Hollandais reviennent quelque quinze ans plus tard, reconstruisent le campement, le renforcent et l'étendent. C'était sans compter sur les Français, dont une flotte forte de 1 000 hommes arrive bientôt pour donner assaut à la place forte.

Scarborough.

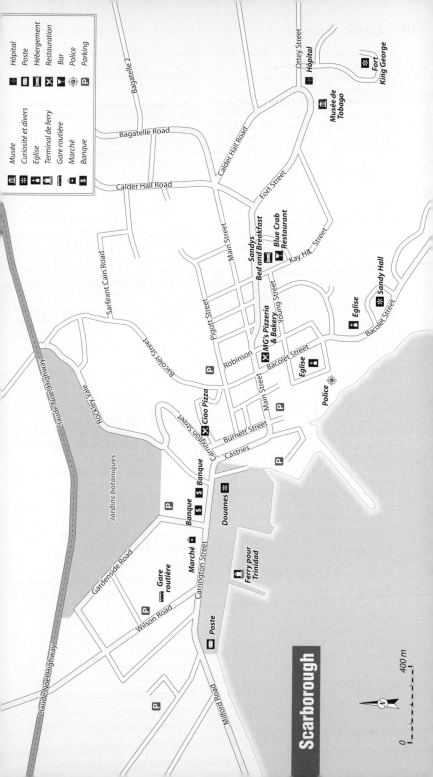

Scarborough

Légende

Hôpital	Musée
Poste	Curiosité et divers
Hébergement	Eglise
Restauration	Terminal de ferry
Bar	Gare routière
Police	Marché
Parking	Banque

Bagatelle 2

Bagatelle Road

Calder Hall Road

Calder Hall Road

Ottey Street

Hôpital

Fort King George

Musée de Tobago

Fort Street

Sarfeant Cain Road

Main Street

Sandys Bed and Breakfast

Blue Crab Restaurant

Kay Hill Street

Sandy Hall

Bacolet Street

Eglise

Pigott Street

Young Street

MG's Pizzeria & Bakery

Robinson

Bacolet Street

Main Street

Eglise

Police

Bacolet Street

Rockley Vale

Ciao Pizza

Carrington Street

Burnett Street

Castries

(Claude Noel Highway)

Jardins botaniques

Gardenside Road

Banque

Banque

Douanes

Ferry pour Trinidad

Marché

Gare routière

Wilson Road

Poste

Carrington Street

Milford Road

N

0   400 m

Au beau milieu de la canonnade, un boulet français atterrit dans la place forte, en plein sur la réserve de poudre hollandaise, et le fortin explose en tuant du même coup quelque 250 Hollandais. Les Français mettent à sac ce qu'il reste de la place et s'en vont. Par traité, Tobago est redonnée aux Hollandais en 1679, et Lampsinburgh est une nouvelle fois reconstruit. Au cours des cent ans qui suivront, la petite ville connaîtra une période de relative stabilité, Tobago ayant été déclarée île neutre. Jusqu'au moment où les Anglais la reconquièrent en 1762. C'est à peu près à cette époque que le patronyme de Lampsinburgh tombe en désuétude et que l'on voit pour la première fois apparaître sur les cartes le nom de Scarborough. En 1769, les Anglais font de Scarborough leur capitale et construisent sur ses hauteurs le fort King George. En 1781, une âpre bataille entre Anglais et Français, pour la possession de l'île, tourne à l'avantage de ces derniers. Les Français rebaptisent la capitale et le fort qui la domine en, respectivement, Port Louis et Fort Castries. La Révolution française, qui survient quelques années plus tard, aura un impact redoutable sur l'état de la petite colonie française. Les soldats se mutinent, emprisonnent leurs officiers et brûlent le Fort Castries. En 1793, les Anglais reconquièrent l'île, laquelle leur est définitivement concédée en 1814. Pendant la plus grande partie du XIXe siècle, l'économie sucrière fait prospérer Tobago, et Scarborough devient un centre d'échanges et de commerce important. Mais, quand, dans les années 1870, les cours du sucre s'effondrent, l'île se convulse sous le coup des émeutes et perd son autonomie politique. Scarborough entre alors dans une phase de torpeur, dont elle semble ne pas être encore sortie.

Transports

Se rendre à Scarborough depuis Trinidad

▶ **Le transit maritime** entre Scarborough et Port of Spain est géré par le Port Authority of T&T. Deux ferrys assurent des liaisons quotidiennes entre les deux capitales. Pour réserver par téléphone ℰ (868) 639 2419/17. Sinon, il faut se rendre au terminal de ferry pour acheter vos billets. Le trajet coûte 50 TT$.
Voyager en bateau sur le T&T Spirit ou le T&T Express présente de nombreux avantages. Les ferrys sont parfaitement équipés pour

transporter votre voiture si vous en avez une. Le trajet ne dure que 2 heures 30 et il permet d'admirer la côte nord de Trinidad, qui est la plus belle de l'île.

▶ **Horaires des traversées Scarborough-Port of Spain :** lundi : 6h30, 13h30 et 17h ; mardi : 6h30 et 17h ; mercredi : 6h30 et 12h ; jeudi : 6h30, 13h30 et 17h ; vendredi : 6h30, 13h30 et 17h ; samedi : 6h30 et 17h ; dimanche : 8h et 17h.

Taxi

■ STATION DE TAXIS

Carrington Street, à une centaine de mètres de l'embarcadère
ℰ (868) 639 2692 ou 639 22932
Vous en trouverez à n'importe quelle heure du jour et de la nuit à cet emplacement. Compter 60 TT$ pour rejoindre Crown Point et 200 TT$ pour rejoindre Charlotteville.

▶ **Maxi-taxis.** A noter que des maxi-taxis partent en direction de toutes les principales communes de l'île, et à toute heure. Se rendre à James Park et sur Burnett Street, située de l'autre côté de l'embarcadère. Vous les apercevrez, tout blancs barrés d'une bande rouge. Quelle que soit votre destination dans l'île, sachez que vous ne pourrez pas avoir à payer plus de 20 TT$ votre trajet par personne. A titre indicatif, on vous demandera 4 ou 5 TT$ pour aller de Scarborough à Crown Point, et 15 TT$ pour aller de Scarborough jusqu'à Charlotteville.

▶ **Taxis partagés.** Facilement reconnaissables à leur plaque qui commence par un H, ils peuvent s'arrêter n'importe où, dès lors qu'un client sur le bord de la chaussée agite le bras. Idem que pour les maxi-taxis, il est en principe impossible qu'un taxi partagé vous demande plus de 12 TT$ par personne.

Bus

ETeK Mall. PTSC est la même compagnie publique de bus qui opère à Tobago et à Trinidad.

▶ **Scarborough**/Crown Point (2 TT$).

▶ **Scarborough**/Plymouth/Black Rock via Carnbee (2 TT$).

▶ **Scarborough**/Patience Hill/Bethel/Signal Hill/Mt Gomery (2 TT$).

▶ **Scarborough**/L'Anse Fourmi (8 TT$).

▶ **Scarborough**/Mt. Thomas (4 TT$).

▶ **Scarborough**/Mason Hall (4 TT$).

▶ **Scarborough**/Charlotteville (3 TT$).

▶ **Scarborough**/Mt. Grace/Whim (2 TT$).

▶ **Scarborough**/Bucco/Mt. Pleasant (2 TT$).

▶ **Scarborough**/Castara/Parlatuvier (5 TT$).

▶ **Scarborough**/via Crown Point/Plymouth Road (2 TT$).

Pour toute information ou réservation, n'hésitez pas à vous rendre au siège :

■ **PTSC**
Level 2D NIB Mall ✆ (868) 639 2293
ptsctobago@ptsc.co.tt

Voiture

■ **STATION-SERVICE**
Milford Road
A quelque 500 m à l'ouest de la ville. Ouverte en principe jusqu'à minuit, du lundi au samedi.

Pratique

Tourisme

■ **AGENCE OFFICIELLE
DEPARTEMENT DU TOURISME (THA)**
Doretta's Court, 197 Mt Marie
✆ (868) 639 2125 – Fax : (868) 639 3566
www.visittobago.gov.tt
En entrant dans le complexe, l'accueil se trouve sur la gauche. Vous pourrez y demander de la documentation.

▶ **Vous trouverez aussi des bureaux d'information** dans le Cruiseship Complex, le terminal des ferrys arrivant ou partant pour Trinidad ✆ (868) 639 3155.

■ **TOBAGO NOW**
420 Orange Hill Rd, Prospect, Patience Hill
✆/Fax : (868) 688 7650
www.tobagonow.com
Tobago Now est connu de tous pour être l'agence qui propose une excursion en jeep des plus originales. Le temps d'une journée, cette agence vous propose d'embarquer à bord de l'une de ses jeeps, direction la forêt vierge, loin des sentiers battus. Le parcours emprunte d'anciennes routes de plantations de canne à sucre, accessibles uniquement en 4X4. Ce Off-Road Jeep Safari offre une vision unique de Tobago et la possibilité de percer le cœur de l'île. Vous y verrez ce que la grande majorité des visiteurs de Tobago n'apercevront jamais. Chutes d'eau, caïmans et

autres animaux sauvages, gastronomie locale, sont, entre autres, au programme. Labélisée FTO par la Fédération internationale des tour-opérateurs, Tobago Now répond à toutes les normes de sécurité en matière d'équipement et de formation de l'encadrement. Guide en français sur demande. L'agence assure également un service complet de réservation d'hôtel sur l'île, comprenant notamment les transferts de l'aéroport ou du port, au lieu de résidence. Attention, l'agence n'est pas située à Scarborough mais à Patience Hill, à 5 km à l'ouest de la capitale de l'île.

■ **WORLD OF WATERSPORTS**
Bureau dans les hôtels Hilton, Blue Haven, Arnos Vale et à Pigeon Point, à Crown Point
✆ (868) 660 7234 – Fax : (868) 660 8326
www.worldofsports.com
Que ce soit pour faire le tour de l'île en bateau, observer les fonds marins à l'aide d'un masque et d'un tuba, ou en plongée, l'agence propose des excursions sur plus d'une cinquantaine de sites autour de Tobago.

Urgences

■ **EMERGENCY MEDICAL SERVICE**
✆ (868) 639 4444

■ **HÔPITAL ET SERVICES D'URGENCES**
Fort Street ✆ (868) 639 2551

Sécurité

■ **POLICE**
✆ 999 ou 555
www.crimestopperstt.com

■ **POMPIERS ET AMBULANCE**
✆ 990

■ **GARDE-CÔTES**
✆ (868) 639 1461

Poste et télécommunications

■ **POSTE (E)**
Port's Mall, Milford Road
Ouverte du lundi au jeudi de 7h30 à 18h et le samedi de 8h à 13h. Elle se trouve au niveau du terminal maritime.

Internet

■ **MG PHOTO STUDIOS**
Au rez-de-chaussée du Scarborough Mall
Ouvert du lundi au vendredi de 8h à 18h et le samedi de 8h à 14h. Compter 10 TT$ pour une heure.

■ PRO COMPUTER
Local du TLH Building sur Milford Road
*Ouvert du lundi au vendredi de 8h à 16h.
Compter 10 TT$ pour une heure.*

Banques
Les banques à Tobago sont ouvertes du lundi au jeudi de 8h à 14h, et le vendredi de 8h à midi et de 15h à 17h. Elles sont fermées le samedi et le dimanche. Les trois principales banques du pays proposent toutes des bureaux équipés d'un distributeur accessible 24 h/24 sur Carrington Street, la rue qui longe le port d'arrivée des ferrys.

■ SCOTIABANK
Bureaux sur Carrington Street
et sur Milford Road

■ RBTT
Bureaux sur Carrington Street
et sur Main Street

■ FIRST CITIZENS
Bureaux sur Carrington Street

Hébergement

■ SANDYS BED & BREAKFAST
Fort Street
✆ (868) 639 2737 – Fax : (868) 639 3779
sandys@tobagobluecrab.com
Quatre chambres, salle de bains privée, climatisation, télévision et petit déjeuner inclus. A partir de 35 US$ la chambre simple, 60 US$ la double. En remontant Fort Street, impossible de manquer un grand panneau sur la droite qui indique le restaurant Blue Crab, juste avant l'église qui domine la rue. C'est ici même que se tiennent les quatre chambres proposées par Alison, la maîtresse de maison. Propres et confortables, elles offrent une belle vue sur la baie de Scarborough. A part quelques moustiques qui viendront peut-être vous embêter, le calme vous est garanti.

▶ **Juste en face de Sandys,** une salle de gym a ouvert début 2008 (ouverte tous les jours sauf le dimanche, de 5h à 20h).

■ ARCHER'S PLACE
37 Main Street ✆ (868) 639 3387
Trois chambres, salle de bains privée, climatisation, télévision et petit déjeuner inclus. A partir de 50 US$. Un peu retirée de la rue, la maison propose un service basique sur le principe du B&B. Phyllis vous accueillera avec beaucoup de gentillesse et pourra vous donner de bonnes indications

pour vos balades. N'hésitez pas à demander les chambres avec vue sur mer si elles sont disponibles.

■ ADE'S DOMICIL
19 Old Lighthouse Road, Bacolet Point
✆ (868) 639 4306 – Fax : (868) 639 3779
www.adesdomicil.de – ades@tstt.net.tt
Studio 40 US$ par nuit pour une personne, 50 US$ pour deux ; appartement à 60 US$ par nuit. Cette *guesthouse* propose deux logements, de taille différente. Le premier est un petit studio de 35 m², équipé d'un lit deux places, d'un coin kitchenette et d'une salle de bains avec douche. Le deuxième, d'une taille supérieure (70 m²), comprend un coin *living* et salle à manger, une chambre à coucher, une cuisine équipée, une salle de bains et un balcon avec vue sur la mer. On profite du jardin en pente. Ade's Domicil demeure l'une des meilleures adresses de Scarborough en ce qui concerne le fameux rapport qualité/prix. Mais là encore, personne ne prend en charge vos repas.

■ HALF MOON BLUE HOTEL
A la Donkey cart house, Bacolet Bay
✆ (868) 639 3551
www.halfmoonblue.com
Chambre double à partir de 140 US$, petit déjeuner compris. Transfert à l'aéroport inclus dans le prix, piscine, restaurant, bar… Les amoureux de structures en bois qui font face à la mer seront comblés. La brise marine s'engouffre dans les chambres à la décoration qui oppose l'ancien et le moderne. Avec réussite. Les lits à baldaquin ajoutent au charme des pièces, très soignées. La plage n'est qu'à 5 min à pied. Une bonne pioche à Tobago, compte tenu du prix et des services compris.

Stations-service à Tobago
Une fois sorti de Scarborough, il n'est pas toujours évident de trouver une pompe pour vous réapprovisionner en carburant. Outre la capitale de l'île, vous en trouverez à Carnbee près de Crown Point, au niveau de la Rockly Bay, à Roxborough, à Charlotteville et à Plymouth. Une pompe est également disponible au niveau de Bon Accord à Crown Point. Le plus prudent reste de faire le plein avant de partir faire le tour de l'île.

© MAXENCE GORRÉGUÈS

Fort de Scarborough

■ BLUE HAVEN HOTEL
Bacolet Bay
✆ (868) 660 7400 – Fax : (868) 660 7900
www.bluehavenhotel.com
reservations@bluehavenhotel.com
Compter de 185 à 238 US$ par chambre et par nuit, selon la saison. Le plus ancien établissement de Tobago, Le Blue Haven Hotel, dispose d'un cadre somptueux sur les hauteurs de Scarborough. Perché sur une falaise jadis fortifiée (les anciens canons sont toujours là), l'hôtel étale ses terrasses, sa piscine et ses « sundecks » à quelques mètres du niveau de la mer. Une mer que l'on rejoint par un petit sentier taillé dans la roche et qui mène jusqu'à une superbe plage privative.
Le Blue Haven Hotel avait coutume d'accueillir le Tout-Hollywood quand le calypso et les vacances à Trinidad & Tobago sont devenus à la mode aux Etats-Unis, dans les années 1950. Rita Hayworth et Robert Mitchum y descendaient régulièrement, et on se souvient encore des frasques de ce dernier, grand amateur de rhum et d'autres spécialités locales. Ensuite, les années fastes ont pris fin, et l'hôtel a lentement périclité jusqu'à devoir fermer pendant plusieurs décennies. Racheté à la fin des années 1990, il a rouvert en 2000, entièrement rénové et réhabilité. Les nouveaux propriétaires ont bien fait les choses. Sans sacrifier le style et l'esprit originels du bâtiment principal, ils y ont ajouté des ailes très modernes qui abritent des suites très sobres alliant l'esprit déco et le high-tech : lits à baldaquin, parquets en bois tropical, salles de bains et balcons ouverts sur la mer, chauffage solaire de l'eau, prises Internet dans toutes les chambres… Bref, le Blue Haven Hotel mérite une visite, sinon pour une nuit, au moins le temps d'un verre en fin d'après-midi en terrasse.

Restaurants

■ MQ'S PIZZERIA & BAKERY
A l'intersection entre Maint Street et Barcolet Street
Ouvert tous les jours sauf le dimanche de 7h à 17h. Ne vous attendez pas à y trouver les meilleures pizzas de l'île, mais vous pourrez soulager une petite faim sur le pouce. Le portefeuille lui aussi sera content avec des gâteaux à 2 TT$. Les tranches de pizza sont généralement disponibles le midi. La maison ferme ses portes dès que tous les produits de la journée ont été vendus.

■ CIAO PIZZA
Burnett Street. ✆ (868) 639 3001
ciaocafe_tobago@yahoo.it
Ouvert tous les jours sauf le mardi, de 11h45 à 14h45 et de 18h à 22h. Uniquement de 18h à 22h le dimanche. Pizza à partir de 55 TT$. Etabli début 2008, ce restaurant s'est rapidement forgé une solide réputation, celle de la meilleure pizzeria de la ville.

Le directeur, Mirko, fait venir directement l'essentiel de ses produits d'Italie. Pâte souple et fine, tomates fraîches et savoir-faire lui assurent des pizzas réussies. Le restaurant ne désemplit jamais. Le tiramisu maison vaut également le détour. A noter que Ciao Pizza jouxte Ciao Café, enseigne plus ancienne. Les amoureux de glaces italiennes seront ravis. Que ce soit en terrasse ou à l'intérieur, il est également possible d'y apprécier un café, un verre ou une pâtisserie made in Italy, ou presque.

■ **SALSA KITCHEN**
Pumpill Road 8 ✆ (868) 639 7426
Ouvert de 18h à 23h du mardi au dimanche. Compter 60 TT$ par personne. A gauche, au niveau du croisement avec Wilson Road quand on vient de Crown Point. Un peu à l'écart du centre-ville, un resto latino où l'on mange tapas et pizzas en écoutant de la musique venue de l'Amérique hispanophone. L'adresse est d'autant plus appréciable que malgré son succès, les patrons Leonardo et Paula ont réussi le pari de maintenir des prix bas, comparés à ceux des autres restaurants de ce niveau.

■ **BLUE CRAB RESTAURANT**
Robinson Street ✆ (868) 639 2737
Ouvert du lundi au vendredi de 11h à 15h. Fermé tous les soirs et le week-end. Compter 90 TT$. Si vous voulez du poisson cuisiné à la mode de Tobago, vous y trouverez votre bonheur. Légers, tous les plats mettent en valeur la culture culinaire créole, comme le King Fish plongé dans sa sauce maison. Sous la terrasse ombragée, ou dans la salle climatisée, vous apprécierez également la gentillesse des serveurs et des cuisiniers.

■ **LA BELLE CREOLE**
Dans la Donkey Cart House,
Half-Moon Blue Hotel, Bacolet Street 72
✆ (868) 639 3551
Compter entre 150 et 200 TT$ par personne. Un restaurant très joliment agencé et décoré dans le style colonial. Murs en bois peint, fauteuils en rotin, cannage aux fenêtres, patio ouvert d'où s'échappent les feuilles d'un bananier qui s'étire au soleil… La Belle Créole vous plonge d'emblée dans l'ambiance et les saveurs créoles et cajun qui caractérisent sa cuisine. Sur la carte, des jerks jamaïcains, des crevettes Jumbalaya, des poissons façon cajun, du bœuf Jumbo, ou du poulet façon bayou… tout un éventail de la cuisine des îles de ce côté-ci de l'Atlantique.

Sortir

■ **THE BARCODE**
Milford Road
www.barcodetobago.com
Ouvert tous les jours. Le BarCode, situé face à la plage de Rockley Bay, à quelques centaines de mètres du port, est un vrai bar, à l'américaine, un peu atypique au pays des rum-shops. Des magazines sexy comme *Vibe* ou *Carribean Vibe* occupent le comptoir. Pas forcément très accueillant avec sa grande façade orangée et sa porte automatique qui ne vous laissera rentrer que si les employés de la sécurité en ont envie. On y trouve cependant les meilleurs hamburgers de la ville à partir de 50 TT$. Le BarCode est également connu pour ses quatre tables de billards. Mais attention, pas de partie si vous ne consommez pas. Hormis les vendredis, samedis soir et occasions spéciales, l'ambiance est bien plate, voire glacée à cause de l'air conditionné à haute dose. Heureusement, le bar jouit d'une terrasse sympathique face à la mer.

■ **LE PETIT TROU R&B**
72 Milford Road, à près de 3 km du centre de Scarborough
✆ (868) 639 6005
Ouvert tous les jours de 20h à 23h, parfois plus tard le week-end. Comme l'adresse précédente, Le Petit Trou fait face à la mer. Idéal pour aller boire un verre et tester quelques cocktails locaux à base de rhum. Rien d'exceptionnel cela dit.

Manifestation

■ **HERITAGE TOBAGO FESTIVAL**
✆ (868) 639 4441
Les trois dernières semaines de juillet. Ce festival lancé en 1987 n'est pas la propriété de Scarborough, mais de l'île entière. Un peu partout à Tobago, sont organisés des rencontres, des expositions et autres spectacles, pour rendre hommage au mélange culturel de l'île et aux ancêtres. Tous les aspects de l'héritage culturel des locaux sont mis en valeur que ce soit au niveau gastronomique ou artistique. Ne vous étonnez pas, par exemple, de voir des habitants de Pembroke, village situé à 12 km à l'est de Scarborough, cuire des cochons dans la terre. Le rite fait partie de la série d'hommages rendus aux ancêtres.

Top 10 des plus belles plages de Tobago

Pirate's Bay

S'il est bien une plage à Tobago qui se dégage des autres merveilles que propose l'île, c'est bien cette baie. Irrésistible, son eau y est des plus transparentes. Les collines qui viennent mourir sur la plage, revêtues de leur dense végétation, ajoutent au charme de cet endroit unique au monde. Située à Charlotteville, elle reste éloignée du flot de touristes présents à l'autre bout de l'île. Et même si elle n'est pas surveillée, le site est sûr, l'eau y étant toujours très calme. Il faut marcher un petit quart d'heure depuis le centre de Charlotteville pour y accéder. Ne surtout pas vous aventurer en voiture sur le petit sentier qui y mène.

Englishman's Bay

Voici la plus sauvage des plages de notre sélection. A quelques encablures à l'est de Castara sur la côte nord, Englishman's Bay est une belle alternative à la baie des pirates. Elle possède tous les critères d'un paysage de carte postale. Elle non plus n'est pas surveillée.

Pigeon Point

Incontestablement la plus belle plage de la partie ouest de Tobago. Accessible depuis n'importe quel hôtel situé à Crown Point, elle vous fera le plus grand bien dès la descente de l'avion. Son eau turquoise par beau temps risque de rester longtemps gravée dans votre rétine. Elle présente aussi l'avantage d'être surveillée tous les jours de 8h à 18h. Mais parfois il faut payer pour y accéder… Compter 18 TT$ pour un adulte et 10 TT$ pour un enfant.

Parlatuvier Bay

Caractérisée par le long ponton qui s'avance dans la mer et d'où vous pourrez vous essayer à quelques plongeons, la plage de Parlatuvier est située à l'est de Castara (5 km). Si vous voulez faire un tour en bateau avec des pêcheurs du coin, c'est probablement sur cette plage que vous aurez le plus de chance de rencontrer une personne qui veuille bien vous emmener en mer. Compte tenu des nombreuses maisons dressées juste avant la plage, Parlatuvier Bay est assez fréquentée. Aussi, plus vite qu'ailleurs, vous perdrez vite pied une fois dans l'eau.

Bloody Bay

Située à mi-distance entre le village de Parlatuvier et de l'Anse Fourmi, elle est également la première plage sur laquelle on tombe en empruntant depuis le sud la route qui part de Roxborough. Cette plage est la plupart du temps déserte. Seuls quelques pêcheurs peuplent la zone. Pour l'instant… Lors de notre passage, des lignes électriques à haute tension étaient sur le point d'y être installées. Le lieu doit son nom à une bataille navale qui s'est tenue dans les années 1660 entre les Anglais et une flotte mixte de Français et de Hollandais. Selon les historiens, le duel fut si violent que l'eau de la baie passa du bleu au rouge en quelques minutes.

Castara Bay

Le sable n'y est peut-être pas le plus blanc de l'île, et les vagues y sont parfois hargneuses, mais l'ambiance de cette plage est si particulière et si agréable qu'elle efface les inconvénients qu'on peut lui trouver. Plage de pêcheurs par excellence, vous y trouverez toujours des habitants de Tobago prêt à refaire le monde et à philosopher.

Pigeon Point.

Le poisson sauvage grillé à manger avec les doigts sur la plage ajoute au charme de cet endroit atypique.

Man O' War Bay

C'est la plage principale de Charlotteville. Les collines qui se jettent dans la mer à l'horizon, cumulées à la quiétude du village et à la clarté de l'eau, participent activement au succès de ce cadre idyllique. Plusieurs centres de plongée y ont leur base. C'est ici que se tient le festival des pêcheurs en août. A noter que la plage est surveillée tous les jours.

Stone Haven Bay

Au niveau du Grand Courlan Spa Resort et du Grafton Beach Hotel, cette plage présente la particularité de compter des eaux à la fois agitées et calmes. Le lieu est aussi connu pour être l'un des trois spots où les tortues de mer viennent y pondre leurs œufs entre mars et juin. Sur la partie droite de la plage, les courants sont peu nombreux, et vous pourrez ainsi facilement vous adonner à l'observation de la faune et de la flore sous-marine, à l'aide d'un masque et d'un tuba. A gauche en revanche, la présence de rochers semble piquer la mer au vif, et les vagues se font plus violentes. Les surfeurs apprécient l'endroit. A quelques kilomètres, se trouve la plage de Grange, connu sous le nom de The Wall. Elle séduira les amateurs de glisse.

Store Bay

Nous avons décidé d'inclure cette plage dans notre classement pour la qualité des infrastructures (cabines, hôtels, restaurants…) qui l'entourent. Les amoureux de nature sauvage et de plages désertes y feront sûrement un malaise. Le site n'en demeure pas moins superbe. Surveillée tous les jours, elle est incontestablement la plage la plus fréquentée de Tobago.

Mount Irvine

C'est la version sécurisée de Stone Haven Bay, avec une surveillance tout au long de la semaine. L'endroit est donc bien plus fréquenté, et comme la plage n'est pas très grande, il arrive qu'il ne soit pas toujours évident de trouver de la place pour poser sa serviette lors des grands week-ends. Elle est aussi appelée Little Courland Bay.

▶ **D'autres plages méritent également le détour,** surtout les plus sauvages. Mais parfois difficiles d'accès et peu sûres pour les touristes, il nous est donc difficile de vous les recommander. Si vous en avez la possibilité, n'hésitez pas à demander à des locaux de vous y emmener. Les trois petites plages désertes de Plymouth, l'isolation de Back Bay ou de Dead Bay, le sable noir de King's Peter Bay… sont autant de noms à retenir.

Points d'intérêt

■ FORT KING GEORGE ET MUSEE DE TOBAGO

Musée ouvert du lundi au vendredi de 9h à 16h30. Entrée adulte 10 TT$. A une cinquantaine de mètres des plus hautes maisons, au sommet de la colline qui domine Scarborough, passés l'hôpital public et la prison, s'élèvent les murs du fort du roi George, construit pour défendre Little Rockley Bay et Scarborough dans les années 1770. Il constitue l'ouvrage militaire le mieux préservé du temps de la présence coloniale anglaise. Les troupes françaises l'ont également occupé de 1781 à 1793. On peut encore y voir la batterie des canons pointés vers la mer ainsi que les baraquements et le mess des officiers.

C'est d'ailleurs dans les baraquements de l'ancienne garde coloniale que le musée de Tobago a trouvé à se loger. Au rez-de-chaussée de ce petit mais intéressant musée, sont exposés les vestiges des temps anciens de l'île, des restes de l'occupation amérindienne jusqu'aux vieilles bouteilles de bière jetées du pont des navires et que l'on a retrouvées enfouies dans les sables du littoral. Au mur du premier étage, des vieilles cartes espagnoles, hollandaises, françaises et anglaises, ainsi que toute une série de documents administratifs renvoient aux différentes époques de l'occupation coloniale de l'île.

■ LES JARDINS BOTANIQUES

Entrée libre. Caractéristiques de leur amour des parcs et de la nature, ces jardins, situés dans la partie nord de la ville, ont été plantés par les Anglais à la fin du XIXe siècle. Ils invitent à une agréable balade parmi les différentes espèces végétales de Trinidad & Tobago, sélectionnées et cultivées avec soin. On s'y promène au milieu d'arbres « poui », des flamboyants et des immortelles. On y admire des tulipes écarlates. Et on y respecte l'aspect ultra-soigné des pelouses qu'on dirait tout droit importées d'outre-Manche. Bref, le parfait endroit où se mettre au vert, dans une ambiance botanique, bucolique et typiquement britannique. Isn't it ?

CROWN POINT

Plutôt que Scarborough, c'est certainement la zone de l'aéroport de Crown Point qui est le véritable centre de gravité de l'île, ainsi que son attache ombilicale à Trinidad et au reste du monde. C'est en effet ici que les Jumbos déversent leurs contingents de touristes, plusieurs fois par jour en haute saison. C'est également d'ici que l'on s'envole pour Port of Spain, distant de 20 min en avion.

L'aéroport étant situé à quelques centaines de mètres des plages les plus fameuses de l'île, il était logique que ce soit dans sa proximité que soient construits la plupart des hôtels. C'est donc ici que l'on trouve la plus grande densité de touristes.

Passé Crown Point, la Milford Road traverse les villages de Bon Accord et de Canaan (lieu de naissance de Dwight Yorke, ancien joueur vedette de l'équipe de football de Manchester United), puis débouche sur un croisement d'où part la Shirvan Road, à gauche, menant en direction de Buccoo.

Peu avant d'arriver à Buccoo se présente un nouveau carrefour, avec, sur la droite, une route conduisant à Buccoo, et, en face, la route principale qui devient la Grafton Road et qui donne accès à la Leeward Coast, la côte ouest de l'île.

Dans le prolongement de la Milford Road, on arrive sur l'autoroute Claude Noel – la seule autoroute de l'île – qui va jusqu'à Scarborough. Sur sa droite, l'autoroute longe la plage de Little Rockley Bay, une longue bande de sable brun, jalonnée de cocotiers et bordée par l'ancienne route côtière. Pleinement exposée aux vents de l'Atlantique et à la force de la mer, cette plage est restée sauvage dans sa plus grande partie, et on y voit peu de vacanciers. C'est pourtant là, sur les bords du lagon « Petit Trou », que s'est développé le plus gros projet de promotion immobilière réalisé à Tobago ces dernières années. Ce projet, appelé « Plantation House », a consisté en la réhabilitation d'un gigantesque terrain de 300 ha, ancienne plantation de coco laissée à l'abandon, sur laquelle furent aménagés de nombreux lotissements pavillonnaires ainsi qu'un superbe golf 18-trous et l'hôtel Hilton de 200 chambres.

Transports

Même si on peut y trouver des taxis et des bus pour circuler, les transports publics de Tobago semblent obéir à des lois connues par la seule population locale. En règle générale, il n'y a pas d'arrêts de taxis clairement situés, et les horaires des bus sont fantaisistes. L'idéal pour se déplacer en toute liberté sur cette petite île est donc de louer une voiture.

TOBAGO

Crown Point

HEBERGEMENT

A- Stewart's Guest House
B- James Holiday Resort
C- Jimmy's Holiday Resort
D- The Golden Thwistle
E- The Hummingbird Hotel
F- Sandy Point Beach Club
G- Kariwak Village
H- Crown Point Beach Hotel
I- Toucan Inn & Bonkers
J- Le Coco Reef Resort
K- Spence Holiday Resort (2 guest houses)
L- Sandy's Guesthouse

RESTAURANTS & BARS

1- Miss Esmie et Miss Jean
2- Waving Gallery Restaurant
3- House of Pancakes
4- Barton's, Bon Accord
5- El'sgrill House
6- Ru-B-Lou's
7- Latitude 11
8- Best of Thyme
9- Dillon's Seafood Restaurant
10- Bonkers
11- Iguana Café
12- Golden Star
13- The Doubles Lady
14- Diver's Den
15- Café Coco

Buccoo Bay

Golden Grove

Canaan

vers Shirwan Rd.
et C. Noel Highway

Lagon
Bon Accord

Guy Street

Robert St.

Poste

Milford Road

Tyson Hall

Kilgwyn

Silk Cotton Trace

Store Bay Local Road

La Guira

Nylon Pool

Roberts St.

Mt. Pheasant Blvd.

Bon Accord

Store Bay Branch Road

Bon Accord
Village

Réserve
naturelle

Alfred
Crescent

John Gorman

Pigeon Point

Pigeon Point Road

Old Store Bay Road

Police
Station

STORE BAY

Fort Milford

Information
touristique

Aéroport
International

La grotte de Robinson

Sandy
Point

Avion

■ AEROPORT DE CROWN POINT (TAB)

Situé à 12 km de Scarborough, la capitale, et à un jet de pierres de la majorité des hôtels de l'île, l'aéroport international de Crown Point est non seulement la plaque tournante et névralgique du transport et de la communication avec Trinidad mais aussi l'endroit où atterrissent la plupart des touristes arrivant à Tobago, principalement en provenance d'Angleterre, d'Allemagne ou du continent nord-américain. L'aéroport comporte une banque, diverses boutiques dont plusieurs restaurants et snack-bars, ainsi que plusieurs enseignes de location de voitures.

▌ **Se rendre à Crown Point depuis Trinidad en avion.** Il existe des vols à une fréquence quasiment horaire entre les deux îles, assurés par la compagnie Caribbean Airlines. Durée moyenne du vol : 20 min. Prix d'un aller simple : 25 US$, de l'aller-retour : 50 US$, à condition de réserver une semaine à l'avance. Service de réservation de Caribbean Airlines ℂ (868) 660 7200 ou www.caribbean-airlines.com

Taxi

La station de taxis se trouve en face des arrivées. Il en existe également une autre au niveau du port de Crown Point. Le prix des principales courses est officiellement fixé et affiché dans le hall de l'aéroport (compter 15 US$ jusqu'à Scarborough et 40 US$ jusqu'à Speyside). Les prix doublent à partir de 21h.

Location de voiture

■ SPENCE CAR RENTAL

Store bay local road ℂ (868) 639 8082
Location de voiture à partir de 280 TT$ la journée.

■ ALFRED'S AUTO RENTALS LTD

247 Cedar Avenue ℂ (868) 639 7448
Location de voitures à partir de 260 TT$ la journée. Le directeur de l'agence, Joseph Alfred est en contact avec plusieurs agences de location de voiture à Tobago et pour vous dégoter les meilleurs tarifs. Il est également possible de négocier avec lui un transfert de l'aéroport situé juste à côté de ses bureaux à votre hôtel.

■ THRIFTY

Crown Point Airport
ℂ (868) 639 8507 – www.thrifty.com

Pratique

Tourisme

■ OFFICE DU TOURISME

ℂ (868) 639 4333 – Fax : (868) 639 0509
Ouvert tous les jours de 6h à 22h. Situé quasiment juste en face des arrivées, il héberge également l'association des Bed & Breakfast de l'île. On vous y aidera à trouver une chambre. L'hôtel que vous aurez choisi pourra vous envoyer une voiture pour vous prendre, ce qui devrait revenir moins cher qu'un taxi. Vous y trouverez également des prospectus et des brochures relatifs aux types d'activités auxquelles on peut se livrer sur l'île.

▌ **Formalités.** Si vous arrivez à Tobago par un vol longue distance, un formulaire d'immigration vous sera distribué, à remplir et remettre juste avant l'atterrissage. Il sera nécessaire d'en conserver la copie carbone, qui vous sera demandée à votre départ. On vous demandera également de donner l'adresse de votre point de chute à Tobago. Si vous n'avez pas réservé votre chambre de France (ou d'ailleurs), repérez le stand de l'office du tourisme, situé juste en face des arrivées, et dont le personnel fera de son mieux pour vous aider à trouver un hôtel ou une guesthouse à l'endroit que vous souhaitez et selon votre budget. Lorsque vous effectuerez votre réservation, que ce soit à l'aéroport ou avant votre vol, assurez-vous de la possibilité d'être conduit par une voiture envoyée par l'hôtel où vous comptez descendre. C'est un point sur lequel les hôtels et les guesthouses se concurrencent, et il est plus que probable que vous parviendrez à vous faire conduire gratuitement jusqu'à votre point de chute. Aussi, si vous quittez Trinidad & Tobago depuis l'aéroport, vous devrez vous acquitter d'une taxe de 100 TT$.

■ YES TOURISM

Crown Point Plaza, Store Bay Local Road
ℂ (868) 631 0286 – Fax : (868) 631 0287
www.yes-tourism.com
Connecté avec les plus grands tour-opérateurs du monde, Yes Tourism s'occupe de toutes les tâches que vous voudrez bien lui confier. Que ce soit une visite guidée de la péninsule, des réservations de billets d'avion pour rejoindre une île voisine, des tours originaux comme la chasse aux pirates ou la très réussie sortie aux îles Grenadines à bord d'un voilier de rêve… tout est possible, ou presque.

Banques

■ **FIRST CITIZENS BANK**
A côté du parking de l'aéroport

■ **REPUBLIC BANK**
A côté des petits restaurants,
au niveau des arrivées ✆ (868) 639 0808
Autre bureau sur Milford Road, à côté de
l'entrée de l'hôtel Coco Reef.

Shopping

▶ **Musique.** Ceux qui voudraient rapporter
dans leurs bagages un peu de l'atmosphère
et de la nature préservée de cette petite île
tropicale, pourront, de retour en France, mettre
sur leur platine le CD d'ambiance, Sounds of
Tobago, disponible à l'aéroport.

Téléphone

A l'instar de Trinidad, Tobago est dotée d'un
service de télécommunications qui fonctionne
plutôt bien. Pratiquement chaque village est
équipé de cabines téléphoniques à pièces. Il
est possible d'acheter des cartes de téléphone
prépayées à utiliser à postes fixes dans
les supérettes de Crown Point. La papeterie
située dans l'enceinte de l'aéroport vend des
cartes prépayées, Companion ou Liberty,
grâce auxquelles il est aisé de passer ses
communications internationales ou nationales
de n'importe quel poste privé.

Internet

■ **THE CLOTHES WASH CAFE**
Royal Bank Compound, Crown Point
*Ouvert tous les jours de la semaine de 8h à
23h.* Ce cybercafé se trouve juste à côté de la
banque RBTT, à proximité de l'hôtel Coco Reef.
Il présente une particularité bien pratique : il
fait office de lavomatic.

■ **THE HOUSE OF PANCAKES**
Milford Road, Bon Accord
Ouvert de 7h30 à 12h. Ce restaurant propose
deux postes de travail où l'on peut consulter
et rédiger son courrier en attendant son petit
déjeuner.

Hébergement

Bien et pas cher

■ **STEWART'S GUEST HOUSE (A)**
Milford Road ✆ (868) 639 8319
*Appartements à partager pour 30 US$ la nuit.
Egalement quelques appartements équipés de
2 lits doubles pour 42 US$ la nuit.* Située 100 m

avant l'entrée du Coco Reef Hotel, sur la droite
en arrivant de l'aéroport, la guesthouse de
Miss Stewart est l'une des moins chères que
l'on puisse trouver à Crown Point. Elle propose
des chambres basiques, sans air conditionné
mais propres et équipées de ventilateurs. La
guesthouse n'ayant pas de ligne Internet, la
seule façon de se renseigner sur la disponibilité
en chambres est de téléphoner.

■ **JAMES HOLIDAY RESORT (B)**
Crown Point ✆ (868) 639 8084
jameshol@tstt.net.tt
*En saison haute (du 16 décembre au 15 avril),
hors taxe hôtelière et TVA, chambres 50 US$,
appartements 3 lits 85 US$. En saison basse
(du 16 avril au 15 décembre), hors taxe hôtelière
et TVA, chambres 42 US$, appartements
3 lits 65 US$.* Un hôtel sans prétention, situé
sur la route qui part à gauche au premier
croisement en arrivant de l'aéroport, et qui
dispose d'une dizaine de chambres ainsi que
de 14 appartements de 2 ou 3 chambres, tous
équipés d'une kitchenette. Si les propriétaires
sont très amicaux, les chambres ne sont pas
toujours bien tenues en termes de propreté. Les
balcons des chambres et des appartements
donnent sur une piscine centrale. En plus de
son activité d'hôtelier, le patron a une petite
épicerie attenante et une petite agence de
location de voitures. Il organise aussi des tours
autour de l'île. L'hôtel possède également son
propre restaurant.

■ **MERLES'S HOUSE**
7 Kilgwyn Bay Road, Bon Accord
✆ (868) 639 7630 – rentobago@tstt.net.tt
*Sept appartements avec kitchenette entre
42 et 55 US$ la nuit, plus deux lofts pour
quatre personnes à 50 US$ la nuit.* Le bon
plan de Tobago si vous êtes quatre. L'auberge
confortable située à proximité de l'aéroport
est immanquable à cause de la peinture rose
appliquée sur les murs. Les plages de Sore
Bay et Pigeon Point ne sont qu'à quelques
minutes à pied. Les chambres y sont propres
et confortables avec un coin cuisine équipée
et une terrasse privée. Il est possible de
louer une voiture chez Marcelle's, situé à
la même adresse. Vous bénéficierez alors
d'une remise de 10 % si vous êtes résident
de l'hôtel. Possibilité de louer des scooters
pour 20 US$ la journée.

■ **SCARBOROUGH HOUSE**
24 Dillon Street, Bon Accord
✆ (868) 639 9039
scarboroughjs@hotmail.com

A partir de 30 US$ par personne. Piscine, TV, climatisation, kitchenette dans certaines chambres, salle de bains privée. Voici l'une des bonnes adresses du coin. Dans une maison superbe, six chambres bien équipées et à des tarifs intéressants vous assureront un bon séjour. On profite de la piscine sur l'arrière de la maison. Les hôtes savent recevoir les visiteurs, en les invitant facilement à prendre un thé ou un café à leur arrivée. Compter 7 US$ en plus pour le petit déjeuner.

■ JIMMY'S HOLIDAY RESORT (C)
Store Bay Road ℰ 639 8292
Fax : (868) 639 3100
Une personne 250 TT$, taxes incluses, 2 personnes 350 TT$, 3 personnes 400 TT$, 4 personnes 450 TT$. Jimmy's est une véritable institution à Tobago. Il est situé à 5 min de l'aéroport, sur la route principale de Store Bay, au carrefour avec la route qui mène à Pigeon Point. Pourvu d'un restaurant et d'un petit supermarché, l'endroit est une sorte de plaque tournante où se croisent autochtones et touristes. L'hôtel propose 18 appartements, tous équipés d'air conditionné. Chacun peut accueillir trois personnes. Les appartements sont modulables de façon à pouvoir contenir jusqu'à six personnes. Petite piscine.

■ THE GOLDEN THISTLE (D)
Store Bay Road ℰ (868) 639 8521/7060
Fax : (868) 639 8685
goldenthistle@tstt.net.tt
Du 15 décembre au 14 avril la double est à 94 US$, à 82 US$ le reste de l'année. Climatisation, salle de bains privée, kitchenette, TV câblée… Pas de quoi s'enthousiasmer. Compte tenu du faible cachet de l'endroit et du confort minimaliste des chambres, les prix peuvent apparaître un peu élevés. L'impression d'un retour dans le passé frappe le visiteur, planté face à une structure qui ressemble singulièrement à un motel américain des années 1970. Reste que le Golden Thistle est situé à moins de 5 min en voiture de l'aéroport et qu'il peut donc se transformer en un point de chute intéressant le jour de votre arrivée ou de votre départ de l'île. Préférez les chambres du second patio qui donne sur la piscine.

■ THE HUMMINGBIRD HOTEL (E)
128 Store Bay Local Road
ℰ (868) 635 0241
www.hummingbirdhotel.co.uk
Compter entre 45 et 60 US$ pour une chambre double. Climatisation, réfrigérateur, salle de bains privée, piscine, télévision, petit déjeuner

à 5 US$. Le Hummingbird Hotel est un petit établissement très familial. Sa devise : « Arrivez comme des étrangers, repartez comme des amis. » Le personnel se met alors en quatre pour assurer sa mission. Il dispose de 10 chambres, dont trois supérieures et une suite. Les pièces n'ont aucun charme particulier, mais elles sont toutes très bien tenues.

■ SANDY POINT BEACH CLUB (F)
ℰ (868) 639 0876/9832
Fax : (868) 628 2138
sandypointbeachclub.com
Studio pour 4 personnes à partir de 100 US$, chambre pour 6 personnes à partir de 125 US$. L'hôtel est situé au bord de la plage, mais cette dernière est toute petite et encombrée par deux jetées en béton. En revanche, l'hôtel est spacieux, confortable et d'un très bon rapport qualité/prix. Il propose 25 studios et 20 suites. Les chambres sont très larges et toutes équipées d'une kitchenette et de l'air conditionné. Les plus grandes – suites de luxe – comportent une mezzanine et trois lits. La déco est entièrement à base de batiks faits main. En outre, l'hôtel compte deux piscines, dont une très grande, et un restaurant.

■ SANDY'S GUESTHOUSE (L)
Store Bay Road
Chambre de 50 à 80 US$. Climatisation ou ventilateur, TV, cuisine… Située à quelques dizaines de mètres de Bonkers, la maison qui sans raison particulière s'appelle Sandy, a été entièrement aménagée pour recevoir les touristes. Sept chambres à la décoration très sommaire, des bouts de tissu bleu faisant par exemple office de rideau, sont ainsi mises à la disposition des visiteurs. La petite terrasse sur le flanc gauche de la maison est cependant des plus agréables, surtout au moment où le soleil file se coucher. L'adresse étant loin d'être la plus fréquentée de Tobago, n'hésitez pas à venir frapper à la porte si vous rencontrez des difficultés pour réserver ailleurs. Accueil chaleureux et parking assuré sur l'arrière de la maison.

■ SPENCE HOLIDAY RESORT (K et K bis)
Store Bay Local Road
ℰ/Fax : (809) 639 8082
Chambre double à 250 TT$ en saison haute et 200 TT$ en saison basse. Spence, ce n'est pas une mais deux guesthouses, toutes deux du même modèle et reconnaissables de loin à la couleur jaune vif de leur façade. Quoiqu'un coup de peinture ne ferait pas de mal.

La première est située à un jet de pierres de l'aéroport, dans la Store Bay Local Road. La deuxième est située un peu plus loin le long de Milford Road. Au total, les deux établissements regroupent une vingtaine de chambres, toutes équipées de kitchenettes, de l'air conditionné et de la TV. Chaque guesthouse est dotée d'une piscine. Un bon rapport qualité/prix même si certains climatiseurs mériteraient d'être changés.

■ **RAINBOW RESORT**

Milford Road ℂ/Fax : (868) 639 9940
www.rainbowresorttobago.com
Studio pour deux personnes à 400 TT$, pour quatre personnes à 500 TT$. Climatisation, parking privé, patio, piscine, TV… Cet hôtel qui compte une douzaine de chambres offre des studios tous aménagés d'une kitchenette. Là encore, la décoration des chambres ne devrait pas vous inspirer. Le carrelage au sol permet de maintenir les lieux très propres. Pour ce qui est du petit déjeuner et des autres repas, à vous de vous organiser. Une adresse à privilégier uniquement si vous êtes prêt à faire (un peu) la cuisine pendant vos vacances.

Confort ou charme

■ **KARIWAK VILLAGE (G)**

Store Bay Local Road
℡ (868) 639 8442 – www.kariwak.com
Du 15 décembre au 14 avril, pour une ou deux personnes, sans petit déjeuner, 165 US$; 120 US$ le reste de l'année. Ajouter 45 US$ par personne pour inclure le petit déjeuner et le dîner. Climatisation, Internet gratuit en wi-fi, piscine, tables de massage… Kariwak Village est certainement l'une des meilleures adresses de charme de Crown Point. En plein milieu de cette partie de l'île, toute remplie d'hôtels, de resorts et de restaurants, un petit chemin conduit à une oasis de verdure et de tranquillité. L'endroit se présente en effet comme un vaste et luxuriant jardin, parsemé d'une douzaine de cabanes partiellement construites avec les matériaux provenant de

l'île (planches en bois de cèdre qui parfument agréablement l'intérieur des chambres, toits en palme…), et entièrement équipées, selon les standards d'un hôtel de très bonne classe. Chaque cabane comporte deux chambres. A vous de choisir si vous préférez côté piscine ou côté jardin. Le patio du bâtiment principal abrite la réception de l'hôtel et une salle de restaurant à l'air libre. Derrière le patio, la piscine est ombragée par quelques cocotiers. Un peu plus loin, dans le jardin, se trouve une serre où la propriétaire fait pousser les légumes qui serviront à accommoder tous les plats servis au restaurant. Au Kariwak Village planent en effet quelques effluves nostalgiques d'une utopie un peu baba de retour à la nature et d'harmonie avec les éléments. Pas question donc de trouver des produits aussi agressifs que le chlore pour purifier l'eau de la piscine. Au fond du jardin, une vaste hutte de style amérindien sert de cadre à des cours de yoga, taï-chi et autres techniques de méditation, mais nul n'est tenu d'y participer. Un peu plus loin, bien abrité par la végétation qui décidément semble être reine en ces lieux, se cache un Jacuzzi des plus agréables. Et si le yaourt servi au petit déjeuner est fait maison, il n'est guère besoin d'être végétarien pour l'apprécier. Le restaurant de l'hôtel sert d'excellents currys et des plats créoles, et également de très bons sandwiches à prix très légers à toute heure de la journée. Vous l'aurez compris, le restaurant du Kariwak ouvert à tout le monde est l'un des meilleurs de Tobago. Endroit élégant, au service impeccable et à la clientèle assez chic, le Kariwak jouit d'une atmosphère empreinte d'une appréciable sérénité.

■ **CROWN POINT BEACH HOTEL (H)**

Crown Point ℡ (868) 639 8781
Fax : (868) 639-8731
www.crownpointbeachhotel.co
Bungalow de 100 à 130 US$, studio pour une ou deux personnes de 90 à 120 US$, et pour les chambres pour deux adultes et deux enfants, il faut compter de 130 à 165 US$, petit déjeuner non inclus. Climatisation, TV câblée,

Se reposer au cœur d'un site intime, authentique et calme
Se recharger à base yoga, de tai chi et de massage
Profiter de la cuisine mondialement renommée du Kariwak,
préparée avec ses produits naturels

Téléphone : (868) 639 8842
E-mail : kariwak@gmail.com
Site web : www.kariwak.com

kitchenette, parking, piscine, bar, plage. Cet hôtel de 77 chambres toutes équipées d'une kitchenette, littéralement posé sur la plage de Store Bay, correspond tout à fait aux normes traditionnelles d'un complexe hôtelier sous les tropiques. Plage avec transats, piscine, courts de tennis, restaurant dont la terrasse domine la piscine... Le Crown Point Beach Hôtel a toujours été une valeur sûre de Tobago en matière d'accueil des touristes. La reine d'Angleterre y séjournait même dans les années 1960. Un cadre parfait pour des vacances « *sea and sun* ». L'hôtel propose plusieurs catégories de chambres, selon la taille et le nombre de lits. Elles sont spacieuses, avec une hauteur sous plafond très agréable. Le carrelage dans toutes les pièces contribue au très bon entretien du bâtiment, dont le hall a été réaménagé à la fin de l'année 2007 pour mieux profiter de l'ouverture sur la mer. Dix-huit bungalows ont également été installés ces dernières années.

■ TOUCAN INN (I)

Store Bay Local Road
✆ (868) 639 7173 – Fax : (868) 639 8933
www.toucan-inn.com
En haute saison (du 16 décembre au 15 avril) entre 100 et 120 US$, en basse saison (du 16 avril au 15 décembre) 80 et 100 US$. Toucan Inn est un endroit calme et tranquille, assez excentré par rapport à la route principale de Crown Point. Il est constitué de cabanes circulaires en bois et au toit de palmes, qui abritent chacune 2 chambres toutes équipées de confort moderne. La politique sérieuse de la maison en matière de moustiques vous assurera également beaucoup de tranquillité de ce côté-là. Une nature soignée, de fleurs et d'arbustes, agrémente l'endroit en lui conférant une certaine intimité. On y fait bronzette en toute liberté autour de la piscine, située juste

à côté du bar-restaurant, le Bonkers. On regrettera que pour ce prix-là le petit déjeuner ne soit pas inclus dans la note.

Luxe

■ LE COCO REEF RESORT (J)

Crown Point ✆ (868) 639 8571
Fax : (868) 639 8574 – www.cocoreef.com
Chambre standard avec vue sur la mer à partir de 310 à 460 US$ pour la simple et de 392 à 542 US$ pour la double. Cet hôtel de 135 chambres a gagné en 2002 le prix du meilleur complexe hôtelier des Caraïbes et continue de s'en vanter. Il faut dire que l'endroit respire le luxe et la volupté. Le portail d'entrée est gardé, n'y entre pas qui veut... Un grand patio ouvert donne sur une plage privative, créée de toutes pièces et ayant nécessité l'importation de plus de 700 tonnes de sable fin de Guyane. La direction est même allée jusqu'à construire une digue en rocher pour la protéger des tempêtes. De part et d'autre de l'hôtel, les deux plages les plus célèbres de Crown Point : Store Bay et Pigeon Point, la piscine et les courts de tennis éclairés la nuit, massages et spas, deux restaurants, etc. Le Coco Reef impressionne et s'il n'est à la portée que de quelques-uns, c'est qu'il tient davantage du palace que du petit hôtel de charme.

Restaurants

Sur le pouce

■ MISS ESMIE ET MISS JEAN (1)

Plage de Store Bay
Compter entre 25 et 35 TT$ par personne. Se jouxtant l'une l'autre, les petites échoppes de Miss Esmie et de Miss Jean sont situées dans les espaces aménagés attenants à la plage de Store Bay, juste après le parking, à droite des cabanes des vendeurs d'artisanat local.

© WWW.PANJIBE.COM

Le «Coco Reef Resort», Crown Point.

Jusqu'à 18h, on peut y venir manger local à toute heure de la journée. Les patronnes, au gabarit de bonnes mamas créoles, se feront un plaisir de vous préparer, selon votre choix, « rotis », crabs & dumplings et autres bakes & sharks. Très bon rapport qualité/prix.

■ WAVING GALLERY RESTAURANT & BAR (2)

Plage de Store Bay ✆ (868) 639 8905
Compter entre 35 et 50 TT$ par personne. Au sein de l'espace aménagé de la plage de Store Bay, la Waving Gallery se présente principalement comme un bar au 1er étage d'une bâtisse située en face de la plage. Toutefois, confortablement installé en terrasse, la mer en ligne de mire et les oreilles bercées par le reggae des sound-systems environnants, il est possible d'y grignoter des bakes & sharks, et autres cutters, ces plats de poisson ou de crevettes frites servis en guise d'amuse-gueule, le tout accompagné d'une ou deux bières Carib pour la couleur locale.

■ THE DOUBLES LADY (13)

Crown Point Airport
A partir de 40 TT$. L'un des meilleurs endroits pour apprécier un bon petit déjeuner. Les coupes de fruits sont bien remplies, et les jus de fruits sont excellents. Si vous cherchez une autre adresse pour le petit déjeuner, n'hésitez pas à vous rendre à la **HOUSE OF PANCAKES (3)**, sur Milford Road *(ouvert de 7h à 12h30)*.

Bien et pas cher

■ MUMTAZ CONTINENTAL RESTAURANT

Milford Road ✆ (868) 639 7080
Compter un minimum de 60 TT$. Les amoureux de cuisine indienne, ou plutôt du Bangladesh, seront ravis. Mumtaz est probablement la meilleure adresse de l'île pour ce type de plat, sans toutefois exceller. Certaines assiettes vous paraîtront peut-être un peu grasses.

■ THE STEAK AND LOBSTER GRILL

Sandy Point ✆ (868) 639 8533
Ouvert toute la journée. A partir de 70 TT$. La petite terrasse face à la mer est des plus agréables pour déguster tout ce qui peut se cuisiner au barbecue. La maison sert aussi le petit déjeuner jusqu'à 10h. Le soir en fin de semaine, la terrasse s'anime avec la venue de musiciens locaux.

■ RU-B-LOU'S (6)

Shirvan Road
✆ (868) 630 8046
Le restaurant est situé à Sandy Point, en face du James Resort. Ouvert de 18h à 22h, tous les jours sauf le mardi. Compter de 80 à 120 TT$ par personne. Dans ce petit restaurant qui ne fonctionne généralement qu'en soirée, on peut venir dîner en dégustant des plats créoles, à base de poisson frais ou de poulet. La terrasse agencée tout en bois confère un cadre agréable, même si les prix des plats restent un peu élevés.

■ BAMBOO MILE GRILL & BAR

Milford Road. Bon Accord
✆ (868) 631 8484
A partir de 80 TT$. La terrasse en bois du restaurant est superbement aménagée. Elle suffirait presque à assurer la réputation de ce lieu. Au milieu des arbres, vous apprécierez forcément un bon plat de fruits de mer. La présentation des assiettes est originale, même si l'essentiel reste ce qu'il y a dedans. Et de ce côté-là, il n'y a pas à s'en faire.

Bonnes tables

■ LATITUDE 11 (7)

Pigeon Point Road ✆ (868) 399 9093
Ouvert tous les jours. A partir de 90 TT$. Lancée en 2007, cette adresse n'a pas mis beaucoup de temps à se forger une solide réputation dans l'île. Pour nous, c'est tout simplement notre coup de cœur. L'une des toutes meilleures tables de l'île. Incontestablement. Fruit de l'union d'un Allemand, Christian, et d'une Trinidadienne, Utisha, la carte fait honneur au métissage. Le chef s'est audacieusement lancé dans des improvisations toujours mesurées dans la cuisine polynésienne et créole. Les propriétaires ont en plus réussi l'exploit de maintenir les prix à un niveau abordable pour le plus grand nombre.

■ DILLON'S SEAFOOD RESTAURANT (9)

Airport Road ✆ (868) 639 8765
Ouvert du lundi au samedi à partir de 18h, fermé le dimanche. A partir de 80 TT$. Une institution à Tobago. Situé sur le bord de la route de l'aéroport, l'endroit n'est pas des plus romantiques, mais on y vient pour déguster les richesses de la mer. Les plats sont cuisinés façon créole, et on dîne de façon informelle en salle ou en terrasse, et la plupart du temps en musique. Poisson frais assuré. Spécialités de poisson et de fruits de mer.

■ BONKERS (10)

A l'intérieur de Toucan Inn
sur Store Bay Local Road
✆ (868) 639 7173
A partir de 60 TT$. Le restaurant du Toucan Inn est une bonne option pour ceux qui aimeraient pouvoir sortir de l'alternative poulet-poisson en dégustant un bon gros steak par exemple, quitte à devoir y mettre le prix. La maison revoit sa carte tous les trois mois. Plutôt sympa, la salle circulaire d'une grosse cabane en bois, en forme de hutte, est à l'air libre. Bonne sélection de vins. Les week-ends, le Bonkers est généralement plein. N'hésitez donc pas à réserver.

■ CAFE COCO (15)

Store Bay Road ✆ (868) 639 0996
Ouvert à partir de 17 h. Compter de 75 TT$ à 140 TT$ par personne pour dîner. Même si le restaurant fait partie du Coco Reef, il ne se situe pas à l'intérieur de l'hôtel. Situé à quelques dizaines de mètres de la plage de Pigeon Point, il promet des dîners très agréables au bord de l'eau. Dans un décor néo-gréco-romain, une vaste salle très spacieuse, genre patio bon chic bon genre, est agréablement agencée et fournit un cadre parfait pour souffler, que ce soit à l'occasion d'un verre ou pour dîner. La carte, variée, allie les plats créoles, les salades et les pizzas, pour des prix convenables. La nourriture y est bonne et copieuse. En résumé, le Café Coco a tout pour devenir une adresse de référence sur cette partie de l'île.

■ PELICAN'S REEF (16)

Milford Road, Crown Point
✆ (868) 660 8080/8000
Compter entre 80 TT$ et 300 TT$. Ouvert du mardi au dimanche de 18h à 22h, fermé le lundi. Bar ouvert de 16h à 00h. Pelican's Reef est un restaurant situé au tout début de la route principale de Milford Road, à quelques centaines de mètres de l'aéroport. La salle est spacieuse et toute décorée dans un style pirate. Située en plein air, elle fait partie de ses adresses de charme des Caraïbes. La carte y est créole, majoritairement à base de poissons. Les plats de viandes y sont aussi légion, viandes le plus souvent grillées au barbecue. L'ambiance est bon enfant, grâce notamment à la musique qui anime régulièrement les lieux. Très bonne carte de vin.

Sortir

■ IGUANA CAFE (11)

Store Bay, Local Road
Ouvert 7 jours/7 à partir de 18h. L'Iguana Cafe est un bar de nuit en plein air, situé à une centaine de mètres de l'aéroport. C'est aussi un petit bout d'Amérique du Sud échoué sur l'île de Tobago. La déco est latino, et, tous les dimanches, on y écoute, on y danse la salsa et le merengue. Les vendredi et samedi, des musiciens de Trinidad et de Tobago viennent s'y produire en live. Le jeudi, le jazz est au programme.

■ GOLDEN STAR (12)

Pigeon Point Road ✆ (868) 639 0873
L'adresse du mercredi soir. Ce bar-restaurant, qui occupe une position assez centrale au carrefour de la route de Pigeon Point et de Milford Road, représente un des hauts lieux de la vie nocturne de Crown Point.

C'est aussi un point de rencontre habituel entre les autochtones et les touristes. Dans la première partie de la soirée, un petit spectacle de musique traditionnelle est organisé, avec interprétation de vieux morceaux de calypso, percussions, contes et légendes de l'île. Plus tard, la salle se transforme en *« dance hall »*, où l'on bouge sur les calypsos et la soca qui font les hits du carnaval de l'année. Ce bar organise également des compétitions appelées Scouting for Talent, entre artistes régionaux et aux dates imprécises.

■ DIVER'S DEN (14)
Roberts Street, Bon Accord
© (868) 639 0287
Ouvert du lundi au samedi de 18h jusqu'à ce que le dernier client parte. Un peu à l'écart de Milford Road, ce bar sportif refait en 2003 est une bonne adresse pour prendre un verre ou deux en début de soirée. Sa clientèle est pour une bonne part composée d'amateurs de plongée. Des soirées sont organisées un soir ou deux par semaine.

■ THE SHADE
Bon Accord
Compter entre 40 et 80 TT$ en fonction de la soirée. Ouvert du jeudi au dimanche. Depuis l'incendie qui a ravagé la grande paillote qui recouvrait la piste de danse, The Shade est devenu l'un des endroits les plus fréquentés de l'île les vendredi et samedi soir. Ne vous pressez pas, la place ne s'anime qu'à partir de 1h du matin. Place au soca, au reggae et au dancehall. Un peu de hip hop version Old School. Les autres genres musicaux ont rarement droit de cité.

■ THE DEEP
Sandy point Village © (868) 741 3792
Entrée à partir de 40 TT$ en fonction de la soirée. Ouvert tous les soirs de la semaine. Cette boîte de nuit est particulièrement connue pour son karaoké le mardi soir et surtout pour sa soirée open-bar le jeudi. Tous les vendredis et samedis, trois DJ tournent aux platines pour offrir aux noctambules un mix permanent de soca, de reggae, de dancehall, mais aussi de techno.

Manifestation

▶ **Festival culinaire.** *Au mois de mai.* Pigeon Point met en valeur la gastronomie locale et le savoir-faire des chefs qui travaillent à Tobago. Les restaurants situés sur Pigeon Point Road aménagent leur carte pour proposer des plats un peu plus originaux que d'habitude.

Points d'intérêt

■ LA PLAGE DE STORE BAY
Située à une centaine de mètres seulement de l'aéroport et très proche de nombreux hôtels et guesthouses de Crown Point, la plage de Store Bay est peut-être la plus populaire et la plus fréquentée de l'île. Cette petite plage (200 m), qui doit son nom à l'un des premiers Hollandais ayant cherché à coloniser Tobago, Jan Stoer, est l'une des rares plages de l'île à être surveillée. Elle est également particulièrement bien aménagée. On y trouve des cabines pour se changer et se doucher, des petits stands qui cuisinent des spécialités locales pour pas cher, ainsi que des tables de pique-nique. C'est à Store Bay que se trouve la ligne d'arrivée de la grande course de voile qui a lieu tous les ans, au mois d'août, entre Trinidad et Tobago, une course qui se termine par une grande *« beach party »* pendant tout un week-end. Enfin, à Store Bay, il est possible de trouver un bateau à fond de verre pour aller voir le récif de Buccoo d'un peu plus près.

■ LA PLAGE DE PIGEON POINT
Au nord de l'aéroport, passé Milford Bay, se trouve la très belle péninsule de Pigeon Point. On y accède par la route qui prend à gauche au carrefour situé en face du bar-restaurant « Golden Star », lorsqu'on vient de l'aéroport. Pigeon Point est une des plages les plus emblématiques de Tobago, systématiquement représentée dans toutes les brochures touristiques vantant l'île. Sable fin, cocotiers, eaux turquoise… il est vrai

---

Souvenirs, souvenirs…

L'artisanat local n'étant pas très développé, le visiteur désireux de rapporter quelques souvenirs n'aura que le choix proposé par les devantures des boutiques à touristes de Store Bay, assez représentatives de la production artisanale locale : batiks, dents de requins, noix de coco sculptées, coquillages, et autres colifichets et pendeloques…

Par rapport aux boutiques de Crown Point, on pourra trouver sinon mieux en tout cas moins cher sur la superbe plage de Englishman's Bay, où une petite échoppe sur la plage propose la même variété de souvenirs, mais à des prix réduits de moitié.

qu'a priori rien ne manque à cette plage au décor de carte postale et longue de 1 600 m. Malheureusement, la réalité de Pigeon Point est moins belle qu'il n'y paraît.

D'abord pour mettre les pieds sur la plage, il vous faut payer un écot de 20 TT$ par personne, car il s'agit d'une propriété privée. Elle appartient à une très grande fortune de Trinidad, qui à présent monnaye son accès. L'entrée est surveillée par des videurs peu sympathiques, et le propriétaire fait tout ce qu'il peut pour appliquer un contrôle total sur cette partie de l'île. Les loyers des cabanes louées par les artisans locaux qui espèrent y vendre quelques colifichets ne cessent de grimper. Les pêcheurs dont les bateaux ont mouillé sur cette plage depuis des générations en sont chassés, situation qui a donné lieu à de violents conflits ayant même entraîné la mort d'un homme, pêcheur de son état, tué d'un coup de pistolet par le gardien parce qu'il avait refusé de payer l'entrée.

Enfin, des travaux de remblaiement de la digue, destinés à limiter l'érosion de la plage, ont eu la fâcheuse conséquence de limiter la circulation des eaux et de fournir un cadre propice à l'apparition intermittente d'algues flottant en suspension, qui, si elles ne sont pas toxiques, ne fournissent pas le cadre le plus agréable à la baignade. La plage de Pigeon Point constitue donc une déception en soit. Vous trouverez tout autour de l'île de nombreuses plages plus sympathiques, plus propres et où règne un meilleur esprit.

■ FORT MILFORD

Tout à côté de l'aéroport de Crown Point, seuls quelques canons et quelques vestiges croulants de murs d'enceinte coincés entre les hôtels attestent de la localisation de cet ancien fort en ruine, érigé par les Anglais sur les restes d'un campement letton, qui sera transformé plus tard en fortin par les Hollandais. Les premières constructions datent de 1777, et sa structure telle qu'elle peut être aperçue aujourd'hui date de 1811. Sur les six canons disposés dans le fort, un d'entre eux fut fabriqué en France. Il est facilement identifiable. C'est le seul à porter deux roses, alors que sur les autres, les initiales GR sont gravées, indiquant qu'ils ont été conçus en Grande-Bretagne.

■ LA PLAGE DE SANDY POINT ET LA GROTTE DE ROBINSON

Au bout de la route goudronnée qui mène aux hôtels de Sandy Point, un petit chemin prend à gauche pour longer l'enceinte de l'aéroport

entourée de grillages. On arrive à un croisement d'où part à droite un chemin qui conduit à des garages appartenant à la compagnie pétrolière NP (National Petroleum), garages que l'on peut voir de loin. Si l'on continue tout droit, on arrive au niveau d'une piste un peu poussiéreuse qui part à droite jusqu'à la plage de sable fin de Sandy Point, bordée de cocotiers et généralement déserte, car excentrée.

En empruntant le chemin qui mène au garage de la NP, on tombe sur un panneau qui indique la direction de la grotte de Robinson. En suivant cette direction, on longe quelques maisons dont la dernière est celle de la famille Croocks, à qui appartient le terrain sur lequel se trouve la fameuse grotte, un trou dans le sol calcaire qui n'a vraiment rien de spectaculaire, d'autant que rien n'assure qu'il s'agit bien de celle de Robinson, ce dernier n'étant un personnage fictif. Le fin mot de l'histoire, c'est que Mr Croocks, aujourd'hui décédé, avait connaissance des rumeurs qui font de Tobago la fameuse île décrite par Defoe. Partant, il s'est dit que si Tobago était cette île, c'est donc que sa grotte ne pouvait qu'être celle du barbu portant bonnet en peau de chèvre. Mme Croocks fait aujourd'hui payer la visite 4 TT$. A défaut d'apprécier la grotte, la plage de Sandy Point est superbe.

Shopping

■ SHORE THINGS CAFE AND CRAFT
Milford Road ℰ (868) 635 1072
shorethingstobago@yahoo.com
Ouvert du lundi au samedi de 10h à 18h. La boutique est située à hauteur du lieu-dit Lambeau. Outre la possibilité d'apprécier un bon café sur la terrasse qui domine la mer, la boutique offre un choix varié de produits artisanaux. Quelques céramiques et autres poteries pourraient retenir votre attention.

■ PENNY SAVERS
Sur la Milford Road, à la sortie de Canaan *Ouvert de 8h à 20h en semaine, de 8h à 14h le dimanche.* Le plus gros supermarché de l'île. On y trouve tout, y compris un distributeur d'argent liquide.

■ PLANET CERAMICS
Milford Road ℰ (868) 639 8797
Un atelier de poteries et de céramiques proche de l'aéroport qui fabrique et met en vente différents objets en terre cuite, toujours décoratifs et parfois utilitaires, et dont la matière première, la glaise, est tirée du sous-sol de l'île.

■ **SOUVENIR AND GIFT SHOP**
Hôtel Hilton ✆ (868) 631 0068
bagotogo@yahoo.com
*Ouvert du lundi au samedi de 9h à 17h30 et
le dimanche de 9h30 à 12h30.* Si vous
tenez absolument à rapporter un souvenir de Tobago
et que vous n'avez rien trouvé sur les étals
des stands qui longent la fin de la Store Bay
Local Road, allez faire un tour à la boutique
du Hilton. Elle propose des céramiques, des
bougies, des sacs et tout un tas d'autres
produits artisanaux à des prix relativement
corrects.

Loisirs

■ **MANTA DIVE CENTER**
Situé sur Pigeon Point Road
✆ (868) 639 9209 ou 678 3979
www.mantadive.com
Ce centre de plongée dispose de deux bateaux,
les Viking III et IV, spécialement aménagés
pour ce type d'activité. Il devient alors possible
de rejoindre rapidement les principaux sites
de plongée de Tobago, autour de Crown Point,
mais aussi à Speyside, Sisters et London
Bridge. Manta Dive propose ses services aux
débutants comme aux plongeurs confirmés.
Si vous êtes un minimum de six plongeurs,
l'agence ne manquera pas de vous proposer
des excursions pour la journée, à condition
de réserver.

■ **TOBAGO GOLD CREATION**
Lowlands Highway (route qui part
à l'opposé de celle qui mène au Hilton)
✆ (868) 631 0076

Les amateurs de bijoux et tout particulièrement
ceux qui aiment la fantaisie trouveront
probablement leur bonheur dans cette
boutique. La maison propose des produits
originaux, au travers desquels on perçoit
facilement l'esprit insulaire de Tobago.

DE CROWN POINT À SCARBOROUGH

Partant de la zone de Crown Point et de
Bon Accord, la Milford Road s'enfonce
à l'intérieur des terres en traversant successivement les lieux-dits de Canaan et de
Mount Pleasant, jusqu'à rejoindre l'autoroute
Claude Noel qui conduit à Scarborough. Sur
la droite partent des voies perpendiculaires
qui permettent de rejoindre la partie littorale
est des basses terres et le rivage Atlantique,
terrain assez venteux où s'étendaient les
anciennes grandes plantations de coco
de l'île.
Juste avant le carrefour avec la Shirvan Road,
qui part à gauche en direction de Buccoo, la
Milford Road arrive au niveau d'un chemin
un peu défoncé qui part à droite vers le sud
en direction de Canoe Bay, ancien site de
campement des Indiens Taïno.
Un peu plus loin, la route vers Scarborough
croise l'entrée des plantations de Tobago,
le terrain d'un gigantesque complexe de
promotion immobilière, où campe le Hilton
ainsi qu'un superbe golf 18-trous. Sur la côte,
l'ancienne route vers Scarborough, appelée
Old Milford Road, longe l'Atlantique en passant
par le petit village de Lambeau.

Hébergement

Bien et pas cher

▪ HAMPDEN INN & GUEST HOUSE
Old Milford Road, Lowlands
℃/Fax : (868) 639 7522
Compter 85 US$ pour une chambre double en haute saison, 65 US$ en basse saison, petit déjeuner inclus. Climatisation, salle de bains, piscine. Cet hôtel dispose de 12 chambres confortables, donnant toutes sur un porche avec hamac. Piscine et bar-restaurant font de cette confortable adresse un des meilleurs rapports qualité/prix de cette partie des Lowlands, d'autant que l'accueil est remarquable.

▪ TWILIGHT INN
Church Street, Lowlands
℃ (868) 639 0917
www.twilight-inn.com
twilightinn@hotmail.com
Simple ou double de 40 à 45 US$. Installée dans une grande maison cette guesthouse propose cinq chambres au mobilier et à la décoration un peu obsolète. Mais à ce prix-là et compte tenu de la très bonne tenue des lieux, on oubliera rapidement le carrelage disgracieux des pièces d'eau, d'autant plus que les chambres sont équipées d'une kitchenette très complète. Le plan idéal si vous souhaitez passer une semaine à Tobago à moindre frais.

Confort ou charme

▪ CANOE BEACH RESORT
Cove Estate, Lowlands
℃ (868) 639 0540 ou 678 5839
www.find-us.net/canoebay
CanoeBaytt@yahoo.com
Compter 70 US$ pour un appartement pour deux personnes et 110 US$ pour un appartement avec deux chambres pour quatre personnes. Si l'on accepte de mettre de côté la décoration très kitsch de cette adresse, alors le Canoe Beach Resort peut vite devenir un des tous meilleurs plans de l'île. Dix-huit appartements jouxtent une plage (presque) privée. L'endroit est équipé d'un bar et d'un restaurant. Pour y accéder, prendre la direction de Scarborough en provenance de Crown Point jusqu'à la Claude Noel Highway. Un chemin sur la droite est signalé par un panneau. L'endroit est très tranquille, idéal pour les enfants (la mer y est très peu profonde). 2000 ans av. J.-C., à l'emplacement du resort se trouvait un campement d'Indiens Taïno.

▪ INN ON THE BAY
Little Rocky Bay, Lambeau
℃ (868) 639 4347
Réservations ℃ (868) 639 7173
Fax : (868) 639 4347
Compter 90 US$ pour une chambre double en basse saison, 120 US$ en haute saison. Sur la plage de Little Rockley Bay, un hôtel récent de 20 chambres spacieuses. Une piscine sympa permet d'alterner les bains d'eau douce et ceux d'eau salée que l'on peut prendre dans la mer juste à côté. Une salle de restaurant et un bar sont intégrés dans le complexe style « open air » où se trouve la réception. Certains touristes croisés lors de notre séjour se sont plaints du manque de flexibilité du personnel.

Luxe

▪ VHL TOBAGO GOLF & SPA RESORT
Little Rockley Bay, Lowlands
℃ (868) 660 8500
Fax (868) 660 8503
reservations@vhltobago.com
Trois piscines, 200 chambres, Spa, trois salles de conférence, golf, salle de gym, massage, sports aquatiques, business center… Chambre double à partir de 220 US$. Ouvert en 2000, cet hôtel constitue une référence majeure en termes d'hôtellerie sur l'île. Difficile de trouver meilleures installations, même si un coup de peinture sur l'aile orientale du bâtiment ne ferait pas de mal.
Tout y est étudié dans le moindre détail pour que votre séjour y soit des plus agréables. On apprécie ainsi la mise à disposition dans chaque chambre d'un service de thé, d'une planche et d'un fer à repasser… Côté cuisine, difficile de faire plus complet. Les trois restaurants de l'établissement offrent une grande variété de plats. Résident de l'hôtel ou pas, n'hésitez pas à jeter un œil au Coral Reef, reconnu à Tobago comme étant l'un des meilleurs restaurants de poisson et autres fruits de mer (fermé le lundi). Le vendredi, le bar Robinson Crusoe accessible depuis le hall principal s'anime facilement à l'aide d'un concert ou d'une soirée à thème. Là aussi, les non-résidents de l'hôtel peuvent en profiter.
Comme tous les grands hôtels de la région, le Hilton Tobago propose des formules spéciales pour les mariages et lunes de miel. Très belle, la plage de Little Rockley Bay dont jouit l'hôtel n'en demeure pas moins très venteuse.

Sortir

◾ LE PETIT TROU

Old Milford Road, Little Rockley Bay
Situé juste à côté de l'hôtel Inn on the Bay, ce petit bar est l'un des plus sympathiques que l'on puisse trouver sur l'île. La clientèle y est très majoritairement locale. A la nuit tombée, le bar se remplit d'une foule venant se délasser au son du calypso et du reggae. Les bières et les rum-cokes aidant, tout ce monde commence à battre des mains en rythme sur le bar ou taper sur les bouteilles vides avec une petite cuillère. Ambiance chaude garantie. De plus, les consos sont moins chères qu'ailleurs et, pour un prix très léger, on peut se restaurer de cutters, ces morceaux de poissons frits ou beignets de crevettes que l'on mange en guise de tapas.

◾ THE CAT & FIDDLE PUB

Old Milford Road, Little Rockley Bay, Lambeau ℰ (868) 639 4347
Ouvert tous les jours à partir de 15h. Le Cat & Fiddle est un pub attenant à l'hôtel Inn on the Bay. Tout en bois, ouvert sur l'océan, c'est un endroit propice à la décontraction et au liming en toute simplicité. Bonne musique en soirée. A noter l'extrême gentillesse du personnel.

BUCCOO

Posé sur les bords d'un des plus beaux récifs coralliens de l'île, Buccoo se présente encore comme un traditionnel et tranquille petit village de pêcheurs. Cependant, la présence des touristes s'y fait de plus en plus sentir. Il faut dire que le spectacle des « Buccoo Reefs » et la célèbre fête de la « Sunday School », devenue une institution sur l'île, méritent le détour. Enfin, une fois par an, au moment de Pâques, se déroule à Buccoo la fameuse course de chèvres et de crabes, un des fondements du patrimoine culturel et festif de l'île.

Hébergement

◾ MILLER'S GUESTHOUSE

Miller Street, Buccoo Point
ℰ (868) 660 8371
millers-guesthouse.tripod.com
themillers1@hotmail.com
Compter de 24 à 26 US$ pour une simple et de 43 à 46 US$ pour une chambre double. L'adresse est connue pour être la moins chère de l'île. Les chambres sont basiques, mais propres et fonctionnelles. La guesthouse fait aussi office d'auberge de jeunesse (18 US$ par nuit pour un lit). Enfin, elle propose des appartements tout équipés (*60 US$ la nuit pour 2, 75 US$ pour 3*). Quelques tables de jardin posées sur le sable font office de salle de restaurant en plein air, surplombant légèrement la petite plage située en contrebas.

◾ HIBISCUS HEIGHTS

A la sortie de Bucco
sur la route qui part vers Plymouth
Voici l'une des maisons de charme de Tobago. De 50 à 60 US$ pour le studio, de 70 à 80 US$ pour le cottage et de 210 à 250 US$ pour l'appartement trois chambres. Piscine, climatisation, kitchenette… Que ce soit dans le petit studio, dans le deux pièces pour deux personnes ou dans le vaste appartement de trois chambres, il faudrait être difficile pour ne pas apprécier le confort et la situation de cette maison. Placé sur une petite colline, le bâtiment domine la mer. La belle plage de Stonehaven n'est plus qu'à quelques pas. Les nombreuses terrasses qui s'offrent aux résidents sont idéales pour se relaxer, avec la brise marine qui vous caresse, le chant des oiseaux et la résonance des vagues en fond sonore. La maison a beau être massive et toute recouverte d'une peinture jaune pâle, elle se perd dans la dense végétation qui l'entoure.

Restaurants

◾ PATINO'S RESTAURANT

198-202 Shirvan Road
ℰ (868) 639 9481 – info@kpresorts.com
Compter entre 60 et 250 TT$ par personne. Ouvert tous les jours de 7h à 22h. Situé à l'intérieur de l'hôtel Enchanted Waters, ce restaurant est également ouvert aux non-résidents. Tant mieux, car il s'agit de l'une des meilleures tables de Buccoo. Les salades sont toujours fraîches et légères. Les fruits de mer grillés au barbecue constituent la spécialité de la maison. Le soir, des tables sont aménagées le long de la piscine de l'hôtel pour conférer encore un peu plus de charme au dîner.

◾ LA TARTARUGA

Buccoo Bay ℰ (868) 639 0940
Compter entre 150 et 300 TT$ par personne. Pizza à 40 TT$ et tagliatelles à 145 TT$. La Tartaruga est un bon restaurant, un peu chic, situé au cœur de Buccoo, quasiment en face de la halle couverte qui abrite les soirées de la Sunday School. On y dîne authentiquement italien, dans un patio couvert agréablement ventilé par la brise apportée par la mer toute

proche. Attention, l'endroit n'a rien d'une pizzeria ! Au contraire, il donne plutôt dans le raffinement chic. Pas de commande à la carte. Ses menus sont représentatifs de la bonne gastronomie transalpine, avec les pâtes faites maison en prime. Bonne carte des vins, savoureuse cuisine.

■ MESHELL'S

Au croisement de la Shirvan Road et de Old Buccoo Road ✆ (868) 631 0353 *Compter un minimum de 130 TT$ pour un dîner. Fermé le dimanche.* Un restaurant très classieux, dont la cuisine marie la tradition créole et les plats internationaux. Cadre agréable. Végétariens s'abstenir tant le choix est limité.

Sortir

■ THE GARDENS

Shirvan Road, Mount Pleasant
Généralement ouvert du mardi au samedi. Entrée de 30 à 50 TT$. Ce night-club à l'air libre, situé sur la route qui mène à Buccoo, est un des endroits les plus chauds de l'île et accueille en semaine tous les touristes qui ont envie de faire la fête. Les soirées les plus remplies ont lieu le vendredi.

Manifestations

▶ **La Sundy School.** L'aspect de Buccoo se transforme radicalement tous les dimanches soir, moment où se déroule sur la plage du village la grande fête de la Sunday School. Ce rendez-vous dominical attire les foules locales et touristiques qui arrivent de tous les côtés de l'île, occasionnant du même coup un gigantesque embouteillage. La soirée commence très sagement au son des steel pan des « Bucconeers Steel Orchestra », le steel-band du village. Des BBQ et des tables sorties dans la rue pour l'occasion permettent de se restaurer pour un prix très modique. Des stands sont dressés où l'on peut parier quelques dollars TT dans des jeux de hasard. A partir de 23h, la musique couvre toutes les voix. Aux vibrations basses et lourdes des sound-systems, la bière et le rum-coke coulent à flots, le parfum de la ganja embaume l'air, les couples se forment, les rencontres entre les autochtones et les touristes se précisent et, passé une heure du matin, l'atmosphère peut devenir vraiment interlope. Le lundi matin, il faudra plusieurs heures de nettoyage pour rendre à Buccoo une apparence convenable.

▶ **La course aux crabes.** Sur la plage. Capturés quelques jours seulement avant la course, des crabes ont été privés de nourriture jusqu'au départ. A la fin du circuit, des provisions les attendent. Une fête a lieu autour de l'événement qui se déroule le week-end de Pâques.

Points d'intérêt

■ LES RECIFS DE BUCCOO

Les récifs de Buccoo constituent le plus large système de récif que l'on puisse trouver à Tobago. Ils datent d'une dizaine de milliers d'années et reposent sur les restes d'un très ancien et gigantesque récif antérieur transformé aujourd'hui en socle de calcaire. Bordé par Pigeon Point et le lagon de Bon Accord à l'ouest et une mangrove à l'est, le système forme un arc constitué de cinq plateaux coralliens, nommés respectivement, en partant de l'est, Eastern Reef, Outer Reef, Northen Reef, Western Reef et Pigeon Point Reef. Tous ces plateaux sont traversés par des voies et courants marins dont la plus importante, le Deep Channel, se trouve entre le Northen Reef et le Western Reef. Cet arc délimite l'intérieur d'un lagon fermé par une barrière à partir de laquelle le récif s'étire de façon circulaire au nord sur plus de 1 500 m de rayon.

Le système de Buccoo abrite toute une variété de biotopes et d'habitats pour la faune et la flore. Du côté de la côte, à proximité de Bon Accord, on trouvera des lambis, des oursins de mer et des concombres de mer. Les racines des palétuviers, caractéristiques de la mangrove qui s'étire à l'est, abritent des huîtres, des éponges et des anémones de mer.

Le lagon, dont la profondeur varie entre 2 et 6 m, abrite toute une collection de coraux, notamment des coraux à cornes de cerf, à cornes d'élan et des coraux de feu. Au-delà du lagon, on trouvera de larges accrétions de coraux cerveau ainsi que des coraux étoiles. Par ailleurs, plus de 70 espèces de poissons sont recensées, dont des sergents majors, des poissons chirurgiens, des poissons perroquets, des barbarins rouges, des poissons coffre, des sardes bleues, des poissons papillons, des demoiselles…

Malheureusement, le système de Buccoo a considérablement souffert du tourisme de masse et de sa popularité. De larges portions de récifs sont d'ores et déjà morts et blanchis dans la partie est, victimes des ancres de bateaux, des pieds de nageurs non scrupuleux, de l'arrachage mercantile et de la pollution.

En 1973, la majorité du système de Buccoo a été déclarée zone protégée, incluant le lagon et Nylon Pool, une partie sablonneuse du lagon située à proximité de l'Eastern Reef, ainsi nommée parce que, dans les années 1950, la princesse Margaret, impressionnée par la limpidité des eaux, en a comparé la transparence à celle de ses bas en nylon ! Aujourd'hui, l'entrée dans le lagon est réglementée, et il est formellement interdit d'y ramasser ou d'arracher quoi que ce soit, sous peine de s'exposer à de fortes amendes. La seule façon d'accéder au lagon et aux récifs est d'emprunter les bateaux à fond de verre qui attendent les touristes en partance de Buccoo, de Store Bay ou de Pigeon Point. Les tours proposent généralement une excursion vers les platiers situés au-delà de la barrière, complétée par une baignade, avec masque et tuba, à Nylon Pool. Attention, le fond de verre de certains bateaux peut parfois être fortement rayé, à tel point qu'il sera difficile pour l'amateur de fonds sous-marins de voir quelque chose à travers.

Shopping

■ **TOBAGO CIGAR COMPANY LTD**
Shirvan Road ✆ (868) 639 8242
Ouvert du mardi au dimanche de 10h à 22h, fermé le lundi. Dans l'île même qui a donné son nom à l'herbe à Nicot, cette fabrique de cigares récente a été montée par Stefan, un Italien qui veut y voir renaître la tradition originelle de la culture du tabac, complètement disparue depuis longtemps à Tobago. Des plantations de champs sont toujours en projet. En attendant, Stefan importe des feuilles de Cuba, de l'Equateur et de la République dominicaine et les confie à un authentique maître rouleur cubain venu travailler avec lui sur ce projet. Un sympathique restaurant italien a également été ouvert dans la fabrique.

DE BUCCOO À PLYMOUTH

Passé l'embranchement qui mène à Buccoo, la Shirvan Road continue en direction de la baie de Mount Irvine, dominée par le mont du même nom sur lequel se trouve l'emplacement du golf historique de l'île (*voir partie « Tourisme »*) ainsi que la villa de vacances de Harrison Ford. Au-delà de Mount Irvine, la route change de nom pour devenir Grafton Road et longe la plage de Stonehaven pour conduire au petit hameau de Black Rock. La portion suivante nous amène à Plymouth, en longeant la baie de Great Courland.

Cette balade littorale qui mène de Buccoo à Plymouth permet de découvrir quelques-unes des plus belles plages du côté ouest des Lowlands, le côté Caraïbe. C'est donc en toute logique qu'on peut voir, dans cette partie de l'île, les villas les plus luxueuses de Tobago et de somptueux hôtels hors de prix. Pour s'y loger quand même à un tarif plus raisonnable, une seule adresse seulement... Le touriste économe ne cherchera donc pas forcément à y passer la nuit, mais pourra s'y attarder quelques heures afin de profiter des plages et des différents points de vue qu'offre cette partie côtière, également jalonnée de sites d'intérêt culturel ou historique.

Hébergement – Restaurants

■ **BIRDIE'S NEST**
Courland Bush, Crown Trace,
Black Rock ✆ (868) 639 7988
birdies_nest@hotmail.com
Trois appartements de 70 à 125 US$. TV câblée, kitchenette, parking. Pour tous ceux qui ont toujours rêvé de profiter d'une maison sur la plage, cette adresse ne pourra que les enchanter. La terrasse dont jouissent les chambres du dernier étage est tout particulièrement appréciable. Elle devient même un point d'observation idéale pour observer les tortues de mer à la période de la ponte entre mars et juin.

■ **MARIE AARON'S COTTAGE**
40 Glennick road, Mount Irvine
✆ (868) 639 0233
www.mariescottages.com
sirjafo@tstt.net.tt
Selon le cottage (tous prévus pour 4 personnes), compter de 135 à 160 US$ par nuit. Parking, climatisation, cuisine, patio privé, jardins. Ces deux cottages sont adjacents au terrain de golf de Mount Irvine. Le moins cher comprend une chambre équipée d'un lit deux places, plus deux canapés convertibles. Le deuxième comprend deux chambres, avec double lit dans l'une et deux lits séparés dans l'autre. Les deux cottages comportent un living et une salle à manger, une cuisine équipée, un patio doté d'un hamac. Ces cottages sont privatifs et séparés de la maison principale. La belle plage de Grange Beach n'est plus qu'à 10 min à pied.

■ **SEAHORSE INN**
Old Grafton Beach Road, Grafton
✆ (868) 639 0686
Ouvert de 12h à 15h30 et de 18h30 à 22h. Compter entre 150 et 200 TT$ par personne.

Sea Horse Inn est une petite auberge très tranquille et pleine de charme, située après Mount Irvine sur la route de Black Rock (un panneau indique la position de l'auberge). Sur une terrasse surplombant une très belle plage, on déguste une cuisine qui allie saveurs internationales et créoles, tout en contemplant la mer et en se laissant bercer par son ressac... Avec le coucher du soleil sur l'eau en prime, Seahorse Inn offre le cadre romantique parfait pour les dîners en amoureux... ou, plus simplement, pour un apéro bien mérité après une journée de plage. L'auberge propose également quelques chambres très coquettes (*120 US$ minimum pour une chambre double*).

■ **MOUNT IRVINE BAY HOTEL AND GOLF CLUB**
Mount Irvine Road
✆ (868) 639 8871 – Fax : (868) 639 8800
www.mtirvine.com
A partir de 150 US$, petit déjeuner non inclus. Parcours de 18-trous sur 127 ha, piscine, 105 chambres, climatisation, restaurant, TV... Les amateurs de golf apprécieront incontestablement l'endroit. Les amoureux d'histoire aussi, avec le moulin à sucre qui domine le village de l'hôtel. Au XVIIIe, le site sur lequel a été construit le Mt Irvine Bay Hotel, était entièrement dédié à la culture du sucre. Il s'agissait même de la plus grande plantation de l'île qui s'étendait alors sur 700 ha. Et c'est dans le moulin que le directeur de l'établissement a décidé d'installer son restaurant, le Sugar Mill, ouvert tous les jours aux clients de l'hôtel, comme aux touristes de passage. Côté chambre, la propreté est de rigueur avec des pièces carrelées. Préférez celle qui possède un balcon sur la mer. Aéré et très bien arboré, en bordure de mer, le village est l'un des plus agréables de l'île.

Points d'intérêt

■ **LA PLAGE DE MOUNT IRVINE**
Longue de 800 m et bordée de cocotiers, cette plage est l'une des plus belles de l'île. Elle est surveillée et aménagée pour pouvoir se doucher et se changer (*1 TT$*). La mer y est généralement calme, sauf quelques mois dans l'année, de décembre à mars. Pendant ces trois mois, de gros rouleaux viennent s'abattre sur le rivage, en transformant la plage en un des spots de surf les plus fameux de Tobago. Cette plage est aussi connue pour être un des bons spots de plongée de l'île. On y trouve en effet un petit tombant à son extrémité droite, ainsi que l'épave du Maverick, un vieux ferry volontairement coulé pour faire office de récif artificiel. Enfin, sur la plage et juste à côté des équipements publics, un petit resto sert des Bake & sharks et des poissons grillés à des prix plus que légers.

■ **LE MUSEE KIMME**
Louise Kimme est une vieille dame allemande un peu excentrique qui vit dans le petit village de Bethel depuis 1979. Sculpteur de son état, elle façonne dans le chêne ou le cèdre d'étranges figures en bois, de 3 m de haut pour les plus grandes, qu'elle peint de couleurs vives et qui représentent des personnages tirés du folklore local ou des danseurs. Louise Kimme est une vraie passionnée de salsa et, pour la pratiquer, elle se rend très régulièrement un soir par semaine à Port of Spain dans un club de danse. On peut voir un échantillon de ses sculptures au Hilton ou dans l'entrée du Kariwak Village. On peut également aller voir ses œuvres dans sa maison et son atelier qu'elle a partiellement transformés en musée ouvert au public (✆ 639 0257 ; *ouvert tous les dimanches de 9h à 14h ; entrée 20 TT$*). Pour y accéder, prendre la première à droite après avoir dépassé le club de golf de Mount Irvine, puis suivre les panneaux.

■ **GRAFTON CALEDONIA ET WIDLIFE SANCTUARY**
Située juste avant l'entrée de Black Rock, au niveau du chemin d'accès aux villas de Stonehaven, une ancienne plantation de cocotiers a progressivement été reconvertie en réserve ornithologique après le passage sur l'île de l'ouragan Flora, en 1963. A cette époque, le propriétaire avait commencé à nourrir et à donner refuge aux oiseaux dont les habitats naturels avaient été complètement détruits par le cyclone. Des sentiers permettent de parcourir la réserve et d'observer les oiseaux qui y vivent. Tous les jours, des fruits et des graines sont donnés aux oiseaux en présence des visiteurs, aux alentours de 16h, à l'endroit de la « copra house ».

■ **LES RUINES DU FORT BENNET**
Plus grand-chose à voir, mais le parc est fort agréable. Les ruines ont bien été conservées et sont situées à la frange ouest du petit village de Black Rock. Le lieutenant anglais Rob Bennet s'en servit pour la première fois vers 1680 pour défendre les intérêts de son pays, avant de s'en faire chasser par les autochtones.

Le fort tomba à nouveau dans les mains anglaises un siècle plus tard, afin de protéger la côte nord des pirates américains. Le fort fournit un point d'observation idéal sur Black Rock et la plage de Stonehaven Bay.

■ **TURTLE BEACH**
Le nom de cette plage longue d'un kilomètre vient de sa réputation d'attirer les tortues géantes au moment de leur ponte, de mars à fin août. En haute saison, elle est aussi très fréquentée par des vendeurs ambulants, attirés par la présence des clients de l'hôtel Turtle Beach, un gros resort campé sur la plage.

PLYMOUTH ET ARNOS VALE

Après avoir dépassé Black Rock, la Grafton Road débouche sur un carrefour. La voie qui prend à droite coupe l'intérieur des terres et nous ramène sur Scarborough. A gauche, elle conduit à Plymouth. Juste avant l'entrée dans le village, un nouveau croisement se présente. Tout droit, on arrive à Plymouth et à la mer. A droite, on entre dans les terres et on arrive au domaine d'Arnos Vale. Assoupi dans la torpeur antillaise, le petit village de Plymouth ne paye pas trop de mine et cache bien son passé chargé d'histoire.

C'est là en effet que les Hollandais effectuèrent leur premier débarquement sur l'île, bientôt chassés par les Anglais qui y installèrent leur première capitale. Aujourd'hui, le principal intérêt touristique de cette petite ville consiste en la présence de deux vestiges du temps passé : un tombeau mystérieux et les restes du fort James, un poste de défense construit par les Britanniques au début du XIXᵉ siècle.

Le domaine d'Arnos Vale est l'un des derniers à ne pas avoir été démembré. Une partie du terrain de ce qui fut une plantation sucrière est aujourd'hui accessible au public. Un hôtel a été construit sur le front de mer de l'ancienne propriété coloniale.

Un peu plus loin dans les terres, on peut visiter les restes du moulin à eau qui servait à broyer la canne. On peut même y dîner, les vestiges abritant également un restaurant.

Hébergement

■ **COCRICO INN**
North & Commissionner Street
✆ (868) 639 2961 – Fax : (868) 639 6565
www.hews-tours.com/cocricoinn.html
hewlett@tstt.net.tt

A partir de 355 TT$ pour les chambres climatisées, 255 TT$ pour celles équipées d'un ventilateur uniquement. Cocrico Inn est un hôtel basique datant du milieu des années 1970. Mais ses 21 chambres situées à quelques centaines de mètres de la plage (5 min de marche à pied pour rejoindre la plage de Great Courtland Bay) n'en demeurent pas moins très confortables. L'hôtel dispose d'une piscine et d'un restaurant. Les chambres, standards, sont propres. Bon rapport qualité/prix.

■ **KING SOLOMON'S MINE**
33 George Street, Plymouth
✆ (868) 639 2545
kingsolomon@tstt.net.tt

Compter 25 US$ par personne. Climatisation, ventilateur, salle de bains privée, kitchenette, parking... Voici la seule adresse B&B du centre de Plymouth, ce qui ne vous empêchera pas de compter sur vos propres moyens pour assurer la substance de votre petit déjeuner. Immanquable, la maison massive avec ses six chambres, domine la rue et se distingue sans mal dans le décor grâce à son toit rouge. Les propriétaires des lieux insistent pour que les visiteurs appellent au plus tard trois jours avant leur arrivée pour confirmer leur réservation.

■ **ADVENTURE FARM
AND NATURE RESERVE**
Plymouth
✆ (868) 639 2839 – Fax : (868) 639 4157
www.adventure-ecovillas.com
adventur@tstt.net.tt

Chambre simple de 80 à 100 US$, double de 105 à 130 US$. Parking, climatisation, télévision câblée. L'Adventure Fram s'est installée en pleine nature. Avec succès. L'architecture de l'ensemble se marie parfaitement avec la faune et la flore locales. Les chambres sont soignées, et toutes équipées d'un parquet en bois de Guyane. L'intérêt de l'adresse réside dans le fait qu'elle est située au cœur de 12 ha de cultures organiques : mangas, bananes, cerises... et de 2 ha d'un bois conservé pour attirer les oiseaux. Rencontre avec la nature de Tobago assurée. Possibilité également de louer des vélos à partir de 15 US$ la journée.

■ **TURTLE BEACH HOTEL**
Great Courland Bay, Plymouth
✆ (868) 639 2851 – Fax : (868) 639-1495
tbhtab@rexresorts.net

Chambre double à partir de 200 US$, petit déjeuner non inclus. Climatisation, TV câblée, parking, boutique, plage, sports aquatiques, bars, restaurant… Avec plus d'une soixantaine de chambres tournées vers la mer, le Turtle Beach aurait eu tort de ne pas exploiter comme il se doit un site exceptionnel. Le village profite amplement de la belle plage de Turtle Beach, longue de 600 m. Très confortables, les chambres ont récemment été réaménagées et sont donc impeccables en matière de propreté et de fonctionnalité. L'hôtel dispose également d'une boutique et d'un bureau dédié aux sports aquatiques qui est, entre autres, en liaison directe avec les différents centres de plongée de l'île (*ouvert tous les jours de 8h30 à 17h*). Les clients de l'hôtel et les visiteurs de passage peuvent profiter du Kiskadee pour se restaurer grâce aux différents buffets toujours très fournis. En résumé, le Turtle Beach constitue une bonne adresse, si l'on omet de mentionner la lenteur du service et le manque d'organisation à niveau de la réception.

■ **TOP O' TOBAGO VILLA**
Arnos Vale Road, Plymouth
✆ (868) 639 3166 – Fax : (868) 660 7181
www.topotobago.com
Bungalow avec lit double de 130 à 160 US$. Maison principale (un lit double, 2 lits jumeaux, un canapé-lit) 260 à 300 US$. Villa entière (maison principale + 3 bungalows) à partir de 600 US$. Transfert villa-aéroport gratuit.
Située à 5 min de la mer à pied, cette villa est posée sur la crête d'une colline dominant la plage de Arnos Vale et la jungle tropicale environnante. Elle se perd au milieu des 6 ha de terrain de la propriété. La maison principale, entourée d'une vaste terrasse dans laquelle se love une grande piscine, est constituée d'une cuisine aménagée entièrement équipée, d'une salle à manger, d'un salon et de deux chambres. Les trois bungalows sont nichés à flanc de colline à des hauteurs différentes. Chacun a vue sur la mer, et profite de son patio privé. La déco est très sympa tant dans la maison principale que dans les bungalows. Compte tenu du succès rencontré par cette charmante adresse ces derniers temps, les prix ont doublé en l'espace de quatre ans.

■ **ARNOS VALE HOTEL**
Arnos Vale Bay
✆ (868) 639 2881 – Fax : (868) 639 4629
www.arnosvalehotel.com
Transfert depuis l'aéroport, piscine, climatisation… Chambre double à partir de

145 US$, petit déjeuner non inclus. Situé sur le terrain d'une ancienne plantation de canne à sucre, Arnos Vale Hotel est l'un des plus anciens établissements de l'île. Il fut un temps où ses visiteurs étaient vraiment prestigieux, de la princesse Margaret, qui y passa sa lune de miel, aux Beatles. Depuis, l'Arnos Vale s'est un peu démocratisé, mais il reste néanmoins un endroit tout à fait privilégié. Doté d'une piscine et d'une plage privative situées en contrebas de l'hôtel, il propose des chambres standards ainsi que des suites dans des cottages distribués sur plusieurs niveaux de la propriété construite à flanc de colline. Le cottage le plus en hauteur, appelé « nid de corbeau », offre une vue incomparable sur la côte nord de l'île. Garantis d'une grande intimité, les cottages sont bien séparés les uns des autres. On y accède par une série de petits sentiers. L'hôtel est aussi doté d'un restaurant, « Plantation House », où l'on peut déjeuner et dîner des poissons du jour accompagnés des légumes du jardin. Le thé en fin d'après-midi est aussi une bonne occasion pour profiter du lieu sans se ruiner et, du balcon de la salle de restaurant, assister aux traditionnels repas de fruits distribués tous les jours aux oiseaux de la forêt environnante. L'architecture de l'ensemble, le choix des couleurs et le mobilier des chambres se marient parfaitement avec l'environnement. Le chant des oiseaux ne cessera de vous bercer. Selon d'anciens clients, la qualité du service et de l'entretien du site aurait baissé ces dernières années.

Restaurant

■ **ARNOS VALE WATER WHEEL**
Franklin Road, Arnos Vale
✆ (868) 639-2881
Compter entre 160 et 220 TT$ par personne.
Ce restaurant a été construit sur les vestiges du moulin à canne à sucre de l'ancienne plantation coloniale d'Arnos Vale. La salle à manger, tout en longueur, s'abrite sous un patio noyé dans la végétation. Parfois, quand la nuit tombe et que les bruits de la jungle se font entendre entre le cliquetis des fourchettes, à l'instar des parfums tropicaux suaves ou capiteux, il flotte dans l'air une espèce de nostalgie d'un passé colonial, un peu désuète mais tenace. La cuisine, plus que correcte, de l'Arnos Vale Waterwhell est principalement créole, et le romantisme du décor est inclus dans le prix. Le canard plongé dans le miel ou le pain caramélisé méritent l'attention du visiteur.

Manifestation

■ PLYMOUTH JAZZ FESTIVAL
✆ (868) 622 9675
www.tobagojazzfest.com
Généralement le dernier week-end d'avril.
Ce rassemblement musical a beau avoir
vu le jour en 2005, il jouit déjà d'une belle
réputation dans les Caraïbes. Les amateurs
de jazz seront probablement déçus puisque
la scène s'intéresse peu à ce genre musical,
mais plutôt à la pop internationale. En 2008,
Shakira, Whitney Houston ou encore Rod
Stewart étaient à l'affiche.

Points d'intérêt

■ LE TOMBEAU MYSTERIEUX
Située à deux pas de la mer, une pierre tombale
marque la double tombe d'une jeune femme
de 23 ans, Betty Stiven, et de son enfant
mort-né, tous deux décédés en 1783. Qui
sont ces morts, et pourquoi sont-ils enterrés
là ? L'épitaphe qui figure sur la pierre tombale
n'aide en rien à éclairer le passant. « *Elle était
une mère sans le savoir, et une épouse sans
que son mari le sache, à l'exception de ses
indulgences qu'elle avait pour lui* », est-il écrit.
Belle phrase, mais ô combien énigmatique !
On dit cependant qu'il s'agirait d'un planteur
hollandais qui aurait eu une liaison avec l'une
de ses esclaves. La mort de cette dernière
l'aurait plongé dans de telles affres (désespoir,
culpabilité ?) qu'il lui aurait bâti ce tombeau en
souvenir. Nombreuses sont les histoires qui
tournent autour de ce sujet dans l'île et qui
mentionnent un vieux registre des baptêmes,

des mariages et des décès. En deuxième page,
les noms de trois enfants métissés d'Alexandre
Stivens apparaissent…

■ FORT JAMES
De ce fort qui domine Turtle Beach, construit
par les Anglais en 1768, il ne reste quasiment
rien. Seule subsiste l'esplanade de la place
forte, délimitée par un petit muret et quatre
canons. Il fut conquis par les Français en
1781, et repris par les Anglais douze années
plus tard.

■ LA ROUE A AUBE DE ARNOS VALE
✆ (868) 660 0815
Ouvert de 8h à 22h30. Au milieu d'une
végétation relativement dense, apparaît
massive, une grande roue à aube dont le
but était d'actionner une meule pour broyer
la canne à sucre. Un petit train à vapeur qui
transportait la mélasse dans la plantation
est également visible. Lorsque la production
de sucre atteignit son pic dans la région au
début du XIXe siècle, près de 250 esclaves
travaillaient ensemble sur le site. Elle est
située sur le site du Arnos Vale Hotel.

■ LA RESERVE NATURELLE D'ADVENTURE FARM
✆ (868) 639-2839
*Ouvert du lundi au samedi de 7h à 17h45.
Entrée 5 US$.* Une réserve naturelle et une
ferme bio situées non loin d'Arnos Vale. On
pourra y voir différentes variétés d'oiseaux et
de papillons, des iguanes et des orchidées.
Contrairement à ce que semble suggérer son
nom, l'endroit n'a rien d'aventureux. Toutes les
balades se font dans le plus grand confort.

Englishman's Bay.

LA CÔTE-SOUS-LE-VENT

Avec sa succession de falaises tombant dans la mer, de rochers battus par les vagues, d'îlots granitiques nimbés par les embruns, la Côte-sous-le-Vent (Leeward Coast), qui s'étire au nord-ouest de l'île du côté Caraïbe, donne parfois au voyageur l'impression d'une Bretagne qui se serait égarée sous les tropiques. Toutefois la comparaison avec le littoral Armorique n'est plus de mise dès que l'on accède aux criques et aux plages lovées dans une jungle luxuriante. En foulant de nos pieds nus ces rivages de sable fin, généralement vides de monde, on se croirait plutôt projeté dans une autre image d'Epinal, celle de l'île déserte.

La Côte-sous-le-Vent est la partie la plus reculée et la moins peuplée de l'île. Au nord, seuls quelques petits villages de pêcheurs en composent le peuplement, et c'est comme si le temps s'y était figé. On y pêche encore à la senne, ces filets tendus à une centaine de mètres du rivage que la communauté villageoise vient tirer sur la plage à l'appel de la conque. Dans les hameaux, les traditions orisha et vaudous sont encore vivaces ; la dense forêt vierge toute proche y faisant planer une ambiance un peu mystérieuse…

▶ **On accède à la côte-sous-le-vent de deux façons.** Le premier accès se fait à partir de Plymouth via l'Arnos Vale Road, qui devient la Culloden Road quand elle s'enfonce un peu dans les terres jusqu'aux hameaux des Coteaux, puis de Moriah. Passé Moriah, la route, devenue Northside Road, se rapproche progressivement du littoral en traversant le hameau de Runnemede jusqu'à rejoindre les villages de Castara, puis de Parlatuvier et de l'Anse Fourmi.

Le deuxième accès à la côte-sous-le-vent se fait à partir de Scarborough, d'où démarre la Northside Road qui, dans sa première portion, coupe l'île dans le sens de la largeur, en traversant les premières hauteurs de la chaîne montagneuse centrale et le petit village de Mason Hall. Un conseil, si vous visitez la côte en voiture à partir de Plymouth : lorsque vous arrivez aux abords du petit village des Coteaux, vous avez le choix entre plusieurs routes mais il y a très peu de panneaux d'indication. La route à emprunter pour rejoindre Moriah est celle de gauche (suivre le panneau « Golden Lane »). A noter que sur la côte, seul le village de Castara dispose de possibilités d'hébergement variées. Les autres adresses sont chaque fois perdues au milieu de nulle part.

Restaurant

■ **SUNSHINE RESTAURANT**
Compter 70 TT$ minimum. Juste avant d'arriver à la Bloody Bay, sur la gauche, se dégage un restaurant à l'architecture un peu particulière. Les tables sont dressées sur un pont en bois à 3 m du sol, tournées vers la vallée, comme pour mieux observer la faune et la flore de la région. Cuisine créole au programme, à un prix abordable. Un arrêt intéressant pour se rassasier et se reposer sur la route de Charlotteville. Attention, le restaurant n'est ouvert que pour le déjeuner, le midi.

Points d'intérêt

■ **LA TOMBE DE LA SORCIERE**
Une fois passé Golden Lane, une petite route prend à gauche pour descendre dans la baie de Culloden. Quelques centaines de mètres avant d'atteindre le rivage, la route croise un énorme arbre d'aspect décharné dont les branches retiennent une mousse blanchâtre assez caractéristique. Cet arbre est appelé « *coton silk tree* ». Dans la tradition orisha, ce genre d'arbre abriterait les âmes défuntes et les zombis. Si, d'aventure, il arrive qu'il faille le couper, les villageois doivent offrir une bouteille de rhum pour apaiser les esprits. C'est à proximité de cet arbre chargé de croyances que se trouve, d'après la légende, la tombe de la sorcière africaine Gang Gang Sara. Elle serait arrivée à Tobago en volant au-dessus de l'Atlantique. C'était un aller sec : ayant bu de l'eau salée, elle aurait perdu tous ses pouvoirs magiques, dont celui de voler. Ne pouvant plus retourner en Afrique, elle aurait fini ses jours à Tobago.

■ **LES CHUTES DE MASON HALL**
A la périphérie du petit village de Mason Hall se trouve la cascade naturelle la plus grande de l'île, qui tombe d'une hauteur de 50 m. Son accès est signalé par un panneau sur le bord de la route portant l'inscription « Craig Hall ». De la route part un petit chemin jusqu'au sommet de la cascade, où se trouve le bassin d'une deuxième petite chute et dans lequel on peut se baigner. Compter une demi-heure de marche.

■ **ENGLISHMAN'S BAY**
A quelques kilomètres au-delà de Castara, en direction du nord et signalé par un panneau en bois, se trouve l'entrée du chemin en terre qui mène à la crique d'Englishman's Bay, l'une des plus belles plages de Tobago.

TOBAGO

D'un arrondi parfait, longue de 500 m, la plage est bordée par une frange de cocotiers qui masque un dense sous-bois d'un vert profond. On se croirait vraiment au bout du monde. Le sable y est blond et fin, la mer limpide et les récifs qui occupent tout le fond de la crique, pleins de vie. Un vrai goût de paradis. Seule trace de présence humaine, deux petites cases en bois sont plantées sur la plage au niveau du chemin d'accès. L'une d'elles abrite un minuscule café qui fait également office de restaurant. On y mange des poissons grillés et de très bons gâteaux pour un prix dérisoire (*compter une trentaine de dollars TT pour un repas*).

L'autre cabane abrite des objets d'artisanat à base de noix de coco et de bambou sculptés, ainsi que des coquillages de lambis vendus à un prix inférieur de moitié à ceux qui sont pratiqués dans la zone de Crown Point.

■ **PARROT HALL ET PARLATUVIER BAY**
Passé l'accès à Englishman's Bay, la Northside Road grimpe vigoureusement jusqu'au point de vue de Parrot Hall, où se trouvent une esplanade couverte et quelques bancs ainsi qu'un rum-shop attenant. De cette hauteur, on a une vue imprenable sur les îlots rocheux de Sisters Rocks, affleurant à quelques kilomètres du rivage, ainsi que sur la plage et la jetée du charmant petit village de Parlatuvier Bay, situé juste en contrebas.

■ **BLOODY BAY**
L'origine du nom imagé de cette crique a donné lieu à plusieurs tentatives d'explication. Selon la plus répandue, une violente bataille a eu lieu sur ce rivage, entre soldats anglais et esclaves révoltés, tournant finalement au massacre de ces derniers. Le nombre de tués aurait été si important que leur sang coulant à flots et répandu dans la mer l'aurait rendue de couleur écarlate… Plus prosaïquement, on dit aussi que ce nom viendrait d'une ancienne tradition villageoise consistant à couper la mangrove et les palétuviers pour en retirer leurs agents colorants naturels. Durant la récolte, la couleur rouge de la sève suintante des tiges coupées peut ressembler, peu ou prou, à celle du sang se mélangeant à l'eau.

CASTARA

Pour tous ceux qui voudraient séjourner quelques jours sur la côte-sous-le-vent, le village de Castara apparaît comme une étape obligée. Castara est l'endroit proposant le plus grand nombre de logements sur cette partie

de l'île. Du reste, ce petit village de pêcheurs, très représentatif de la partie nord de Tobago, comporte tous les attributs d'un bon lieu de villégiature. Il est doté de deux très belles plages sur la mer des Caraïbes, ainsi que de quelques très mignonnes guesthouses à deux pas de la mer et de deux ou trois bons restaurants, dont certains très modiques.

Pour l'instant, la présence touristique n'a eu que très peu d'impact sur le mode de vie des habitants de Castara. Le temps s'y déroule dans une lenteur indolente, rythmée seulement par les vibrations lourdes et puissantes du reggae s'échappant de quelque « *sound-system* ». Sur la plage principale, on pratique encore la pêche à la senne et, chaque jour, la petite communauté de pêcheurs rastas continue de s'attrouper, de palabrer, voire de fumer un joint ou deux à côté de la bâtisse défraîchie de la coopérative de pêche, comme si de rien n'était, dans une indifférence quasi totale par rapport aux visiteurs qui déambulent. Pourtant, sous leurs apparences parfois un peu rudes, les habitants de Castara se montreront extrêmement amicaux et gentils si l'on prend la peine de discuter avec eux. Encore plus si on en vient à leur donner un coup de main au moment de sortir les poissons de l'eau.

Hébergement

■ **NATURALIST BEACH RESORT**
Castara Bay Road
✆ (868) 639 5901 – Fax : (868) 660 7166
www.naturalist-tobago.com
ancle@naturalist-tobago.com
Compter de 45 à 75 US$ selon la chambre, studio-suite à 160 US$. Salle de bains privée, kitchenette, ventilateurs, Internet. De toutes les possibilités d'hébergement de Castara, cette guesthouse offre non seulement un des meilleurs rapports qualité/prix, mais c'est aussi celle qui est la plus proche la plage, puisqu'elle est construite dessus. Située à quelques mètres seulement de l'eau, elle dispose de cinq chambres doubles confortables et propres, équipées d'un coin cuisine. Les chambres les plus grandes peuvent accueillir 3 ou 4 personnes. Elles comportent un couchage d'appoint sous forme de canapé pliant.

■ **SUNDECK APARTMENTS**
Northside Road
✆ (868) 639 1410 – Fax : (868) 635 2255
Compter 40-45 US$ pour une personne et 65-70 US$ pour 2 personnes en fonction de la saison. Pour les appartements du 1er étage,

qui comportent une véranda, compter 55 US$ pour 2 en saison basse, 60 US$ en saison haute. Cet hôtel accroché à flanc de coteaux domine la baie de Castara. Il dispose de quatre petits appartements, chacun équipé d'une kitchenette, comportant four à micro-ondes et réfrigérateur, et d'une salle de bains avec douche. Un grand balcon en bois fait office de solarium commun. Une petite épicerie est attenante à l'hôtel. Les propriétaires proposent différentes excursions et tours tout autour de l'île. Pensez à appeler avant de passer, les hôtes n'étant pas toujours présents sur les lieux. La terrasse abritée offre une vue imprenable sur la baie.

■ SANDCASTLES APARTMENTS
Northside Road ✆ (868) 635 0933
adam@sandcastlestobago.com
Le studio de 45 à 60 US$, l'appartement de 75 à 125 US$. Belle bâtisse blanche dressée à flanc de colline, la maison propose un appartement de deux pièces dont l'une est équipée d'une kitchenette et un studio. Si les chambres ne sont pas équipées d'un système de climatisation, les nombreuses fenêtres laissent volontiers la brise marine s'infiltrer dans la pièce. Sandcastles dispose de son propre restaurant. Les prix ne sont pas forcément bon marché, avec une entrée à base de crevettes à 85 TT$, et des plats principaux qui commencent à 140 TT$. L'établissement n'ayant pas de licence pour vendre de l'alcool, c'est soda pour tout le monde.

■ RIVERSIDE COTTAGE
River Road
✆ (868) 639 6485 ou (868) 764 8715
riversidecottage@live.com
La chambre double à partir de 40 ou 50 US$ en fonction de la saison. Salle de bains privée, kitchenette, ventilateur. Un peu en retrait de la rue, cachée derrière les plantes qui garnissent son jardin, cette grande maison offre toute la tranquillité nécessaire pour passer un séjour au calme. Entre les balades sur les hauteurs de Cascara et les petites chutes d'eau qui s'y succèdent à moins de 10 min à pied, et la plage à 400 m, le Riverside Cottage est idéalement placé. Les cinq chambres sont impeccablement tenues. Dorcas, la maîtresse de maison est un véritable amour, toujours disponible pour vous éclairer dans vos sorties.

■ MANGO HOUSE & BEACH HOUSE
Heavenly Bay ✆ (868) 639 4769
Compter de 90 US$ à 110 US$ par appartement et par nuit et selon la saison. Beach House : compter entre 55 US$ et 75 US$ par studio et par nuit selon la saison. Au premier étage, compter de 95 US$ à 120 US$ par nuit selon la saison. Mango House & Beach House sont deux maisons construites sur pilotis, tout en bois tropical, et qui ont été transformées en cottages. La première, Mango House, est accrochée à un éperon qui plonge dans la mer quelques dizaines de mètres plus bas et qui partage les deux plages de Castara, toutes deux à 100 m de marche. Ce chalet tropical a été divisé en deux unités comportant chacune deux chambres doubles, cuisine équipée et balcon donnant sur la mer, avec hamac en prime.

Comme son nom l'indique, Beach House a été construite sur une plage, la petite plage de la deuxième crique de Castara, Heavenly Bay. Cette plage étant plus petite et moins facile d'accès que la plage principale, elle est beaucoup moins fréquentée et souvent déserte, et les occupants de Beach House ont souvent l'impression de l'avoir uniquement pour eux. La maison à étage a été divisée en trois appartements. Les deux premiers, au rez-de-chaussée, sont constitués de deux studios avec véranda privée. Le troisième occupe tout l'étage et dispose de deux chambres doubles, d'une salle à manger et d'un grand balcon véranda sur toute la longueur de la façade, avec vue imprenable sur la mer des Caraïbes.

■ BLUE MANGO COTTAGES
Second Bay Road
✆ (868) 639 0433
www.blue-mango.com
Cottage avec 1 chambre double de 80 à 95 US$. Cottage avec 2 chambres doubles de 170 à 200 US$. Situés sur la partie droite de la plage principale lorsqu'on est face à la mer, les 5 cottages en bois de Blue Mango sont construits en bois, sur pilotis. Accrochés à une colline noyée de végétation, ils offrent un cadre parfait à une robinsonnade tout confort, les pieds dans l'eau (la mer n'est qu'à une cinquantaine de mètres). Très indépendants les uns des autres, les cottages sont de taille et d'architecture variables. Ils comportent soit une chambre double, soit deux chambres doubles. Tous sont équipés d'une kitchenette, d'un living-room. Sur le balcon, on profite du hamac pour se laisser bercer par la brise marine. Blue Mango est un endroit idéal pour ceux qui désirent profiter du cadre idyllique de Castara, en toute intimité et sans trop dépenser.

TOBAGO

Restaurants

■ L & H SUNSET

Castara Bay Road
Compter entre 25 et 35 TT$ par personne.
Au centre du village, tout près de la plage,
un petit resto qui ne paye pas de mine, au
1er étage d'une maison qui abrite déjà une
épicerie. Protégée par un auvent ouvert, la
petite terrasse, qui ne peut accueillir que 2 ou
3 tables, domine la plage et la route qui lui donne
accès. C'est un superbe poste d'observation
de la vie quotidienne et de palabres des
pêcheurs. Les propriétaires du restaurant, à
qui appartient également l'épicerie, proposent
une cuisine locale créole simple mais bonne,
fondée sur la pêche du jour.

■ CASE CREOLE

Castara Bay Road ✆ (868) 639 5291
*Compter environ 60 TT$ par personne, 50 TT$
pour le beef burger.* Située sur la partie
gauche de la plage quand on regarde la mer,
la Case Créole tient à la fois du dancing et du
restaurant. On y pénètre par une grande salle
de danse, généralement vide et seulement
remplie au moment où les fêtes de la saison
haute battent leur plein. La bâtisse est
précédée d'une terrasse sur pilotis meublée
de quelques tables et chaises. Là, bien installé
face à la mer, on peut prendre un verre en fin
d'après-midi, quand les derniers feux du soleil
incendient la ligne d'horizon, jusqu'à produire
le fameux rayon vert. Un dîner créole y sera
servi un plus tard dans la soirée.

▶ **A côté de la Case Créole, se trouve
la case de Bobo Shanti,** un pittoresque
personnage du village qui propose des bains
de vapeur à base d'herbes locales relaxantes
(*50 TT$ le sauna*).

■ BOAT HOUSE RESTAURANT

Depot Road, Heavenly Bay
✆ (868) 660 7354
Compter de 80 à 90 TT$ par personne. Cette
petite paillote est située à deux pas de la mer
et de la Beach House Guesthouse, dans la
toute petite crique de Heavenly Bay. Le cadre
est somptueux et se prête parfaitement à la
dégustation des produits de la mer. Mijotés à
la cuisine créole, les palais les plus critiques
devraient avoir à garder leur langue dans
la poche.

■ CLAY KITCHEN

Castara Bay, Route n° 2 ✆ (868) 639 2060
Compter entre 6 et 10 US$ pour un petit
*déjeuner complet, 12 US$ pour un déjeuner et
30 US$ pour un dîner.* Dans ce restaurant, tenu
par le propriétaire de Blue Mango, Rebecca,
la cuisinière, prépare une bonne cuisine
de tradition tobagonienne. Clay Kitchen ne
propose pas de carte ou de menus réguliers.
Rebecca improvise à partir d'ingrédients
disponibles dans sa cuisine le jour même
(légumes du jardin, pêche du matin…) et
tient compte des souhaits de ses clients. Tout
cela donne des plats toujours appétissants,
cuisinés à l'authentique. Goûtez notamment
son délicieux pain à la citrouille. Probablement
la meilleure table de Castara.

■ RIVERSIDE RESTAURANT

Parlatuvier Bay ✆ (868) 639 4935
Compter au minimum 70 TT$ par personne.
Situé à l'entrée du petit village de Parlatuvier,
ce restaurant n'offre pas de vue sur la mer. Il
propose en revanche, une cuisine de qualité,
alliant currys et plats créoles à base de fruits de
mer et de poissons du jour (c'est le patron lui-
même qui les pêche). Une cuisine savoureuse
et très fraîche et un très bon rapport qualité/
prix. Une des rares excellentes adresses de la
Côte-sous-le- Vent, sinon l'unique.

Manifestation

▶ **Fête des pêcheurs.** *Généralement l'avant-
dernier ou le dernier dimanche d'août.* Entre les
courses de pirogue, les nombreuses activités
sur la plage et les fameux « *mass-cookout* »,
ces grands rassemblements gastronomiques,
vous passerez forcément une formidable
journée.

© WWW.PANJABE.COM

LA CÔTE-AU-VENT

DE SCARBOROUGH À ROXBOROUGH

Cette portion de la Côte-au-Vent ne mérite pas qu'on s'y arrête plus d'une demi-journée, le temps d'y visiter quelques sites naturels et d'admirer quelques beaux points de vue. On n'y trouvera en effet qu'un seul endroit pour se loger et se restaurer. Quant aux plages, si elles sont comme toujours magnifiques, elles ne sont pas propices à la baignade à cause de courants dangereux.

Point de passage incontournable, la ville de Roxborough est située notamment au carrefour de la route littorale et de la route de la forêt qui donne accès à la côte-au-vent, de l'autre côté de l'île. Elle ne présente pourtant aucun intérêt, sauf celui d'avoir un des rares postes d'essence pour se ravitailler (l'autre se trouve à Charlotteville).

Hébergement

■ **CASTLE WHITE HOTEL**
Studley Park, à 15 min
à l'est de Scarborough ✆ (868) 660 2905
castlewhitehotel.com
Chambre simple à 37 US$ et double à 56 US$. Climatisation, piscine, salle de bains privée…
Retiré de la capitale, l'hôtel est facile à trouver, juste après le fort Granby. Compte tenu de sa situation exceptionnelle au sommet d'une colline, des activités à proximité (plage, Mont Saint-George, chutes d'eau de Craig ou de Green Hill…), et du prix relativement bas de ses chambres, l'établissement apparaît vite comme l'une des belles surprises de Tobago. Surtout si vous optez pour la chambre avec balcon qui donne sur la mer et l'île Smith's qui n'est qu'à quelques nœuds. La propreté des lieux et la gentillesse des employés compensent le manque d'originalité dans la décoration des chambres.

■ **RICHMOND GREAT HOUSE**
Pembroke ✆/Fax : (868) 639 4467
www.richmondgreathouse.com
A partir de 60 US$ la nuit par personne. Salle de conférence, espace barbecue, piscine. Cette authentique maison coloniale – une des rares qui restent encore debout et en état à Tobago était la demeure du maître de la plantation de cannes à sucre, Richmond. Le professeur Hollis Lynch, un Tobagonien anciennement

professeur à l'université de Columbia, a décidé de la racheter, de la restaurer et de la transformer en *guesthouse*. Perchée sur les hauteurs d'une colline, la demeure coloniale domine la jungle environnante et bénéficie de la ventilation rafraîchissante d'une brise océanique bien agréable dans la chaleur du jour. L'intérieur, richement décoré, expose des objets artisanaux africains dont le maître de maison fait la collection. Les chambres sont meublées dans l'esprit colonial. La guesthouse est flanquée d'une piscine et d'un court de tennis. Un restaurant y est attenant. En résumé, Richmond Great House est l'endroit parfait pour qui voudrait se plonger dans l'ambiance de la vie coloniale britannique à Tobago au XIXe siècle.

■ **PARADISE VILLA**
Pembroke main road, Pembroke
✆ (868) 660 4933
paradisevilla@tstt.net.tt
Compter 25 US$ par personne. TV, salle de bains privée, ventilateur, petit déjeuner inclus. Avec un tel nom, le visiteur pourrait s'attendre à tomber sur la maison de ses rêves. Il se ravisera assez vite. L'adresse n'en demeure pas moins l'un des meilleurs rapports qualité/prix de l'île. Paradise Villa compte trois appartements de deux chambres, mais Christina n'aura aucun mal à vous laisser seul dans un appartement si vous n'êtes pas accompagné. La cuisine est parfaitement équipée, et vous n'aurez aucun mal à mettre la main à la pâte.

Points d'intérêt

■ **MOUNT SAINT GEORGE ET LE FORT GRANBY**
A quelques kilomètres au nord de Scarborough, la route de la Côte-au-Vent grimpe sur la colline de Mount Saint George, hauteur où se trouvait l'ancienne capitale anglaise de l'île, construite en 1762 et défendue par Fort Granby. Ce fortin fut érigé en même temps que la ville, sur la petite pointe dominant la mer, à quelques centaines de mètres de la colline. Il ne reste quasiment rien de ce fort et de l'ancienne capitale anglaise de l'île. Détruits par les Français, Georgetown et son fort ne furent jamais reconstruits, les Britanniques ayant préféré faire de Scarborough leur nouvelle capitale.

TOBAGO

La tombe anonyme d'un jeune soldat est aujourd'hui le seul témoignage du conflit qui opposa les deux puissances coloniales sur ces hauteurs de Georgetown.

▌ **Tout près de la pointe littorale où fut construit l'ancien fort se trouve « The first historical café »,** une mignonne case construite en bambou et colorée, où l'on peut trouver à boire et parfois à manger. L'excentrique propriétaire des lieux, Kenneth Washington, s'est amusé à tapisser les murs de son café de posters et d'écriteaux relatifs à l'histoire, parfois anecdotique, de l'île. Ses horaires d'ouverture étant assez fluctuants, n'hésitez pas à repasser plusieurs fois pour avoir une chance d'y entrer. Il est censé être ouvert tous les jours de 10h à 18h.

■ LE BARRAGE DE HILLSBOROUGH

L'attraction est loin d'être la plus touristique de l'île, mais elle ne manque finalement pas d'intérêt. Après tout, pourquoi aller visiter un barrage ? Le réservoir fut érigé dans une zone à l'écosystème bien particulier où le spectacle des oiseaux, et tout particulièrement des hérons et des canards, est superbe. Une petite chute d'eau est également accessible. Un 4X4 est plus que conseillé. L'ensemble du parcours doit obligatoirement être organisé et conduit par un guide qualifié. Pour réserver appeler le ✆ (868) 639 9093.

■ GENESIS NATURE PARK
(PARC NATUREL ET GALERIE D'ART)

Ouvert du lundi au samedi de 9h à 18h. Entrée 7 US$; une boisson de bienvenue est offerte. Ce petit zoo est situé à Goodwood, à mi-chemin entre Scarborough et Roxborough, dans la propriété d'un artiste local, Michael Spencer. On peut y voir deux singes capucins, des boas constricteurs, une tortue, un agouti, un perroquet et quelques caïmans. L'artiste expose et vend ses peintures et sculptures.

■ LES CHUTES D'EAU DU RAINBOW

Goldsborough, au nord de Pembroke
Lorsque vous venez de Scarborough en empruntant la Windward Road, prenez sur votre gauche à hauteur de Pembroke. Suivez ensuite les indications pour arriver au Rainbow Resort. En échange de quelques dollars trinidadiens, vous pourrez alors garer votre voiture. Compter 40 min pour rejoindre les chutes d'eau à pied. Vous n'aurez aucune chance de vous perdre si vous suivez le cours d'eau. En saison de pluie, le parcours

Les chutes d'eau d'Argyle.

est boueux. Pensez donc à apporter des chaussures fermées. Si vous souhaitez dormir sur place, sachez qu'il existe une *guesthouse*, le Rainbow Nature Resort and Waterfall (The Lure Estate, Goldsborough ✆ (868) 660 4755 ou 6715 – rainbownatureresort@tstt.net.tt). Les prix pour une nuit varient de 30 à 40 US$ pour une simple et de 60 à 80 US$ pour une double, petit déjeuner inclus.

■ LES CHUTES D'EAU D'ARGYLE

✆ (868) 364 1717
Ouvert de 7h30 à 17h. Entrée 40 TT$, visite guidée pour 20 TT$ de plus. Aucune visite guidée n'est disponible en français. A une centaine de mètres avant d'entrer dans Roxborough et la jonction avec la route qui mène à la côte nord de l'île, un petit chemin en terre se découvre à gauche, en direction de l'intérieur des terres. Il mène aux chutes d'Argyle, certainement les plus visitées de Tobago.

Il faut compter un petit quart d'heure de marche pour accéder au premier bassin, point final des chutes, dont l'ensemble mesure 54 m. Un sentier bien plus accidenté prend le relais sur la droite pour rejoindre les deux autres bassins.

LA ROUTE DE LA FORÊT

En donnant accès à la réserve forestière de Tobago, la route de la forêt, qui relie Roxborough à Parlatuvier, est la seule voie qui permette de rejoindre les deux côtes de l'île, sur la partie est de Tobago. Elle épouse le relief constitué de collines couvertes de forêt vierge, et la conduite y prend parfois des allures de montagnes russes.

Construite en 1958, cette route a été lourdement endommagée cinq ans plus tard par l'ouragan Flora qui a balayé Tobago, ravageant tout sur son passage. Sa reconstruction a dû prendre des dizaines d'années et ne s'est achevée que dans le milieu des années 1990. La route est aujourd'hui entièrement praticable, même si, chaque année, la saison des pluies et les coulées de boue qui s'ensuivent morcellent la chaussée et obligent à une maintenance continue. N'hésitez pas à demander conseils aux locaux avant de l'emprunter si vous ne roulez pas en 4X4, la saison des pluies déversant chaque année son lot de nids-de-poule.

Cette réserve forestière a vu le jour en 1776 et se vante d'être la plus ancienne au monde. Il est possible aujourd'hui de s'y balader aujourd'hui. A partir de la route goudronnée, il y a très peu de points d'accès pour pénétrer dans cette forêt primaire tropicale. Le plus commode est le Gilpin Trace, ce sentier dont l'entrée est marquée par un rocher posé sur le bord de la chaussée. Il se trouve aux deux tiers de la route forestière, quand on l'emprunte à partir de Roxborough.

DE ROXBOUROUGH À SPEYSIDE

A partir de Roxborough, la route de la Côte-au-Vent s'enfonce dans les terres pour arriver au village de Louis d'Or. Juste avant d'atteindre le petit hameau de Delaford, la route grimpe sur quelques collines ; la vue plongeante à perte d'horizon sur l'océan vert du manteau forestier est superbe. Passé Louis d'Or, un carrefour offre le choix de continuer tout droit jusqu'à Speyside ou de prendre un petit chemin qui plonge à droite en direction de King's Bay, une petite crique encaissée, dotée d'une très belle plage assez peu fréquentée et de surcroît aménagée et dotée de quelques bars (*l'accès aux cabines et aux douches coûte 1 TT$*).

De King's Bay à Speyside, la route grimpe fortement en collectionnant les virages en épingle, puis entame une descente en deux temps, conduisant d'abord à un point de vue qui domine le village de Speyside, la plage de Tyrell Bay et, à quelques centaines de mètres du rivage, les petites îles satellites de Goat Island et de Little Tobago. De ce belvédère naturel jusqu'à l'entrée du village, la route est très sinueuse et la pente assez raide (ne pas hésiter à klaxonner à l'entrée de chaque virage en épingle).

Longeant la plage de Tyrell Bay, la rue principale du petit village de Speyside alterne maisons d'habitation, hôtels, rum-shops, restaurants et boutiques de plongée, un pêle-mêle qui s'étire en longueur sur une distance de quelques milliers de mètres jusqu'au niveau de la petite crique de Bateaux Bay. Depuis une vingtaine d'années, Speyside connaît un fort afflux touristique généré par le business de la plongée sous-marine. C'est en effet dans les eaux des petites îles voisines de Goat Island et de Little Tobago que se trouvent quelques-uns des plus beaux spots, notamment fréquentés par les raies mantas. Il est donc assez facile d'y trouver un hébergement et un logement, quel que soit le budget dont on dispose.

Bien évidemment, l'essentiel de l'activité du village se polarise autour de la mer et de la plongée. La plupart des villageois allient aujourd'hui leur activité traditionnelle de pêcheurs avec celle, plus récente, de transporteur de touristes dans leur pirogue jusqu'à Little Tobago (*coût moyen 100 TT$, possibilité de négocier en fonction du nombre de passagers, mais aussi de votre âge*).

Pratique

■ **FIRST CITIZENS BANK**
Roxborough Main Road, Roxborough
Distributeur automatique accessible jour et nuit.

GOAT ISLAND ET LITTLE TOBAGO

Plus réduite et plus proche de l'île de Tobago que sa voisine, la petite île de Goat Island est en fait une propriété privée. L'île fut d'abord achetée par Ian Flemming, le romancier auteur des James Bond, qui y construisit l'unique maison jamais construite sur l'îlot et qu'on ne peut voir de la côte. Aujourd'hui l'île appartient à une grande fortune trinidadienne qui a reconverti sa propriété en business touristique ultra-lucratif.

TOBAGO

Pour la modique somme de 1 500 US$ (prix minimum), il est en effet possible de louer pour une nuit l'île et la maison transformée en hôtel privatif et rebaptisée Capri.

Juste derrière Goat Island, et partiellement cachée à la vue, se trouve Little Tobago, petite île inhabitée de 2 km². Ancienne plantation laissée à l'abandon à la fin du XIXe siècle, retombée dans le patrimoine public, rachetée au début du siècle, puis finalement rendue au gouvernement en 1924, elle est aujourd'hui un sanctuaire ornithologique. Au début du siècle, un Anglais amoureux des oiseaux a tenté d'y introduire des oiseaux du paradis, une espèce très rare qu'on ne trouve qu'en Nouvelle-Guinée. Malheureusement, la petite colonie n'a pas survécu à l'ouragan Flora qui a ravagé toute la partie nord de Tobago en 1963. Des sentiers quadrillent l'îlot, que l'on peut visiter en une journée, accompagné d'un guide. Un des moyens simples et économiques d'accéder à Little Tobago est d'emprunter le bateau à fond de verre de Frank, basé dans l'enceinte de l'hôtel Blue Waters Inn, et qui propose des tours alliant visite de l'île et plongées en masque et tuba sur les récifs coralliens environnants (℡ (868) 660 5438. Compter 20 US$ par personne).

SPEYSIDE

Située à seulement 26 km de Scarborough, Speyside ne se gagne pas si facilement. En voiture il faut compter au moins deux heures, la route étant très sinueuse, surtout sur la fin du trajet. Plus qu'ailleurs, on y vient pour la plongée, d'autant que les coraux ont beaucoup moins été abîmés par l'activité humaine que ceux de Buccoo.

Hébergement

■ TOP RANLKING VIEW HILL GUESTHOUSE

Top Hill Street, off the Windward Coast
℡/Fax : (868) 660 4904
www.toprankingtobago.com
toprank00@yahoo.com
45 US$ la double, que vous soyez seul ou à deux, 50 US$ pour la chambre avec deux lits pour quatre personnes, 80 US$ pour l'appartement le plus spacieux. Située sur les hauteurs de Speyside, dominant le village et la baie, cette guesthouse propose cinq chambres ou appartements de taille variable, prévus pour loger de une à quatre personnes. Simples mais propres, trois des cinq chambres sont

équipées d'une kitchenette. Un bon rapport qualité/prix. Ann et Max, les propriétaires des lieux, ne manquent jamais d'inviter leurs hôtes à les accompagner pour faire un tour dans le village en contrebas.

■ COUNTRY HAVEN GUEST HOUSE

www.caribinfo.com/countryhaven
c_haven99@hotmail.com
3 chambres doubles de 30 à 45 US$, selon la taille et l'équipement des chambres, petit déjeuner compris. Réfrigérateur, ventilateur, salle de bains privée. A l'entrée du village (juste avant le dernier virage qui permet d'entrer dans Speyside), un panneau indique l'accès à cette guesthouse via un petit chemin goudronné et pentu. Rien de particulier à signaler, mais l'adresse ne manquera pas de vous dépanner si vous cherchez un endroit pour dormir à la dernière minute.

■ MANTA LODGE

Main Road ℡ (868) 660 5268
www.mantalodge.com
Chambre standard simple de 95 à 130 US$, la double de 110 à 150 US$, petit déjeuner non inclus. Cet hôtel de 22 chambres fait face à la plage de Speyside. Doté d'un restaurant et d'une piscine, il comporte notamment plusieurs chambres aménagées sous le toit qui sont très agréables. Manta Lodge se veut aussi être un centre de plongée et propose des packages chambres + plongées. Des cours sont notamment dispensées dans la piscine, mais aussi en mer. Les balcons de la majorité des chambres offrent une vue splendide sur la baie de Speyside.

■ SPEYSIDE INN

Main Road ℡/Fax : (868) 660 4852
www.speysideinn.com
nabuccoresort@speysideinn.com
Chambre simple à 85 US$, la double à 150 US$ et la triple à 170 US$, petit déjeuner compris. 21 chambres pour un confort optimal. Situé en bord de mer, vous apercevrez depuis votre transat les îles de Goat Island et Little Tobago. Toutes les chambres sont équipées d'un coin cuisine. La décoration variée d'une chambre à l'autre est des plus appréciables, tout comme la lumière qui emplit chaque pièce. L'hôtel fait aussi restaurant. Un seul point négatif : la route qui sépare l'hôtel de la plage.

■ BLUE WATERS INN

Bateaux Bay, Speyside
℡ (868) 660 4341 – Fax : (868) 660 5195
www.bluewatersinn.com

Compter de 120 à 225 US$ pour une chambre double en fonction de la saison, petit déjeuner non inclus. Il s'agit d'un des rares établissements de la partie est de l'île qui puisse se vanter de proposer une gamme de services aussi complète. On est cependant un peu déçu par la décoration peu harmonieuse des chambres et le mobilier en osier. Possibilité de louer des bungalows composés de deux chambres. Le Blue Waters Inn jouit également de très bonnes connexions avec les clubs de plongée de la région. N'hésitez pas à vous renseigner à l'accueil. L'hôtel propose des sorties en mer pour rejoindre les îles de Little Tobago et Saint Gilles, connues pour abriter de nombreuses espèces d'oiseaux. Les amoureux de nature vierge apprécieront.

A l'entrée de l'hôtel, vous apercevrez probablement une grande roue. Elle date du début du XIXe siècle. John Piggot, grand propriétaire terrien de la zone à l'époque, l'avait achetée pour accroître la production de sucre de sa compagnie.

Restaurants

■ BIRDWATCHER'S REST & BAR
Main Road

Compter entre 30 et 50 TT$ par personne. Cette bonne adresse locale, au beau milieu de la route principale, propose une cuisine de ménage créole à base de poisson et de poulet. Ne vous attendez pas à trouver des menus originaux dans les cartes des restaurants de Speyside. En revanche, la cuisson et la préparation du homard y sont excellentes à cette adresse, les jours où le patron du restaurant en a à vous proposer.

■ JEMMA'S SEAVIEW KITCHEN
Main Street
℃ (868) 660 4066

Compter 120 TT$ par personne. Sans atteindre des sommets dans l'art culinaire, Jemma's Seaview Kitchen est la meilleure adresse du coin. Il s'agit presque d'une institution à Tobago. L'adresse doit beaucoup de sa très bonne réputation à la structure de son bâtiment. Construit sur le bord de la plage, dans les branches d'un manguier, il offre une vue superbe sur Goat Island et Little Tobago. On y mange d'excellents poissons et currys de fruits de mer. Très pittoresque, le restaurant respire les vacances et le dépaysement.

CHARLOTTEVILLE

Passé Speyside, les cinq kilomètres de la route qui mène à Charlotteville sont impressionnants. Ils nous conduisent d'abord dans l'intérieur des terres qui composent la pointe nord de l'île, en suivant une route escarpée et sinueuse qui alterne montées rudes et pentes vives. Particulièrement, la descente sur la petite crique de Man o' War, là où se niche le village de Charlotteville, est vertigineuse. Durant cette dernière portion du trajet, les freins des véhicules sont vraiment mis à contribution. Mais quel spectacle ! Il faut imaginer, vus de loin, un petit village de pêcheurs et sa jetée posés sur une plage de toute beauté, au fond d'une anse cernée par les falaises recouvertes d'une jungle luxuriante, et, au fond de la baie, une dizaine de voiliers au mouillage. Au fur et à mesure qu'on approche du village et que ses abords se laissent découvrir au terme d'une plongée finale, on ne peut s'empêcher de penser que Charlotteville est probablement le trésor caché de la côte-au-vent. Un sentiment qui se confirme et se fortifie de lors que l'on foule au pied la plage de ce charmant village.

Ici, au bout d'une île improbable, à sa pointe extrême, aux confluences des eaux de la mer des Caraïbes et de l'Atlantique, on est saisi par la beauté du site et la nature rieuse et enjouée de ses habitants. Dans la lumière dorée d'un soleil plein de bonté, assis à la terrasse d'un petit bar du port, on goûte au bonheur tranquille d'une discussion impromptue avec les villageois ou les gens de passage, qui arrivent souvent par voilier. Sur les sentiers environnants, on pourra s'extasier sur le vol de quelques perroquets et sur la splendeur d'une nature qui fait la nique au monochrome.

© WWW.PANJIBE.COM

Charlotteville.

Sur la plage de la baie des Pirates, généralement déserte (mais qui ne cesse de gagner en popularité auprès des touristes), on se baigne tout en admirant la richesse d'une faune corallienne pas effarouchée pour un sou. Si on a beaucoup de chance, on pourra même faire quelques brasses en compagnie d'une tortue entre mars et juillet. Charlotteville, plaque tournante des amoureux des choses simples, un endroit où les plaisirs redeviennent enfantins. Pas de complexes hôteliers à Charlotteville, du moins pas encore. Seulement quelques guesthouses, généralement pas chères du tout, et quelques petits bistrots où l'on mange créole à des prix modiques. Bien sûr, le visiteur devra composer quelque peu avec le rythme indolent du mode de vie local, mais quand on est en vacances, il n'y a pas de raison de se presser… Détente et farniente en toute tranquillité, un bon programme, finalement.

Histoire

On sait peu de chose sur l'histoire de Charlotteville, sinon qu'elle remonte à loin. Les premiers peuplements européens datent de 1633, époque où une petite troupe hollandaise, emmenée par Jan de Moor, débarque sur la plage de l'actuelle Pirate's Bay. Les Hollandais ont dû composer avec les Indiens Caribs qui occupaient l'île, ces derniers les autorisant finalement à s'implanter là où se trouve aujourd'hui le village. Très tôt, les terres avoisinantes sont défrichées et cultivées et, au cours des siècles suivants, le système des plantations parvient à s'implanter tout autour de Charlotteville, même s'il sera régulièrement battu en brèche par les nombreuses guerres coloniales qui jalonnent l'histoire de Tobago jusqu'au début du XIXᵉ siècle, ainsi que par les incursions des pirates qui prennent parfois refuge dans la toute petite crique de Pirate's Bay. Selon la rumeur, ils y auraient caché un trésor… Au milieu du XIXᵉ siècle, on recense deux domaines agricoles principaux, la plantation de Charlotteville d'une part, la plantation de Pirate's Bay d'autre part. En 1865, ces deux domaines sont réunis et rachetés par la famille Turpin, qui détient encore aujourd'hui la majeure partie de Charlotteville. Situé au bord d'une baie particulièrement protégée et navigable, ce village a très tôt tiré profit des relations maritimes qui ont contribué à son désenclavement en facilitant le développement de son économie agricole, mise définitivement à mal en 1963, lors du passage de l'ouragan Flora.

Aujourd'hui, le petit village tire ses principales ressources de la pêche, avec le maintien de la seule coopérative de pêcheurs qui fonctionne encore sur l'île, et, dans une moindre mesure, du tourisme, activité qui est encore bien moins développée à Charlotteville que dans l'ouest de Tobago.

Pratique

Charlotteville n'est pas encore très ouverte au tourisme. Lors de notre passage, nous n'avons trouvé aucune banque, aucun distributeur automatique de billets (bien qu'un projet soit dans l'air pour en équiper le village sous peu). Pensez donc à apporter un peu de cash avec vous.

Station-essence

■ **NP**
Ouverte du lundi au samedi de 6h à 20h et le dimanche de 6h à 11h et de 20h15 à 20h30. Située au centre du village.

Internet

■ **BAY VOEW SHOPPING MART**
Ouvert de 7h30 à 18h30, sauf le dimanche. Une petite épicerie en face de la jetée avec un cybercafé : 20 TT$ de l'heure.

■ **DE MAXIMUM**
Une petite case en bois sur la plage, en face du restaurant Gail's : 15 TT$ la demi-heure, 20 TT$ de l'heure.

Hébergement

■ **BANANA BOAT**
6 Mac's Lane Campbleton
✆ (868) 660 6176
www.banana-boat-tobago.com
explore_tobago@hotmail.com
Chambre double avec air conditionné à 30 US$, chambre double ou simple avec ventilateur à 25 US$, petit déjeuner compris, terrasse et balcons. Ajouter 5 US$ pour les longs week-ends. Salle de bains privée, Internet, cuisine commune. Sans aucun doute, cette petite guesthouse offre le meilleur rapport qualité/ prix de Charlotteville, d'autant qu'elle est l'une des rares adresses de Tobago à ne pas avoir drastiquement augmenté ses prix. La bâtisse comporte quatre chambres. Un bar-restaurant à la déco pittoresque se trouve au rez-de-chaussée. Caroline, la propriétaire, est un personnage sympathique et truculent, en plus elle parle français. Une fête est

organisée dans le bar tous les vendredis soir. Les cocktails de fruits sont particulièrement bons et originaux.

■ ROSA'S HOUSE
✆ (868) 660 5984

A partir de 50 US$. Voici le petit bijou de Charlotteville. La localisation sur la plage assure à cette guesthouse une place de choix dans notre sélection. Situé au début du chemin qui mène à la fameuse plage de Pirate's Bay, elle jouit d'un panorama exceptionnel. Difficile de faire plus près de l'eau. Il vous faudra alors aller chercher les clés chez les propriétaires qui habitent au 16 Belleaire St, à moins que ces derniers ne vous donnent directement rendez-vous à la Rosa's house. Vous resterez probablement assis des heures sur le balcon du premier étage pour admirer l'un des plus jolis panoramas des Caraïbes.

■ CHOLSON CHALETS
72-74 Bay Street ✆/Fax : (868) 639 8553

Demander Pat Nicholson. Chambres et appartements entre 35 et 80 US$, selon l'équipement et la capacité en lits. Cet hôtel très central est situé juste en face de la plage de Man o'War, à deux pas des restaurants et des épiceries. Là encore, pensez à demander une pièce avec vue sur la mer. Ce n'est pas tous les jours qu'on peut observer une eau turquoise au réveil.

■ GREEN CORNER VILLA
72-74 Bay Street ✆/Fax : (868) 739 6917

Chambres à partir de 150 TT$. Situé face à la mer, voici une autre *guesthouse* d'où vous n'aurez aucun mal à rejoindre la plage. Le prix relativement faible des trois chambres dont dispose l'établissement s'explique par un aménagement sommaire des chambres. Reste que ces dernières sont très bien entretenues et que l'accueil y est fort sympathique.

■ HILL TOP COTTAGE
27A Belleaire Street
✆ (868) 660 5891/4231

Demander Utilda Davis. Entre 40 et 60 US$ la nuit, selon la saison et le talent que vous mettrez à négocier. Idéal si vous venez en famille. Cette petite résidence offre deux chambres doubles. Une cuisine, un salon et une salle à manger sont également mis à la disposition des clients. Prendre la route qui monte à droite au fond de la rue principale qui longe la plage. Perché sur les hauteurs de Charlotteville, dominant le village et la plage, l'endroit est tout à fait privé et sûr. Seul inconvénient : les quelques minutes nécessaires pour rejoindre la plage, plus courtes à la descente qu'à la montée.

■ TOP RIVER
32-34 Spring Street
✆/Fax : (868) 660 6011
www.topriver.com – rainer@topriver.com

Appartement une chambre entre 70 et 80 US$ et cottage deux chambres entre 140 et 160 US$. Située sur les hauteurs du village, cette guesthouse propose quatre appartements d'une chambre, ainsi que deux cottages comportant deux pièces et pouvant accueillir jusqu'à six personnes. Les appartements sont tous équipés d'une kitchenette ou d'une cuisine et disposent d'un balcon avec vue sur la mer.

TOBAGO

© IMAGES COURTESY THE TRINIDAD & TOBAGO TOURISM DEVELOPMENT COMPANY

Ibis rouges.

Les meubles travaillés à la main, les fenêtres en bois et le carrelage toujours très bien entretenu, donnent un certain cachet à cette adresse particulièrement séduisante. Située dans le centre de Charlotteville, la plage n'est qu'à 300 m. Le propriétaire allemand de la guesthouse a aménagé un bar a cappuccinos, où l'on peut même grignoter un morceau.

■ **CHARLOTTEVILLA**
Northside Road, Campbleton
www.charlottevilla.com
Pas de téléphone ou de fax. Informations et réservations par Internet. Appartement au rez-de-chaussée pour deux personnes, de 55 à 70 US$ la nuit selon la saison. Appartement 4 personnes au 1er étage de 110 à 130 US$ la nuit. Située un peu à l'écart du village, sur la gauche du carrefour à l'entrée du Charlotteville, cette superbe villa n'est qu'à une centaine de mètres de la plage. Elle comporte trois appartements très bien agencés. La décoration y est sobre et de bon goût. Le rez-de-chaussée est divisé en deux unités, chacune comportant deux lits jumeaux, salle de bains, cuisine et salon. Le premier étage, prévu pour accueillir quatre personnes, dispose de deux chambres doubles, de deux salles de bains et d'un spacieux salon prolongé par un balcon faisant coursive. Entourée par un agréable jardin, un peu à distance du village sans en être trop à l'écart (3 min de marche à pied pour rejoindre la jetée de la plage), Charlottevilla est une valeur sûre de Tobago.

■ **MAN O WAR BAY COTTAGES**
Man o'War Bay
✆ (868) 660 4327 – Fax : (868) 660 4328
www.man-o-warbaycottages.com
mowbc@tstt.net.tt
Pour un appartement, compter 50 US$ pour une personne et 60 US$ pour deux. Pour un cottage, compter 60 US$ pour une personne, 65 US$ pour deux et 85 US$ pour trois ou quatre. Les 10 cottages de Man of War Bay se trouvent sur un grand terrain longeant la plage. Variables en taille, certains sont plus récents que d'autres. Tous sont équipés d'une kitchenette. Services de restauration (*à partir de 15 US$ par repas*) et de ménage possibles. On regrette qu'aucune amélioration dans le confort de certaines chambres n'ait été apportée ces dernières années. Certains matelas auraient notamment besoin d'être changés.

Restaurants

■ **CAPPUCCINO BAR**
Spring Street ✆ (868) 660 6011
Ouvert sur les heures du petit déjeuner et du déjeuner. Dîner sur réservation. La maison sert le meilleur café du coin. Sans aucune contestation possible. Ajoutez à cela quelques sandwichs frais et originaux, et vous obtenez une bonne adresse pour caler un petit creux.

■ **JANE'S QUALITY KITCHEN**
Ouvert de 9h30 à 18h, et de temps à autre le soir. L'endroit ne paie pas de mine, mais il est idéal pour manger sur le pouce. Situé sur la plage, le restaurant offre l'avantage de pouvoir aller facilement y chercher un sandwich pour le dévorer assis sur sa serviette. Le choix de la carte n'en demeure pas moins très limité. Mais la viande y est toujours bien rôtie.

■ **EASTMAN'S RESTAURANT AND BAR**
Corner Spring Street, Man o'War Bay
Compter 50 TT$ par personne. Ce petit restaurant est le plus central de Charlotteville. Situé face à la jetée, il constitue un point de passage obligé et sert de point de ralliement aux voiles qui mouillent dans la crique. On y vient à toute heure de la journée pour discuter et se désaltérer d'une bière fraîche. Le soir une bonne odeur de cuisine créole voile l'atmosphère.

■ **GAIL'S**
Man o'War Bay
Ouvert tous les jours sauf le dimanche jusqu'à 19h. Compter 60 TT$ par personne. Un tout petit et très bon restaurant créole de poisson, situé sur la plage en face de l'échoppe « De Maximum ». Ambiance informelle garantie.

■ **BANANA BOAT**
6 Mac's Lane Campbleton
✆ (868) 660 6176
Compter 75 TT$ par personne. Ce petit hôtel (voir ci-avant) fait aussi restaurant. On y mange d'excellents plats créoles et de très bons desserts.

■ **SHARON & PHEB'S RESTAURANT**
Man o'War Bay ✆ (868) 660 5717
Compter 75 TT$ par personne. A l'entrée du village, sur la droite, le restaurant est situé dans une grande bâtisse blanche. On y sert une cuisine créole, à base de poissons et de fruits de mer provenant de la pêche du jour. La salle de restaurant est située au premier étage, sur une terrasse ouverte vers la baie. La

propriétaire loue aussi une chambre double au rez-de-chaussée de sa maison située au bout du village, avec entrée privative, pour 40 US$ la nuit. Il s'agit de la meilleure table du village.

Manifestation

■ LE FESTIVAL DES PECHEURS DE CHARLOTTEVILLE
✆ (868) 660 5521
Généralement le premier week-end de juillet. Voilà un événement qui trouve un large écho dans toute l'île. Ce rassemblement ne se limite pas à la seule activité de la pêche. La musique et la danse sont également au rendez-vous. Les amoureux de poissons et de recettes originales ne seront pas déçus du voyage.

Points d'intérêt

■ FLAGSTAFF HILL
Ce poste d'observation se trouve tout au bout d'une piste en terre dont l'embranchement part de la route menant de Speyside à Charlotteville, lorsqu'on arrive au sommet de la colline qui surplombe Charlotteville. Le poste est toujours équipé de l'émetteur radio utilisé par les Américains du temps de la Seconde Guerre mondiale. De Flagstaff Hill, une vue magnifique se déploie sur la crique de Charlotteville ainsi que sur l'îlot rocheux de Saint Gilles, à l'extrême pointe nord de l'île. Au XVIIIe siècle, une plantation sucrière appelée Observatory Estate recouvrait la colline.

■ LA BAIE DES PIRATES
A la droite de la plage de Man o'War Bay quand on regarde la mer, à un quart d'heure de marche à pied, se trouve la baie des Pirates, une adorable petite crique qui abrite l'une des plus belles plages de l'île. Si ce n'est la plus belle. Pour l'atteindre, il faut emprunter la piste de terre qui débute tout au bout de la

rue longeant la plage et qui grimpe sur plus de 500 m à flanc de colline. Cette piste est très difficilement praticable en voiture et, même si on est équipé d'un 4X4, il est quasiment impossible d'y croiser un véhicule, la piste étant très étroite et donnant sur un à-pic sans aucun garde-fou. Au terme de cette montée, on arrive sur une petite esplanade d'où un escalier descend sur la plage (165 marches). Les courageux seront amplement récompensés en découvrant une étendue de sable fin et des eaux émeraude transparentes qui baignent un récif corallien de grande beauté. (La plage est équipée de toilettes.)

■ LA BATTERIE DE CAMBLETON
Dans un souci de protéger l'île de Tobago des assauts des pirates américains, les Anglais avaient disposé de nombreuses batteries tout autour de l'île pour protéger les richesses accumulées dues à la forte production de sucre. Comme à Cambleton, à la sortie de Charlotteville. Il est aujourd'hui plus intéressant de se rendre à la batterie pour apprécier la superbe vue panoramique sur la baie, plutôt que pour observer les deux vétustes canons.

Loisirs et sports

▶ **Les amateurs de kayak** pourront s'adresser à Tobago Sea Kayak Experience (17 Charlotteville Estates). Bureaux à l'entrée de Charlotteville ✆ (868) 660 6186 ou 320 0885 – www.seakayaktobago.com – info@seakayaktobago.com – Compter 40 US$ pour les premiers tarifs de sortie (3 heures), 60 US$ pour une journée de balade.

▶ **Pour ceux qui souhaitent s'essayer à la pêche en pirogue,** façon traditionnelle, ils pourront s'adresser à De Maximum, sur la plage, où s'organisent les journées de pêche avec les locaux. *Compter 350 TT$ la demi-journée. Demander Freddy.*

TOBAGO

ORGANISER SON SÉJOUR

Pense futé

Monnaie

La devise officielle de Trinidad & Tobago est le dollar trinidadien (abréviation TT$). Elle existe en coupures de 1, 5, 10, 20 et 100 TT$ et en pièces de 1 TT$, et de 1, 5, 10 et 25 cents. Dans ce guide, vous trouverez des tarifs exprimés en dollar trinidadien (TT$), mais aussi américain (US$). Nous avons souhaité reporter les prix dans ce guide comme ils étaient présentés aux clients lors de notre passage. Dans le secteur du tourisme et tout particulièrement dans les hôtels, les prix sont souvent présentés en dollar américain. N'hésitez pas à vous assurer auprès de votre interlocuteur de quel dollar il parle pour ne pas avoir de mauvaise surprise au moment de payer.

Taux de change

▶ **Courant 2008 :** 1 € = 9,70 TT$/10 TT$ = 1,03 €.

Il y a encore quelques années, il était très facile de s'y retrouver pour les Français dès lors qu'il s'agissait de payer avec le dollar trinidadien puisque ce dernier équivalait presque à un franc.

Coût de la vie

Avec un revenu mensuel moyen qui ne dépasse pas 1 100 € par mois, on peut penser que le coût de la vie à Trinidad n'est pas très élevé. En réalité, la moyenne cache d'importantes disparités. Si, dans le pays, 17 % de la population vit en dessous du seuil de pauvreté, dans le même temps les importantes ressources naturelles du pays conduisent à fl'enrichissement rapide de toute une frange de la population. Si on ajoute à cela la présence d'une population expatriée souvent américaine, on comprend pourquoi le coût de la vie à Trinidad est à deux vitesses : faible pour la majorité de la population, élevé dès qu'il s'agit de se conformer à un mode de vie occidental. En termes touristiques, cette situation a des répercussions directes : à moins de vivre « à la locale », restaurants et hébergements aux normes coûteront souvent le même prix qu'en France, et cela sera d'autant plus vrai que l'on se trouvera dans les grandes villes de Trinidad, ainsi qu'à Tobago, dont le positionnement touristique est nettement plus affirmé que celui de sa grande sœur.

Ce qui n'est vraiment pas cher en revanche, ce sont les petits restos locaux, les boissons, les transports en commun, l'essence (0,30 € le litre).

Moyens de paiement

▶ **Traveller's cheques.** Ils sont acceptés par la plupart des hôtels et des *guesthouses*, des tour-opérateurs locaux et des agences de location de voitures.

✆ Service clients : (1) 888 877 3060. Points d'encaissement : Republic Bank Ltd • Royal Bank of Trinidad & Tobago Ltd • Bank of Nova Scotia • Bank of Commerce • First Citizens Bank.

▶ **Devises étrangères.** Si vous envisagez d'emporter des devises en coupures, préférez le dollar américain. Influence culturelle, dépendance économique et proximité géographique obligent : les billets verts sont très largement utilisés et acceptés partout dans l'île. Dans l'hôtellerie, les tarifs sont même assez souvent indiqués en dollars américains uniquement… De plus, même si, sur la scène internationale, la valeur de l'euro est supérieure à celle du dollar américain, elle n'est pas toujours fiable dans certains établissements, comme dans certains hôtels qui se livrent à des opérations de change parfois totalement farfelues, le plus souvent au préjudice de la monnaie européenne.

▶ **Cartes de crédit.** Les principales cartes internationales (Visa, MasterCard, American Express…) sont généralement acceptées partout sur les deux îles, sauf dans les petites boutiques et autres *rum-shops*. Les distributeurs automatiques de billets sont très répandus dans les grandes villes, et bien signalés (repérez les panneaux « Blue Machine »). Ils sont généralement accessibles 24 h/24.

▶ **Grâce à notre partenaire financier commander vos devises** et vos travellers chèques sur www.nationalchange.com 24h24 et 7j/7 et recevez les avant votre départ. Le paiement s'effectue par carte bancaire sécurisée. Pour celles et ceux qui n'ont pas Internet, vous pouvez commander par téléphone au ✆ 01 42 66 65 64. Un cadeau avec le code PF06 (code avantage) sera offert à chacune de vos commandes.

Banques

Elles sont généralement ouvertes de 8h à 14h du lundi au jeudi et de 8h à 12h et de 15h à 17h le vendredi.

Si vous trouvez des banques facilement à Trinidad, celles de Tobago sont, pour le moment, concentrées dans leur très grande majorité dans la zone sud – la plus touristique – ainsi que dans la capitale de l'île, Scarbourough. N'oubliez pas de vous munir d'argent liquide avant de partir en balade dans le nord de Tobago, désespérément dépourvu de banques et de distributeurs automatiques.

Pourboire

La plupart des restaurants et des hôtels haut de gamme appliquent une taxe hôtelière qui majore de 10 % le prix des consommations, et qui est destinée à couvrir le prix du service. Partout ailleurs, un pourboire de quelques dollars trinidadiens est bienvenu. Si vous conduisez dans la capitale, quelques nécessiteux vous proposeront parfois de surveiller en votre absence la voiture que vous avez garée dans la rue pour la soirée. Attachés à un secteur bien précis (abords d'un restaurant chic par exemple), ces gardiens autoproclamés sont généralement sûrs et leur surveillance pas très chère. Compter 10 TT$ pour le prix de la sécurité.

■ SÉCURITÉ

À Trinidad

▶ **La mer.** Que ce soit sur les rivages de Trinidad ou de Tobago, la mer est parfois agitée de courants sous-marins qui peuvent être violents. Aussi les amateurs de bains de mer devront-ils privilégier les plages surveillées. Au baigneur qui, d'aventure, se trouverait pris dans un de ces courants, il est déconseillé de chercher à regagner le rivage coûte que coûte. La nage contre le courant sera vite très épuisante. La tactique à adopter consiste au contraire à se laisser porter par le courant tout en se décalant très progressivement sur sa périphérie. Les courants du littoral ne sont pas très larges, et la mer redevient calme, leurs bords une fois franchis.

Sur la plage vous apercevrez sûrement des drapeaux bicolores, jaune et rouge, qui indique les limitent de la zone de baignade surveillée. Les drapeaux rouges indiquent quand à eux les zones à forts courants.

▶ **Les risques d'agression.** Il est vrai que Trinidad & Tobago n'a pas une réputation d'île particulièrement sure. Les règlements de compte y sont fréquents, mais concerne dans leur grande majorité des gangs. Le touriste n'est que très rarement concerné.

Une fois sur place, le visiteur découvrira que la question de la sécurité est une préoccupation constante à Trinidad. Il sera en effet d'abord surpris de constater que tous les magasins, toutes les maisons sont systématiquement protégés par des grilles aux portes et aux fenêtres, et nul doute que lors de ses premiers échanges avec la population, une bonne âme le mettra en garde contre les « bad Johns », les mauvais garçons qui écumeraient l'île dès le soir tombé. Ces avertissements sont particulièrement radicaux, à la limite de la caricature, lorsqu'ils sont donnés par les insulaires de Tobago, très défiants à l'égard de Trinidad et de sa population. Le visiteur devra donc savoir faire la bonne part entre les risques réels et ce qui relève d'une mauvaise réputation, celle-ci devant beaucoup à la forte exagération d'une réalité qui n'est pas si sombre. La part du vrai, c'est qu'il y a à Trinidad, bien plus qu'à Tobago, un climat de violence larvée que les médias locaux véhiculent très facilement. Pas un jour ne se passe sans qu'ils fassent leur une sur un kidnapping ou un crime de sang commis sur l'île.

La part du faux, c'est que cette violence est dirigée à l'encontre des touristes. A Trinidad, la violence est une affaire privée dont sont exclus les étrangers. Bien sûr, cela ne gomme pas tous les risques, mais, comme dans la grande majorité des pays de par le monde, les dangers encourus par les touristes sur l'île sont souvent la sanction de leur légèreté, de la non-application d'élémentaires règles de prudence comme ne jamais afficher la possession de grosses sommes d'argent, éviter les quartiers ghettos des grandes villes, éviter de se promener à pied la nuit tombée, éviter de se trouver dans des endroits déserts en journée (plages, balades dans le bush non accompagnées), éviter de trop boire dans les bars en soirée, avoir toujours un numéro de téléphone où appeler en cas de pépin (pannes de voiture)… Bref, des précautions relevant du bon sens.

▶ **Au moment du carnaval.** Moment phare de l'activité festive de l'île, temps libérateur des énergies, la période du carnaval autorise tous les débordements. Règne alors sur l'île l'esprit de la bacchanale, celui de la transgression des règles et de l'interdit. Se retrouvent simultanément dans la foule toutes les strates de la population, dont les plus miséreuses, ainsi que les visiteurs arrivant généralement en nombre et pas bronzés pour participer à l'attraction touristique majeure de Trinidad. Il sera impossible à ces derniers d'éviter les pickpockets, tout à leur aise pour fouiller les poches dans la cohue.

En conséquence, tout étranger voulant participer au carnaval sera bien inspiré de n'emporter sur lui que le nécessaire : petites sommes d'argent, pas d'objets de valeur – médailles, montres, appareils photo –, et de ne participer qu'aux événements qui se déroulent dans la journée (les risques d'agression sont plus élevés la nuit et spécialement au moment de Jouvert).

▶ **Substances illicites.** Leur présence n'échappera pas au visiteur, et spécialement à celui qui se rendra à Tobago où la consommation de l'herbe est beaucoup plus manifeste qu'à Trinidad (il s'y verra régulièrement proposer des *spliffs* » – pétards en français – tout roulés et prêts à être consommés). Les deux îles produisent de la marijuana en toute illégalité. L'usage comme la détention de cannabis y sont lourdement sanctionnés, et tout contrevenant est passible de fortes amendes, voire d'une expulsion du territoire où même d'une peine de prison, en cas de fortes quantités trouvées. Comme souvent, c'est un pauvre touriste qui paye pour l'exemple pendant que les vrais acteurs du trafic continuent leurs affaires. Evitez donc toutes les propositions qui peuvent vous êtres faites dans le centre de Port of Spain, la police pouvant avoir un œil sur vous pendant que vous achetez ces produits.

La cocaïne et le crack se sont également beaucoup répandus à Trinidad au cours des dernières années. Du fait de sa grande proximité géographique avec le Venezuela, l'île est devenue une plaque tournante du commerce de la poudre blanche, première escale sur la route des marchés américains et européens. Qui dit présence de crack sur l'île dit également consommation locale et potentiellement violence liée à l'état de dépendance. Le meilleur conseil que l'on puisse vous donner est encore de vous fier à votre intuition et d'éviter de vous faire accoster dans la rue par n'importe qui.

ORGANISER SON SÉJOUR

Voyager seule

Comme dans toutes les îles antillaises, c'est une culture macho qui prédomine à Trinidad & Tobago. Les filles qui désirent y voyager seules doivent donc s'attendre à une sollicitude régulière et marquée de la part de la population mâle. Ceci dit, elle ne se caractérisera en règle générale que par des apostrophes souvent spirituelles et pleines d'humour, et les choses n'iront pas plus loin à la condition de faire comprendre poliment, mais fermement, son absence d'intérêt. Une mentalité conservatrice prédomine largement sur les deux îles. Sauf au moment des fêtes, la tenue vestimentaire des femmes du pays, plutôt très soignée dans les grandes villes, ne fait pas vraiment dans la provoc. Aucun monokini sur les plages, c'est illégal.

À Tobago

▶ **Vol.** Il y a beaucoup moins de problème de sécurité à Tobago qu'à Trinidad. En règle générale, les habitants de l'île sont extraordinairement amicaux et accueillants, et, même si le taux de chômage sur l'île dépasse les 25 %, il n'y a quasiment aucun risque de vol. Si vous circulez avec une voiture de location, vous serez régulièrement prié de vous arrêter, tout autour de l'île, pour prendre quelqu'un en stop. A condition de conserver un minimum de vigilance et de jugement, et que, par exemple, le portefeuille contenant tout l'argent de vos vacances ne s'étale pas sur la banquette arrière, vous pourrez vous arrêter sans problème. Outre le fait de rendre service, cela vous permettra de rencontrer une grande diversité d'habitants et d'en apprendre beaucoup sur la vie locale tobagonienne.

▶ **Harcèlement.** A l'approche des plages et des sites naturels (Argyll Falls, sentiers forestiers...), il n'est pas rare de se faire accoster par des jeunes gens qui vous proposeront de vous servir de guide et de vous amener dans les endroits les plus spectaculaires et préservés, à l'écart des sentiers balisés et donc banals, sous-entendu : seulement bons pour les autres touristes, les touristes moyens dont, bien sûr, vous ne faites pas partie... Soyez très vigilants et demandez à votre interlocuteur la carte qui certifie son activité de guide. Des accidents et des vols ont déjà été rapportés dans des circonstances de ce type, et nul ne sait ce qui peut arriver quand on se retrouve tout seul dans le bush avec quelqu'un qu'on ne connaît pas et dont on ignore les motivations véritables.

▶ **Drogue.** La présence de la drogue, tout particulièrement de la marijuana, mais aussi du crack, est beaucoup plus voyante à Tobago qu'à Trinidad, et il y a une forte probabilité de se faire approcher par des vendeurs de rue – ou de plage – qui peuvent être parfois insistants. Soyez fermes dans votre refus, et ils renonceront très vite. Sachez que la possession et la détention de drogue est complètement illégale, et que la moindre petite dose d'herbe trouvée sur vous peut vous conduire à passer une nuit en prison et à payer une forte amende si le tribunal de Scarborough vous déclare coupable. Les doses plus importantes peuvent vous envoyer tout droit dans une prison trinidadienne pour cinq ans minimum...

Voyager seule

En règle générale, comme les Trinidadiens, les Tobagoniens sont assez machos. Cette attitude, plutôt constante sur l'île, ne facilitera pas la vie des femmes voyageant seules. Pour les Tobagoniens, une femme blanche qui voyage seule dans les Antilles signifie forcément qu'elle est à la recherche de l'aventure et du flirt. En conséquence, les voyageuses doivent s'attendre à être constamment abordées, sans pour autant que cela aille plus loin qu'une conversation badine, en règle générale. En cas d'avances plus directes, un refus poli mais ferme devrait décourager les dragueurs, même les plus assidus.

Police

■ **NUMÉRO D'URGENCE**
✆ 999
Un poste de commissariat se trouve à Crown Point, à droite en sortant de l'aéroport.

■ SANTÉ

Il convient d'être vigilant sur un certain nombre de choses afin de ne pas avoir à subir de désagréments de santé au cours de votre voyage, pouvant aller même jusqu'à écourter celui-ci. Les risques de santé sont très majoritairement bénins à Trinidad & Tobago, même si de nombreux cas de dengue ont été enregistrés depuis 2007.

Eau

Dans la majorité des hôtels et des guesthouses, l'eau du robinet provient de réservoirs spécifiques d'eau potable, mais dans certains autres et chez les particuliers, elle est tirée des canalisations qui partent de la montagne et qui peuvent se trouver cassées ou obstruées par la boue à l'occasion des fortes pluies. A moins d'être bien renseigné sur la provenance de l'eau que vous pourrez tirer du robinet, il est fortement recommandé de la faire bouillir avant de la boire ou de là purifier avec des comprimés désinfectants (Aquatabs®, Drinkwell Chlore®, Micropur®...) que vous aurez eu soin d'emporter. Pour éviter les soucis, privilégier les bouteilles d'eau qui, si elles sont bien scellées, sont garantes de sécurité.

Hygiène alimentaire

Les cas les plus courants sont les troubles intestinaux. Le fait de changer de régime alimentaire est déjà source de perturbations, mais lorsque s'ajoute à cela une nourriture épicée préparée dans des conditions d'hygiène pas nécessairement en phase avec les normes auxquelles nous sommes habitués, cela se traduit la plupart du temps par de fortes diarrhées, également connues sous le nom de turista.

Pour l'éviter, attention aux fruits déjà pelés (pas de problème pour ceux que vous pelez vous-même), aux mets crus. Aussi, faîtes attention à ne pas manger des fruits ou légumes qui auraient été lavés avec de l'eau non bouillie. Et lavez vous les mains régulièrement.

La source de tous ces maux est également un remède à ceux-ci. En effet, si les diarrhées sont plus désagréables que dangereuses, il faut savoir qu'elles ont pour effet de déshydrater, et c'est pourquoi il faut penser à boire beaucoup d'eau purifiée lorsqu'on est atteint de ce genre de troubles intestinaux.

Insectes

A Trinidad comme à Tobago, le climat et la végétation sont particulièrement propices à toutes sortes d'insectes, même si le gouvernement et les autorités sanitaires de l'île engagent énormément d'efforts pour traiter fossés, plages et abords des sites touristiques afin de limiter leur prolifération. Les moustiques représentent évidemment le premier et le plus commun des ennuis. Il est donc hautement recommandé d'utiliser une bonne crème ou un bon spray répulsif. En cas d'oubli, on en trouve d'excellents sur place. Les moustiques détestent les endroits ventés et sont donc relativement moins nombreux sur le littoral, et particulièrement sur la côte Atlantique, que dans les parties plus centrales de l'île. Pour cette raison, n'hésitez pas à utiliser les ventilateurs et la climatisation qui équipent généralement les chambres d'hôtel. N'hésitez également pas à acheter une moustiquaire avant de partir, juste au cas où (rien n'est plus énervant que de se faire réveiller en pleine nuit par ce bruit si caractéristique d'un moustique bourdonnant à proximité de vos oreilles). En cas de piqûres, vous pourrez vous soigner à la mode locale en appliquant sur vos boutons des décoctions de l'Aloe Vera, plante médicinale bien connue pour ses nombreux effets curatifs, une plante qui pousse à foison sur les deux îles et qui est généralement proposée par des vendeurs sur les plages.

Sur ces dernières, il pourra vous arriver aussi d'être la victime des aoûtats, ces larves microscopiques du Trombidion qui se déplacent en nuages et qui attaquent les extrémités, chevilles et poignets. Là aussi, un bon répulsif est de mise.

Enfin, dans la forêt, vous pourrez rencontrer des fourmis coupeuses de feuilles, de couleur noire ou marron et que l'on remarque assez facilement grâce aux bouts de feuilles et d'herbes qu'elles portent inlassablement en procession. Evitez de les toucher, leur piqûre est assez douloureuse sur le coup, même si elle n'entraîne pas d'autres conséquences fâcheuses. Un dernier conseil pour vos balades en forêt : évitez de stationner trop longtemps sous un arbre. Il loge quantité d'insectes qui peuvent parfois se décrocher et tomber à terre suite à un coup de vent, et il peut être désagréable, voire douloureux, de leur servir de zone d'atterrissage.

ORGANISER SON SÉJOUR

DEVENEZ PARRAIN,
vous aiderez un enfant..

et une autre,

et une autre,

et un autre,

et une autre,

et un autre,

et un autre,

et une autre...

Etre parrain avec Aide et Action, c'est contribuer à la mise en place de projets éducatifs qui bénéficie
au plus grand nombre, tels que la formation des maîtres, la scolarisation des enfants des rues c
encore des enfants travailleurs. C'est ainsi que, grâce au soutien de 62 000 marraines, parrains
donateurs, plus de 5 millions d'enfants accèdent, tous les ans, à une éducation de qualité. L'enfant c
le projet que vous suivrez témoignera pour vous des effets concrets de ce travail.

L'ÉDUCATION CHANGE LE MONDE, DEVENEZ PARRAIN.

AGRÉÉE PAR

C COMITÉ DE LA CHARTE
don en confiance

Aide et Action 1ère association de parrainage en France, contribue
actuellement à la scolarisation de plus de 5 millions d'enfants dans
le monde.

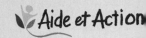

☐ Oui, je veux devenir parrain et je choisis de suivre :

☐ Un projet (une classe ou une école)   ☐ La scolarité d'un enfant   ☐ Une action au choix d'Aide et Action

Je choisis de verser : _____ € par mois (minimum 20€).
Je joins un chèque correspondant à mon premier mois de parrainage. Je recevrai par la suite mon
formulaire d'autorisation de prélèvement.

Le montant du parrainage est déductible d'impôts à hauteur de 66% du montant total annuel, dans la limite de 20% de vos revenus. Ainsi, un parrainage de 25€ par mois ne vous revient réellement qu'à 8.5€.	www.aide-et-action.org 33 (0) 1 55 25 70 00

☐ Mme ☐ Mlle ☐ M.   Prénom :.. Nom :...

Adresse :...

Code Postal : ⌞_⌞_⌞_⌞_⌟ Ville :...

Tél. : ⌞_⌞_⌞_⌞_⌞_⌞_⌞_⌟ E-mail :..

MERCI DE RENVOYER CE COUPON À :
Aide et Action - 53 Bd de Charonne - 75545 Paris Cedex 11.

☐ Je souhaite d'abord recevoir une documentation complète sur le
parrainage avec Aide et Action.

L'Education change le mond

 AGISSEZ TOUT DE SUITE, RECEVEZ UNE BROCHURE SUR LE PARRAINAGE EN ENVOYANT **AIDE33** PAR SMS AU **3300**

*Coût d'envoi d'un SMS, sans surtaxe. Conversation validée en 2 SMS. Édité par TXT4 Ltd.

Conformément à la loi N°78-17 du 6 janvier 1978, vous disposez d'un droit d'accès et de rectification pour toute information vous concernan
figurant sur notre fichier. Il suffit pour cela de nous écrire.

Mer et plongée

La faune et la flore sous-marines de Tobago ne présentent pas de dangers notoires. Cependant, et comme partout ailleurs dans le monde, elles comportent quelques espèces dont il faudra se méfier. En particulier, le ver de feu, qui habite la plupart des récifs. Il est hérissé de poils très fins, semblables à des dards. Lorsque ces poils entrent en contact avec la peau, ils la pénètrent en se cassant. La douleur est alors très vive et ressemble à une brûlure. On extrait le poil logé sous la peau en y appliquant un adhésif qui va coller le poil et qu'on pourra ensuite retirer facilement.

Le corail de feu est également assez commun sur les récifs de Tobago. En contact avec l'épiderme, il provoquera des marbrures rouges et des brûlures très vives. On les soigne en appliquant une pommade à la cortisone et une crème antihistaminique sur la partie blessée. Il faudra se méfier également de la méduse portugaise, qui évolue généralement en surface et qui est reconnaissable à ses longs tentacules de couleur pourpre pouvant parfois atteindre une quinzaine de mètres. Même mortes et échouées sur la plage, ces méduses continuent d'être venimeuses. Leur contact occasionne une forte douleur ainsi qu'une sérieuse réaction allergique, parfois caractérisée par une gêne respiratoire, qui peut conduire jusqu'à l'inconscience et la mort.

Sur les récifs vivent également quelques poissons scorpions, que leur camouflage rend très difficiles à déceler. La piqûre de leur dard occasionne une terrible douleur. Elle se soigne en plongeant la partie piquée dans de l'eau chaude pendant une heure en moyenne. Il faut évidemment éviter les oursins, dont les épines entrent dans la peau en se cassant comme du verre.

Enfin, évitez de mettre une palme ou un pied sur une raie aigle, souvent enfouie dans le sable et dont la queue comporte deux dards extrêmement coupants et venimeux. Les blessures qu'ils peuvent occasionner sont douloureuses, parfois profondes et susceptibles de s'infecter.

Soleil

L'ensoleillement à Tobago est généralement plus fort que celui rencontré à Trinidad. Les risques de coup de soleil, d'insolation et de déshydratation y sont plus élevés. Chapeau et lunettes de soleil sont donc recommandés, ainsi qu'une bonne crème anti UV. Le soleil des tropiques frappe vite! Il faut se montrer prudent et éviter les expositions trop longues. Utiliser des écrans solaires efficaces et ne pas hésiter à se couvrir avec des vêtements en toile légère. Les enfants à peau claire sont particulièrement vulnérables. A signaler que la brise marine est trompeuse et que les nuages qui règnent parfois dans le ciel ne filtrent pas forcément les UV : on ressent la chaleur du coup de soleil sur la peau alors qu'il est déjà trop tard. L'excès de rayonnement solaire est dangereux pour la peau. A court terme les coups de soleil et autres allergies solaires ne sont pas si graves, mais à long terme les rayonnements UV provoquent un vieillissement accéléré de la peau avec certaines conséquences : cancer de la peau, au pire, mais à coup sûr perte d'élasticité de la peau (vieillissement irréversible).

L'idéal serait de ne pas s'exposer trop longtemps, chaque jour. Les peaux les plus sensibles éviteront de s'exposer entre 11h et 15 h, moment le plus chaud et le plus ensoleillé de la journée. A défaut, utiliser des « écrans solaires » ayant un degré de protection suffisant, mais aussi des châles, écharpes, chemises flottantes et chapeaux à larges bords. Tenir compte de son « capital soleil » c'est-à-dire de sa capacité génétique à réparer les dégradations de l'épiderme. Cette vulnérabilité n'est pas la même si on compare une peau rousse (très sensible) et une peau mate ou noire (qui réagit au mieux en prenant une teinte plus foncée faisant office d'écran).

Assurance et assistance médicale

A l'international, des garanties s'appliquent et sont mises en oeuvre par le Centre des Liaisons Européennes et Internationales de Sécurité Sociale (www.cleiss.fr) chargé d'aiguiller les ressortissants dans leurs démarches. Mais cette prise en charge a ses limites. C'est pourquoi souscrire à une assurance maladie est indispensable.

Les prestations comprennent la plupart du temps le rapatriement, les frais médicaux et d'hospitalisation, le paiement des examens de recherche ou le transport du corps en cas de décès. Bien souvent, les sociétés de cartes de crédit (Visa, etc.) et les mutuelles incluent dans leurs contrats un service d'assurance pour l'étranger, quand le séjour ne dépasse pas une certaine durée. Renseignez-vous.

Là encore, il est important de vérifier le montant global de la couverture et des franchises ainsi que les conditions d'admissibilité, un prix très élevé ne justifiant pas toujours un niveau de protection suffisant. Lisez attentivement les conditions de prise en charge et encore plus attentivement les clauses d'exclusion.

Assurances rapatriement liées aux cartes bancaires

Si vous possédez un carte bancaire Visa ou EuroCard MasterCard, vous bénéficiez automatiquement d'une assurance médicale et d'une assistance rapatriement sanitaire valables pour tout déplacement à l'étranger de moins de 90 jours (le paiement de votre voyage avec la carte est nécessaire pour être couvert).

Si vous n'êtes pas couvert par l'une de ces cartes, n'oubliez surtout pas de souscrire à une assistance médicale, avant de partir. En cas de pépin, celle-ci vous assurera le remboursement des frais de rapatriement et médicaux.

Il peut s'avérer judicieux d'inscrire les coordonnées d'assurances et autres informations bancaires (numéros de chèques de voyage, n° de carte bancaire, etc.) en différents endroits, en cas d'un vol de bagages éventuel (sauvegarde par fichier Internet), ou en déposant un double chez un ami de confiance.

Si vous recherchez des informations sur les conditions de rapatriement contactez Europ Assistance : © 01 41 85 94 85

Types de maladies

Pour vous informer de l'état sanitaire du pays et recevoir quelques conseils, vous pouvez vous adresser à la Société de médecine des voyages du Centre médical de l'Institut Pasteur : © 01 40 61 38 46.

Diarrhée du voyageur (turista)

La diarrhée est un problème de santé rencontré fréquemment par les voyageurs en provenance des pays industrialisés, lorsqu'ils voyagent dans des pays où l'hygiène est précaire. Il s'agit généralement de troubles bénins dus à des infections contractées lors de la consommation d'eau ou d'aliments contaminés. Ces troubles disparaissent en général spontanément en 1 à 3 jours. Le traitement curatif est souvent un auto traitement pour lequel il est pratique de disposer de médicaments dont on se sera muni avant le départ.

Ces diarrhées et douleurs intestinales sont dues à une mauvaise hygiène (mains sales), à la cuisson insuffisante des aliments ou simplement à une nourriture trop épicée. Eviter de manger trop de fruits en début de séjour. Ne jamais boire l'eau du robinet ou des boissons servies avec de la glace pilée (les glaçons cubiques sont sans risque). On peut trouver de l'eau minérale partout (vérifier la bonne fermeture de la capsule). Eviter les glaces artisanales vendues dans la rue et les produits laitiers non pasteurisés.

Une diarrhée bénigne ne devrait pas dépasser quelques jours, pendant lesquels il faudra absolument boire beaucoup pour ne pas se déshydrater! (eau minérale ou Coca Cola®, mais pas de jus de fruits).

Si la diarrhée persiste ou s'accompagne de pertes de sang ou de glaires, consultez un médecin à l'hôpital le plus proche. Outre les causes virales et bactériennes, ces symptômes peuvent annoncer une salmonellose ou même le choléra : les antibiotiques usuels ne suffiraient pas.

Il n'est pas inutile d'emporter avec soi de l'Immodium® (qui stoppe effectivement la diarrhée, mais sans en combattre les causes) ou certains antibiotiques comme l'Intétrix®, prescrits avec réserves. Il est bien clair que rien ne remplace le diagnostic d'un médecin compétent.

Dengue

Comme dans toutes les autres îles de l'arc antillais, la fièvre dengue, véhiculée par les moustiques, est présente à sous forme endémique larvée. Si elle semble aujourd'hui moins répandue à Tobago qu'à Trinidad, et les risques de la contracter sont faibles. Ces risques augmentent au moment de la saison des pluies. Véhiculée par les piqûres de moustiques, cette maladie d'origine virale occasionne de fortes fièvres, qui peuvent parfois être mortelles. Mis à part la fièvre, les symptômes de la dengue vont de l'éruption cutanée à de forts maux de tête, en passant par des douleurs oculaires et articulaires. Les symptômes sont similaires à ceux de la grippe. En cas de doute, ne prendre que du Paracétamol. L'aspirine est proscrite (risque de fièvre hémorragique mortelle). A ce jour, il n'existe aucun remède pour la soigner.

De nombreux cas de dengue ont été recensés à Trinidad & Tobago alors prévoir d'emporter et d'utiliser très régulièrement un bon produit répulsif.

Drogues

Dépendance rapide, risque d'overdose, perte de vigilance... les dangers inhérents à la consommation de stupéfiants sont connus. A l'étranger, la vigilance doit être de mise. Les risques encourus dépassent largement les effets escomptés. La cocaïne notamment, contient de nombreux produits neurotoxiques quant elle n'est pas coupée avec tout et n'importe quoi.

Au delà des questions de santé, beaucoup de pays se battent contre ce fléau, avec la mise en place de peines dissuasives alors sachez que toute infraction à la législation sur les stupéfiants est souvent très sévèrement réprimée et peut entraîner, dans certains pays, une condamnation à la peine de mort.

Les étrangers ne bénéficient d'aucun traitement de faveur, les peines étant appliquées, parfois pour l'exemple, sans retenue. Dans tous les cas, tenter de se procurer des stupéfiants en tant qu'étranger vous expose à des risques certains.

Maladies sexuellement transmissibles

Le sida progresse à Tobago, notamment propagé par un tourisme sexuel qui, s'il n'est pas aussi développé que dans d'autres parties du monde, s'y est quand même installé depuis une dizaine d'années. Dans les zones touristiques les plus fréquentées – Crown Point, Buccoo – il n'est en effet pas rare de se faire accoster par une ou un local proposant ses services. Même si les autorités déclarent un chiffre bien inférieur, sachez bien que les estimations raisonnables évaluent à plus de 3 % le pourcentage de la population qui serait infectée... Mais le sida ne doit pas faire oublier qu'il n'est pas le seul dans cette catégorie (Herpès, Blennorragie, Syphilis, Hépatite B, Chlamydia...). Les préservatifs restent donc le moyen le plus sûr de se protéger et de protéger les autres. Vous trouverez des préservatifs dans toutes les pharmacies, mais le mieux est d'en avoir toujours sur soi.

Paludisme

Trinidad & Tobago est une zone impaludée. Il n'y a pas de paludisme autochtone. Mais des cas d'importation du Venezuela ou de Guyana peuvent arriver. Cependant, il n'est pas nécessaire de prendre un traitement de prévention pour les séjours courts.

Rage

La rage est encore présente dans cette région du monde. Il faut donc éviter le contact direct avec les chiens, les chats et les autres mammifères pouvant être porteur du virus. La rage est une infection mortelle, si elle n'est pas traitée par un vaccin antirabique, mais elle ne se transmet pas entre les hommes. L'apparition des premiers symptômes varie entre 30 et 45 jours après la morsure.

La maladie se manifeste par une phobie de l'air et de l'eau, traduisant une infection du cerveau. Une fois ces symptômes constatés, le décès intervient en quelques jours, dans 100 % des cas. En cas de doute, suite à une morsure, il faut absolument consulter un médecin, qui vous administrera un vaccin antirabique associé à un traitement adapté.

Typhoïde

La typhoïde est une maladie que l'on retrouve également sur le territoire de Trinidad & Tobago. La fièvre typhoïde est une infection bactérienne strictement humaine. Elle se traduit par de fortes fièvres, une diarrhée fébrile accompagnée de troubles de la conscience. Les formes les plus graves peuvent engendrer des complications digestives, neurologiques, ou cardiaques. La période d'incubation de la maladie varie entre 10 et 15 jours. Le mode de transmission est féco-oral (contamination par les selles ou la salive), de manière directe (contact avec une personne malade ou un porteur sain) ou indirecte (ingestion d'aliments contaminés : crudités, fruits de mer, eau et glaçons). En cas de contamination et de non vaccination préventive, un traitement par les fluoroquinolones sera préconisé.

Vaccins recommandés

Aucun vaccin particulier n'est requis à l'entrée du territoire et, en règle générale, les seuls petits problèmes auxquels on peut être confronté tiennent à l'abondance du soleil, de la chaleur et de l'humidité.

Les mises à jour de vaccinations vivement recommandées avant le départ concernent la diphtérie, la poliomyélite et le tétanos. Les hépatites A et B, la typhoïde et la rage peuvent également être vaccinées en cas de séjours longs ou « aventureux ».

Enfin, par précaution, il peut être utile de se faire vacciner contre la fièvre jaune, même si le vaccin n'est pas obligatoire à l'entrée sur le territoire. La fièvre jaune, quoique absente de Trinidad & Tobago, semble s'être réveillée au Venezuela, au Surinam et en Guyane française.

ORGANISER SON SÉJOUR

Du jour au lendemain, être vacciné peut donc devenir le préalable obligé à toute autorisation d'entrée à Trinidad en cas d'épidémie. A noter : le délai de réponse immunitaire au vaccin est de 10 jours.

▶ **Diphtérie.** La diphtérie est extrêmement contagieuse et la vaccination est le seul moyen de la combattre. Mortelle dans 10% des cas, elle se transmet de manière directe par les sécrétions salivaires, ou de manière indirecte par la consommation d'aliments contaminés, et se traduit par de la fièvre et des difficultés respiratoires. Obligatoire en France, la vaccination contre la diphtérie est souvent associée chez les enfants avec le tétanos et la poliomyélite.

▶ **Hépatite A.** Pour l'hépatite A, l'existence d'une immunité antérieure (dans ce cas, la vaccination est inutile) est d'autant plus fréquente que vous avez des antécédents de jaunisse, de séjour prolongé à l'étranger, ou êtes âgés de plus de 45 ans. L'hépatite A est le plus souvent bénigne mais parfois grave, notamment au-delà de 45 ans et en cas de maladie hépatique préexistante. Elle s'attrape par l'eau ou les aliments mal lavés.

Si vous êtes porteur d'une maladie du foie, la vaccination contre l'hépatite A est hautement recommandée avant tout type de voyage où l'hygiène est précaire. Le vaccin contre l'hépatite A est théoriquement à effectuer en deux fois, mais la première injection, un mois avant le départ, suffit à assurer une protection pour un voyage de courte durée. La deuxième, le rappel (six mois à un an plus tard) renforce la durée de l'immunité pour des dizaines d'années.

▶ **Hépatite B.** L'Hépatite B est plus grave que l'hépatite A. Elle se contracte lors de rapports sexuels ou par le sang. Le vaccin contre l'hépatite B est à faire en deux fois à un mois d'intervalle (mais il existe des vaccinations accélérées en un mois pour les voyageurs pressés), plus un rappel six mois plus tard pour renforcer la durée de la protection.

▶ **Poliomyélite.** Lors d'infection à la poliomyélite, fièvre et maux de tête apparaissent sous 15 jours après l'exposition. Le mode de transmission est féco-oral. Infection virale de l'intestin, la « polio » peut parfois atteindre le système nerveux central, et entraîner la mort si les muscles respiratoires et de la déglutition sont atteints. Si vous êtes déjà vacciné contre la poliomyélite, un simple rappel sera suffisant.

Dans le cas contraire, un cycle de vaccination doit être débuté avant le départ et terminé après le retour.

▶ **Rage.** Le vaccin antirabique s'administre par voie intramusculaire à titre préventif. La vaccination ne dispense pas d'un traitement curatif qui doit être pris dans les plus brefs délais en cas d'exposition avérée ou suspectée.

▶ **Tétanos.** Le tétanos est une maladie qui est encore mortelle si elle n'est pas traitée ou vaccinée. Obligatoire en France depuis 1952, le vaccin contre le tétanos est aujourd'hui administré de manière systématique. Donc impossible de passer entre les mailles du filet, mais en cas de doute ou de blessure provoquée par un objet métallique et/ou rouillé, contacter votre médecin qui vous fera un rappel.

▶ **Typhoïde.** La vaccination contre la fièvre typhoïde se fait en prévention, par injection intramusculaire. Le vaccin possède une durée de validité d'au moins trois ans. La protection est active après deux à trois semaines.

Pharmacie de base

Il est prudent d'emmener les médicaments de première nécessité. La trousse du parfait petit voyageur devra au minimum se composer de Doliprane® pour les maux de tête et fièvre, un antidiarrhéique tel qu'Immodium® (les comprimés se prennent après chaque selle), un désinfectant intestinal tel qu'Ercéfuryl® (comprimés à prendre matin midi et soir, pendant cinq jours : ne surtout pas arrêter le traitement dès que ça commence à aller un peu mieux, au risque que les troubles gastriques reprennent de plus belle !), un antiseptique cutané, une pommade anti-moustiques de type Insect'Ecran®, des crèmes pour soigner brûlures et coups de soleil, telles que Madécassol® ou Biafine®.

Prévoir d'emporter de la crème fongicide contre les champignons.

Urgences et hôpitaux

A Trinidad

■ **POLICE**
✆ 999 ou + (1) 868 622 5412

■ **POMPIERS**
✆ 990

■ **AMBULANCES**
✆ 811

Le système de santé de Trinidad est inférieur à celui que l'on connaît en France. Les soins d'urgence ne sont pas toujours aux normes occidentales, et les meilleurs hôpitaux sont payants.

La première garantie en cas d'urgence est donc de s'être au préalable muni d'une bonne assurance rapatriement. Nous vous donnons la liste des hôpitaux les plus fiables ; en cas d'hospitalisation, les soins s'y règlent au comptant. Seuls les hôpitaux publics sont gratuits, mais leur qualité est sujette à caution (l'hôpital public de Tobago est déconseillé). Adressez vous en priorité aux établissements privés, plus chers, mais plus fiables.

■ **SAINT CLAIR MEDICAL CENTRE**
18 Elizabeth Street, Saint Clair
Port d'Espagne
✆ + (1) 868 628 14 51
Dispose d'un service d'urgence 24h/24.

■ **HÔPITAL GÉNÉRAL
DE PORT D'ESPAGNE**
✆ + (1) 868 623 23 27

■ **COMMUNITY HOSPITAL OF 7TH DAY ADVENTISTS**
Western Main Road, Cocorite
Port d'Espagne
✆ + (1) 868 622 11 91

A Tobago

■ **AMBULANCE**
✆ + (1) 868 639 22 22

■ **GARDE-CÔTES**
✆ + (1) 868 639 14 61
A Tobago, les services de soins sont encore plus limités que ceux de Trinidad, et l'hôpital général de Scarborough n'est pas particulièrement l'endroit à recommander pour se faire opérer en urgence. Les services d'ambulances sont également limités, non seulement en termes d'équipement et de qualité, mais aussi en capacité de réaction et de temps de réponse.

■ **HÔPITAL DE SCARBOROUGH**
✆ + (1) 868 639 25 51

Médecins

■ **DR WILMA HOYTE (médecin accrédité auprès de l'ambassade)**
40a Ariapita Avenue, Woodbrook
Port d'Espagne
✆ + (1) 868 622 42 37

■ **MÉDECIN GÉNÉRALISTE FRANCOPHONE : DR MILLAR ROSS**
66 Pembroke street, Port d'Espagne
✆ + (1) 868 624 57 62

■ **DR KOO MING CHEE**
7 Christina Gardens, Maraval Road
Port d'Espagne
✆ + (1) 868 622 71 37

Pharmacies

Les Pharmacies sont nombreuses et bien fournies. Néanmoins, si vous êtes allergique, si vous suivez un traitement spécifique ou si vous avez vos petites habitudes, mieux vaut faire le plein avant le départ. Bien sûr, on évitera d'acheter les médicaments proposés par les vendeurs à la sauvette, souvent périmés, voire déjà ouverts.

■ **KAPPA DRUGS LTD**
Corner Roberts et Damian street
Saint James, Port d'Espagne
✆ + (1) 868 622 27 28

■ **MEDECINE PLUS**
Ellerslie Plaza, Maraval
✆ + (1) 868 622 87 68

Contacts

■ **AMBASSADE DE FRANCE (SECTION CONSULAIRE)**
Tatil Building, 6e étage, P.O Box 1242
11, Maraval Road, Port d'Espagne
✆ + (1) 868 622 74 46
www.ambafrance-tt.org

Sources

■ **www.cimed.org**

■ **www.pasteur.fr/sante/cmed/voy/listpays.html**

■ **www.diplomatie.gouv.fr/voyageurs**

ORGANISER SON SÉJOUR

■ AVANT DE PARTIR

Quand partir ?

Le plus gros de l'activité touristique à Trinidad & Tobago se concentre sur les trois premiers mois de l'année, le début de la saison sèche. Une époque où se conjuguent un fort ensoleillement, une végétation florissante, encore très verte, et la période du carnaval, riche en concerts et en « parties ». Malheureusement pour le portefeuille du touriste, c'est aussi la période de l'année où l'île est la plus chère, particulièrement pendant la semaine du carnaval, quand les prix de l'hébergement à Port of Spain ont la fâcheuse manie de doubler, voire plus parfois. Le parcours touristique typique de cette période consiste à arriver à Port of Spain pour la semaine du carnaval, puis à prolonger ses vacances d'une semaine ou deux, à Tobago ou sur la côte nord de Trinidad. Il serait cependant réducteur, voire trompeur, de résumer l'intérêt touristique de Trinidad & Tobago à la simple période du carnaval et aux semaines qui suivent.

▶ **A partir de fin mars,** une série de festivals et d'événements viennent donner un nouvel intérêt à cette destination. Notamment à l'occasion des fêtes de Pâques, qui donnent lieu à des « beach parties » partout sur les deux îles ; de la fête musulmane de Hosay, très impressionnante à Saint James ; des fêtes indiennes de Phagwa (calendrier fluctuant selon les années) ; dans un autre registre, de la compétition de courses de chèvres et de crabes à Tobago, en avril, et de la semaine de la régate Angostora, sur la même île, en mai ; à l'occasion, enfin, du début de la saison de la ponte des tortues géantes, qui commence à partir de mars pour s'achever en fin août.

▶ **La saison humide, qui débute en juin,** ne doit pas être un obstacle majeur pour le voyageur désireux de se rendre à Trinidad & Tobago. Paradoxalement, cette période humide présente en puissance de belles et intéressantes conditions de visite. En ce qui concerne les précipitations tout d'abord, il est faux de penser qu'il y ait une absence totale de pluies à la saison sèche, avec, en contrepartie, un ciel gris et plombé qui s'étendrait sur les six autres mois de l'année. Il pleut aussi en saison sèche et, si on n'y prend garde, on attrape des coups de soleil corsés en saison humide. De juin à décembre, le temps se caractérise par une alternance de belles journées entrecoupées de moments d'averses souvent fortes qui ont le double mérite de revigorer les marais et les cascades – avis aux amateurs de nature, c'est une bonne période pour les treks sur la côte nord et le kayak sur les marais. Par ailleurs, d'un point de vue pécuniaire, cette saison dite des pluies correspond à la période la moins chère pour visiter les deux îles, des billets d'avion à prix cassé au prix de l'hébergement qui baisse de lui-même en cette période à Tobago et que de plus on peut encore souvent largement négocier.

▶ **En juillet-août** se déroulent à Tobago les fêtes des pêcheurs, généralement au tout début juillet, ainsi que le festival des traditions (Tobago Heritage Festival), durant les premiers 10 jours d'août. A Trinidad, la compétition de steel-band « Pan RamaJay » se déroule en juillet. Très ouverte quant à son répertoire – qui va du jazz au classique, en passant par le rock et le reggae –, cette compétition de pan ne regroupe que des petits orchestres et des musiciens souvent virtuoses. En août se déroule également la fête amérindienne de Santa Rosa, à Arima.

Septembre est le moment où débute le festival de la musique parang jouée dans les petits villages de la côte nord jusqu'en décembre, le mois fort de la saison, où le parang bat son plein. Septembre est aussi le mois de la fête « nationale » de Tobago (Tobago's fest) qui prend les allures très sympathiques d'un petit carnaval.

▶ **Au cours de la période octobre-novembre** (calendrier fluctuant selon les années) se déroulent les célébrations de la fête indienne de la lumière, Divali.

▶ **Enfin, la saison officielle du carnaval** s'ouvre à chaque Boxing Day, le jour qui suit Noël.

Carnaval

▶ **Dates du carnaval ces prochaines années (les lundi de Jouvert et mardi de la parade).** 2009 : le 23 et le 24 février • 2010 : le 15 et le 16 février • 2011 : le 7 et le 8 mars • 2012 : le 20 et le 21 février • 2013 : le 11 et le 12 février.

Qu'emporter dans ses bagages ?

Bien sûr, tout l'attirail convenant à une destination tropicale où il fait chaud tout au long de l'année. Donc, en vrac (les voyageurs n'ayant pas l'habitude de faire leur valise au dernier moment mettront l'ordre qui conviendra dans cette liste), ne pas oublier lunettes de soleil, vêtements légers et maillots de bain, ainsi qu'un bon répulsif antimoustique. Question insectes, il peut être judicieux d'emporter une moustiquaire de voyage, disponible dans les magasins spécialisés. Les chambres des guesthouses ou d'hôtels n'en sont pas systématiquement équipées. Celles et ceux qui désirent faire des balades dans le bush seront bien inspirés d'emporter des pantalons longs, de bonnes chaussures de randonnée, si possible imperméables. Celles et ceux qui sont attirés par les marais pourront même prendre leurs bottes. Les passionnés de l'apnée auront intérêt à emporter masques, palmes et tubas – leur location journalière, pour une semaine, revient cher. Pour shooter efficacement la faune insulaire, les photographes naturalistes emporteront un bon zoom. Une bonne idée est de se doter de cocktails de vitamines et de sels minéraux en cas de séjours dépassant la quinzaine, de fortes et régulières sudations pouvant à la longue entraîner des carences en sels minéraux. Enfin, ne pas oublier la crème solaire et les passeports.

Matériel de voyage

■ AU VIEUX CAMPEUR

A Paris, Quartier Latin : 23 boutiques autour du 48 rue des Ecoles, Paris V^e
A Lyon, Préfecture-université : 7 boutiques autour du 43 cours de la Liberté, Lyon IIIe
A Thonon-les-Bains :
48 avenue de Genève
A Sallanches : 925 route du Fayet
A Toulouse Labège :
23 rue de Sienne, Labège Innopole
A Strasbourg : 32 rue du 22-novembre
A Albertville : 10 rue Ambroise Croizat
℘ 03 90 23 58 58
www.auvieuxcampeur.fr
Qui ne connaît pas le fameux Vieux Campeur ? Vous qui partez en voyage, allez y faire un tour : vous y trouverez cartes, livres, sacs à dos, chaussures, vêtements, filtres à eau, produits anti-insectes, matériel de plongée... Et pour tout le reste, n'hésitez pas à leur demander conseil !

■ BAGAGES DU MONDE

102 rue du Chemin Vert 75011 Paris
℘ 01 43 57 30 90 – Fax : 01 43 67 36 64
www.bagagesdumonde.com

Une véritable agence de voyage pour vos bagages : elle assure le transport aérien de vos effets personnels depuis Orly ou Roissy-Charles de Gaulle à destination de tout aéroport international douanier, et vous offre une gamme complète de services complémentaires : enlèvement, emballage, palettisation, stockage (à l'aéroport), assurance, garantie... Vous pouvez déposer vos effets au bureau de l'agence à Paris. Une idée futée pour voyager l'esprit serein et échapper aux mauvaises surprises que réservent les taxes sur les excédents de bagages.

■ DECATHLON

Informations par téléphone
au ℘ 0 810 08 08 08
www.decathlon.com
Le grand spécialiste du matériel de sport (plongée, équitation, pêche, randonnée...) offre également une palette de livres, cartes et CD-rom pour tout connaître des différentes régions du monde.

■ www.inuka.com

Ce site vous permet de commander en ligne tous les produits nécessaires à votre voyage : vous recevrez ensuite vos achats chez vous, en quelques jours. Matériel d'observation (jumelles, télémètre, lunettes terrestres...), instruments outdoor (alimentation lyophilisée, éclairage, gourde, montres...) ou matériel de survie (anti-démangeaison, hygiène). Tout ce qu'il vous faut pour préparer votre séjour que vous partiez dans les montagnes ou dans le désert.

■ LOWE ALPINE

Inovallee, 285 rue Lavoisier
38330 Montbonnot Saint Martin
℘ 04 56 38 28 29 – Fax : 04 56 38 28 39
www.lowealpine.com
En plus de ses sacs à dos techniques de qualité, Lowe Alpine étoffe chaque année et innove avec ses collections de vêtements haut de gamme consacrés à la randonnée et au raid, mais aussi à l'alpinisme et à la détente.

■ NATURE & DECOUVERTES

Pour obtenir la liste des 45 magasins
℘ 01 39 56 70 12 – Fax : 01 39 56 91 66
www.natureetdecouvertes.com
Retrouvez dans ces magasins une ambiance unique dédiée à l'ouverture sur le monde et à la nature. Du matériel de voyage, mais aussi des livres et de la musique raviront celles et ceux qui hésitent encore à parcourir le monde.... Egalement vente par correspondance.

ORGANISER SON SÉJOUR

■ **TREKKING**
BP 41, 13410 Lambesc
✆ 04 42 57 05 90
Fax : 04 42 92 77 54
www.trekking.fr
Partenaire incontournable, Trekking propose dans son catalogue tout ce dont le voyageur a besoin : trousse de voyage, ceinture multi-poche, sac à dos, sacoches, étuis… Une mine d'objets de qualité pour voyager futé et dans les meilleures conditions.

Décalage horaire
Moins 5 heures en hiver, moins 6 heures en été.

Formalités
Pour se rendre à Tobago en tant que touriste et pour une durée inférieure à 28 jours, vous n'aurez pas besoin de visa. En revanche, vous devrez vous acquitter d'une taxe de 100 TT$ au moment de quitter l'aéroport. Des prolongations sont possibles dans le cas de l'attribution d'un permis de travail. Les plaisanciers devront entrer dans le pays par les ports de Chaguaramas à Trinidad, de Scarborough ou de Charlotteville à Tobago.

Bibliographie
Très peu d'ouvrages en français sur Trinidad & Tobago. On peut quand même signaler les traductions françaises des romans de Naipaul qui mettent en scène Trinidad et son histoire (*Le Masseur mystique, Miguel Street, Guerilleros* et *Finding the Centre*).
Plus deux ouvrages de caractère universi-taire :

▶ *Trinidad – Carnaval, steel-bands, calypso,* Daniel Verba et Jean-Baptiste Avril, éditions Alternatives, 1995.

▶ *Trinidad & Tobago, étude géographique*, t. I, II, III, Giacottino Jean-Claude, thèse d'Etat, 10 avril 1976, université de Bordeaux III.

Librairies
Les librairies du voyage proposent de nombreux guides, récits de voyages et autres manuels du parfait voyageur. Bien se préparer au départ et affiner ses envies permet d'éviter les mauvaises surprises. Le voyage commence souvent bien calé dans son fauteuil, un récit de voyage ou un guide touristique à la main. Voilà pourquoi nous vous proposons une liste de librairies de voyage à Paris et en province.

Publiez vos récits de voyage
Vous rentrez de voyage, la tête encore pleine d'images et le carnet de bord rempli de notes, d'impressions, d'anec-dotes, de témoignages. Vous souhaiteriez prolonger le rêve, le fixer noir sur blanc ? Faire partager votre expérience, vos émotions, vos aventures, vos rencontres ? Publibook est la société leader en France dans le domaine de l'édition à la demande. Elle se propose de prendre en charge votre manuscrit, de vous accompagner, du conseil éditorial jusqu'à l'impression, dans toutes les étapes de la publication de votre ouvrage.

▶ **Pour plus d'informations, contacter Publibook :**
✆ 01 53 69 65 55
www.publibook.com

Paris

■ **ESPACE IGN**
107 rue La Boétie (8e)
✆ 01 43 98 80 00 – 0820 20 73 74
www.ign.fr
M°*Franklin D. Roosevelt. Ouvert du lundi au vendredi de 9h30 à 19h, et le samedi de 11h à 12h30 et de 14h à 18h30.* Les bourlingueurs de tout poil seraient bien inspirés de venir faire un petit tour dans cette belle librairie sur deux niveaux avant d'entamer leur périple. Au rez-de-chaussée se trouvent les documents traitant des pays étrangers : cartes en veux-tu en voilà (on n'est pas à l'Institut Géographique National pour rien !), guides de toutes éditions, beaux livres, méthodes de langue en version Poche, ouvrages sur la météo, conseils pour les voyages. L'espace est divisé en plusieurs rayons consacrés chacun à un continent. Tous les pays du monde sont représentés, y compris les mers et les océans. Les enfants ont droit à un petit coin rien que pour eux avec des ouvrages sur la nature, les animaux, les civilisations, des atlas, des guides de randonnée… Ils ne manqueront pas d'être séduits, comme leurs parents sans doute, par l'impressionnante collection de mappemondes, aussi variées que nombreuses, disposées au centre du magasin. Les amateurs d'ancien, quant à eux, pourront se procurer des reproductions de cartes datant pour certaines du XVIIe siècle !

■ **GITES DE FRANCE**
59 rue Saint-Lazare (9ᵉ)
✆ 01 49 70 75 75 – Fax : 01 42 81 28 53
www.gites-de-france.fr
*Ouvert du lundi au vendredi de 10h à 18h30
et le samedi de 10h à 13 h et de 14h à 18h30
(sauf en juillet-août).* Pour vous aider à choisir
parmi ses 55 000 adresses de vacances,
Gîtes de France a conçu une palette de
guides comportant des descriptifs précis des
hébergements. Mais vous trouverez également
dans les boutiques d'autres guides pratiques
et touristiques, ainsi que des topo-guides de
randonnée, des cartes routières et touristiques.
Commande en ligne possible.

■ **ITINERAIRES,
LA LIBRAIRIE DU VOYAGE**
60 rue Saint-Honoré (1ᵉʳ)
✆ 01 42 36 12 63 – Fax : 01 42 33 92 00
www.itineraires.com
*Mᵒ Les Halles. Ouvert le lundi à 11h et du mardi
au samedi de 10h à 19h.* Cette charmante
librairie vous réserve bien des surprises.
Logée dans un bâtiment classé des Halles,
elle dispose d'un ravissant patio et de caves
dans lesquelles sont organisées de multiples
rencontres. Le catalogue de 15 000 titres
est disponible sur le site Internet. Dédié à
« la connaissance des pays étrangers et
des voyages », cette librairie offre un choix
pluridisciplinaire d'ouvrages classés par
pays. Si vous désirez connaître un pays,
quelques titres essentiels de la littérature
vous sont proposés, tous les guides de voyage
existants, des livres de recettes, des précis
de conversation, des études historiques…
Dans la mesure du possible, les libraires
mettent à votre disposition une sélection
exhaustive, un panorama complet d'un pays,
de sa culture et de son histoire. La librairie
organise régulièrement des expositions de
photos. On peut toujours passer commande,
grâce à des délais de livraison très courts
(1 à 3 jours pour des livres qui ont été édités
aux quatre coins du globe, et 3 semaines
pour ceux qui arrivent de chez nos amis
britanniques…).

■ **LA BOUTIQUE MICHELIN**
32 avenue de l'Opéra (1ᵉʳ)
✆ 01 42 68 05 00 – www.michelin.com
*Mᵒ Opéra. Ouvert le lundi de 13h à 19h, du
mardi au samedi de 10h à 19h.* Avis à tous
les sillonneurs des routes de France, de
Navarre et même d'ailleurs, puisque les guides
et les cartes Michelin couvrent le monde

entier. Dans cette boutique, ils trouveront
de nombreux documents pour préparer leur
voyage d'un point de vue touristique mais
aussi logistique. Un espace Internet les invite
à établir (gratuitement) leur itinéraire et à le
calculer (en euros, en kilomètres, en temps…).
A part cela, toute la production Michelin est
en rayon, des guides verts (en français, en
anglais, en allemand) aux guides rouges en
passant par les collections Escapade, Néos
et les cartes France et étranger. Et ce n'est
pas tout, une bibliothèque propose aussi les
ouvrages des éditeurs concurrents : Lonely
Planet, Gallimard, Petit Futé… Notez que
des beaux livres et des essais sur la saga
Michelin sont en vente ainsi que de vieilles
affiches publicitaires. En plus de tout cela,
les amateurs du Bibendum pourront acheter
un grand nombre de produits dérivés comme
des serviettes, vêtements, jouets…

■ **AU VIEUX CAMPEUR**
2 rue de Latran (5ᵉ)
✆ 01 53 10 48 48
A Paris, Quartier Latin : 23 boutiques
autour du 48 rue des Ecoles, Paris Vᵉ
Mᵒ Maubert-Mutualité
ou Cardinal-Lemoine
A Lyon, Préfecture-université : 7 boutiques
autour du 43 cours de la Liberté, Lyon IIIᵉ
A Thonon-les-Bains :
48 avenue de Genève
A Sallanches : 925, route du Fayet
A Toulouse Labège :
23 rue de Sienne, Labège Innopole
A Strasbourg : 32 rue du 22-Novembre
www.au-vieux-campeur.fr
*Ouvert du lundi au vendredi de 10h30 à
19h30, le mercredi jusqu'à 21h, le samedi
de 9h30 à 19h30.* Les magasins du Vieux
Campeur disposent d'une librairie dédiée au
tourisme sportif en France. Vous y trouverez
de nombreux guides mais aussi des cartes,
des beaux livres, des revues et un petit choix
de vidéo. Quelques pays d'Europe et d'autres
contrées plus lointaines (comme l'Himalaya)
sont également évoqués, mais ce sont surtout
les régions de France qui sont ici représentées.
Le premier étage met à l'honneur le sport, les
exploits, les découvertes. Vous pourrez vous y
documenter sur l'escalade, le VTT, la plongée
sous-marine, la randonnée, la voile, le ski…
Commande possible par Internet.

■ **LIBRAIRIE ULYSSE**
26 rue Saint-Louis-en-l'île (4ᵉ)
✆ 01 43 25 17 35 – www.ulysse.fr

M° Pont-Marie. Ouvert du mardi au samedi de 14h à 20h. Comme Ulysse, Catherine Domain a fait un beau voyage. Un jour de 1971, elle a posé ses valises sur l'île Saint-Louis où elle a ouvert une petite librairie. Depuis, c'est elle qui incite les autres au départ. Ne soyez pas rebutés par l'apparent fouillis des bibliothèques : les bouquins s'y entassent jusqu'au plafond, mais la maîtresse des lieux sait exactement où trouver ce qu'on lui demande. Car ici, il faut demander, le panneau accroché devant la porte de l'entrée vous y encourage franchement : « Vous êtes dans une librairie spécialisée à l'ancienne, au contraire du self-service, de la grande surface ou du bouquiniste. Ce n'est pas non plus une bibliothèque, vous ne trouverez pas tout seul. Vous pouvez avoir des rapports humains avec la libraire qui elle aussi a ses humeurs. » Vous voilà prévenus ! La boutique recèle plus de 20 000 ouvrages (romans, beaux livres, guides, récits de voyage, cartes, revues) neufs et anciens sur tous les pays. Un service de recherche de titres épuisés est à la disposition des clients. Laissez-vous donc conter fleurette par cette globe-trotteuse insatiable : l'écouter, c'est déjà partir un peu.

■ LA BOUTIQUE DU PETIT FUTÉ
44 rue des Boulangers (5e)
© 01 45 35 46 45 – www.lepetitfute.com
librairie@petitfute.com
M° Cardinal-Lemoine. Ouvert du mardi au samedi inclus de 10h30 à 14h et de 14h45 à 19h. Le Petit Futé fait dans le guide de voyage, vous l'ignoriez ? Et saviez-vous qu'il possédait sa propre librairie ? S'il porte bien son nom, celui-là ! La Boutique du Petit Futé accueille une large clientèle de Parisiens en partance, ou rêvant de l'être. Outre tous les Petits Futés de France, de Navarre et d'ailleurs (Country Guides, City Guides, Guides Régions, Guides Départements, Guides thématiques, en tout près de 350 titres), vous trouverez ici des recueils de recettes exotiques, des récits de voyages ou romans ayant trait à cette saine activité (parus chez Actes Sud ou Payot), des ouvrages sur l'art de vivre en Papouasie, des beaux livres sur la Patagonie ou l'Alaska (éditions Transboréal), de nombreux ouvrages pratiques commis par les confrères (cartes routières IGN, éditions Assimil, beaux livres régionaux Déclics, guides Michelin, Lonely Planet en français et en anglais) ainsi qu'une collection de livres sur la découverte de Paris (de la série « Paris est à nous » au *Paris secret et insolite*...).

■ LIBRAIRIE DE VOYAGEURS DU MONDE
A Paris : 55 rue Sainte-Anne (2e)
© 01 42 86 17 37 – Fax : 01 42 86 17 89
www.vdm.com
M° Pyramides ou Quatre Septembre. Ouvert du lundi au samedi de 9h30 à 19h sans interruption. Située au sous-sol de l'agence de voyages Voyageurs du Monde, cette librairie est logiquement dédiée aux voyages et aux voyageurs. Vous y trouverez tous les guides en langue française existant actuellement sur le marché, y compris les collections relativement confidentielles. Un large choix de cartes routières, de plans de villes, de régions vous est également proposé ainsi que des méthodes de langue, des ouvrages truffés de conseils pratiques pour le camping, trekking et autres réjouissances estivales. Rayon littérature et témoignages, récits d'éminents voyageurs et quelques romans étrangers.

■ LIBRAIRIE MARITIME OUTREMER
55 avenue de la Grande-Armée (16e)
© 01 45 00 17 99 – Fax : 01 45 00 10 02
www.librairie-outremer.com
M° Argentine. Ouvert du lundi au samedi de 10h à 19h. La librairie de la rue Jacob dans le 6e a rallié les locaux de la boutique avenue de la Grande-Armée. Des ouvrages sur l'architecture navale, des manuels de navigation, des ouvrages de droit marin, les codes Vagnon, les cartes du service hydrographique et océanique de la marine, des précis de mécanique pour les bateaux, des récits et romans sur la mer, des livres d'histoire de la marine... tout est là. Cette librairie constitue la référence dans ce domaine. Son catalogue est disponible sur Internet et en format papier à la boutique.

■ L'ASTROLABE
46 rue de Provence (9e) © 01 42 85 42 95
M° Chaussée-d'Antin. Ouvert du lundi au samedi de 9h30 à 19h. Une des plus importantes librairies de Paris consacrées exclusivement au voyage. On trouve ici sur deux niveaux un choix énorme d'ouvrages : 40 000 références ! A l'étage, les guides, les beaux livres et les cartes d'Europe, et au rez-de-chaussée le reste du monde avec guides touristiques, récits de voyage, les plans des grandes villes... Car la grande spécialité de l'Astrolabe, c'est la cartographie : 35 000 cartes toutes échelles et tous pays, mais aussi des cartes maritimes et aéronautiques, routières, administratives, de randonnées... On peut même les choisir pliées ou roulées ; ce n'est pas du luxe, ça ?

ORGANISER SON SÉJOUR

En outre, on peut aussi y acheter des guides et des livres en langue étrangère (anglais et espagnol), des atlas et des globes, des cartes murales, des boussoles et plein d'objets concernant le sujet. Disposant de services de qualité (commandes à l'étranger, recherches bibliographiques…), L'Astrolabe est l'endroit rêvé pour organiser ses voyages.

Bordeaux

■ LA ROSE DES VENTS
40 rue Sainte-Colombe
℃/Fax : 05 56 79 73 27
rdvents@hotmail.com
Ouvert du lundi au samedi de 10h à 12h30 et de 14h à 19h. Dans cette librairie, le livre fait voyager au sens propre comme au figuré. Les cinq continents y sont représentés à travers des guides et des cartes qu'il sera possible de déplier sur une table prévue à cet effet, et décorée… d'une rose des vents. Des ouvrages littéraires ainsi que des guides de nature garnissent également les étagères. Le futur aventurier pourra consulter gratuitement des revues spécialisées. Lieu convivial, La Rose des vents propose tous les jeudis soir des rencontres et conférences autour du voyage. Cette librairie fait maintenant partie du groupe géothèque (également à Tours et Nantes).

Brest

■ MERIDIENNE
31 rue Traverse ℃ 02 98 46 59 15
Ouvert de 9h30 à 12h30 et de 14h à 19h du mardi et le samedi de 9h30 à 12h et de 14h à 19h. Spécialisée dans les domaines maritimes et naturalistes, cette librairie est aussi une boutique d'objets de marins, de décoration et de jeux où il fait bon faire escale. Les curieux y trouveront des ouvrages de navigation, d'astronomie, des récits, des témoignages, des livres sur les sports nautiques, les grands voyages, l'ethnologie marine, la plongée, l'océanographie, les régions maritimes…

Caen

■ HEMISPHERES
15 rue des Croisiers
℃ 02 31 86 67 26 – Fax : 02 31 38 72 70
www.aligastore.com
hemispherescaen@aol.com
Ouvert du mardi au samedi de 9h à 19h sans interruption. Dans cette librairie dédiée au voyage, les livres sont classés par pays : guides, plans de villes, littérature étrangère,

ethnologie, cartes et topo-guides pour la randonnée. Les rayons portent aussi un beau choix de livres illustrés et un rayon musique. Le premier étage allie littérature et nourriture, et des expositions photos y sont régulièrement proposées.

Lille

■ LIBRAIRIE DE VOYAGEURS DU MONDE
147 bd de la Liberté
℃ 03 20 06 76 30 – Fax : 03 20 06 76 31
www.vdm.com
Ouvert du lundi au samedi de 10 h à 19 h. La librairie des voyageurs du monde lilloise est située dans le centre-ville. Elle compte pas moins de 14 000 références, livres et cartes, uniquement consacrées à la découverte de tous les pays du monde, de l'Albanie au Zimbabwe en passant par la Chine.

Lyon

■ RACONTE-MOI LA TERRE
Angle des rues Thomassin et Grolée (2e)
℃ 04 78 92 60 20 – Fax : 04 78 92 60 21
www.raconte-moi.com
bienvenue@raconte-moi.com
Ouvert du lundi au samedi de 10h à 19h30. La librairie des explorateurs de notre siècle. Connexion Internet, restaurant « exotique », cette librairie s'ouvre sur le monde des voyages. Des guides aimables nous emmènent trouver l'ouvrage qu'il nous faut pour connaître tous les pays du globe. Ethnographes, juniors, baroudeurs, tous les genres gravitent autour de cette Terre-là.

■ LIBRAIRIE DE VOYAGEURS DU MONDE
5 quai Jules Courmont (2e)
℃ 04 72 56 94 50 – Fax : 04 72 56 94 55
www.vdm.com
Ouvert du mardi au samedi de 10h à 12h et de 13h à 19h. Tout comme ses homologues de Paris, Marseille ou Toulouse, la librairie propose un vaste choix de guides en français et anglais, de cartes géographiques et atlas, de récits de voyage et d'ouvrages thématiques… Egalement pour les voyageurs en herbe : des atlas, des albums et des romans d'aventures.

Marseille

■ LIBRAIRIE DE VOYAGEURS DU MONDE
25 rue Fort Notre Dame (1er)
℃ 04 96 17 89 26 – Fax : 04 96 17 89 18
www.vdm.com

Ouvert le lundi de 12h à 19h et du mardi au samedi de 10h à 19h sans interruption. Sur le même site sont regroupés les bureaux des conseillers Voyageurs du monde et ceux de Terre d'aventures. La librairie détient plus de 5 000 références : romans, ouvrages thématiques sur l'histoire, spiritualité, cuisine, reportages, cartes géographiques, atlas, guides (en français et en anglais). L'espace propose également une sélection d'accessoires incontournables : moustiquaires, bagages…

■ LIBRAIRIE MARITIME OUTREMER
26 quai Rive Neuve (1er)
✆ 04 91 54 79 40 – Fax : 04 91 54 79 49
www.librairie-maritime.com
Ouvert du mardi au vendredi de 9h à 12h30 et de 14h à 18h30, le samedi de 10h à 12h30 et de 15h à 18h30. Que vous ayez le pied marin ou non, cette librairie vous ravira tant elle regorge d'ouvrages sur la mer. Ici, les histoires sont envoûtantes, les images incroyables… De quoi se mettre à rêver sans même avoir jeté l'encre !

Montpellier

■ LES CINQ CONTINENTS
20 rue Jacques-Cœur
✆ 04 67 66 46 70 – Fax : 04 67 66 46 73
Ouvert de 13h à 19h15 le lundi et de 10h à 19h15 du mardi au samedi. Cette librairie fait voyager par les mots et les images, elle est le passage obligé avant chaque départ vers… l'ailleurs. Les libraires sont des voyageurs infatigables qui submergent leurs rayons de récits de voyages, de guides touristiques, de livres d'art, de cartes géographiques et même de livres de cuisine et de musique. Régions de France, pays du monde surtout, rien ne leur échappe et ils sont capables de fournir nombre de renseignements. A fréquenter avant de partir ou pour le plaisir du voyage immobile. Régulièrement, la librairie organise des rencontres et animations (programme trimestriel disponible sur place).

Nantes

■ LA GEOTHEQUE
10 place du Pilori
✆ 02 40 47 40 68 – Fax : 02 40 47 66 70
geotheque-nantes@geotheque.com

Ouvert le lundi de 14h à 19h et du mardi au samedi de 10h à 19h. Vous trouverez des centaines de guides spécialisés et plus de 2 000 cartes IGN. Pour savoir où l'on va et, en voyageur averti, faire le point avant que de s'y rendre… une bonne adresse. Cartes, guides et magazines sur tous les pays du monde.

Nice

■ MAGELLAN
3 rue d'Italie
✆ 04 93 82 31 81 – Fax : 04 93 82 07 46
Ouvert de 14h à 19h le lundi et de 9h30 à 13h et 14h à 19h du mardi au samedi. Avant de partir, pour vous procurer un guide ou une carte, pour organiser une expédition, aussi bien au Sri Lanka que tout simplement dans l'arrière-pays, mais aussi pour rêver, pour vous évader le temps d'un livre. Bienvenue dans la librairie du Sud-Est.

■ LIBRAIRIE DE VOYAGEURS DU MONDE
4 rue du Maréchal Joffre
✆ 04 97 03 64 65 – Fax : 04 97 03 64 60
www.vdm.com
Ouvert de 10h à 19h du lundi au samedi. Elle propose tous les ouvrages utiles pour devenir un voyageur averti ! Il faut d'ailleurs savoir que les librairies des Voyageurs du monde travaillent en partenariat avec plusieurs instituts géographiques à travers le monde, et également quelques éditeurs privés.

Rennes

■ ARIANE
20 rue du Capitaine-Alfred-Dreyfus
✆ 02 99 79 68 47 – Fax : 02 99 78 27 59
www.librairie-voyage.com
Le voyage commence dès le pas de la porte franchi. En France, en Europe, à l'autre bout du monde. Plutôt montagne ou résolument mer, forêts luxuriantes ou déserts arides… quelle que soit votre envie, vous trouverez de quoi vous documenter en attendant de partir. Cartes routières et marines, guides de voyages, plans… vous aideront à préparer votre voyage et vous accompagneront sur les chemins que vous aurez choisis. Articles de trekking, cartes et boussoles sont également vendus chez Ariane.

ORGANISER SON SÉJOUR

■ **LIBRAIRIE DE VOYAGEURS DU MONDE**
31 rue de la Parcheminerie
✆ 02 99 79 30 72
Fax : 02 99 79 10 00
www.vdm.com
Ouvert de 10h à 19h du lundi au samedi.
Comme toutes les librairies des voyageurs du monde, celle de Rennes possède tout ce qu'il faut pour faire de vous un professionnel du voyage ! Guides en français et en anglais, cartes géographiques, atlas, récits de voyage, littérature étrangère, ouvrages thématiques, livres d'art et de photos, et pour les voyageurs en herbe : atlas, albums et romans d'aventures... Les librairies de Voyageurs du monde vendent également des photos anciennes, retirées à partir des négatifs originaux.

Strasbourg

■ **GEORAMA**
20 rue du Fossé-des-Tanneurs
✆ 03 88 75 01 95
Fax : 03 88 75 01 26
Ouvert le lundi de 14h à 19h et du mardi au samedi de 9h30 à 19h. Le lieu est dédié au voyage et les guides touristiques voisinent avec les cartes routières et les plans de ville. Des accessoires indispensables au voyage (sac à dos, boussole) peuplent aussi les rayons de cette singulière boutique. Notez également la présence (et la vente) de fascinants globes lumineux et de cartes en relief.

Toulouse

■ **LIBRAIRIE PRESSE DE BAYARD –**
LA LIBRAIRIE DU VOYAGE
60 rue Bayard
✆ 05 61 62 82 10
Fax : 05 61 62 85 54
Ouvert du lundi au samedi de 7h30 à 19h.
Pour passer de bons moments en voyage sans tourner trente-six heures dans une région inconnue, cette librairie offre toutes sortes de cartes IGN (disponibles aussi en CD ROM), Topos Guides, Guides touristiques, cartes du monde entier et plans de villes (notamment de villes étrangères)... Cette surface de vente – la plus importante de Toulouse consacrée au voyage – possède également un rayon consacré à l'aéronautique (navigation aérienne), à la navigation maritime et aux cartes marines. Pour ne pas se perdre dans cette promenade littéraire, suivez les bons conseils de l'équipe de Toulouse presse. Dès

qu'on pousse les portes de cette indispensable librairie, le voyage commence... Pour les futés qui n'ont pas envie de se paumer, une des librairies où vous trouverez le plus grand choix de *Petit Futé*.

■ **OMBRES BLANCHES**
50 rue Gambetta
✆ 05 34 45 53 33
Fax : 05 61 23 03 08
www.ombres-blanches.com
Ouvert du lundi au samedi de 10h à 19h. On entre et on tombe sur une tente de camping. Pas de panique, ceci est bien une librairie, la petite sœur de la grande Ombres Blanches d'à côté. Mais une librairie spécialisée dans les voyages et le tourisme, donc dans le camping également ! Beaux livres, récits de voyage, cartes de rando et de montagnes, livres photos... La marchandise est dépaysante et merveilleuse tandis que l'accueil est aussi agréable que dans la librairie jumelle. Comment ne pas y aller, ne serait-ce que pour voyager virtuellement ?

■ **LIBRAIRIE DE VOYAGEURS DU MONDE**
26 rue des Marchands
✆ 05 34 31 72 72/55
Fax : 05 35 31 72 73
www.vdm.com
Ouvert le lundi de 13h à 19h et du mardi au samedi de 10h à 19h sans interruption.
Cette librairie propose l'ensemble des guides touristiques en français et en anglais, un choix exceptionnel de cartes géographiques et d'atlas, des manuels de langue et des guides de conversation. Mais on trouve également des récits de voyage, de la littérature étrangère, des ouvrages thématiques sur l'histoire, la spiritualité, la société, la cuisine, des reportages, des livres d'art et de photos... Pour les voyageurs en herbe, des atlas, des albums et des romans d'aventures.

Tours

■ **LA GEOTHEQUE, LE MASQUE**
ET LA PLUME
14 rue Néricault-Destouches
✆ 02 47 05 23 56
Fax : 02 47 20 01 31
geotheque-tours@geotheque.com
Totalement destinée aux globe-trotters, cette librairie possède une très large gamme de guides et de cartes pour parcourir le monde. Et que les navigateurs des airs ou des mers sautent sur l'occasion : la librairie leur propose aussi des cartes, manuels, CD-Roms et GPS...

SUR PLACE

Poste et télécommunications

La plupart des villes et villages sont équipés d'une poste où l'on peut acheter des timbres et poster des lettres à destination de l'étranger. Compter une quinzaine de jours minimum pour l'acheminement du courrier en France. Il arrivera plus vite s'il est posté à Port of Spain. A noter le peu de cartes postales proposées.

Télégrammes

A Port of Spain, on peut envoyer des télégrammes depuis les bureaux d'Independence Square et d'Edward Street. On peut également en envoyer de l'aéroport et de certains hôtels.

Téléphone

▷ **De Trinidad & Tobago vers la France :** code international (011) + code France (33) + indicatif régional sans le zéro + les 8 chiffres du numéro français.

▷ **De la France vers Trinidad & Tobago :** code international (00 pour les fixes ou + pour les portables) + code T&T (1 suivi de 868) + numéro local à 6 chiffres.

▷ **A l'intérieur du pays :** les 6 chiffres du numéro local suffisent (pas de code régional).

▷ **Téléphoner sur place.** Les deux îles sont bien équipées en cabines publiques (on en trouve dans tous les villages) qui fonctionnent avec des pièces.

L'administration des Télécom de Trinidad-et-Tobago, qui s'appelle TSTT, a mis au point deux systèmes de cartes de téléphones prépayées, de valeur variable, l'une pour les appels locaux, l'autre pour les appels internationaux, à partir de n'importe quel poste (fixe ou portable). Ces cartes, disponibles quasiment partout, sont vendues dans les pharmacies, les stations d'essence, les supermarchés, les bureaux de TSTT ainsi que dans certains hôtels.

▷ **Les cartes pour les appels internationaux** se vendent sous la marque Companion, à 10, 30, 60 et 100 TT$. Chaque carte possède un code confidentiel caché sous un scratch. A partir de n'importe quel téléphone sur les deux îles, on compose d'abord le 888 CARD (888 2273) puis, suivant les instructions, on entre son code confidentiel et on compose le numéro de son interlocuteur.

▷ **Téléphones portables.** Vous pourrez utiliser votre téléphone portable à Trinidad & Tobago, soit avec votre propre forfait, soit en achetant une carte SIM, à condition que votre appareil soit débloqué. Compter 120 TT$ pour acheter une SIM. La location de portables est quant à elle assez chère, tant à Trinidad qu'à Tobago. Le principal opérateur est Digicel.

Accès Internet

On trouvera plusieurs cybercafés à Port of Spain et San Fernando ainsi que dans les marinas de Chaguaramas. A Tobago, deux cybercafés dans la zone de Crown Point, un cybercafé à Speyside, un autre à Charlotteville et deux à Scarborough. Le prix de l'heure de connexion varie entre 10 et 20 TT$. La majorité des hôtels et des guesthouses possèdent un accès à Internet. Leur utilisation par les clients est généralement possible, parfois gratuite, parfois payante.

Langues parlées

L'anglais est la langue officielle et véritable du pays, même si, et dans une bien moindre mesure, l'espagnol, l'hindi et le créole sont également parlés. Le français, qui a eu énormément d'influence sur Trinidad aux XVIIIe et XIXe siècles, n'est plus que très rarement pratiqué. Il a complètement disparu parmi les couches les plus jeunes de la population, mais il subsiste encore sous forme d'un patois pratiqué par les personnes âgées dans les villages du nord de Trinidad.

Électricité

A Trinidad & Tobago, la tension du courant électrique est de 110 ou 220 volts. Les prises sont au format américain. Pour brancher les appareils français, se munir d'un adaptateur idoine. Ces adaptateurs sont disponibles dans tous les grands magasins spécialisés en hi-fi, vidéo et photo.

Horaires d'ouverture des administrations et des commerces

▷ **Les administrations** sont généralement ouvertes de 8h30 à midi et de 13h à 16h30 du lundi au vendredi ; elles sont fermées le week-end.

▷ **Les boutiques** ouvrent du lundi au samedi matin (les samedis souvent jusqu'au tout début d'après-midi).

ORGANISER SON SÉJOUR

▶ **Les centres commerciaux et les super-marchés** sont ouverts tous les jours du lundi au samedi de 8h à 19h ou 20h selon les magasins. Certains ouvrent le dimanche matin.

▶ **Les restaurants** sont souvent fermés le dimanche.

Jours fériés

Les habitants de Trinidad & Tobago se vantent souvent d'être l'un des pays au monde avec le plus grand nombre de jours fériés. 13 jours fériés différents dans l'année, plus 2 jours flottants pour le carnaval. Bien sûr, toutes les administrations, les banques et la plupart des magasins sont fermés à ces dates.

▶ **Saint-Sylvestre :** 1er janvier.

▶ **Vendredi saint :** fluctuant selon les années.

▶ **Lundi de Pâques :** fluctuant selon les années.

▶ **Le jour de la Libération :** 30 mars.

▶ **Corpus Christi :** 29 mai.

▶ **Anniversaire de l'arrivée des premiers Indiens :** 30 mai.

▶ **Fête du Travail :** 19 juin.

▶ **Fête de l'émancipation :** 1er août.

▶ **Eid-Ul-Fitr :** fluctuant selon les années.

▶ **Jour de l'Indépendance :** 31 août.

▶ **Diwali :** fluctuant selon les années.

▶ **Noël :** 25 décembre.

▶ **Boxing Day :** 26 décembre.

▶ **Les lundi et mardi de carnaval :** fluctuants selon les années.

Photo

En raison de l'ensoleillement, privilégier les pellicules à faible sensibilité et emporter des filtres. Ne pas faire développer ses photos sur place, c'est très cher. Prévoir un zoom pour les photographies d'animaux. Ne pas faire étalage de ses appareils et garder toujours un œil sur son équipement. Et par mesure de politesse et de savoir-vivre, demander leur autorisation aux gens que l'on souhaite photographier.

Médias

Télévisions de service public terrestres

Deux télévisions publiques, celle de Trinidad et celle de Tobago, qui diffusent sur les canaux 2 et 13, 6 et 18. Horaires de diffusion de 17h45 à 00h. Journal quotidien d'information à 19h. Une chaîne d'éducation diffusée sur les canaux 4 et 16.

Télévisions par satellite et par câble

Très bien implantées, elles permettent de recevoir une soixantaine de chaînes, en très grande majorité américaines.

Journaux

▶ **Trois quotidiens à Trinidad :** *The Trinidad Guardian* (www.guardian.co.tt), *The Express* (www.trinidadexpress.com) et *Newsday* (www.newsday.co.tt). Tous se vendent pour 1 TT$, et assurent généralement leur couverture avec un fait divers majeur.

▶ **Deux hebdomadaires très populaires,** *Punch* et *Blast*, patchworks d'actualités musicales, de bons plans sorties, de billets éditoriaux, des derniers ragots et de photos de « charme ».
L'unique moyen de consulter la presse française, est de se rendre à l'Alliance française.

Radio

13 stations FM et 2 stations AM.

▶ **La meilleure station musicale à Trinidad** est WEFM (96.1). Elle programme du reggae, hip hop, funk et R&B, plus calypso et soca en période de carnaval.

▶ **A Tobago,** radio Tamarind sur 92.1.

■ **RADIO LATINA**
83-87, avenue d'Italie, 75013 Paris
www.latina.fr
99 FM. Radio Latina est une radio de format musical basée en France. La salsa, merengue, pop espagnole et italienne, les tubes français, la musique antillaise et tous les styles afro-caribéens s'y retrouvent 24 h/24.

NOTRE VOCATION

**Informer, communiquer, mobiliser
pour la lutte contre le tourisme sexuel impliquant
de plus en plus d'enfants dans le monde**

" Laissez-nous notre innocence "

**Aidez-nous par vos dons et contrats de partenariats
à renforcer nos actions de prévention de la prostitution
des mineurs liée au tourisme sexuel**

www.aidetous.org

AIDéTouS - 141, rue de l'Université – 75007 Paris
Tél. 06 11 34 56 19 – aidetousfrance@orange.fr

CARNET D'ADRESSES

À Trinidad & Tobago

Représentations diplomatiques et culturelles

■ **AMBASSADE DE FRANCE**
Tatil Building, 6th floor. 11 Maraval Road
Port of Spain ✆ (868) 622 7446/47
Fax : (868) 622 4848
Ouvert du lundi au vendredi de 7h30 à 14h30.

■ **HAUT COMMISSARIAT
POUR LE CANADA**
Maple House, 3 Sweet Briar Rd, Saint-Clair
✆ (868) 622 6232
Ouvert du lundi au vendredi de 7h30 à 14h30.

■ **ALLIANCE FRANÇAISE**
#17 Alcazar Street, Saint Clair
✆ (868) 622 6119 – Fax : (868) 628 8226
www.alliancetnt.com

■ **CONSULAT DE BELGIQUE**
Tractebel Trinidad LNG Corporation
Chamber of Commerce Building, 1st floor,
Colombus Circle, Westmoorings,
Port of Spain ✆ (868) 633 8888
Fax : (868) 633 2020

■ **CONSULAT GENERAL DE SUISSE**
70 Dundonald Street, Port of Spain
✆ (1 868) 623 7816 ou 627 7226
Fax : (868) 623 7816 ou 625 9729

Tourisme à Trinidad

■ **OFFICE DU TOURISME**
Difficile de trouver un bureau de tourisme dans le
centre de Port of Spain. Pour aller à la pêche aux
informations, il faut se rendre à Barataria, petite
commune située à 5 km à l'est de la capitale.
Vous y trouverez alors les locaux du Tourism
Development Company (TDC, Maritime Center,
29 Tenth Av. ✆ (868) 675 7034), entreprise
d'Etat en charge de la promotion de l'île et de
l'accueil des touristes – www.tdc.co.tt

▶ **Pour les autres points dédiés à l'information
touristique,** durant le carnaval, deux stands
ouvrent spécialement pour l'occasion. L'un se
trouve sur la promenade Brian Lara et l'autre
à hauteur du Queens Park Savannah.

■ **BUREAU D'INFORMATION
À L'AÉROPORT DE PIARCO**
✆ (868) 669 5196

Tourisme à Tobago

■ **DEPARTEMENT DU TOURISME (THA)**
Doretta's Court, 197 Mt Marie
✆ (868) 639 2125 – Fax : (868) 639 3566
www.visittobago.gov.tt

▶ **Vous trouverez aussi des bureaux
d'information** dans le Cruiseship Complex,
le terminal des ferrys arrivant ou partant pour
Trinidad ✆ (868) 639 3155.

En France

Il n'existe ni ambassade, ni office de tourisme
de Trinidad & Tobago en France ! Pour
contacter des officiels en Europe, reportez aux
adresses données en Belgique, en Allemagne,
en Angleterre et au Canada.

■ **CALYPSOCIATION**
Ecole de pan. 15, rue Forest, 75018 Paris
✆ 01 40 08 02 81
www.calypsociation.com
Le site de l'association est rarement à jour,
mais elle offre des contacts au sujet du steel
pan en France.

En Belgique

■ **AMBASSADE DE TRINIDAD & TOBAGO**
14, avenue de la Faisanderie,
1150 Bruxelles ✆ (32 2) 762 94 00/15
Fax : (32 2) 772 27 83
information@ttm.eunet.be

Au Canada

■ **TRINIDAD AND TOBAGO
TOURISM OFFICE – THE RMR GROUP INC.**
Taurus House, 512 Duplex Avenue,
Toronto – Ontario M4R 2E3
✆ (1) 416 485 8724 – Fax : (1) 416 485 8256
assoc@thermrgroup.ca

■ **CONSULATE GENERAL OF THE
REPUBLIC OF TRINIDAD AND TOBAGO**
2005 Sheppard Avenue East, Suite 303,
Willowdale – Ontario M2J 5B4
✆ (1) 416 495 9442/3
Fax : (1) 416 495 6934
ttcontor@idirect.com

■ **HIGH COMMISSION OF THE REPUBLIC
OF TRINIDAD AND TOBAGO**
75 Albert Street, Suite 508, Ottawa
Ontario K1P 5E7 ✆ (1) 613 232 2418/19

ORGANISER SON SÉJOUR

Partir en voyage organisé

Peu ou pas de tours opérateurs français proposent des circuits ou des séjours à Trinidad et Tobago car cette destination, peu connue, est encore mal desservie depuis la France. Par contre, l'Office de tourisme de Trinidad et Tobago recommande quelques tour opérateurs locaux qui pourront pallier ce manque. Site Internet de l'Office de tourisme (en anglais) : www.visittnt.com rubrique « Travel Information ».

Les généralistes

■ ANYWAY

60 rue de Prony 75017 Paris
✆ 0 892 302 301 – www.anyway.com
Anyway propose des vols secs à tarifs réduits, un grand choix d'hôtels toutes catégories, des bons plans week-end et une assistance à distance pour les frais médicaux à l'étranger… Anyway ce sont plus de 800 destinations dans le monde à prix vraiment très futés.

■ EXPEDIA FRANCE

✆ 0892 301 300 – www.expedia.fr
Expedia est le site français du n°1 mondial du voyage en ligne. Un large choix de 500 compagnies aériennes, 14 000 hôtels, plus de 3 000 stations de prise en charge pour la location de voitures et la possibilité de réserver toute une série d'activités sur votre lieu de vacances. Cette approche sur mesure du voyage est enrichie par une offre très complète comprenant prix réduits, séjours tout compris, départs à la dernière minute…

■ GO VOYAGES

14 rue de Cléry 75002 Paris
www.govoyages.com
✆ 0 899 651 951 (billets)
851 (hôtels, week-ends et location de voitures)] 650 242 (séjours/forfaits) 650 244 (croisières) – 650 245 (Thalasso)
Go Voyages propose le plus grand choix de vols secs, charters et réguliers, au meilleur prix, au départ et à destination des plus grandes villes. Possibilité également d'acheter des packages sur mesure « vol + hôtel » permettant de réserver simultanément et en temps réel un billet d'avion et une chambre d'hôtel.

■ OPODO

✆ 0 899 653 656 – www.opodo.fr
Pour préparer votre voyage, Opodo vous permet de réserver au meilleur prix des vols de plus de 500 compagnies aériennes, des chambres d'hôtels parmi plus de 45 000 établissements et des locations de voitures partout dans le monde. Vous pouvez également y trouver des locations saisonnières ou des milliers de séjours tout prêts ou sur mesure ! Opodo a été classé meilleur site de voyages par le banc d'essai Challenge Qualité – l'Echo touristique 2004. Des conseillers voyages à votre écoute 7 jours/7 au 0 899 653 656 (0,34 €/min) de 8h à 23h du lundi au vendredi, de 9h à 19h le samedi et de 11h à 19h le dimanche.

■ VIVACANCES

✆ 0899 653 654 (1,35 €/appel et 0,34 €/min) – www.vivacances.fr
Vivacances est une agence de voyages en ligne créée en 2002 et rachetée en 2005 par Opodo, leader du voyage en ligne. Elle est devenue une référence incontournable sur le web grâce à ses prix négociés sur des milliers de destinations et des centaines de compagnies aériennes. Vous trouverez un catalogue de destinations soleil, farniente, sport ou aventure extrêmement riche : vols secs, séjours, week-ends, circuits, locations… Enfin, vous pourrez effectuer vos réservations d'hôtels et vos locations de voitures aux meilleurs tarifs. Vivacances propose des offres exclusives sans cesse renouvelées, à visiter régulièrement.

Les réceptifs

■ BANWARI EXPERIENCE LIMITED

Bourg Mulatresse
Lower Santa Cruz Trinidad, West Indies
✆ (868) 675-1619
Fax : (868) 624-868
www.banwari.com

■ THE TRAVEL CENTRE LIMITED

16 Damian Street Woodbrook
Trinidad & Tobago
✆ (868) 622-0112
Fax: (868) 622-0894
www.the-travel-centre.com

Partir seul

Se rendre à Trinidad & Tobago n'est pas chose aisée : il faut rejoindre Londres ou les Etats-Unis pour trouver des vols directs à destination de Port of Spain ou Tobago. Comptez minimum 16h de trajet (dans le meilleur des cas !), de nombreuses escales, parfois assez longues. Pour organiser votre voyage dans les meilleures conditions et perdre le moins de temps possible dans de longs transferts, contactez directement les agences. Enfin, le prix est assez élevé : il est préférable de réserver le plus tôt possible. Dans le cas contraire, le prix d'un aller/retour vous coûtera environ 1 500 euros.

Les compagnies aériennes

■ AIR FRANCE
✆ 36 54 (0,34 €/mn d'un poste fixe)
www.airfrance.fr
Air France ne propose pas de vols directs pour Port of Spain. Vous pourrez cependant rejoindre Londres, Miami ou New York avec la compagnie française, points de départ pour des vols directs vers Port of Spain avec les compagnies américaines et Caribbean Airlines.

■ AMERICAN AIRLINES
Aéroport de Roissy-CDG, Terminal 2A
✆ 01 55 17 43 41
www.americanairlines.fr
Cette compagnie aérienne américaine propose plusieurs vols hebdomadaires au départ de Paris CDG pour Port of Spain, les mercredis, jeudis, vendredis et samedis. Il vous faudra prévoir une escale minimum et 16h de voyage. Certains vols proposent des escales à Madrid. Les départs sont prévus à 6h50, 7h50 ou 11h15.

■ BRITISH AIRWAYS
Réservations au ✆ 0 825 825 400
www.britishairways.com
British Airways dessert Port of Spain via Londres Heathrow et Miami (un vol quotidien).

■ CARIBBEAN AIRLINES
Aviareps – 11, rue Auber 75 009 Paris
✆ 01 53 43 79 00
www.caribbean-airlines.com

Cette compagnie assure 2 vols quotidiens au départ de Londres via : le premier vers Port of Spain (Trinidad) et le second vers Scarborough (Tobago).

■ CONTINENTAL AIRLINES
4 rue du Faubourg Montmartre
75009 Paris ✆ 01 71 23 03 35 (centrale de réservations en Belgique)
www.continental.com
Continental Airlines propose des vols entre Paris et Port of Spain via New York. Les escales sont parfois longues dans la Big Apple. La compagnie propose des vols quotidiens pour New York au départ de Paris CDG : départs à 8h55, 9h55, 11h20, 12h55 et 13h40.

■ DELTA AIRLINES
Aérogare des Invalides
2 rue Robert Esnault Pelterie 75007 Paris
✆ 0 811 64 00 05 – www.delta.com
Delta Airlines propose plusieurs vols pour Port of Spain au départ de Paris CDG. Plusieurs départs quotidiens sont prévus, mais il vous faudra prévoir des escales aux Etats-Unis.

Cars Air France

■ RENSEIGNEMENTS
✆ 0 892 350 820
www.cars-airfrance.com
Pour vous rendre aux aéroports de Charles De Gaulle et d'Orly dans les meilleures conditions, utilisez les services des cars Air France, qui vous offrent confort, rapidité, vidéo, climatisation à bord ainsi qu'un bagagiste qui prend en charge vos valises à chaque arrêt ! Cinq lignes sont à votre disposition.

▌ **Ligne 1 :** Orly – Montparnasse – Invalides : 10 € pour un aller simple et 16 € pour un aller/retour.

▌ **Ligne 1 Bis :** Orly-Montparnasse-Arc de triomphe : 10 € pour un aller simple, 16 € pour un aller-retour.

▌ **Ligne 2 :** CDG – Porte Maillot – Etoile : 14 € pour un aller simple et 22 € pour un aller/retour.

▌ **Ligne 3 :** Orly – CDG : 18 € pour un aller simple.

▶ **Ligne 4 :** CDG – Gare de Lyon – Montparnasse : 15 € pour un aller simple et 24 € pour un aller/retour.

Roissybus – Orlybus

■ **RENSEIGNEMENTS**
✆ 0 892 68 77 14 – www.ratp.fr
La Ratp permet de rejoindre facilement les deux grands aéroports parisiens grâce à des navettes ou des lignes régulières.

▶ **Pour Roissy CDG,** départs de la place de l'Opéra (à l'angle de la rue Scribe et la rue Auber) entre 5h45 et 23h toutes les 15 ou 20 minutes. Comptez 8,60 € l'aller simple et entre 45 et 60 minutes de trajet. Possibilité également de prendre le RER B : comptez 45 minutes au départ de Denfert-Rochereau pour rejoindre Roissy CDG (toutes les 10 à 15 minutes). Vous pourrez rejoindre l'aérogare 1 et 2 – Terminal 4 et le Roissypôle Gare – RER au départ de Paris Gare de l'Est avec le bus 350 et au départ de Paris – Nation avec le bus 351. La fréquence des bus est de 10 à 15 minutes en semaine, 20 à 35 minutes le week-end et les jours fériés.

▶ **Pour Orly,** départs de la place Denfert-Rochereau de 5h30 à 23h toutes les 15 à 20 minutes. Comptez 6,10 € l'aller simple et 30 minutes de trajet. Possibilité également de prendre le RER C (25 minutes de trajet entre Austerlitz et Orly, départ toutes les 15 minutes) ou l'Orlyval (connexion avec Antony sur la ligne du RER B) : comptez 8 minutes de trajet entre Antony et Orly, toutes les 4 à 7 minutes. Orly-Antony : 7,20 €. Orly-Paris : 9,30 €.

Location de voitures

■ **AUTO ESCAPE**
✆ 0 800 920 940 ou 04 90 09 28 28
www.autoescape.com
En ville, à la gare ou dès votre descente d'avion. Les meilleures solutions et les meilleurs prix de location de voitures sont sur www.autoescape.com – Cette compagnie qui réserve de gros volumes auprès des grandes compagnies de location de voitures vous fait bénéficier de ses tarifs négociés. Grande flexibilité. Pas de frais de dossier, pas de frais d'annulation, même à la dernière minute. Des conseils et des informations précieuses, en particulier sur les assurances.

■ **BUDGET FRANCE**
122 avenue du Général Leclerc
92100 Boulogne Billancourt
✆ 0 825 00 35 64 – Fax 01 70 99 35 95
www.budget.fr
Budget France est le troisième loueur mondial, avec 3 200 points de vente dans 120 pays. Le site www.budget.fr propose également des promotions temporaires. Si vous êtes jeune conducteur et que vous avez moins de 25 ans, vous devrez obligatoirement payer une surcharge.

Trinidad, côte nord.

© MAXENCE GORRÉGUÈS

Sites Internet futés

■ www.douane.gouv.fr

Le site de la douane propose une rubrique spécialement dédiée aux voyageurs, permettant de collecter tous les renseignements nécessaires à la préparation d'un séjour : infos sur les contrôles douaniers, achats à distance, estimations des droits et taxes sur les achats effectués à l'étranger, conditions de détaxe au départ de France, formulaires douaniers pour les déclarations, etc.

■ www.easyvoyage.com

Le concept de Easyvoyage.com peut se résumer en trois mots : s'informer, comparer et réserver. Gros plan sur cette triple fonction. Des infos pratiques sur quelque 255 destinations en ligne (saisonnalité, visa, agenda...) vous permettent de penser plus efficacement votre voyage. Après avoir choisi votre destination de départ selon votre profil (famille, budget...), easyvoyage.com vous offre la possibilité d'interroger plusieurs sites à la fois concernant les vols, les séjours ou les circuits. Enfin grâce à ce méta-moteur performant, vous pouvez réserver directement sur plusieurs bases de réservation (Lastminute, Go Voyages, Directours, Anyway... et bien d'autres).

■ www.guidemondialdevoyage.com

Tous les pays du monde sont répertoriés grâce à une fiche donnant des informations générales. Un guide des aéroports est aussi en ligne, avec toutes les coordonnées et infos pratiques utiles (services, accès, parcs de stationnement...). Deux autres rubriques complètent le site : météo et horloge universelle.

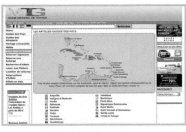

■ www.nationalchange.com

Le premier site français de vente de devises en ligne avec un paiement sécurisé par carte bancaire et le plus qui caractérise cette offre est la livraison à domicile. Les taux proposés sont meilleurs que ceux des banques et le choix des devises est important (39 devises et 7 travellers chèques). Vous aimerez la convivialité du site ainsi que la rapidité pour commander la devise de son choix. Après validation de votre commande, vous la recevrez très rapidement à votre domicile ou sur votre lieu de travail (24h à 72h). Un site à utiliser sans modération !!!

■ www.uniterre.com

« Le voyage par les voyageurs » : le premier annuaire des carnets de voyage présente des dizaines de récits sur toutes les destinations, des liens vers des sites consacrés au voyage et un forum pour partager ses expériences et impressions.

Séjourner

SE LOGER

En matière d'hébergement, le profil de Trinidad est en sablier. On arrive à trouver des chambres sans trop de problème à moins de 50 US$ par nuit, en dehors de la période de carnaval qui biaise tous les tarifs. A partir de 80 ou 100 US$ par nuit, l'offre est fournie. Entre les deux, peau de chagrin, même si, là encore, un petit nombre d'exceptions vient confirmer la règle. Contrairement à Trinidad, Tobago propose de très nombreux hébergements, dans une gamme très variée. De la petite guesthouse qui ne paye pas de mine à l'hôtel 3-étoiles, en passant par la villa luxueuse louée à la semaine et le resort pour les masses, on peut tout trouver à Tobago, le meilleur comme le pire, le bon marché comme le hors de prix.

Comme à Trinidad, les tarifs hôteliers sont parfois susceptibles d'être majorés par une taxe hôtelière de 10 %, éventuellement complétée de la TVA à 15 %. La politique tarifaire de l'hôtellerie tobagonienne s'appuie sur la distinction entre saison basse, du 15 avril au 14 décembre, et saison haute, du 15 décembre au 14 avril. En saison basse, les prix chutent parfois de 20 à 30 %, selon les établissements. La grande majorité du parc hôtelier et des lits se concentrent dans la zone de l'aéroport au sud de l'île et dans les Lowlands. Au nord de l'île, les possibilités de logement sont plus réduites. Au nord-ouest, le village de Castara présente le dernier véritable point de chute lorsqu'on suit la côte sous-le-vent (Leeward Coast). Au nord et au nord-est, les seules possibilités de se loger se trouvent à Speyside et à Charlotteville.

B & B, hôtels et guesthouses

Bien évidemment, dans le lot des établissements qui pratiquent les nuitées à moins de 50 US$, on trouvera essentiellement des Bed & Breakfast et des guesthouses.

Attention, souvent le déjeuner n'est pas inclus dans le prix. L'avantage principal est de pouvoir s'immiscer si on le souhaite dans le quotidien d'une famille locale et donc d'en apprendre beaucoup sur le pays. Les B & B et les guesthouses y sont rarement démesurés, mais l'intimité des clients est préservée. Les propriétaires font généralement tout leur possible pour faciliter la vie de leurs hôtes, donnent des conseils pratiques, des informations utiles sur les restaurants des alentours, les possibilités de balades, etc. La plupart de ces établissements ont des adresses – voire des sites, ce qui permet de réserver mais aussi de convenir à l'avance des extras du type transferts à l'aéroport, voire d'en négocier les prix, comme c'est souvent possible à Tobago.

Hôtels

En général, les hôtels relèvent plutôt de la catégorie à plus de 80 US$.

▶ **A Trinidad,** excepté sur la côte nord, leur fonds de commerce se fonde principalement sur la clientèle d'affaires et celle des expatriés, à majorité anglo-saxonne, avec un pic d'affluence touristique au moment du carnaval. La clientèle des hommes d'affaires envoyés à Trinidad pour travailler dans le secteur du pétrole ou du gaz naturel fait inéluctablement monter les prix, surtout du côté de San Fernando.

▶ **A Tobago,** la clientèle se répartit en plusieurs catégories plus ou moins distinctes. Il existe une population jeune et « budget » qui vient souvent en groupe. L'île est également fréquentée par une population plus mature et fortunée, venant pour apprécier le luxe des Caraïbes en toute intimité. Il ne faut pas oublier la clientèle d'amoureux en voyage de lune de miel (parce que quand on aime on ne compte pas). Enfin, y vient un groupe un peu hétéroclite, où l'on trouve amateurs de plongée, naturalistes et autres amoureux des îles, divers et variés. Cette tentative de classification a une répercussion directe sur les types de logements et de chambres disponibles à Tobago comme sur la côte nord de Trinidad. On y trouve des hôtels proposant classiquement des chambres simples ou doubles, souvent chères, pour accueillir les couples. On y trouve aussi une importante offre composée d'appartements pour 4 personnes minimum. Ces logements, cottages, beach lofts, sont généralement charmants, très confortables, superbement équipés, et leurs prix tournent autour de 120-140 US$ pour 4 personnes, voire 5 ou 6 parfois. Ce qui met la chambre à pas plus de 30 US$ par personne et par nuit ou à 60 US$ par couple, si l'on part avec un couple d'amis…

Villas

Les familles fortunées pourront quant à elles préférer louer une villa. Cette possibilité existe à Tobago uniquement. On en trouvera quelques bonnes adresses dans le guide. Pour plus de choix, se connecter à www.mytobago.info ou contacter Island Investments, 30 Shirvan Road ✆ (868) 639 0929. A noter : les tarifs hôteliers augmentent considérablement à Port of Spain pendant la période du carnaval. Pour apprécier cette hausse adresse par adresse, se connecter aux sites des établissements ou demander l'info par e-mail. A contrario, ils ont tendance à bien chuter à Tobago au moment de la saison basse, qui va de la mi-avril à la mi-décembre. Aussi certains hôtels et certaines guesthouses appliquent un système de taxes qui vient majorer sensiblement les prix. Au maximum, l'augmentation sera de 10 % de taxe hôtelière à laquelle viendra souvent s'ajouter 15 % de TVA.

Auberge de jeunesse

Aucune auberge de jeunesse recensée.

Camping

Aucun camping privé, pas de terrain surveillé, aucune facilité. A Tobago comme à Trinidad, il est cependant facile de trouver des espaces où les autorités locales vous laisseront poser votre tente.

Logement chez l'habitant

Une formule qui marche bien dans les villages de la côte nord de Trinidad (à Matelot, par exemple). La démarche à suivre consiste à arriver suffisamment tôt dans le village et de demander où trouver quelqu'un qui serait disposé à louer une chambre. Si aucune possibilité, se rabattre sur l'un des hôtels de Grand Rivière…

SE RESTAURER

Il y a quatre types d'offres de restauration à Trinidad.

▶ **D'abord celle des vendeurs de rue.** Très nombreux à Port of Spain, leurs petits stands montés sur le trottoir proposent une nourriture locale à très bon prix. Un repas copieux à emporter peut coûter 15 TT$, et ceci à toute heure du jour et parfois de la nuit dans certains quartiers (notamment Saint James).

▶ **Viennent ensuite les établissements plus classiques,** à la clientèle majoritairement locale et qui servent de cantine aux gens travaillant dans le quartier. Leur cuisine, locale et typique, est souvent bonne et toujours copieuse. On peut y manger assis. Compter jusqu'à 30 TT$ pour un repas.

▶ **On citera enfin les établissements un peu plus chics,** et donc plus chers, dont les standards se règlent sur la norme occidentale. Cette catégorie comprend les bars américains ainsi que les restaurants plus gastronomiques, à clientèle exclusivement composée de touristes, d'expatriés et de Trinidadiens fortunés. Pour ce dernier type de restaurants, les prix vont de 60 TT$ et dépassent parfois 200 TT$ par personne, boissons non comprises. A Tobago, la situation est plus simple. Dans cette île tellement plus touristique que Trinidad, on ne trouvera pas de vendeurs de rue ni de petites cantines, tout au plus des snacks-bars ou des restaurants de fast-food, tels que les « Royal Castle » ou autres « Pizza Boys ». La grande majorité des restaurants qui ciblent la clientèle des vacanciers pratiquent des prix tournant autour de 100 TT$ par personne, voire davantage. On peut dénicher cependant quelques bonnes adresses où l'on réussira à bien dîner pour moitié moins. Par ailleurs, la majorité des chambres et des appartements à louer sur l'île comprend un coin cuisine ou une kitchenette attenante.

Que ce soit à Trinidad ou à Tobago, la bouteille de vin est généralement chère, mais on peut souvent commander le vin au verre. Avec l'eau, la bière reste la boisson la moins onéreuse. Dans les restaurants chics, l'addition est systématiquement majorée d'une taxe hôtelière de 10 %.

ORGANISER SON SÉJOUR

▷ voyage

La télé comme point de départ

Partagez les secrets
des plus beaux hôtels.

HÔTELS DE CHARME
Tous les vendredis à 20h50

Découvrez les grandes villes
de l'intérieur.

BIG CITY LIFE
Tous les dimanches à 20h50

Saisissez
les plus grands espaces.

SAMEDI ÉVASION
Tous les samedis à 20h50

SCVIERLAFARGE - FOX RCS PARIS B 408 530 376

... ÉVADEZ-VOUS AVANT L'HEURE

SE DÉPLACER

À Trinidad

Bus

Trois types de transports en commun coexistent à Trinidad : les bus, les maxi-taxis et les route-taxis.

La régie des bus est assurée par une compagnie publique (la « Public Transport Service Corporation » – PTSC). Pour emprunter le réseau de bus, il est nécessaire d'acheter son ticket au préalable (les chauffeurs ne sont pas habilités à en vendre). Les tickets sont disponibles dans les principales gares routières de l'île ainsi que dans la plupart des magasins.

Dans la gare routière de Port of Spain, le bureau d'information de la PTSC se trouve dans un stand vert situé juste à côté de celui où l'on vend les billets ✆ (868) 623 2262. Sous l'égide du PTSC, trois sortes de bus différents.

Les bus ESC. Ce sont les plus performants pour effectuer de longs trajets d'une grande ville à l'autre, les plus confortables aussi (air conditionné, musique et place assise pour tout le monde).

Les Bus Blue Transit ou Super Express. Des bus généralement bondés, lents, peu confortables et pas fiables. Les bus ruraux. De couleur jaune et rouge, ils permettent notamment de bien circuler sur la côte nord. A Port of Spain, ils partent de la gare routière de City Gate et circulent généralement de 3h30 à 19h. Fréquence moyenne : toutes les 2 heures.

Quelques exemples de lignes desservies par les bus ruraux.

PRINCIPALES LIGNES DES BUS ESC AU DÉPART DE PORT OF SPAIN (CITY GATE)					
	PREMIER	DERNIER	FREQUENCE	TRAJET	PRIX ($TT)
VERS ARIMA	5h	21h	Chaque 1/2 h	45 mn	4
VERS CHAGUANAS	5h	19h45	Chaque 1/2 h	40 mn	4
VERS SANGRE GRANDE	5h	16h30	2 bus par jour	1h30	6
VERS PIARCO	6h30	17h	3 dép. supp. à 7 h	45 mn	4
VERS POINT FORTIN	16h30	1 bus par jour	2 h		12
VERS SIPARIA	16h30		1 seul bus/jour	1h30	10
VERS TUNAPUNA		Chaque 1/2 heure		3	
VERSSAN FERNANDO		Chaque 1/2 heure		6	

QUELQUES EXEMPLES DE LIGNES DESSERVIES PAR LES BUS RURAUX		
LIGNE		**PRIX INDICATIF ($TT)**
PORT OF SPAIN	Blanchisseuse	8
PORT OF SPAIN	Lopinot	4
ARIMA	Blanchisseuse	8
SANGRE GRANDE	Grand Rivière	8

Maxi-taxi

Complémentaires des bus, les maxi-taxis sont des minibus pouvant accueillir entre 1 et 20 personnes et qui sont généralement la propriété de leurs chauffeurs.

Le réseau des maxi-taxis est organisé selon un découpage de Trinidad en 5 zones géographiques. A chaque zone correspond une couleur différente de maxi-taxis : Les maxi-taxis à bandes jaunes circulent autour de Port of Spain jusqu'à Chaguaramas et Maracas.

▶ **Les maxi-taxis à bandes rouges** circulent tout le long de la côte nord.

▶ **Les maxi-taxis à bandes vertes** assurent la liaison entre Port of Spain et San Fernando en desservant quelques escales sur le chemin (Chaguanas, Tabaquite, Gasparillo).

▶ **Les maxi-taxis à bandes brunes** couvrent le sud-ouest de l'île à partir de San Fernando.

▶ **Les maxi-taxis à bandes noires** couvrent la côte est et sud-ouest de l'île.

On arrête un maxi-taxi en le hélant du bord de la route. Les prix et les itinéraires sont généralement fixés d'avance. Bien valider le prix de la course avant de monter dans le véhicule. Toutefois, les conducteurs peuvent faire un extra pour quelques dollars trinidadiens de plus.

Un dernier point important : dans les grandes villes, les points de départs des maxi-taxis diffèrent selon la destination finale.

La carte et les tableaux ci-dessous restituent l'essentiel des principaux itinéraires couverts par les maxi-taxis selon les zones, et donnent l'adresse des stands selon les villes de départ ainsi que, à titre indicatif, le prix de la course, qui peut évidemment fluctuer avec le temps.

LIGNE JAUNE				
DEPART	**ARRIVEE**	**ADRESSE DEPART**	**STOP DESSERVI**	**PRIX ($TT)**
PORT OF SPAIN	Chaguaramas	Carrefour St Vincent & Park Str.	Carenage, Ariapita Avenue	de 4 à 6 selon le stop
PORT OF SPAIN	Diego Martin	Croisement South Quay et St Vincent Str.	St James	3
PORT OF SPAIN	Maraval	Croisement Charlotte Str. & Oxford Str.	St James	2
PORT OF SPAIN	Maracas	Croisement Charlotte Str. & Oxford Str.	Maraval	8

LIGNE ROUGE				
DEPART	**ARRIVEE**	**ADRESSE DEPART**	**STOP DESSERVI**	**PRIX ($TT)**
PORT OF SPAIN	Arima	City Gate		4
ARIMA	Port of Spain	St Joseph		4
PORT OF SPAIN	Blanchisseuse	City Gate	Las Cuevas, La Fillette	15
ARIMA	Sangre Grande	Croisement Raglan Str. & Broadway		3
ARIMA	Toco	Croisement Raglan Str. & Broadway		7
ARIMA	Grand Rivière	Croisement Raglan Str. & Broadway		15
SANGRE GRANDE	Cumana	Rue principale, à proximité du Royal Castle		6
SANGRE GRANDE	Toco	Rue principale, à proximité du Royal Castle		8
SANGRE GRANDE	Grand Rivière	Rue principale, à proximité du Royal Castle		10
SANGRE GRANDE	Matelot	Rue principale, à proximité du Royal Castle		20

LIGNE VERTE				
DEPART	ARRIVEE	ADRESSE DEPART	STOP DESSERVI	PRIX ($TT)
PORT OF SPAIN	Chaguanas	City Gate		3
CHAGUANAS	San Fernando	Chaguanas Main Road (à côté du KFC)	Tabaquite, Gasparillo	15

LIGNE BRUNE				
DEPART	ARRIVEE	ADRESSE DEPART	STOP DESSERVI	PRIX ($TT)
SAN FERNANDO	La Brea	Stand à côté de l'Hôpital général		4
SAN FERNANDO	Point Fortin	Stand à côté de l'Hôpital général		5
SAN FERNANDO	Siparia	Stand à côté de l'Hôpital général	Penal	4

LIGNE NOIRE				
DEPART	ARRIVEE	ADRESSE DEPART	STOP	PRIX ($TT)
SAN FERNANDO	Princess Town	Coffe Street		3
PRINCESS TOWN	Rio Claro	Rue principale		5
PRINCESS TOWN	Moruga	Rue principale		5
SANGRE GRANDE	Manzanilla	Rue principale, à proximité du Royal Castle		8
RIO CLARO	Mayaro	Rue principale		5

Route-taxi

Ce sont des voitures particulières, banalisées, propriétés de leurs chauffeurs et qui transportent jusqu'à cinq passagers. Pour les distinguer des autres véhicules, sachez que leurs plaques d'immatriculation doivent commencer par la lettre H (H comme Hire). Moyen essentiel de se déplacer dans les grandes villes, ils circulent sur des itinéraires en principe définis et qui sont assez similaires à ceux des maxi-taxis. On les hèle eux aussi du trottoir. Le prix de la course est généralement fixé, mais il est nécessaire de le valider avant de monter dans le véhicule. Généralement, le chauffeur accepte de faire un extra par rapport à l'itinéraire standard pour quelques dollars trinidadiens de plus.

De Port of Spain, les route-taxis en partance vers le Corridor est-ouest et jusqu'à Sangre Grande se prennent sur Lower Henry Street, au sud d'Independence Square. Ceux en partance pour San Fernando se prennent au croisement de Broadway et de South Quay.

Taxi

Il existe quelques compagnies de taxis privés, très majoritairement basées à Port of Spain. On peut commander ces taxis par téléphone ou les trouver à la réception des grands hôtels. Le prix de la course doit être fixé d'avance. Il n'y a pas de compteur. Les prix pratiqués sont très élevés, comparables, voire parfois supérieurs, à ceux qui sont exercés à Paris. Pour les coordonnées des compagnies basées à Port of Spain, se référer à la partie Port of Spain du guide.

Location de voitures

On vous propose des assurances complémentaires (collision damage waiver, extended protection), qui sont chères mais essentielles si vous ne voulez pas payer une fortune en cas d'accident. Les voitures sont climatisées. De nombreuses agences se sont installées dans les archipels portugais. La concurrence très importante sur les deux îles a permis de maintenir relativement bas. Vous trouverez des contacts dans les sections spécifiques de chaque ville d'importance. Louer une voiture est une bonne option pour qui veut explorer les deux îles en toute liberté et la solution idéale pour ceux qui voyagent à plusieurs.

Pour louer une voiture à Trinidad & Tobago, votre permis de conduire national vous suffit. Par simple précaution, n'hésitez pas à vous procurer un permis international. En revanche, il faut impérativement avoir 25 ans.

ORGANISER SON SÉJOUR

Réseau des maxi-taxis à Trinidad

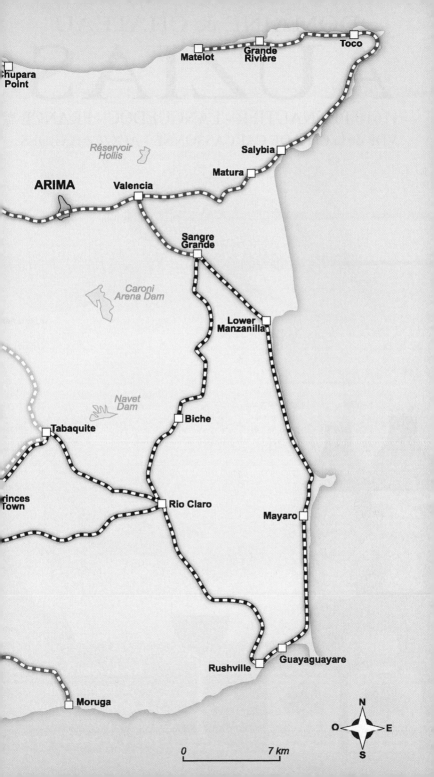

LIGNE DES ROUTE-TAXIS DANS LA RÉGION DE PORT OF SPAIN

POINT DE DÉPART	DESTINATION FINALE	ADRESSE DE DÉPART	PRIX INDICATIF ($TT)
PORT OF SPAIN / CENTRE-VILLE	Belmont	Croisement Charlotte Str. & Queen Str.	2
PORT OF SPAIN / CENTRE-VILLE	Diego Martin	Croisement Abercomby Str. & Brian Lara Promenade	3,5
PORT OF SPAIN / CENTRE-VILLE	Laventille	Croisement Nelson & Prince Str.	2,5
PORT OF SPAIN / CENTRE-VILLE	Maraval/Paramin	Croisement Charlotte & Duke Str.	2
PORT OF SPAIN / CENTRE-VILLE	Petit Valley	Croisement Abercomby Str. & Brian Lara Promenade	3,5
PORT OF SPAIN / CENTRE-VILLE	St Ann's (Cascadia Hotel)	Hart Str.	4,5
PORT OF SPAIN / CENTRE-VILLE	St Ann's (Hilton)	Hart Str.	10
PORT OF SPAIN / CENTRE-VILLE	St James/ Tragarete Rd.	Hart Str.	2
PORT OF SPAIN / CENTRE-VILLE	Wrightson Rd. / Long Circular Rd.	Croisement Chacon Str./ Long Circular Mall	2,5

Aussi, plusieurs lecteurs nous ont rapporté que, à Trinidad & Tobago, il est très difficile de négocier avec la compagnie de location de ne pas vous compter un jour de plus de location si vous rendez la voiture avec un peu de retard. Même pour une demi-heure. A noter également que la plupart des agences ferme à 16h.

A Port of Spain, on peut trouver une voiture berline automatique avec air conditionné pour un prix minimal de 250 TT$ par jour, et bénéficier de tarifs dégressifs sur des périodes de location dépassant la semaine. Le prix de l'essence est vraiment modique ; compter 0,30 euro le litre. Les visiteurs qui séjournent pendant une période dépassant trois mois devront passer un permis local. Dans ce cas, s'adresser au Licensing Department, Wrightson Road, Port of Spain ℂ (868) 625 1031.

▪ SUE'S
Piarco International Airport
suesauto@tstt.net.tt –
ℂ (868) 669 3831
ℂ/Fax : (868) 669 1635
Chaguanas : #5 Plover Street, Montrose, Lange Park
ℂ (868) 665 4713 – Fax : (868) 672 8185

▪ THRIFTY
Piarco International Airport
ℂ (868) 669 0602
San Juan #65 Boundary Road
ℂ (868) 674 0542 – Fax : (868) 638 7756

▪ KALLOO'S
Port of Spain (French Str.)
ℂ (868) 622 9073 – kallocar@tstt.net.tt
Cruise Ship Complex
ℂ (868) 628 2394
www.tradepoint.tidco.co.tt/kallos
Piarco International Airport
ℂ (868) 669 5673
Caroni ℂ (868) 645 5182
Point Lisas ℂ (868) 645 1514
Fax : (868) 645 5182/622 9073

▪ ECONO CAR
Piarco International Airport
econocar@trinidad.net
ℂ (868) 669 1110 ou 669 2342
Port of Spain. 191 Western Main Rd.
Cocorite ℂ (868) 622 8072/8074

▪ SINGH'S
Piarco International Airport
ℂ (868) 669 5417 – Fax : (868) 669 3860
singhs1@tstt.net.tt

▪ JOHNNEY
Piarco International Airport
ℂ (868) 669 2226 ou 684 4862
50 US$ (hors taxe).

▪ AUTO RENTAL
Piarco International Airport
ℂ (868) 669 2277/1759
Fax : (868) 669 6191
San Fernando
ℂ (868) 667 7368

■ **AUTO ESCAPE**

✆ 0 800 920 940, appel gratuit en France ou 00 33 4 90 09 28 28 depuis l'étranger www.autoescape.com

Une centrale de réservation qui ne propose que de la location de voiture. Spécialiste dans ce domaine, Auto Escape offre les meilleurs tarifs parmi les plus grands loueurs. Les agences gèrent les tarifs, la réservation et le service relation-client. Vous pouvez modifier ou annuler à tout moment sans frais. Ils ont des solutions très compétitives dans 92 pays. Solution de location de voiture prépayée depuis la France. Avantage : disponibilité et élimination des surprises de dernière minute.

▶ **Conduite.** Héritage britannique oblige, on conduit à gauche. Sur les autoroutes, le trafic est généralement dense, et il est impératif de jeter un œil sur ses deux rétroviseurs : on peut aussi bien vous doubler sur la gauche que sur la droite. Dans les campagnes, les panneaux de localisation et de direction sont le plus souvent inexistants. Si le réseau routier est généralement en bon état, il laisse vraiment à désirer sur la côte nord de Trinidad ainsi que dans le nord de Tobago. Sur les routes sinueuses de ces deux régions, il s'agira de faire particulièrement attention aux virages en épingle qui peuvent surprendre, d'autant plus que les voies sont étroites. Ne pas hésiter à utiliser le Klaxon à l'entrée des virages. On ne descend pas du véhicule quand on s'arrête aux stations d'essence. Dans la grande majorité des voitures proposées à la location, l'ouverture du réservoir se commande du tableau de bord. Il suffira de l'activer quand on arrive à hauteur de la pompe, d'annoncer la quantité d'essence désirée et de payer.

A Port of Spain, il faut être particulièrement vigilant quant à l'endroit où l'on se gare. L'absence de tout panneau ou marquage ne signifie pas forcément qu'il est possible de se garer, et on peut facilement se faire embarquer son véhicule à la fourrière sans que l'on se soit senti en tort (coût de l'amende : 100 TT$).

Pour éviter ce type de désagrément, ne pas hésiter à se faire confirmer par les gens que le stationnement à l'endroit voulu est autorisé, ou à privilégier les parkings surveillés et payants du centre-ville. Enfin, si le port de la ceinture est obligatoire, la conduite après absorption d'alcool n'est absolument pas pénalisée. En conséquence, se méfier tout particulièrement du trafic pendant les soirées de fin de week-end et sur les routes connues pour être fréquentées par les fêtards locaux (route de Chaguaramas, et de la plage de Maracas dans la région de Port of Spain).

Vélo

Peu de possibilités de louer un vélo à Trinidad. La seule adresse recensée est celle de Bay Sports & Coastal Tours, Williams Bay, à Chaguaramas ✆ (868) 687 0566, une agence où l'on peut louer des VTT et qui organise des balades à vélo dans la région.

Moto

Peu d'adresses de location, *a fortiori* sur Trinidad.

Un permis voiture français est suffisant pour louer une 125 cm^3. En revanche, un permis moto est exigé pour les plus grosses cylindrées.

■ **GREENE'S GENERAL CYCLE LTD.**

Arouca, au croisement de Skinner Street et de Eastern Main Road
✆ (868) 646 2453/7433
greenes@tstt.net.tt

À Tobago

Bus

Le principal service de transport en commun demeure le bus. Les lignes sont organisées en étoile, et rayonnent vers les principaux villages de l'île à partir de la gare routière de Scarborough.

QUELQUES EXEMPLES DE DESTINATIONS ET DE PRIX		
DE SCARBOROUGH À...	NOMBRE DE BUS PAR JOUR	PRIX ($TT)
CASTARA	6	5
CHARLOTTEVILLE	6	8
PARLATUVIER	6	6
ROXBOROUGH	6	5
SPEYSIDE	6	8

Les lignes fonctionnent tous les jours, généralement entre 4h30 et 18h30. Toutes les heures, un bus fait la navette entre la gare et l'aéroport pour 2 TT$ (chaque heure pleine au départ de Scarborough, à la demi-heure au départ de Crown Point). Attention : les billets doivent être achetés à l'avance et être présentés au chauffeur, qui, sinon, ne vous laissera pas entrer. Ces billets sont vendus dans les boutiques de l'aéroport notamment, et dans la plupart des épiceries. Pour plus de renseignements plus complets sur l'ensemble des destinations couvertes et le prix de la course, se renseigner au stand de l'office du tourisme de l'aéroport.

Taxi

Il y a seulement deux arrêts de taxis sur l'île. Le premier se trouve à l'aéroport, au niveau des arrivées. L'autre se trouve à Scarborough, dans Carrington Street, à quelques dizaines de mètres de l'embarcadère du ferry. A partir de ces deux points, vous pouvez trouver assez facilement un taxi pour vous rendre à l'endroit de votre choix.

Excepté à ces deux endroits, trouver un taxi n'est pas chose aisée. Il faut avoir un peu de chance et un bon sens de l'observation. Les taxis officiels sont en principe signalés par la lettre « H » qui figure en majuscule sur leur plaque, mais tous ne l'ont pas. La meilleure façon de procéder est de se placer sur le bord de la route, de faire signe aux voitures qui passent et de vérifier la destination d'arrivée de celles qui s'arrêtent, ainsi que le prix de la course…

Location de voitures

Pouvoir disposer d'une voiture est assurément le meilleur moyen de se balader en toute liberté et de pleinement profiter du cadre de la magnifique petite île. Les nombreuses agences de location de Tobago sont principalement situées dans les environs de l'aéroport. De même, de nombreux hôtels disposent de quelques voitures destinées à leurs clients. Tous les loueurs n'étant pas totalement fiables, il convient de choisir plutôt ceux dont la flotte est assez importante et qui pourront disposer instantanément d'un modèle de rechange au cas où vous vous trouveriez en panne. Comme à Trinidad, les véhicules que vous pourrez trouver sur l'île sont généralement des voitures automatiques, de modèle japonais. Privilégiez, bien entendu, les voitures équipées de la climatisation. Vous pourrez également choisir entre des petites jeeps 4X4 ou autres samouraïs à des tarifs moins chers que la berline de base.

Outre un prix inférieur, ces modèles comportent l'avantage d'être équipés d'une transmission manuelle des vitesses. Toutefois, étant seulement équipés d'une capote qui généralement ne ferme pas à l'arrière, ils ne vous permettront pas de laisser vos affaires en sûreté à l'intérieur du véhicule. Donc à déconseiller, à moins que vous vouliez vraiment emprunter les pistes rocailleuses, escarpées et parfois vertigineuses du nord de l'île.

▌ **Agences de location.** Les tarifs de location de voitures pratiqués à Tobago sont supérieurs à ceux que vous pourrez trouver à Trinidad. Tablez sur une fourchette moyenne de 40 US$ par jour pour les modèles basiques, et jusqu'à 80 US$ pour un 4X4 entièrement équipé, avec air conditionné.
Loueurs disposant des plus gros parcs :

■ **AUTO RENTALS**
Crown Point Airport ✆ (868) 639 0644
Thrifty. Crown Point Airport
✆ (868) 639 2292

■ **SHERMANS**
Lambeau ✆ (868) 639 2292
Vous pouvez, de France, réserver l'un des modèles disponibles dans l'une ou l'autre de ces agences, par Internet et sans surcoût, en vous connectant sur le site du tour-opérateur Yes Tourism (www.yes-tourism.com). Le modèle vous attendra à votre arrivée à Tobago, dès votre sortie de l'aéroport.

■ **AUTO ESCAPE**
✆ 0 800 920 940, appel gratuit en France ou 00 33 4 90 09 28 28 depuis l'étranger www.autoescape.com
Une centrale de réservation qui ne propose que de la location de voiture. Spécialiste dans ce domaine, Auto Escape offre les meilleurs tarifs parmi les plus grands loueurs. Les agences gèrent les tarifs, la réservation et le service relation-client. Vous pouvez modifier ou annuler à tout moment sans frais. Ils ont des solutions très compétitives dans 92 pays. Solution de location de voiture prépayée depuis la France. Avantage : disponibilité et élimination des surprises de dernière minute.

▌ **Conduite.** Comme à Trinidad, la conduite à Tobago se fait à gauche, héritage britannique oblige. La vitesse y est limitée à 50 km /heure, une vitesse maximale qui peut paraître basse, mais qui est finalement amplement suffisante à l'usage. En effet, circuler sur les routes sinueuses de Tobago n'est parfois pas de tout repos, particulièrement au nord de l'île.

Il n'y a pratiquement aucun panneau de signalisation, et on peut se retrouver à l'entrée des villages sans s'en apercevoir. De plus, les villageois ont l'habitude de marcher en plein milieu de la chaussée, chaussée dont le revêtement laisse parfois fortement à désirer, genre collection de nids-de-poule. A l'extérieur des villages, ce sont les animaux, vaches, chèvres, qui pâturent en toute liberté et qui constituent le danger. Il n'est pas rare d'en trouver sur la route à la sortie d'un virage. Quant à la largeur des routes, elle peut varier de quelques mètres en l'espace d'une seconde, et on ignore parfois si l'on se trouve toujours sur la route principale ou sur quelque piste secondaire. Au nord de l'île, les routes côtières en corniche présentent une série de virages en épingle dignes du circuit de Monte-Carlo, et qui se prennent en l'absence de toute visibilité (ne pas hésiter à klaxonner). Les descentes vers les villages côtiers de Speyside et Charlotteville sont vertigineuses.

Les intempéries et notamment les fortes pluies de la saison du même nom rendent ces routes très glissantes et la visibilité hasardeuse. Enfin, il faudra tout particulièrement se méfier des retours de soirées et notamment du retour des fameuses Sunday School parties organisées tous les dimanches à Buccoo, où il ne sera pas rare de croiser des véhicules chargés d'autochtones en état d'ébriété (comme à Trinidad, les alcootests n'existent pas à Tobago). Enfin, les conducteurs tobagoniens ont deux particularités. Première particularité : ils ne cessent de passer la main par la vitre de la portière en l'agitant. Ce geste peut avoir plusieurs significations. Il peut vouloir signaler un changement de direction de la voiture qui vous précède (les clignotants ne sont que très peu utilisés). Il peut également signifier que le conducteur devant vous s'attend à ce que vous le doubliez. Enfin, ce geste peut être complètement fortuit et scander tout simplement une discussion animée. A vous de réfléchir et de décider en tout bon sens. Deuxième particularité : si la voiture qui vous suit vous klaxonne, cela signifie que le conducteur derrière vous cherche à vous doubler. Ralentissez, laissez le passage, et passez la main par la vitre de la portière en l'agitant...

▶ **Essence.** Trouver du carburant est assez facile au sud de l'île, dans les zones de Crown Point, de Scarborough et de Plymouth. Ça se complique un peu au nord de l'île. Les seules stations que vous pourrez trouver au-delà de Scarborough se trouvent à Roxborough et à Charlotteville. Très vite vous vous apercevrez qu'on brûle beaucoup d'essence sur les routes escarpées du nord de l'île. De plus, il n'est pas rare que ces stations soient en panne pour cause de coupure d'électricité. Alors prenez vos précautions et profitez de chaque station d'essence présente sur l'île pour refaire régulièrement un plein, même si vous n'êtes pas à sec.

Moto

Il est possible de louer des petites motos tout-terrain à la journée.

■ **BAIRD'S**
Crown Point ✆ (868) 639 2528

■ **ADVENTURE PATH**
Buccoo ✆ (868) 639 2453

■ **ISLAND BIKES**
Milford Road, Bon Accord ✆ (868) 639 8587

Vélo

Les loueurs de vélo sont plutôt concentrés dans la zone de Crown Point.

■ **BAIRD'S**
Crown Point ✆ (868) 639 2528

■ **GLORIOUS RIDES**
Pigeon Point ✆ (868) 639 7124

■ **FUN RIDES**
Shirvan Road ✆ (868) 639 8889

▪▪ RESTER ▬▬▬▬▬

La communauté française de Trinidad & Tobago est très réduite, comme le sont les échanges entre la France et les deux îles mêmes s'ils sont en augmentation constante depuis quelques années. On peut compter sur les doigts de la main les entreprises françaises qui y sont implantées. Peu de chances de trouver un job à cette porte. Reste le volontariat. À toutes fins utiles, consulter le site du ministère des Affaires étrangères, option volontariat international, ou le www.civiweb.com. Pour travailler à Trinidad & Tobago, il est nécessaire d'avoir un permis de travail. Il faut en soumettre la demande au ministère de la Sécurité nationale, Abercomby Street, Port of Spain ✆ (868) 623 2441. Les critères d'obtention sont très stricts.

Index

Collaborez à la prochaine édition
@ Trinidad & Tobago

Pour compléter la prochaine édition du Petit Futé de Trinidad & Tobago, améliorer les guides du Petit Futé qui seront utilisés par de futurs voyageurs et touristes, nous serions heureux de vous compter parmi notre équipe afin d'augmenter le nombre et la qualité des enquêtes.

Pour cela, nous devons mieux vous connaître et savoir ce que vous pensez, très objectivement, des guides du Petit Futé en général et de celui que vous avez entre les mains en particulier. Nous répondrons à tous les courriers qui nous seront envoyés dès qu'ils seront accompagnés d'au moins une adresse inédite ou futée qui mérite d'être publiée.

Dès lors que vous nous adressez des informations, bonnes adresses… vous nous autorisez par le fait même à les publier gracieusement en courrier des lecteurs dans les guides correspondants.

■ **Qui êtes-vous ?**

Nom et prénom ....

Adresse ....

....

E-mail .... Quel âge avez-vous ? ....

Avez-vous des enfants ?   ❏ Oui (combien ?)......... ❏ Non

Comment voyagez-vous ?   ❏ Seul   ❏ En voyage organisé

Profession : ❏ Etudiant   ❏ Sans profession   ❏ Retraité
             ❏ Profession libérale ❏ Fonctionnaire   ❏ Commerçant
             ❏ Autres ....

■ **Comment avez-vous connu les guides du Petit Futé ?**

❏ Par un ami ou une relation   ❏ Par un article de presse
❏ Par une émission à la radio   ❏ A la TV
❏ Dans une librairie   ❏ Dans une grande surface
❏ Par une publicité, laquelle ? ....

■ **Durant votre voyage,**

Vous consultez le Petit Futé environ.. fois

Combien de personnes le lisent ? ....

■ **Vous utilisez ce guide surtout :**

❏ Pour vos déplacements professionnels   ❏ Pour vos loisirs et vacances

■ **Comment avez-vous acheté le Petit Futé ?**

❏ Vous étiez décidé à l'acheter   ❏ Vous n'aviez pas prévu de l'acheter
❏ Il vous a été offert

■ **Utilisez-vous d'autres guides pour voyager ?**

❏ Oui   Si oui, lesquels ? ....
❏ Non

■ **Le prix du Petit Futé vous paraît-il ?**

❏ Cher   ❏ Pas cher   ❏ Raisonnable

■ Comptez-vous acheter d'autres guides du Petit Futé ?

❑ Oui, lesquels :

❑ City Guides   ❑ Guides Département   ❑ Guides Région   ❑ Country Guides

❑ Non   Si non, pourquoi ? ....

■ Quels sont, à votre avis, ses qualités et ses défauts ?

Qualités ....

Défauts ....

■ Date et lieu d'achat ....

Testez vos talents de critique

Faites-nous part de vos expériences et découvertes. N'oubliez pas, plus particulièrement pour les hôtels, restaurants et commerces, de préciser avant votre commentaire détaillé (5 à 15 lignes) l'adresse complète, le téléphone et les moyens de transport pour s'y rendre ainsi qu'une indication de prix.

Nom de l'établissement ....

Adresse exacte et complète ....

....

Téléphone .... Fax ....

■ Votre avis en fonction de l'établissement :

	Très bon	Bon	Moyen	Mauvais
Accueil :	❑	❑	❑	❑
Cuisine :	❑	❑	❑	❑
Rapport qualité/prix :	❑	❑	❑	❑
Confort :	❑	❑	❑	❑
Service :	❑	❑	❑	❑
Calme :	❑	❑	❑	❑
Cadre :	❑	❑	❑	❑
Ambiance :	❑	❑	❑	❑

■ Remarques et observations personnelles, proposition de commentaire :

....

....

....

....

....

....

....

Afin d'accuser réception de votre courrier, merci de retourner ce document avec vos coordonnées

LE PETIT FUTE COUNTRY GUIDE
18, rue des Volontaires • 75015 Paris • FRANCE
soit par fax : 01 53 69 70 62 ou par E-mail : infopays@petitfute.com

Collaborez à la prochaine édition
Trinidad & Tobago

Collaborez à la prochaine édition
Trinidad & Tobago

Collaborez à la prochaine édition
Trinidad & Tobago

Collaborez à la prochaine édition
Trinidad & Tobago

....
....
....
....
....
....
....
....
....
....
....
....
....
....
....
....
....
....
....
....
....
....
....
....
....
....
....
....
....
....

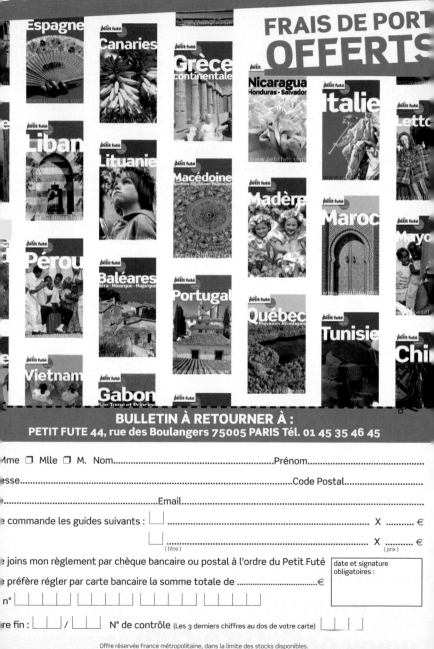

Découvrez
oute la collection Voyage

Espagne
Canaries
Grèce continentale
Nicaragua Honduras - Salvador
Italie
Lett

Liban
Lituanie
Macédoine
Madère
Maroc
Mayo

Pérou
Baléares Ibiza - Minorque - Majorque
Portugal
Québec Provinces Atlantiques
Tunisie
Chi

Vietnam
Gabon São Tomé et Principe

FRAIS DE PORT
OFFERTS

BULLETIN À RETOURNER À :
PETIT FUTE 44, rue des Boulangers 75005 PARIS Tél. 01 45 35 46 45

Mme ☐ Mlle ☐ M. Nom...Prénom..

esse...Code Postal...............................

....Email..

e commande les guides suivants : └┘ .... X .... €

└┘ .... X .... €
(titre)   (prix)

e joins mon règlement par chèque bancaire ou postal à l'ordre du Petit Futé

e préfère régler par carte bancaire la somme totale de ....€

date et signature obligatoires :

n° ☐☐☐☐ ☐☐☐☐ ☐☐☐☐ ☐☐☐☐

re fin : ☐☐ / ☐☐   N° de contrôle (Les 3 derniers chiffres au dos de votre carte) ☐☐☐

Offre réservée France métropolitaine, dans la limite des stocks disponibles.

us pouvez également commander en ligne sur www.petitfute.fr

et retrouvez toutes nos nouveautés au jour le jour sur Internet !

www.petitfute.com

BULLETIN D'ABONNEMENT

A retourner à :
Petit Futé mag – service abonnements
18-24, quai de la Marne - 75164 Paris Cedex 19

votre **cadeau**

☐ **Oui,** je souhaite m'abonner au Petit Futé mag
pour 1 an (soit 6 n°s) au prix de 20 € au lieu de ~~29,40~~ € et je recevrai
en cadeau ce hors série Petit Futé mag 50 Destinations préférées.

☐ **J'offre** un abonnement d' 1 an (soit 6 n°s) au prix de 20 € au lieu de ~~29,40~~ €
et je recevrai en cadeau ce hors série Petit Futé mag 50 Destinations préférées

☐ Je joins mon règlement par chèque bancaire ou postal à l'ordre de Petit Futé ma

☐ Je préfère régler par carte bancaire :

CB n° ⬚⬚⬚⬚ ⬚⬚⬚⬚ ⬚⬚⬚⬚ ⬚⬚⬚⬚

Expire fin : ⬚⬚/⬚⬚

Clé : (3 derniers chiffres figurant au dos de la carte) ⬚⬚⬚

Date et Signature

Mes coordonnées :
☐ Mme ☐ Mlle ☐ M.

Nom .... Prénom..

Adresse ....

Code Postal ....Ville ....

Tél. ....

Email ....

J'offre cet abonnement à :
☐ Mme ☐ Mlle ☐ M.

Nom .... Prénom..

Adresse ....

Code Postal ....Ville ....

Tél. ....

Email ....

PC05